PARA DEVOCIONAIS INDIVIDUAIS e em FAMÍLIA DESDE 1956

# Pão Diário

EDIÇÃO ANUAL

De: _____

Para: _____

## TEMOS UM PRESENTE PARA VOCÊ

Agora que você adquiriu o seu exemplar do *Pão Diário*, escaneie o QR Code, registre-se e baixe gratuitamente o estudo bíblico *A vida espiritual em uma cultura secular*.

Permanecer firme numa cultura mundana sempre foi um desafio para os cristãos. O texto examina as experiências de Daniel como prisioneiro na Babilônia, destacando sua lealdade e obediência a Deus no dia a dia.

**Tradução:** João Ricardo Ribeiro, Marília Lara Pessanha, Rita Rosário
**Revisão:** Adolfo Hickmann, João Ricardo Ribeiro, Marília Lara Pessanha, Rita Rosário
**Adaptação e edição:** Rita Rosário
**Coordenação gráfica:** Audrey Novac Ribeiro
**Capas:** Audrey Novac Ribeiro, Rebeka Werner
**Diagramação:** Lucila Lis

**Fotos das capas:**
Família: *Família na praia* © Shutterstock
Paisagem: *Pôr do sol na paisagem costeira* © Shutterstock
Flores: *Abelha no crisântemo* © Shutterstock
Israel: *Mar Morto, Israel* © Shutterstock
*Vida eterna* © Freepik
*Todas as coisas* © Shutterstock
*Guia-me* © Freepik
*Leão de Judá* © Shutterstock
Arte Cristo Redentor ©Tom Veiga
Arte Araucárias ©Tom Veiga
Arte Onda ©Tom Veiga
Arte Farol ©Tom Veiga

**Referências bíblicas:**
Exceto se indicado o contrário, as citações bíblicas são extraídas da Bíblia Sagrada:
Nova Versão Transformadora © Editora Mundo Cristão, 2016

Proibida a reprodução total ou parcial sem prévia autorização, por escrito, da editora. Todos os direitos reservados e protegidos pela Lei 9.610 de 19/02/1998.

Pedidos de permissão para usar citações deste devocional devem ser direcionados a:
permissao@paodiario.org

### PUBLICAÇÕES PÃO DIÁRIO
Caixa Postal 4190, 82501-970 Curitiba/PR, Brasil
E-mail: publicacoes@paodiario.org • Internet: www.paodiario.org
Telefone: (41) 3257-4028

BP029 • 978-65-5350-352-6
EF781 • 978-65-5350-353-3
XP210 • 978-65-5350-354-0
N1988 • 978-65-5350-349-6
AA328 • 978-65-5350-351-9
DK648 • 978-65-5350-347-2
SU575 • 978-65-5350-348-9
VX236 • 978-65-5350-350-2
XK815 • 978-65-5350-346-5
RP881 • 978-65-5350-303-8
P9435 • 978-65-5350-304-5
XB290 • 978-65-5350-305-2
Z1216 • 978-65-5350-306-9

© 2023 Ministérios Pão Diário. Todos os direitos reservados.
Impresso no Brasil

Portuguese ODB Edition

# SUMÁRIO

| CONTEÚDO | PÁGINA |
|---|---|
| **Introdução** | 4 |

*Temas mensais e artigos em destaque*

| | | |
|---|---|---|
| JANEIRO | **Salvação:** *A nova esperança da salvação* | 5 |
| FEVEREIRO | **Humildade:** *Sabiamente humilde* | 37 |
| MARÇO | **Mordomia:** *Para o bem dos outros* | 67 |
| ABRIL | **Comunidade:** *Edificando a comunidade* | 99 |
| MAIO | **Guerra espiritual:** *Vitória em nossas batalhas espirituais* | 130 |
| JUNHO | **Santidade:** *Santidade — Separado em Cristo* | 162 |
| JULHO | **Dons espirituais:** *Muita graça, muitos canais* | 193 |
| AGOSTO | **Autenticidade:** *Praticando a autenticidade* | 225 |
| SETEMBRO | **Escatologia:** *O retorno de Jesus* | 257 |
| OUTUBRO | **Maturidade espiritual:** *Nossa verdadeira Estrela Guia* | 288 |
| NOVEMBRO | **Tomada de decisão:** *Busque a Deus em primeiro lugar* | 320 |
| DEZEMBRO | **Influenciar as pessoas:** *Quando as ações falam* | 351 |

**Índice temático** .................................................. *383–384*

# INTRODUÇÃO

### A leitura dos textos e das Escrituras
### transforma a vida de milhares de pessoas

Estamos felizes e gratos a Deus por colocar em suas mãos e em seu lar um exemplar desta edição anual do devocional *Pão Diário*, volume 27. Nosso objetivo é encorajá-lo a crer em Jesus, buscar o Senhor diariamente e receber dele as instruções práticas para a caminhada cristã.

Preparamos os devocionais e artigos de destaque para incentivá-lo em sua jornada diária. A cada mês, os artigos abordam um tópico específico que o ajudarão a crescer em seu entendimento sobre a Palavra de Deus e em sua comunhão com Cristo. Os artigos iniciam o conteúdo de cada mês e direcionam o leitor a concentrar a atenção no tema abordado mensalmente.

Por favor, compartilhe-os com pessoas que precisam saber sobre a esperança que encontramos por meio da fé em Jesus Cristo.

Se pudermos servi-lo com outros recursos bíblicos para o seu crescimento no evangelismo, não hesite em conhecer o que podemos lhe oferecer em materiais impressos e mídia eletrônica.

—*dos editores do Pão Diário*

f /paodiariooficial  📷 /paodiariooficial

▶ /paodiariobrasil  🏠 www.publicacoespaodiario.com.br

★ TÓPICO DE JANEIRO / **Salvação**

# A NOVA ESPERANÇA DA SALVAÇÃO

Depois que José foi preso, ele sentiu que sua vida tinha acabado. Sua culpa era tão grande, que ele queria encontrar uma maneira de acabar com tudo. Dias antes, José estava dirigindo embriagado quando causou um acidente que matou uma adolescente. Enquanto estava na cadeia, ele foi dominado pela imensidão da tragédia que havia causado.

Enquanto aguardava o seu julgamento, José decidiu dar outra chance à vida. Ele se inscreveu em uma instituição para obter ajuda com sua dependência do álcool. O que descobriu lá o redirecionou, ele ouviu o evangelho e reconheceu Jesus como Salvador pessoal. As realidades da reconciliação e do perdão oferecidas em um relacionamento com Cristo lhe deram nova esperança.

Quando seu julgamento chegou, José foi considerado culpado de causar a morte da adolescente e condenado a 12 anos de prisão. Durante sua prisão, ele fez o que pôde para servir seus companheiros prisioneiros e compartilhou com eles as boas-novas do amor e perdão de Jesus. Quando finalmente foi posto em liberdade, pediu para se encontrar com a família da vítima. Ele ficou surpreso quando o pai, a mãe e o irmão dela, sentindo que ele era um homem mudado, perdoaram-no pela trágica perda.

Pense na profundidade da mudança que ocorre quando buscamos o perdão de Jesus. Paulo proclamou: "A velha vida acabou, e uma nova vida teve início!" (2 CORÍNTIOS 5:17). Nessa nova vida, desfrutamos do poder de nos reconciliar com Deus (v.18), que pode transformar o caos da nossa vida em uma promessa de esperança (v.19). Podemos, então, espalhar a mensagem de reconciliação para os outros (v.20).

Velhos medos e pesados fardos dão lugar a uma nova esperança quando aceitamos o perdão e a reconciliação que Jesus oferece livremente!

**DAVE BRANON**

Além deste artigo, o tema *salvação* é abordado nos devocionais dos dias **1**, **9**, **16** e **23** de **janeiro**.

# 1º DE JANEIRO — COLOSSENSES 3:1-10

★ *TÓPICO DE JANEIRO: SALVAÇÃO*

## O EFEITO DO RECOMEÇO

*Revistam-se da nova natureza e sejam renovados à medida que aprendem a conhecer seu Criador...* v.10

Quando Betânia completou 30 anos, sentiu-se triste por ainda estar trabalhando com vendas, algo que nunca apreciara. Decidiu então que era hora de parar de procrastinar e buscar uma nova carreira. Davi, na véspera do Ano Novo, olhou-se no espelho e prometeu a si mesmo que perderia peso. E Tiago viu mais um mês passar sem suas explosões de raiva diminuírem e prometeu a si mesmo que se esforçaria mais no ano que iniciava.

Se você já prometeu mudar no início de um mês, ano, ou numa data de aniversário, você não está só. Os pesquisadores têm um nome para isso: o efeito do recomeço. Eles sugerem que, nessas ocasiões, somos mais propensos a avaliar nossa vida, tentar esquecer os fracassos e reiniciar. Querendo ser pessoas melhores, ansiamos por um recomeço.

A fé em Jesus atende esse anseio. Em Colossenses 3:12-14 temos uma visão do que essa nova vida pode ser. Ela exige que deixemos o nosso "eu" para trás (vv.5-9). Pelo poder divino, a fé proporciona essa mudança, não a oferece apenas por decisões e votos. Quando cremos em Jesus, nós nos tornamos novas criaturas, e o Espírito de Deus age em nós a fim de nos renovar (v.10; TITO 3:5). Receber a salvação em Jesus é um recomeço sublime. Sua nova vida pode começar agora, independentemente de datas e ocasiões.

*SHERIDAN VOYSEY*

**É chegado o momento de um recomeço em sua vida?
O que o impede de receber uma nova vida
como dádiva de Deus ainda hoje?**

*Jesus, desisto dos meus planos para seguir os Teus.
Por favor, ajuda-me a recomeçar em Tua presença!*

Para compreender melhor a Bíblia, conheça: universidadecrista.org

**A BÍBLIA EM UM ANO:** GÊNESIS 1–3; MATEUS 1

# A PALAVRA E UM ANO NOVO

*No princípio, aquele que é a Palavra já existia. A Palavra estava com Deus, e a Palavra era Deus.* V.1

Michellan enfrentou desafios enquanto crescia nas Filipinas, mas como sempre amou as palavras, nelas encontrou conforto. Certo dia, enquanto ainda era universitária, ela leu o primeiro capítulo do evangelho de João, e seu "coração de pedra se moveu". Ela sentiu como se alguém lhe dissesse: "Sim, você ama palavras. Adivinhe, então. Há uma Palavra Eterna, que pode romper a escuridão, agora e sempre. Uma Palavra que se fez carne. Uma Palavra que pode lhe retribuir o amor".

Ela estava lendo o evangelho que começa com palavras que lembravam os leitores de João o princípio descrito em Gênesis 1:1: "No princípio...". João procurou mostrar que Jesus não apenas estava com Deus no princípio dos tempos, mas que Ele *era* Deus (JOÃO 1:1). E essa Palavra viva tornou-se homem "e habitou entre nós" (v.14). Além disso, aqueles que o recebem e creem em Seu nome tornam-se filhos de Deus (v.12).

Michellan compreendeu e aceitou o amor divino naquele dia e nasceu "de Deus" (v.13). Hoje, ela o honra porque Ele a salvou de seguir o vício de sua família e escreve sobre as boas-novas de Jesus, alegrando-se em compartilhar seus textos sobre a Palavra Viva.

Se somos cristãos, também podemos compartilhar a mensagem de Deus e Seu amor. Neste início de ano, quais palavras cheias de graça podemos compartilhar?

AMY BOUCHER PYE

**O que significa Jesus ser a Palavra de Deus?
Que diferença isso fará a você neste ano?**

*Jesus, concede-me as palavras
para eu abençoar os outros com Tua graça e amor
hoje e neste novo ano.*

**A BÍBLIA EM UM ANO**: GÊNESIS 4–6; MATEUS 2

**3 DE JANEIRO**      🌿 **SALMO 145:8-20**

# QUANDO O AMOR JAMAIS ACABA

*O Senhor protege todos
que o amam.* v.20

Sandra lembrou-se de que, sempre que seu avô a levava à praia, ele tirava o relógio e o guardava. Um dia ela o questionou; e ele sorrindo lhe disse: "Eu quero que você saiba o quão importante meus momentos com você são para mim. Só quero estar com você e deixar o tempo passar". Ela compartilhou essa lembrança no funeral de seu avô como uma de suas memórias favoritas a respeito dele. Refleti sobre como nos sentimos valorizados quando os outros investem o seu tempo em nós; vieram à minha mente as palavras das Escrituras sobre o amoroso cuidado do Senhor.

Deus sempre arranja tempo para nós. Davi orou no Salmo 145: "Quando abres tua mão, satisfazes o anseio de todos os seres vivos. O Senhor é justo em tudo que faz; [...] O Senhor está perto..." (vv.16-18). A bondade e a consideração de Deus por nós sustentam a nossa vida a cada momento, concedendo-nos o ar para respirar e o alimento para nos suster. Por Ele ser rico em amor, o Criador de todas as coisas provê misericordiosamente até mesmo os detalhes mais difíceis de nossa existência.

O amor de Deus é tão profundo e eterno que, em Sua bondade e misericórdia, Ele nos abriu o caminho para a vida eterna e ao deleite em Sua presença, como se dissesse: "Eu o amo tanto, só quero estar com você para sempre e deixar o tempo passar".

*JAMES BANKS*

**A sua disponibilidade aos outros
reflete o amor de Deus por eles? Como se importar
com o próximo ainda hoje?**

*Pai, agradeço-te por Teu amor perfeito.
Ajuda-me a sempre compartilhar esse amor onde for preciso.*

---

**A BÍBLIA EM UM ANO**: GÊNESIS 7–9; MATEUS 3

# FÉ RESILIENTE

*...quem ouve meu ensino e não o pratica é tão tolo como a pessoa que constrói sua casa sobre a areia.* v.26

As dunas imponentes colocam as casas próximas sob o risco de afundar em areias que se movem. Os moradores tentam retirar os montes de areia, no esforço de proteger suas casas, mas assistem impotentes como muitas casas bem construídas são enterradas diante dos seus olhos. Uma autoridade local supervisionou a limpeza de uma casa recém-destruída e afirmou que isso era impossível de evitar. Não importava o quanto os proprietários tentassem evitar os perigos das dunas instáveis, elas não eram um alicerce firme e sustentável.

Jesus conhecia a futilidade de se construir uma casa na areia. Por essa razão, Ele advertiu os discípulos a serem cautelosos com falsos profetas e assegurou-lhes que a fidelidade demonstra sabedoria quando disse: "Quem ouve minhas palavras e as pratica é tão sábio como a pessoa que constrói sua casa sobre uma rocha firme" (MATEUS 7:15-24). Quem ouve as palavras de Deus e decide não as praticar, no entanto, é "tão tolo como a pessoa que constrói sua casa sobre a areia" (v.26).

Quando as circunstâncias parecem nos sufocar sob o peso da aflição ou preocupações, vamos colocar a nossa esperança em Cristo, nossa Rocha. O Senhor nos ajudará a desenvolver a fé resiliente, construída sobre a fundação inabalável do Seu imutável caráter.

XOCHITL DIXON

**De que maneira a obediência ao ensino de Deus demonstra a sua confiança nele? Em que áreas da sua vida você tem desobedecido a Ele?**

*Jesus, ajuda-me a desenvolver a fé resiliente e a demonstrar confiança através da obediência a ti.*

---

**A BÍBLIA EM UM ANO:** GÊNESIS 10–12; MATEUS 4

**5 DE JANEIRO** — **EZEQUIEL 45:9-10, 17-20**

# DE VOLTA AO BÁSICO

*Parem com a violência e opressão
e façam o que é justo e certo.* v.9

Parece que as resoluções são feitas para serem descumpridas. Há os que zombam delas propondo votos mais alcançáveis. Veja estes exemplos: Acene para os motoristas nos semáforos. Não se inscreva para uma maratona. Procrastine. Perca-se sem a ajuda de aplicativos. Bloqueie quem posta ginásticas e regimes.

No entanto, o conceito de "recomeçar" é sério. O povo exilado de Judá precisava de um novo começo. Pouco mais de duas décadas após seus 70 anos de cativeiro, Deus os encorajou a recomeçar, por meio de Ezequiel, prometendo-lhes: "Acabarei com o exílio de meu povo" (EZEQUIEL 39:25).

Mas eles precisavam voltar às instruções básicas que Deus havia dado a Moisés 800 anos antes. Isso incluía celebrar um banquete, no princípio do ano, o qual começava "No primeiro dia do primeiro mês de cada ano" (45:18). Um dos principais propósitos desses festivais era lembrá-los do caráter de Deus e de Suas expectativas. O Senhor avisou aos seus líderes: "Parem com a violência e opressão e façam o que é justo e certo" (v. 9) insistindo na honestidade (v.10).

Isso também se aplica a nós. Nossa fé deve ser posta em prática, ou torna-se inútil (TIAGO 2:17). Neste novo ano, à medida que Deus nos provê o que precisamos, vivamos a nossa fé voltando ao básico: "Ame o Senhor, seu Deus", e "Ame o seu próximo como a si mesmo" (MATEUS 22:37-39).

*TIM GUSTAFSON*

**Como você pode "voltar
à prática do básico" neste ano?**

*Pai, que o Teu Espírito nos ensine
onde e como devemos priorizar o outro.
Ajuda-nos a amar-te.*

---

**A BÍBLIA EM UM ANO**: GÊNESIS 13–15; MATEUS 5:1-26

# LIDAR COM A DISCORDÂNCIA

*Lembrem-se de que o Senhor os perdoou, de modo que vocês também devem perdoar.* v.13

Na plataforma *Twitter*, as pessoas do mundo todo expressam suas opiniões em poucas palavras. Nos últimos anos, no entanto, isso tornou-se mais complexo à medida que os indivíduos começaram a alavancar o *Twitter* como ferramenta para repreender os outros por atitudes e estilos de vida dos quais discordam. Faça login na plataforma em qualquer dia, e haverá pelo menos uma "tendência". Clique nisso e você verá milhões de pessoas expressando opiniões sobre qualquer controvérsia que tenha surgido.

Aprendemos a criticar publicamente tudo, desde crenças até as roupas que as pessoas usam. No entanto, a atitude crítica e pouco amável não se alinha com o que Deus nos chamou para ser como cristãos. Há momentos em que temos que lidar com a discordância. A Bíblia nos lembra de que, sendo cristãos, devemos agir sempre com "compaixão, bondade, humildade, mansidão e paciência" (COLOSSENSES 3:12). Em vez de sermos críticos, mesmo com nossos inimigos, Deus nos instiga a compreender e perdoar uns aos outros (v.13).

Esse tratamento não se limita às pessoas cujos estilos de vida e crenças concordamos. Mesmo quando é difícil, podemos estender a graça e o amor a todos que encontramos, da maneira que Cristo nos orienta, reconhecendo que fomos redimidos por Seu amor.

KIMYA LODER

**O que aconteceu ao criticar um amigo ou estranho? O que poderia ter sido feito de diferente para honrar a Deus e aos outros?**

*Pai, obrigado por Teu amor incondicional. Ajuda-me a ser mais paciente e gentil com todos.*

Saiba mais sobre isso: acesse as nossas mídias sociais

**A BÍBLIA EM UM ANO**: GÊNESIS 16–17; MATEUS 5:27-48

**7 DE JANEIRO** — **1 PEDRO 1:3-9**

# VERDADEIRA ESPERANÇA

*...nos fez nascer de novo, por meio da ressurreição de Jesus Cristo [...] temos uma viva esperança.* v.3

Os EUA esperavam ter um futuro brilhante no início dos anos 1960. O jovem presidente tinha grandes projetos. A economia próspera permitiu que muitos acreditassem que o futuro lhes "traria bons tempos". No entanto, a guerra no Vietnã se intensificou, a agitação nacional aumentou e o presidente John F. Kennedy foi assassinado. Os padrões daquela sociedade anteriormente otimista foram desmantelados. O otimismo não lhes era o suficiente, e em sua esteira, prevaleceu a desilusão.

Porém, em 1967, Jürgen Moltmann destacou uma visão mais clara na Teologia da Esperança. Esse atalho não era o caminho do otimismo, mas o caminho da esperança. Os dois não são a mesma coisa. Moltmann afirmou que o otimismo é baseado nas circunstâncias do momento; a esperança se aprofunda na fidelidade de Deus, independentemente da nossa situação.

Qual é a fonte dessa esperança? Pedro escreveu: "Todo louvor seja a Deus, o Pai de nosso Senhor Jesus Cristo. Por sua grande misericórdia, ele nos fez nascer de novo, por meio da ressurreição de Jesus Cristo dentre os mortos. Agora temos uma viva esperança" (1 PEDRO 1:3). Nosso Deus é fiel e conquistou a morte através de Seu Filho, Jesus! Essa é a maior de todas as vitórias e nos eleva além do simples otimismo à vigorosa e forte esperança, todos os dias e em todas as circunstâncias.

*BILL CROWDER*

### Quais situações o preocupam?
### Por que a esperança supera o otimismo?

*Deus, estou angustiado. Ajuda-me a firmar meu coração na ressurreição de Jesus, que detém o futuro.*

Leia mais sobre a fé em vez do medo, acesse: paodiario.org

---

**A BÍBLIA EM UM ANO**: GÊNESIS 18–19; MATEUS 6:1-18

**8 DE JANEIRO** — **LEVÍTICO 16:1-5**

# ACHEGUE-SE

*Avise seu irmão Arão que não
entre quando bem entender
no lugar santíssimo...* v.2

Na esteira do coronavírus, recuperar algo do meu cofre exigiu o cumprimento de novos protocolos. Tive de marcar uma visita ao banco, ligar ao chegar para ser permitida a minha entrada, mostrar identificação e assinatura, e ser escoltada até o cofre por um funcionário. Uma vez lá dentro, as portas pesadas foram trancadas até eu encontrar o que precisava dentro da caixa de metal. Sem seguir as instruções, não entraria.

No Antigo Testamento, havia protocolos específicos para entrar na parte do tabernáculo chamada "lugar santíssimo" (ÊXODO 26:33). Atrás da cortina especial, que separava o lugar santo do lugar santíssimo, apenas o sumo sacerdote podia entrar uma vez por ano (HEBREUS 9:6-7). Arão e os sacerdotes que viriam atrás dele deveriam trazer oferendas, banhar-se e vestir roupas sagradas antes de entrar (LEVÍTICO 16:3-4). As instruções de Deus foram dadas para ensinar os israelitas sobre a santidade de Deus e nossa necessidade de perdão.

Quando Jesus morreu, essa cortina especial "se rasgou" (MATEUS 27:51), simbolicamente mostrando que todas as pessoas que acreditam em Seu sacrifício pelo perdão de seus pecados podem entrar na presença de Deus. A cortina do tabernáculo ter sido rasgada é motivo de nossa interminável alegria. Jesus nos deu o direito de nos achegarmos sempre a Deus!

*KIRSTEN HOLMBERG*

**De que forma você foi atraído
para perto de Deus? Isso o encoraja?**

*Obrigado, Jesus, pois Tu tornaste possível
que eu me aproxime de Deus sempre.*

Descubra como se aproximar mais de Deus neste ano,

acesse: universidadecrista.org

**A BÍBLIA EM UM ANO**: GÊNESIS 20–22; MATEUS 6:19-34

**9 DE JANEIRO**  **TITO 3:3-7**

★ *TÓPICO DE JANEIRO: SALVAÇÃO*

# PURIFICADO

*...mas foram purificados e santificados,
declarados justos diante de Deus no
nome do Senhor Jesus...* v.11

Meu amigo Beto descreveu Geraldo como alguém "muito longe de Deus há tempos". Mas depois que Beto se encontrou com Geraldo e lhe explicou como o amor de Deus é o caminho para sermos salvos, Geraldo tornou-se cristão. Em lágrimas, Geraldo se arrependeu de seus pecados e entregou-se a Cristo. Depois disso, Beto perguntou-lhe como se sentia. Emocionado, Geraldo respondeu: "Purificado".

Essa é a essência da salvação a qual se torna possível por meio da fé no sacrifício de Jesus por nós na cruz. Paulo deu exemplos de como a desobediência contra Deus nos leva à separação dele: "Alguns de vocês eram assim, mas foram purificados e santificados, declarados justos diante de Deus no nome do Senhor Jesus Cristo" (1 CORÍNTIOS 6:11). Lavados, "purificados e santificados", palavras que descrevem os cristãos sendo perdoados e declarados justos diante de Deus.

Tito 3:4-5 nos diz mais sobre o milagre da salvação. "Deus, nosso Salvador [...] nos salvou não porque tivéssemos feito algo justo, mas por causa de sua misericórdia. Ele nos lavou para remover nossos pecados". Nosso pecado nos afasta de Deus, mas por meio da fé em Jesus, a pena do pecado é removida. Tornamo-nos "nova criação" (2 CORÍNTIOS 5:17), temos acesso ao Pai (EFÉSIOS 2:18), e somos purificados (1 JOÃO 1:7). Somente Jesus provê o que precisamos para sermos *purificados*.

DAVE BRANON

**É vital sermos purificados
e santificados por Jesus?**

*Jesus, sou pecador, mas agradeço-te por Tua salvação
que me possibilita aproximar-me de ti para sempre.*

**A BÍBLIA EM UM ANO**: GÊNESIS 23–24; MATEUS 7

**10 DE JANEIRO** — **SALMO 103:7-13**

# O ESBOÇO DO PERDÃO

*De nós ele afastou nossos pecados,*
*tanto como o Oriente está longe*
*do Ocidente.* v.12

A pequena caixa retangular vermelha era mágica. Quando criança, eu brincava com ela por horas. Girando o botão na caixa, eu desenhava uma linha horizontal na tela. Girava o outro botão e aparecia uma linha vertical. Quando virava os dois botões juntos, era possível fazer linhas diagonais, círculos e desenhos criativos. Mas a verdadeira magia acontecia ao virar o meu brinquedo de cabeça para baixo, sacudir um pouco e o desvirar. Uma tela em branco aparecia, dando-me a oportunidade de criar um desenho.

O perdão de Deus funciona muito parecido com esse brinquedo. Ele limpa nossos pecados, criando uma tela limpa para nós. Mesmo que nos lembremos dos erros que cometemos, Deus escolhe perdoar e esquecer. Ele os aniquilou e não guarda contra nós os nossos pecados. O Senhor não nos trata de acordo com nossas ações pecaminosas (SALMO 103:10), mas estende a graça através do perdão. Temos uma ficha limpa — uma nova vida nos esperando quando buscamos o perdão de Deus. Podemos nos livrar da culpa e da vergonha por causa da Sua incrível dádiva para nós.

O salmista relembra que os nossos pecados foram afastados de nós como o Oriente está para o Ocidente (v.12). É o mais longe que você pode chegar! Aos olhos de Deus, nossos pecados não se apegam mais a nós. Isso é motivo de alegria e agradecimento a Deus por Sua incrível graça e misericórdia.

*KATARA PATTON*

**Por que Deus não nos trata**
**como merecemos?**

*Amado Deus, obrigado por Teu perdão*
*e esquecimento dos meus pecados.*

**A BÍBLIA EM UM ANO**: GÊNESIS 25–26; MATEUS 8:1-17

**11 DE JANEIRO** — **JOÃO 16:25-33**

# FUGA OU PAZ?

*...falei tudo isso para que tenham paz em mim. Aqui no mundo vocês terão aflições, mas animem-se...* v.33

"ESCAPE" a propaganda anuncia os benefícios da hidromassagem. Isso me chama a atenção e me faz pensar. Minha esposa e eu conversamos sobre comprarmos uma banheira de hidro externa algum dia. Seria como ter férias em nosso quintal! Exceto pela limpeza e conta de luz. E, daí, de repente, o esperado ESCAPE começa a soar como algo do qual eu precisasse *escapar*.

Ainda assim, a palavra *escape* nos seduz porque promete o que queremos: alívio, conforto, segurança ou *fuga*. Nossa cultura nos tenta e nos provoca de muitas maneiras. Não há nada de errado em descansar ou fugir para um lugar bonito, mas há diferença entre *escapar* das dificuldades da vida e *confiar* em Deus em meio a elas.

Em João 16, Jesus diz aos Seus discípulos que seus próximos dias provarão sua fé. "Aqui no mundo vocês terão aflições", no entanto, acrescenta também essa promessa: "Mas animem-se, pois eu venci o mundo" (v.33). Jesus não queria que eles se desesperassem. E os convidou a confiar nele, para conhecerem o descanso que Ele oferece: "Eu lhes falei tudo isso para que tenham paz em mim" (v.33).

Jesus não nos promete uma vida livre da dor. Mas, promete-nos que, à medida que confiamos e descansamos nele, podemos experimentar paz mais profunda e satisfatória do que qualquer escape que o mundo tenta nos vender.

*ADAM HOLZ*

**Quais são os convites para escapar do mundo ao seu redor? Eles cumprem o que prometem?**

*Pai, ajuda-me a confiar em ti para encontrar paz e descanso. Que o meu descanso seja sempre em Tua presença.*

Conheça a paz que Cristo oferece, acesse: paodiario.org

**A BÍBLIA EM UM ANO**: GÊNESIS 27–28; MATEUS 8:18-34

**12 DE JANEIRO**  1 REIS 8:37-45

# OUVINDO-NOS DO CÉU

*Ouve dos céus suas orações e defende sua causa.* 1 REIS 8:45

O pequeno Marcos, 18 meses, nunca tinha ouvido a voz de sua mãe. Ao receber seu primeiro aparelho auditivo, sua mãe Laura lhe perguntou: "Você me ouve?" Os olhos da criança se iluminaram. "Oi, filho!" Laura lhe disse. Marcos sorriu e respondeu com murmúrios. Chorando, ela reconheceu esse milagre. O bebê nasceu prematuramente depois que homens armados atiraram três vezes na sua mãe durante uma invasão domiciliar aleatória. Pesando apenas 1 quilo, o bebê passou 158 dias na UTI. Não se esperava que sobrevivesse, nem que ouvisse.

Essa comovente história me lembra de que Deus nos ouve. Em tempos preocupantes, o rei Salomão orou com fervor aos ouvidos afinados de Deus. Quando não havia chuva (1 REIS 8:35), quando havia fome, peste ou praga, desastre ou epidemia (v.37), lutas contra inimigos (v.44) e até mesmo pecado, Salomão orou: "Ouve dos céus suas orações e defende sua causa" (v.45).

Em Sua bondade, Deus respondeu com uma promessa que ainda agita nosso coração: "então, se meu povo, que se chama pelo meu nome, humilhar-se e orar, buscar minha presença e afastar-se de seus maus caminhos, eu os ouvirei dos céus, perdoarei seus pecados e restaurarei sua terra" (2 CRÔNICAS 7:14). O céu pode parecer muito longe. No entanto, Jesus está com os que acreditam nele. Deus ouve nossas orações e as responde. *PATRÍCIA RAYBON*

**Qual o motivo do seu agradecimento?
Deus ouviu o seu clamor?**

*Pai celestial, agradeço-te por
ouvires meu humilde clamor durante
minhas lutas mais difíceis.*

---

**A BÍBLIA EM UM ANO**: GÊNESIS 29–30; MATEUS 9:1-17

**13 DE JANEIRO** — **JEREMIAS 32:6-15**

# UM INVESTIMENTO RIDÍCULO

*Então entendi que a mensagem que
eu tinha ouvido era do SENHOR.
Assim, comprei o campo...* vv.8-9

Na queda da bolsa de valores, em 1929, milhões de pessoas perderam tudo nos EUA. Mas enquanto todos entravam em pânico e vendiam suas ações a preços reduzidos, Floyd Odlum as comprava na medida em que o país se desintegrava. Mas essa atitude "ridícula" de Odlum valeu a pena e gerou investimentos que perduraram por décadas.

Deus disse a Jeremias para fazer o que parecia ser um investimento absolutamente ridículo: "Compre meu campo em Anatote..." (JEREMIAS 32:8). Essa ocasião não era propícia para comprar terras. O país inteiro estava prestes a ser saqueado. "o exército babilônio cercava Jerusalém" (v.2), e qualquer propriedade que fosse comprada logo seria da Babilônia. Que tolo faz um investimento sabendo que o perderá logo?

Bem, a pessoa que ouve a Deus, Aquele que planejou um futuro que ninguém mais poderia imaginar. "Pois assim diz o SENHOR dos Exércitos, o Deus de Israel: 'Algum dia, as pessoas voltarão a ter propriedades nesta terra e comprarão e venderão casas, vinhedos e campos'" (v.15). Deus viu além da ruína. Ele prometeu trazer redenção, cura e restauração. Um investimento ridículo num relacionamento ou serviço para Deus não é tolice. É o movimento mais sábio possível quando Deus nos orienta a fazê-lo (é importante que oremos por Sua orientação). Obedecer ao que Deus nos orienta faz todo o sentido do mundo. *WINN COLLIER*

**Deus lhe pede para investir
em alguém ou algo assim?**

*Deus, que bom que Tu conheces
o meu futuro. Direciona-me os passos para
que eu sempre obedeça a Tua voz.*

---

**A BÍBLIA EM UM ANO:** GÊNESIS 31–32; MATEUS 9:18-38

**14 DE JANEIRO** 🌿 **TIAGO 1:19-27**

# PRATIQUE O QUE VOCÊ ENSINA

*Não se limitem [...] a ouvir a palavra;*
*ponham-na em prática. Do contrário,*
*só enganarão a si mesmos.* v.22

Quando meus filhos eram pequenos, procurei os momentos para ensinar-lhes as Escrituras com versículos que se aplicavam às nossas circunstâncias encorajando-os a orar comigo. O caçula memorizou as Escrituras sem esforço. Se eu precisasse de um texto, ele me interrompia citando versículos que ilustravam a sabedoria divina. Um dia, irritei-me e falei duramente com ele. Meu filho me abraçou dizendo: "Pratique o que você prega, mamãe".

Esse lembrete repercute o conselho de Tiago enquanto se dirigia aos judeus cristãos espalhados em vários países (TIAGO 1:1). Ele destacou as várias maneiras pelas quais o pecado pode interferir no testemunho por Cristo e os encorajou a aceitar "humildemente a palavra que lhes foi implantada no coração" (v.21). Ouvir, mas não obedecer às Escrituras, torna-nos como os que se olham no espelho e se esquecem de sua aparência (vv.23-24). Podemos perder de vista o privilégio que nos foi dado como portadores da imagem divina, declarados justos com Deus, pelo sangue de Cristo.

Os cristãos são ordenados a compartilhar o evangelho. O Espírito Santo nos transforma e nos capacita a nos tornarmos mensageiros das boas-novas. Nossa obediência nos ajuda a refletir a luz da verdade e do amor de Deus para onde quer que sejamos enviados. Podemos conduzir outros a Jesus praticando o que pregamos.

*XOCHITL DIXON*

**Você obedece às Escrituras?**
**De que forma Deus o transformou?**

*Pai, torna-me mais semelhante a ti.*
*Ajuda-me a compartilhar o Teu amor em cada*
*oportunidade que me deres.*

---

**A BÍBLIA EM UM ANO**: GÊNESIS 33–35; MATEUS 10:1-20

# 15 DE JANEIRO

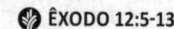 ÊXODO 12:5-13

# VIDA POR MEIO DA MORTE

*Quando eu vir o sangue, passarei por sobre aquela casa.* v.13

Carlos lutava contra o câncer e precisava de um transplante pulmonar duplo. Ele pediu a Deus por novos pulmões, mas causou-lhe estranheza pedir por isso. Era difícil orar sabendo que alguém teria que morrer para que ele pudesse viver.

Esse dilema destaca uma verdade básica das Escrituras: Deus usa a morte para trazer vida. Vemos isso na história do êxodo. Nascidos na escravidão, os israelitas definharam sob as mãos opressivas dos egípcios. O Faraó não os libertaria até que Deus interferisse pessoalmente. Todo filho mais velho morreria a menos que a família matasse um cordeiro impecável e espalhasse seu sangue "no alto das portas das casas" (Êxodo 12:6-7, 12-13).

Hoje, você e eu nascemos na escravidão do pecado. Satanás não nos deixaria livres se Deus não sacrificasse Seu Filho perfeito na cruz manchada de sangue.

Jesus quer que nos juntemos a Ele nessa cruz. Paulo esclareceu: "Fui crucificado com Cristo; assim, já não sou eu quem vive, mas Cristo vive em mim" (GÁLATAS 2:20). Colocando nossa fé no Cordeiro de Deus, comprometemo-nos a morrer diariamente com Ele — morrendo para o nosso pecado para que possamos receber dele uma nova vida (ROMANOS 6:4-5). Demonstramos essa fé toda vez que dizemos não às algemas do pecado e sim à liberdade de Cristo. Nunca estamos mais vivos do que quando morremos com Jesus.

MIKE WITTMER

**Como demonstrar que reconhecemos a morte de Jesus em nosso favor?**

*Jesus, Tua morte me traz vida. Ajuda-me hoje a morrer para o pecado e a viver em Tua presença.*

---

A BÍBLIA EM UM ANO: GÊNESIS 36–38; MATEUS 10:21-42

**16 DE JANEIRO** — **JOÃO 3:1-2, 16-20**

★ *TÓPICO DE JANEIRO: SALVAÇÃO*

# ESCURIDÃO E LUZ

*Eu sou a luz do mundo. Se vocês me seguirem, não andarão no escuro, pois terão a luz da vida.* v.12

Sentada naquele tribunal, testemunhei vários exemplos de perdas em nosso mundo: uma filha afastada de sua mãe; um casal que tinha perdido o amor que um dia tiveram e agora compartilhavam apenas amarguras; um marido ansiando por reconciliar-se com a esposa e reunir-se aos filhos. Eles precisavam desesperadamente mudar seu coração, curar suas feridas, para que o amor de Deus prevalecesse.

Às vezes, quando o mundo ao nosso redor parece conter apenas escuridão e desespero, é fácil ceder à desesperança. Mas o Espírito, que habita em nós (JOÃO 14:17), lembra-nos de que Jesus morreu por esse abatimento e dor. Quando Jesus veio ao mundo como homem, trouxe a luz que brilha na escuridão (1:4-5; 8:12). Vemos isso em Sua conversa com Nicodemos, que foi furtivamente a Jesus na escuridão da noite, mas saiu impactado pela Luz (3:1-2; 19:38-40). Jesus ensinou-lhe que "...Deus amou tanto o mundo que deu seu Filho único, para que todo o que nele crer não pereça, mas tenha a vida eterna" (3:16).

No entanto, embora Jesus tenha trazido luz e amor ao mundo, muitos permanecem perdidos na escuridão de seus pecados (vv.19-20). Se somos Seus seguidores, temos a luz que dissipa a escuridão. Agradecidos, oremos para que Deus nos torne faróis expoentes do Seu amor (MATEUS 5:14-16).

*ALYSON KIEDA*

**De que maneira você renovou a sua esperança ao lembrar-se de que Deus o ama? Como você pode compartilhar a luz de Cristo?**

*Obrigado, Deus, por vires me salvar da escuridão do pecado e do desespero. Ajuda-me a permanecer na Tua luz.*

**A BÍBLIA EM UM ANO**: GÊNESIS 39–40; MATEUS 11

**17 DE JANEIRO** 🌿 **HEBREUS 12:1-3, 12-13**

# AFRONTE SUA TEMPESTADE

*[Mantenham] o olhar firme em Jesus [...]
desse modo, vocês não ficarão cansados
nem desanimados.* vv.2-3

Houve uma forte tempestade em Memphis, Tennessee, EUA, na noite de 3 de abril de 1968. Cansado e doente, o Dr. Martin Luther King Jr. não planejava discursar no salão da igreja em apoio à greve dos trabalhadores. Mas, ao saber que uma multidão tinha enfrentado as chuvas para ouvi-lo, ele foi até lá e falou por 40 minutos, e fez um dos seus mais memoráveis discursos: "Eu estive no topo da montanha".

No dia seguinte, o Dr. King foi assassinado, mas seu discurso ainda inspira os oprimidos com a esperança da "Terra Prometida". Da mesma forma, os primeiros seguidores de Jesus foram encorajados por uma mensagem comovente. A epístola aos Hebreus foi escrita para encorajar os judeus cristãos que enfrentavam ameaças por sua fé em Cristo. Ela oferece fortalecimento espiritual para não perdermos a esperança, insistindo: "revigorem suas mãos cansadas e seus joelhos enfraquecidos" (12:12). Eles reconheceriam esse apelo vindo originalmente do profeta Isaías (ISAÍAS 35:3).

Mas agora, como discípulos de Cristo, somos chamados a correr "com perseverança a corrida que foi posta diante de nós" mantendo "o olhar firme em Jesus, o líder e aperfeiçoador de nossa fé" (12:1-2). Desse modo, não ficaremos "cansados nem desanimados" (v.3).

Certamente, os ventos e tempestades nos aguardam, mas em Jesus, superamos as tempestades da vida. *PATRÍCIA RAYBON*

### Ao olhar para Jesus e Suas promessas, de que maneira Ele o encoraja?

*Jesus, Tu acalmas as tempestades espirituais.
Quando elas se enfurecem, traz a Tua paz a minha alma.*

**A BÍBLIA EM UM ANO**: GÊNESIS 41–42; MATEUS 12:1-23

**18 DE JANEIRO** — ISAÍAS 53:1-6

# O MAIOR PRESENTE DO AMOR

*Todos nós nos desviamos
como ovelhas...* v.6

Meu filho Gerson estava saindo de uma loja quando viu um andador abandonado (um auxílio de mobilidade) e pensou: *Espero que ali não haja uma pessoa que precise de ajuda.* Ele deu uma olhadela atrás do prédio e encontrou um sem-teto inconsciente caído ao chão.

Gerson o despertou e perguntou se o homem estava bem. E ouviu dele: "Estou tentando beber até morrer. Minha barraca quebrou numa tempestade, perdi tudo e não quero viver". Gerson chamou um ministério de reabilitação e, enquanto aguardavam ajuda, buscou em casa a sua própria barraca de acampamento. Gerson perguntou o nome daquela pessoa sem-teto e descobriu que ambos tinham o mesmo nome. Meu filho não lhe mencionou o seu próprio nome, porém, mais tarde me disse: "Pai, poderia ter sido eu".

Meu filho Gerson também lutou contra o abuso de substâncias químicas e ajudou aquele homem sem-teto por causa do benefício que ele mesmo recebeu de Deus. O profeta Isaías mencionou essa misericórdia de Deus a nós em Jesus: "Todos nós nos desviamos como ovelhas; deixamos os caminhos de Deus para seguir os nossos caminhos. E, no entanto, o SENHOR fez cair sobre ele os pecados de todos nós" (ISAÍAS 53:6).

Cristo, nosso Salvador, não nos deixou perdidos, sozinhos e sem esperança. Ele escolheu se identificar conosco e nos amar, a fim de sermos libertos para viver novamente nele. Não há presente maior.

*JAMES BANKS*

**Como você pode servir
como instrumento de Jesus ao necessitado?**

*Jesus, obrigado por Teu resgate. Ajuda-me a participar
da Tua missão de busca e salvamento a todos.*

---

**A BÍBLIA EM UM ANO**: GÊNESIS 43–45; MATEUS 12:24-50

19 DE JANEIRO — MATEUS 26:36-46

# MANTENHAM-SE VIGILANTES!

*Vigiem e orem para que não cedam à tentação, pois o espírito está disposto, mas a carne é fraca.* MATEUS 26:41

O funcionário de um banco alemão estava transferindo €62,40 (euro) para a conta bancária de um cliente quando acidentalmente cochilou. Seu dedo estava na tecla "2", causando a transferência de 222 milhões de euros (300 milhões de dólares). As consequências do erro incluíram a demissão desse funcionário quando o seu colega detectou a transferência equivocada. Embora o erro tenha sido pego e corrigido, a falta de atenção do funcionário que estava sonolento quase se tornou um pesadelo para o banco.

Jesus avisou Seus discípulos que caso não permanecessem alertas, também cometeriam um erro caro. Jesus os levou a um lugar chamado Getsêmani para que orassem por algum tempo. Enquanto orava, Jesus experimentou tristeza e angústia como nunca antes em Sua vida terrena. Jesus pediu a Pedro, Tiago e João para ficarem acordados para orar e vigiar com Ele (MATEUS 26:38), mas eles adormeceram (vv.40-41). O fato de dormirem os deixaria indefesos quando a tentação de negar o Mestre surgisse. Na hora da maior necessidade de Cristo, faltou-lhes a vigilância espiritual.

Que possamos ouvir as palavras de Jesus para permanecer espiritualmente acordados, dedicando-nos a investir mais tempo com Ele em oração. Fazendo isso, o Senhor nos fortalecerá para resistir a todos os tipos de tentações e evitar o caro erro de negar a Jesus.

*MARVIN WILLIAMS*

**Qual parte de sua vida de oração precisa ser mais dedicada e disciplinada?**

*Jesus, ajuda-me a investir mais tempo em Tua presença diariamente.*

A BÍBLIA EM UM ANO: GÊNESIS 46–48; MATEUS 13:1-30

**20 DE JANEIRO** — **TIAGO 4:13-17**

# NOSSOS PLANOS E DEUS

*"Se o Senhor quiser, viveremos e faremos isso ou aquilo..."* v.15

Há algum tempo, havia uma propaganda de uma menina, de cerca de 2 anos, com a atriz Fernanda Montenegro. A primeira falava palavras difíceis e cheias de significado, enquanto a atriz as repetia. Por fim, foi feita a pergunta: "Quem te ensinou isso?", e a resposta da menininha foi: "A vida". Rimos ao ver uma criancinha tão pequena se achando experiente na vida. E é exatamente assim que Deus faz quando vê a nossa autossuficiência na forma como conduzimos nosso viver.

É sobre isso que Tiago 4:13-17 nos alerta. Nossa autossuficiência nos impede de experimentarmos o projeto de Deus para nós. Por isso precisamos planejar com o Senhor. O problema não é fazer planos; é fazê-los com autossuficiência. O verdadeiro discípulo trabalha com Deus em seu planejamento, em dependência dele.

No Salmo 37:4-6, somos aconselhados a buscar no Senhor a nossa alegria e a entregar-lhe nossos caminhos confiando nele, e Ele, por Sua vez, nos ajudará. O versículo não diz "talvez Ele o ajude". Pelo contrário, a afirmação é categórica: "Ele o ajudará".

Meu conselho é: confie na soberania de Deus, renuncie à sua autossuficiência e faça planos com o Senhor de como viverá os próximos dias e anos. Assim, poderá ter certeza de que, independentemente de como você começou sua vida, ela terminará bem. Como diz Tiago, a vida não submissa a Deus não faz sentido.

*LUIZ ROBERTO SILVADO*

**A autossuficiência alimenta o orgulho.**

A dependência de Deus alimenta a humildade.

---

**A BÍBLIA EM UM ANO:** GÊNESIS 49–50; MATEUS 13:31-58

**21 DE JANEIRO** — **JOÃO 9:1-12**

## DOE ENQUANTO VIVE

*Devemos cumprir logo as tarefas que nos foram dadas por aquele que me enviou. A noite se aproxima...* v.4

Um empresário bem-sucedido passou as últimas décadas de sua vida fazendo o possível para doar sua fortuna. Multimilionário, ele doou dinheiro a uma variedade de causas. Doou para trazer paz à Irlanda do Norte, e até para modernizar o sistema de saúde do Vietnã. Pouco antes de morrer, gastou 350 milhões de dólares para transformar a Ilha Roosevelt, de Nova Iorque, num centro tecnológico. Ele afirmou: "Acredito fortemente em doar em vida. Vejo pouca razão para adiar a doação. Além disso, é muito mais divertido doar enquanto se vive do que doar após a morte. Doar enquanto você vive — que bela atitude!

No relato de João sobre o homem nascido cego, os discípulos de Jesus tentavam deliberar sobre quem havia pecado. Jesus respondeu-lhes dizendo: "Nem uma coisa nem outra. Isso aconteceu para que o poder de Deus se manifestasse nele. Devemos cumprir logo as tarefas que nos foram dadas por aquele que me enviou. A noite se aproxima, quando ninguém pode trabalhar" (vv.2-4). Embora nosso trabalho seja muito diferente dos milagres de Jesus, não importa o quanto nos doemos, devemos fazê-lo com prontidão e amor. Seja por meio do nosso tempo, recursos ou ações, nosso objetivo é demonstrar as obras de Deus.

Deus amou tanto o mundo que Ele entregou o Seu Filho por nós. Que também sejamos doadores em todo o tempo. *JOHN BLASE*

**Quando se trata de doar, onde está a sua falha?
O que significa para você doar enquanto está vivo?**

*Deus, Tu és o grande Doador. Mostra-me lugares onde eu possa praticar a doação hoje.*

Leia sobre a generosidade de Deus em: paodiario.org

**A BÍBLIA EM UM ANO**: ÊXODO 1–3; MATEUS 14:1-21

# 22 DE JANEIRO

GÊNESIS 3:1-10

# ESCONDENDO-SE DE DEUS

*Então o SENHOR Deus chamou o homem
e perguntou: "Onde você está?" v.9*

Fechei os olhos e comecei a contar em voz alta. Meus colegas da 3ª série correram para se esconder. Depois de vasculhar cada armário e canto pelo que me pareceram horas, não consegui encontrar uma das minhas amigas. Senti-me ridícula quando ela saiu detrás de uma enorme samambaia pendurada no teto. Apenas a cabeça tinha sido escondida pela planta, o restante do corpo dela estava à vista o tempo todo!

Como Deus é onisciente, quando Adão e Eva "se esconderam dele" (GÊNESIS 3:8) no jardim do Éden, na verdade, eles estavam sempre à vista. O casal não estava brincando de esconde-esconde; mas eles estavam experimentando a súbita percepção e vergonha por seus erros, tendo se alimentado da árvore que Deus lhes dissera para não comer.

Adão e Eva se afastaram de Deus e de Sua amorosa provisão quando desobedeceram às instruções divinas. Em vez de Deus se afastar deles com raiva, ao contrário, Ele os procurou, perguntando onde estavam (v.9). Não é que Deus não soubesse onde estavam, mas o Senhor queria que soubessem sobre a Sua compaixão por eles.

Eu não podia ver minha amiga se escondendo, mas Deus sempre nos vê e nos conhece. Estamos sempre à Sua vista. Assim como Ele foi ao encalço de Adão e Eva, Jesus nos buscou enquanto "ainda éramos pecadores" morrendo na cruz para demonstrar Seu amor por nós (ROMANOS 5:8). Não precisamos mais nos esconder.

KIRSTEN HOLMBERG

**Alguma vez você tentou
se esconder de Deus?**

*Deus Pai, obrigado pela demonstração
do Teu amor e cuidado comigo, apesar dos meus erros.*

**A BÍBLIA EM UM ANO**: ÊXODO 4–6; MATEUS 14:22-36

**23 DE JANEIRO** — ATOS 2:32-41

★ *TÓPICO DE JANEIRO: SALVAÇÃO*

# ISTO É GRAÇA

*...saibam com certeza [...] que a esse Jesus, que vocês crucificaram, Deus fez Senhor e Cristo!* v.36

O clássico *Os Miseráveis*, de Victor Hugo, começa com Jean Valjean, em liberdade condicional, roubando a prata de um padre. Ele foi pego e espera voltar às minas. Mas o padre choca a todos quando diz ter dado a prata para Valjean. Depois que a polícia sai, ele se vira para o ladrão e diz: "Você não pertence mais ao mal, mas ao bem".

Esse amor extravagante destaca o amor que flui da fonte de onde vem toda a graça. No dia de Pentecostes, Pedro disse ao seu público que, menos de dois meses antes, naquela mesma cidade, eles haviam crucificado Jesus. A multidão ficou arrasada e lhe perguntou o que deveriam fazer. Pedro lhes disse: "Vocês devem se arrepender, para o perdão de seus pecados, e cada um deve ser batizado em nome de Jesus Cristo" (ATOS 2:38). Jesus tinha suportado a punição que eles mereciam. Agora a pena deles seria perdoada se colocassem sua fé nele.

Ó, ironia da graça! As pessoas só poderiam ser perdoadas por causa da morte de Cristo — uma morte pela qual eram responsáveis. Como Deus é misericordioso e poderoso! Ele usou o maior pecado da humanidade para completar a nossa salvação. Se Deus já fez isso com o pecado da crucificação de Jesus, podemos afirmar que não há nada que Ele não possa transformar em algo bom. Confie naquele que "faz todas as coisas cooperarem para o bem daqueles que o amam" (ROMANOS 8:28).

MIKE WITTMER

**O que significa entregar sua vida e seus temores a Jesus?**

*Querido Pai, obrigado por Teu amor que me resgatou da morte eterna. Ajuda-me a confiar em ti.*

Saiba mais sobre o relacionamento pessoal com Deus, acesse: paodiario.org

**A BÍBLIA EM UM ANO**: ÊXODO 7–8; MATEUS 15:1-20

**24 DE JANEIRO** — **JEREMIAS 18:1-6**

# RODA DE OLEIRO

*Mas o vaso de barro que ele estava fazendo não saiu como desejava, por isso ele amassou o barro e começou novamente.* v.4

No esforço para evitar que pessoas desajeitadas ou descuidadas quebrassem itens numa loja, um lojista postou uma placa que dizia: "Quebrou, pagou". Hoje essa frase espalhou-se como um aviso aos compradores e pode ser vista em muitos locais.

Ironicamente, um sinal oposto a esse pode ser colocado numa loja de verdadeiros oleiros. Ali se leria: "Se você quebrar, transformaremos em algo ainda melhor". Em Jeremias 18, lemos exatamente isso. O profeta visita a casa de um oleiro e o vê moldando manualmente a argila, manuseando-a cuidadosamente e recomeçando um novo vaso (v.4). Ele nos relembra de que Deus é de fato um bom Oleiro, e nós somos o barro. Ele é soberano e pode usar o que Ele cria para destruir o mal e criar beleza em nós.

Deus pode nos moldar mesmo quando estamos marcados ou quebrados. Ele, o Oleiro Mestre, pode e está disposto a criar uma cerâmica nova e preciosa a partir de nossas peças despedaçadas. Deus não olha para nossa vida despedaçada, erros e pecados passados como material inutilizável. Em vez disso, Ele utiliza o que encontra em nós e nos remodela como melhor lhe convém.

Mesmo quebrados, temos imenso valor para nosso Oleiro Mestre. Em Suas mãos, os pedaços quebrados de nossa vida podem ser reaproveitados em belos vasos que podem ser usados por Ele (v.4).

*KATARA PATTON*

**Você se alegra em saber que Deus é o Oleiro que pode criar algo a partir de seus pedaços quebrados?**

*Deus, Tu és o Oleiro e eu sou o barro. Molda-me como quiseres, pois sei que estou em Tuas mãos.*

**A BÍBLIA EM UM ANO**: ÊXODO 9–11; MATEUS 15:21-39

**25 DE JANEIRO** — 1 JOÃO 4:10-21

# AMADO DEUS

*Sabemos quanto Deus nos ama
e confiamos em seu amor.* v.16

O professor terminava sua aula online dizendo: "Até a próxima" ou "Tenha um bom fim de semana". Alguns alunos lhe respondiam com "Obrigado. Igualmente!" Mas, um dia, alguém lhe respondeu: "Te amo." Surpreso, ele respondeu: "Te amo também!". Naquela noite, os colegas concordaram em criar a corrente de "te amo" para a próxima aula, em agradecimento ao professor que teve que ensinar a uma tela em seu computador, e não pessoalmente como ele preferia. Dias depois, quando ele terminou de lecionar e disse: "Até a próxima", um por um, os alunos responderam: "Te amo". Eles continuaram essa prática por meses. Esse professor disse que isso criou um forte vínculo com seus alunos, e ele agora sente que eles se tornaram como "família".

Em 1 João 4:10-21, nós, como parte da família de Deus, encontramos várias razões para dizer "eu te amo" a Deus: Ele enviou Seu Filho como sacrifício pelo nosso pecado (v.10). Concedeu-nos Seu Espírito para viver em nós (vv.13,15). Seu amor é sempre confiável (v.16), e nunca precisamos temer o julgamento (v.17). O Senhor nos capacita a amá-lo e aos outros também "porque ele nos amou primeiro" (v.19).

Quando você se reunir com o povo de Deus, aproveite para compartilhar os seus motivos para amá-lo. Fazer uma corrente de "eu te amo" para Deus vai lhe trazer louvor e aproximar os irmãos ainda mais.

ANNE CETAS

**Por que você ama a Deus?
Como você pode demonstrar aos outros o Seu amor?**

*Pai, sou grato por conhecer Teu amor
e fazer parte de Tua família.
Ensina-me a demonstrar esse amor.*

**A BÍBLIA EM UM ANO:** ÊXODO 12–13; MATEUS 16

# FELICIDADE VERDADEIRA

*Concluí, portanto, que a melhor coisa
a fazer é ser feliz e desfrutar a vida
enquanto é possível.* v.12

Abd al-Rahman III foi o governante de Córdoba, Espanha, no século 10. Após 50 anos de reinado bem-sucedido ("amado pelos súditos, temido pelos inimigos, e respeitado pelos aliados"), al-Rahman deu uma olhada mais profunda em sua vida. Sobre seus privilégios disse: "Esperaram por mim as riquezas e honras, o poder e prazer". Mas ao contar quantos dias de felicidade genuína ele tivera, durante esse tempo, totalizaram apenas 14. Que triste!

O autor de Eclesiastes também foi homem de riquezas e honra (ECLESIASTES 2:7-9), poder e prazer (1:12; 2:1-3), e sua avaliação de vida foi igualmente sóbria. Ele percebeu que as suas riquezas apenas o fizeram desejar ainda mais (5:10-11), enquanto os prazeres foram poucos (2:1-2). Seu sucesso poderia ter sido devido ao acaso tanto quanto à habilidade (9:11). Mas sua avaliação não terminou tão triste quanto a de Al-Rahman. Ele creu que Deus era a sua fonte de felicidade, percebeu que comer, trabalhar e fazer o bem poderia ser apreciado quando feito em comunhão com o Senhor (2:25; 3:12-13).

Abd al-Rahman concluiu suas reflexões dizendo: "não coloque a sua confiança neste mundo!". Sendo feitos para a eternidade (3:11), os prazeres terrestres e as conquistas por si só não nos satisfazem. Mas com o Senhor em nossa vida, a verdadeira felicidade torna-se possível em nossa alimentação, trabalho e vida.

*SHERIDAN VOYSEY*

### Onde você busca encontrar a felicidade?

*Pai celestial, hoje farei
todas as coisas em Tua presença.*

**A BÍBLIA EM UM ANO**: ÊXODO 14–15; MATEUS 17

# NÃO GUARDE RANCOR

*Não procurem se vingar nem guardem rancor [...] ame o seu próximo como a si mesmo. Eu sou o SENHOR.* v.18

Durante um evento promocional, em 2011, dois ex-jogadores já idosos brigaram fisicamente no palco durante a comemoração. Eles tinham uma rixa desde um jogo controverso realizado décadas antes. Depois que um deles derrubou o outro do palco, a multidão gritou: "acabe com ele!" e lhe diziam para "moê-lo".

A Bíblia contém muitos exemplos de pessoas "acabando com o outro". Caim guardava rancor de seu irmão Abel porque Deus preferiu a oferta de Abel à sua (GÊNESIS 4:4-5). Esse rancor era tão intenso que acabou levando-o a assassinar seu próprio irmão: "Caim atacou seu irmão Abel e o matou" (v.8). "Esaú passou a odiar Jacó" porque Jacó lhe roubou o direito de primogenitura que lhe pertencia (27:41). Esse ódio era tão intenso que fez Jacó fugir amedrontado para escapar do irmão.

A Bíblia nos dá vários exemplos de pessoas que guardavam rancor. Seu texto também nos instrui sobre como "atacar o mal" — como buscar perdão e reconciliação. Deus nos chama para amar aos outros (LEVÍTICO 19:18), orar e perdoar aqueles que nos insultam e nos ferem (MATEUS 5:43-47), viver pacificamente com todas as pessoas, deixar a vingança a Deus e vencer o mal praticando o bem (ROMANOS 12:18-21). Pelo Seu poder, podemos "atacar o mal" hoje.

MARVIN WILLIAMS

**Por que é tão importante que não guardemos rancor? Nesta semana, qual atitude você deverá tomar para restaurar um relacionamento destruído ou danificado?**

*Jesus, obrigado por poder perdoar os outros porque Tu me perdoaste.*

**A BÍBLIA EM UM ANO**: ÊXODO 16–18; MATEUS 18:1-20

**28 DE JANEIRO**  **JEREMIAS 17:5-8**

# EM DEUS, CONFIAMOS

*Feliz é quem confia no S*ENHOR*, cuja esperança é o S*ENHOR*.* v.7

O bebê deveria nascer em 6 semanas, mas o médico a diagnosticou com *coléstese*, uma condição hepática comum na gravidez. Em meio ao turbilhão de emoções, Wanda recebeu tratamento no hospital e soube que seu bebê poderia nascer em 24 horas! Em outra parte do hospital, ventiladores e outros equipamentos necessários para conter a COVID-19 estavam sendo instalados. Por essa razão, Wanda voltou para casa, confiou nos propósitos de Deus, e teve um parto saudável poucos dias depois.

Quando as Escrituras se enraízam em nós, elas transformam a forma como reagimos em situações difíceis. Jeremias viveu numa época em que a maioria da sociedade confiava em alianças humanas, e predominava a adoração de ídolos. O profeta contrasta a pessoa que "se apoia na força humana e afasta seu coração do SENHOR" (JEREMIAS 17:5) com aquele que confia em Deus. "Feliz é quem confia no SENHOR, cuja esperança é o SENHOR. É como a árvore plantada junto ao rio, com raízes que se estendem até as correntes de água. Não se incomoda com o calor, e suas folhas continuam verdes (vv.7-8).

Como cristãos, somos chamados a viver pela fé enquanto olhamos para o Senhor em busca de soluções. Enquanto Deus nos fortalece, podemos escolher temer ou confiar nele. Deus diz que somos abençoados e *plenamente satisfeitos*, quando escolhemos confiar nele.

*REGIE KELLER*

**Você se sente aliviado por poder confiar em Deus em todas as circunstâncias?**

*Querido Pai, obrigado por poder confiar em ti e buscar-te em oração, em todas as situações.*

---

**A BÍBLIA EM UM ANO**: ÊXODO 19–20; MATEUS 18:21-35

**29 DE JANEIRO** — **MATEUS 19:16-26**

# PERFEITO COMO CRISTO

*Portanto, sejam perfeitos, como perfeito é seu Pai celestial.* 5:48

A autora Kathleen Norris afirma que o *perfeccionismo* é uma das palavras mais assustadoras que se conhece. Ela o contrasta com a "perfeição" descrita no evangelho de Mateus. Descreve-o como "grave aflição psicológica que torna as pessoas muito tímidas para correr riscos necessários". Mas, em Mateus, a palavra "perfeito" significa realmente maduro, completo ou inteiro. Kathleen conclui: "Ser perfeito... é abrir *espaço para o crescimento* [e tornar-se] maduro o suficiente para nos entregarmos aos outros."

Entender perfeição assim nos ajuda a compreender a história de um homem que questionou Jesus sobre o que poderia fazer para "obter a vida eterna" (MATEUS 19:16). Jesus respondeu: "guarde os mandamentos" (v.17). Ele pensou que tinha obedecido a todos eles, mas sabia que algo estava faltando. "O que mais devo fazer?" (v.20) ele perguntou.

Jesus identificou a riqueza desse homem como o gatilho que sufocava o seu coração. E lhe disse que se ele quisesse "ser perfeito" — inteiro, disposto a doar e receber de outros no reino de Deus — deveria se dispor a deixar de lado o que o impedia de fazer isso (v.21).

Cada um de nós tem a própria versão da perfeição, bens ou hábitos aos quais nos agarramos para obter o controle. Ouça o convite de Jesus para se render e encontrar a plena liberdade que só é possível nele (v.26).

MONICA LA ROSE

**De que maneira a atitude de entregar o controle a Deus o livra do perfeccionismo?**

*Amado Deus, ajuda-me a entregar todo o controle a ti e a usufruir da plena liberdade que há em Cristo.*

---

**A BÍBLIA EM UM ANO**: ÊXODO 21–22; MATEUS 19

**30 DE JANEIRO**  SALMO 6

# ORAÇÕES SEM RESPOSTAS

*Senhor, quando virás
me restaurar?* v.3

Já chegamos? Ainda não. Já chegamos? Ainda não. Repetíamos isso com os nossos filhos pequenos em longas viagens. Nossos dois filhos mais velhos ainda nos perguntam isso. Se eu ganhasse uma moeda cada vez que eles perguntavam a mesma coisa, hoje teria uma montanha de moedas. Era uma pergunta com a qual meus filhos eram obcecados, mas eu também ficava obcecado pensando: *já chegamos?* E a resposta era: *ainda não, mas em breve.*

Verdade seja dita, a maioria dos adultos faz uma variação desse questionamento, mesmo sem expressá-la em voz alta. Mas pedimos pelo mesmo motivo: estamos cansados, e com os olhos embaçados pela tristeza (SALMO 6:7). Estamos exaustos "de tanto gemer" (v.6) pelos noticiários noturnos, frustrações diárias no trabalho, problemas intermináveis de saúde, relacionais, e a lista continua... Gritamos, já chegamos? "Senhor, quando virás me restaurar? (v.6).

O salmista conhecia bem esse tipo de cansaço e, com sinceridade, questionou o Senhor. Como um pai carinhoso, Deus ouviu a súplica de Davi e, em Sua grande misericórdia, aceitou-a (v.9). Davi não tinha vergonha em questionar. Nós também podemos nos aproximar ousadamente do nosso Pai celestial com nossas sinceras súplicas perguntando-lhe: "Quando virás?" e Sua resposta pode ser: "Ainda não, mas em breve. Eu sou bondoso. Confie em mim!".

*JOHN BLASE*

**Você se questiona pelo *tempo do Senhor*?
O que há em Deus que demonstra
que Ele é confiável?**

*Pai, angustiado questiono: "Quanto tempo, Senhor?"
Confio em ti que me guias na jornada da vida.*

---

**A BÍBLIA EM UM ANO:** ÊXODO 23–24; MATEUS 20:1-16

**31 DE JANEIRO** — **LUCAS 7:36-44**

# LÁGRIMAS SEM DESCULPAS

*As lágrimas caíram sobre os pés dele,*
*e ela os secou com seu cabelo...* v.38

"Sinto muito", disse Karen, desculpando-se pelas lágrimas. Após a morte do marido, ela se superou para cuidar dos filhos adolescentes. Quando os homens da sua igreja organizaram um acampamento, no fim de semana, para entretê-los e lhe dar um descanso, Karen chorou de gratidão, desculpando-se por suas lágrimas.

Por que tantos de nós nos desculpamos? Simão, um fariseu, convidou Jesus para jantar. Quando Jesus tomou Seu lugar à mesa, uma mulher que vivera pecaminosamente trouxe-lhe um frasco de perfume. "Em seguida, ajoelhou-se aos pés de Jesus, chorando. As lágrimas caíram sobre os pés dele, e ela os secou com seu cabelo; e continuou a beijá-los e a derramar perfume sobre eles" (LUCAS 7:38). Sem desculpar-se, ela expressou o seu amor e secou os pés de Jesus com seus cabelos. Cheia de gratidão e amor por Ele, ela cobriu suas lágrimas com beijos. Essa atitude contrasta com a do anfitrião correto, mas frio. Jesus reagiu elogiando sua exuberante expressão de amor e a declarou "perdoada" (vv.44-48).

Talvez silenciemos as lágrimas de gratidão quando elas ameaçam transbordar. Mas Ele nos fez seres emocionais, e podemos usar os nossos sentimentos para honrá-lo. Como a mulher citada, expressemos, sem desculpas, o nosso amor por nosso bom Deus, que supre nossas necessidades e recebe livremente a nossa gratidão.

*ELISA MORGAN*

**Você expressa gratidão a Deus com suas emoções?**

*Amado Deus, obrigado por Tua graça em suprir minhas necessidades! Entrego-te toda a minha gratidão.*

---

**A BÍBLIA EM UM ANO**: ÊXODO 25–26; MATEUS 20:17-34

★ TÓPICO DE FEVEREIRO / **Humildade**

# SABIAMENTE HUMILDE

Eu era uma excelente escritora, ou assim eu pensava ser. Desde o ensino fundamental, prêmios e certificados pelo que eu escrevera forravam as paredes do meu quarto, deixando-me satisfeita e orgulhosa.

Então, logo, fui para a faculdade. Meus primeiros trabalhos nas aulas de redação eram apenas regulares, na média; muitas notas médias para ser um erro. Então, em um dia sombrio de outono, tive em mãos o retorno de um trabalho com nota abaixo da média. Eu olhei para ele, segurei as lágrimas sentindo-me arrasada, tentando me sentar naturalmente e parecer estar bem, enquanto minha mente gritava de dor e descrença. Nosso orgulho idólatra pode nos ferroar assim: "O orgulho leva à desgraça" (PROVÉRBIOS 11:2).

Minha mente rodopiou. *Uma nota abaixo da média para mim?* Então li a nota da professora. A escrita estava boa, ela escreveu, mas eu tinha cometido um erro em relação ao fato. O resultado em uma aula de redação de notícias? Uma nota baixa automaticamente. Reconhecendo meu erro, fiquei depois da aula para agradecê-la por apontá-lo. No dia seguinte, consultei outro professor pedindo-lhe para rever minhas deficiências, sentada em silêncio enquanto ele me mostrava trabalhos "melhores".

Humilhante? É o cartão de visitas da humildade, cujo outro benefício inestimável é a sabedoria (PROVÉRBIOS 11:2). Buscando isso, aprendemos que a humildade não é nos colocar abaixo. É colocar os outros antes de nós. Como Tiago ensinou: "Humilhem-se diante do Senhor, e ele os exaltará" (TIAGO 4:10). O que perdemos nesta caminhada tão minuciosamente afinada? Por meio da humildade, não perdemos nada. Na verdade, só ganhamos. Reconhecer meus defeitos e procurar ajuda logo me levaram a trabalhos que ganharam notas máximas. Muito mais inestimável foi a lição aprendida para a vida toda. Em nossa humildade, a sabedoria encontra um lar.

*PATRÍCIA RAYBON*

Além deste artigo, o tema *humildade*
é abordado nos devocionais dos dias **1, 9, 16** e **23** de **fevereiro**.

**1º DE FEVEREIRO** 🞄 **SALMO 16**

★ *TÓPICO DE FEVEREIRO: HUMILDADE*

# UMA POSTURA HUMILDE

*Eu disse ao S*ENHOR*: "Tu és meu Senhor!*
*Tudo que tenho de bom vem de ti"* v.2

"Você vai ficar bem. Coloque as mãos atrás das costas." Essa é a observação amorosa que o marido de Jane sempre faz, antes de ela se aventurar a falar a um grupo. Quando ela queria impressionar as pessoas ou controlar uma situação, adotava essa postura porque isso lhe trazia a sensação de estar disposta a ouvir e aprender. Jane a usou para lembrar-se de amar os seus ouvintes e ser humilde e disponível para o Espírito Santo.

Essa mesma compreensão da humildade está enraizada na observação feita pelo rei Davi de que tudo vem de Deus. Ele disse a Deus: "Tu és meu Senhor! Tudo que tenho de bom vem de ti" (SALMO 16:2). O rei aprendeu a confiar em Deus e a buscar Seu conselho: "mesmo à noite meu coração me ensina" (v.7). Davi sabia que, com Deus ao seu lado, ele não seria abalado (v.8). Não precisava se envaidecer porque confiava no poderoso Deus que o amava.

Ao olharmos para Deus todos os dias, pedindo-lhe que nos ajude, quando nos sentimos frustrados, ou que nos conceda as palavras para falar, quando nos sentimos com a língua presa, nós o veremos agindo em nossa vida. Como Jane diz: "faremos parceria com Deus" e perceberemos que fizemos bem porque o Senhor nos ajudou a florescer.

Olhemos para os outros com amor e humildade para que nos lembremos de que tudo o que temos vem de Deus. AMY BOUCHER PYE

**Como você pode depender de Deus para ajudá-lo com as tarefas que precisam ser cumpridas?**

*Deus Criador do mundo e de tudo o que nele há,*
*estou pronto a ser usado para a Tua glória.*

**A BÍBLIA EM UM ANO:** ÊXODO 27–28; MATEUS 21:1-22

**2 DE FEVEREIRO** — **MATEUS 25:31-40**

# AMOR, POR ONDE FORMOS...

*...quando fizeram isso ao menor destes meus irmãos, foi a mim que o fizeram.* v.40

Estávamos de férias e sentei-me no píer para ler a Bíblia e ver o meu marido pescar. Um jovem se aproximou e sugeriu que usássemos iscas diferentes. Olhando para mim, enquanto se movimentava, apontou para a minha Bíblia e disse: "Eu estive na cadeia, e você acha que Deus realmente se importa com pessoas como eu?".

Abri em Mateus 25 e li em voz alta o que Jesus falou sobre os Seus seguidores que visitavam os encarcerados. "Diz isso? Sobre estar na prisão?". As lágrimas surgiram em seus olhos quando compartilhei como Deus considera a bondade com Seus filhos um ato pessoal de amor para consigo mesmo (vv.31-40).

"Eu gostaria que meus pais me perdoassem também." Ele baixou sua cabeça dizendo: "Já volto!". Buscou a sua Bíblia bem desgastada e pediu-me: "Você me mostra onde estão essas palavras?". Acenei-lhe que sim e meu marido e eu o abraçamos e oramos por ele e seus pais. Trocamos informações de contato e continuamos orando por ele.

Aqui ou ali, nós nos sentiremos mal-amados, rejeitados, carentes e até mesmo física ou emocionalmente aprisionados (vv.35-36). Precisaremos nos lembrar da compaixão amorosa e do perdão divino. Também teremos oportunidades de apoiar outros que lutam contra tais sentimentos. Podemos fazer parte do plano redentor de Deus, enquanto espalhamos a Sua verdade e amor, por onde quer que formos. *XOCHITL DIXON*

### De que forma Deus lhe demonstrou o Seu amor através de outras pessoas?

*Pai, obrigado por me amares, perdoares, e me dares oportunidades de compartilhar a Tua verdade.*

Descubra o amor verdadeiro, acesse: paodiariooficial.org.

**A BÍBLIA EM UM ANO**: ÊXODO 29–30; MATEUS 21:23-46

**3 DE FEVEREIRO**  🌿 **SALMO 147:8-17**

# SUA INCRÍVEL AJUDA

*[Deus] Envia a neve
como lã branca.* v.16

As autoridades maravilharam-se com as "centenas de milhares ou talvez milhões de orações" que foram feitas a Deus para que ajudasse enquanto o *East Troublesome Fire* (um incêndio de grandes proporções) se espalhava pelas montanhas do Colorado, EUA, no outono de 2020. O fogo consumiu 404 km² em 12 horas, rugindo pelas florestas secas, queimando 300 casas, e ameaçando cidades inteiras na passagem. Depois veio "a dádiva de Deus", como um meteorologista a chamou. Não, não foi a chuva, mas a neve oportuna, que caiu sobre a zona em chamas, chegando cedo para essa época do ano, retardando o fogo e, em alguns lugares, parando-o.

Essa ajuda parecia maravilhosa demais para explicar. Deus ouve as nossas preces pela neve? E pela chuva também? A Bíblia registra Suas muitas respostas, incluindo a esperança de Elias pelas chuvas (1 REIS 18:41-46). Elias, servo de grande fé, entendeu a soberania de Deus, inclusive sobre o clima. Lemos, no Salmo 147, que: Ele "provê chuva para a terra" (v.8), "envia a neve como a lã […] Quem é capaz de suportar o frio intenso?" (vv.16-17).

Elias podia ouvir "uma forte tempestade chegando" antes mesmo de as nuvens se formarem (1 REIS 18:41). Nossa fé no poder de Deus é forte assim? Deus nos encoraja a confiar nele, não importa a Sua resposta. Podemos buscar o Senhor e clamar por Sua ajuda maravilhosa.   *PATRÍCIA RAYBON*

**Deus o ajudou em uma situação terrível?
Como a ajuda divina encoraja a sua fé?**

*Deus, diante de ti e humilhado
por Tua ajuda sempre misericordiosa,
agradeço por Teu poder soberano.*

**A BÍBLIA EM UM ANO**: ÊXODO 31–33; MATEUS 22:1-22

# A MARAVILHA DA CRIAÇÃO

*Produza a terra vegetação: toda espécie [...] com sementes e árvores que dão frutos com sementes...* v.11

Timóteo caminhava pela geleira e se deparou com bolas de musgo que jamais vira. Ele as estuda profissionalmente, mas essas lhe eram desconhecidas. Depois de estudá-las por muitos anos, ele e seus colegas descobriram que, ao contrário do musgo das árvores, os chamados "ratos glaciares" não se apegam e se movem em uníssono, como rebanho ou bando. No início, eles suspeitaram que elas tinham sido sopradas pelo vento ou que rolavam ladeira abaixo, mas suas pesquisas descartaram essas hipóteses.

Eles ainda não descobriram exatamente como as bolas de musgo se movem. São os mistérios que destacam a criatividade divina. Em Sua obra de criação, Deus ordenou à terra que produzisse vegetação na forma de plantas e árvores (GÊNESIS 1:11). Seu projeto incluía ratos glaciares também, embora a maioria de nós não os veja em primeira mão a não ser que visitemos uma geleira que lhes supre um ambiente adequado.

Os ratos glaciares encantam os cientistas com sua presença verde difusa, desde a sua descoberta, na década de 1950. Deus observou a vegetação que havia criado e declarou "que isso era bom" (v.12). Estamos cercados pelos desenhos botânicos de Deus, cada um demonstrando Sua criatividade e nos convidando a adorá-lo. Podemos nos deliciar com cada uma das árvores e plantas que o Senhor criou, pois são boas! KIRSTEN HOLMBERG

**Qual aspecto da criatividade divina mais o conduz a adorar o Senhor?**

*Obrigado, Deus, pela maravilha de Tua criação e pelo privilégio de aprender sobre ti através dela.*

---

**A BÍBLIA EM UM ANO:** ÊXODO 34–35; MATEUS 22:23-46

**5 DE FEVEREIRO** — ROMANOS 5:1-11

# NÃO É PARA NOSSO CONFORTO

*...nos alegramos ao enfrentar [...] provações, [...] que contribuem para [...] perseverança [...] caráter...* vv.3-4

Daniel pilotava sua moto quando um carro o empurrou ao tráfego que se aproximava. Duas semanas depois, ele acordou no centro de traumas com uma lesão na medula espinhal que o deixou paraplégico. Daniel orou pela cura, mas ela nunca chegou. Entretanto, ele acredita que Deus lhe ensinou com compaixão que "o propósito desta vida é que nos conformemos à imagem de Cristo. Infelizmente, isso não acontece quando tudo corre às mil maravilhas, mas quando a vida é dura. Quando somos forçados a confiar em Deus em oração apenas para sobreviver ao dia".

O apóstolo Paulo explicou dois benefícios de estarmos firmes em Deus: ter perseverança e alegrar-se em meio às provações (ROMANOS 5:3-4). Esses dois benefícios não nos convidam a suportar o sofrimento com força estoica ou a encontrar prazer na dor. Convidam-nos à inabalável confiança em Deus. No sofrimento ao lado de Cristo cultivamos a: "perseverança; caráter e esperança" (vv.3-4). Isso flui da fé de que o Pai não nos decepcionará, mas caminhará conosco pelo fogo e rumo ao futuro.

Deus nos encontra em nosso sofrimento e nos ajuda a crescer nele. Em vez de ver as aflições como desfavor de Deus, que descubramos as maneiras que Ele as usa para refinar e construir nosso caráter à medida que experimentamos como Ele enche nosso coração com Seu amor (v.5).

*MARVIN WILLIAMS*

**O que você precisa mudar para lidar com o sofrimento na força de Jesus?**

*Jesus, que eu encontre a esperança e a alegria em ti. Concede-me o que preciso para perseverar.*

Saiba mais sobre como confortar os que sofrem: universidadecrista.org

**A BÍBLIA EM UM ANO**: ÊXODO 36–38; MATEUS 23:1-22

# 6 DE FEVEREIRO — PROVÉRBIOS 3:19-24

## SONO TRANQUILO

*Quando for dormir, não sentirá medo; quando se deitar, terá sono tranquilo.* v.24

Quando Flávia fica acordada à noite, ela pensa na letra do hino "Amor a Jesus (CC 303)". Flávia o chama de canção "no meio da noite" porque a ajuda a lembrar-se das promessas de Deus e dos motivos que a fazem amá-lo.

O sono é necessário, mas às vezes é algo enganoso. Por vezes, podemos sentir a voz do Espírito Santo trazendo o pecado inconfessável à nossa mente. Ou começamos a nos preocupar com o nosso trabalho, relacionamentos, finanças, saúde e filhos. Na sequência, um futuro de opressão começa a desfilar numa espiral em nosso cérebro. Tentamos não pensar nisso, mas ao olharmos para o relógio, percebemos que se passaram poucos momentos desde a última verificada.

No texto de hoje, o rei Salomão sugeriu que podemos receber os benefícios do sono tranquilo quando nos revestimos da sabedoria, da compreensão e do conhecimento de Deus. Na verdade, ele afirma que eles "darão vigor à sua alma [...]. Quando for dormir, não sentirá medo; quando se deitar, terá sono tranquilo" (vv.22,24).

Talvez todos nós precisemos de uma canção, oração ou versículo bíblico para sussurrar suavemente "no meio da noite", a fim de nos ajudar a mudar os pensamentos confusos à mente focada totalmente em Deus e em Seu caráter. A consciência limpa e o coração cheio de gratidão pela fidelidade e amor de Deus podem nos trazer um sono tranquilo.

*CINDY HESS KASPER*

**O que mais o ajuda a focar sua mente no Senhor?**

*Deus, obrigado por Teu amor. Ajuda-me a focar meus pensamentos em Tua fidelidade, não nas provações.*

**A BÍBLIA EM UM ANO:** ÊXODO 39–40; MATEUS 23:23-39

**7 DE FEVEREIRO** — **1 REIS 1:5, 32-37**

# CONSEGUIR O QUE QUEREMOS

*Adonias, filho de Davi e Hagite, começou a se gabar: "Eu assumirei o trono". v.5*

A aron Burr aguardava o resultado da votação de desempate da Câmara dos EUA. Empatado com Thomas Jefferson, na corrida para a presidência, em 1800, Burr tinha razões para acreditar que seria declarado vencedor. No entanto, ele perdeu, e isso o amargurou. Alimentando suas mágoas contra Alexander Hamilton por não apoiar sua candidatura, Burr o matou num duelo armado menos de quatro anos depois. Indignado com o assassinato, seu país virou-lhe as costas, e Burr morreu velho e sozinho.

O poder político é algo trágico na história. Quando o rei Davi estava perto da morte, seu filho Adonias recrutou a guarda pessoal de Davi e um sacerdote para apoiá-lo a ser rei (1 REIS 1:5-8). Mas Davi havia escolhido Salomão como rei (v.17). Com a ajuda do profeta Natã, a rebelião foi vencida (vv.11-53). Apesar de seu adiamento, Adonias planejou roubar o trono uma segunda vez, e Salomão ordenou a execução dele (2:13-25).

Como é humano de nossa parte querer o que não nos pertence por direito! Não importa o quanto busquemos poder, prestígio ou posses, nunca é suficiente. Sempre queremos mais. Tão diferentes de Jesus, que "humilhou-se e foi obediente até a morte, e morte de cruz"! (FILIPENSES 2:8).

Perseguir o egoísmo e as ambições jamais satisfaz os nossos anseios mais verdadeiros e profundos. Deixar o resultado para Deus é o único caminho para a paz e a alegria. TIM GUSTAFSON

### O que você precisa entregar a Deus?

*Querido Deus, ajuda-me a aceitar o que me deste e a não alimentar a cobiça. Quero confiar em ti sempre.*

---

**A BÍBLIA EM UM ANO:** LEVÍTICO 1–3; MATEUS 24:1-28

# SUCESSO E SACRIFÍCIO

*Sabemos o que é o amor porque Jesus deu sua vida por nós.* 1 JOÃO 3:16

Meu filho leu um livro sobre um garoto que queria escalar uma montanha nos alpes suíços. Praticar para atingir esse objetivo ocupava a maior parte do tempo do garoto. Quando ele partiu para o cume, as coisas não saíram como o planejado. No alto de uma encosta, um companheiro de equipe adoeceu e esse garoto decidiu ficar para ajudá-lo em vez de alcançar o seu objetivo.

O professor do meu filho perguntou: "O personagem principal foi um fracasso por não ter subido a montanha?" Um aluno respondeu: "Sim, estava no DNA dele falhar". Outro discordou argumentando que o garoto não era um fracasso, pois desistira de algo importante para ajudar alguém.

Quando deixamos de lado os nossos planos e cuidamos dos outros, agimos como Jesus que sacrificou ter Seu lar, rendimentos e aceitação social para vir a nós e compartilhar a verdade de Deus. Enfim, Ele entregou a Sua vida para nos libertar do pecado e nos demonstrar o amor de Deus (1 JOÃO 3:16).

O sucesso mundano é diferente do sucesso aos olhos de Deus. O Senhor valoriza a compaixão que nos move para resgatar os desfavorecidos e feridos (v.17). Ele aprova as decisões que protegem as pessoas. Com a ajuda divina, podemos ajustar os nossos valores com os dele, dedicarmo-nos a amá-lo e aos outros, que é a conquista mais significativa.

JENNIFER BENSON SCHULDT

**Por que às vezes é difícil alinhar os nossos valores com o que importa para Deus?**

*Pai Eterno, quero ser bem-sucedido aos Teus olhos. Ensina-me a amar os outros do jeito que Tu me amas.*

---

**A BÍBLIA EM UM ANO:** LEVÍTICO 4–5; MATEUS 24:29-51

**9 DE FEVEREIRO** — **TIAGO 4:7-17**

★ *TÓPICO DE FEVEREIRO: HUMILDADE*

# MORTALIDADE E HUMILDADE

*Como sabem o que será de sua vida amanhã? A vida é como a névoa ao amanhecer [...] logo se dissipa.* v.14

Os estudiosos contam que na Roma antiga, depois de uma vitória épica, do amanhecer ao pôr do sol o general desfilava numa carruagem pelas vias centrais. A multidão bradava e o general se deliciava com a adoração, divertindo-se com a maior honra de sua vida. Diz a lenda que um servo lhe sussurrava ao ouvido o dia todo: *Memento mori* ("Lembre-se, você morrerá"). Em meio à adulação, o general precisava desesperadamente da humildade para lembrar-se de que era mortal.

Tiago escreveu para uma comunidade influenciada por orgulho e autossuficiência. Confrontando sua arrogância, disse-lhes: "Deus se opõe aos orgulhosos, mas concede graça aos humildes" (TIAGO 4:6). Disse-lhe que precisavam humilhar-se "diante do Senhor" (v.10). Como fariam isso? Como generais romanos, eles precisavam lembrar-se de que morreriam. "Como sabem o que será de sua vida amanhã?", insistiu Tiago. "A vida é como a névoa ao amanhecer: aparece por um pouco e logo se dissipa" (v.14). Reconhecer sua fragilidade os libertou para viver sob a segurança da vontade do Senhor, em vez de seus próprios esforços efêmeros (v.15).

Podemos ser orgulhosos quando esquecemos que nossos dias estão contados. Mas, quando somos humilhados por nossa mortalidade, vemos cada respiração e cada momento como graça. *Memento mori*.

WINN COLLIER

**O que esse dito aos generais romanos *Memento mori* significa para você? Como nos lembramos de nossa mortalidade?**

*Deus, sou grato e reconheço que a vida está sob o Teu controle. Ajuda-me a encontrar a vida só em ti.*

**A BÍBLIA EM UM ANO:** LEVÍTICO 6-7; MATEUS 25:1-30

**10 DE FEVEREIRO** — **2 CORÍNTIOS 5:16-20**

# UM NOVO COMEÇO

*Logo, todo aquele que está em Cristo se tornou nova criação [...] e uma nova vida teve início!* v.17

O Ano-Novo Chinês está ligado ao calendário lunar e celebra-se entre o final de janeiro e meados de fevereiro. As comemorações são tradicionais e algumas têm grande significado. Comprar e vestir roupas novas, limpar bem a casa e pagar as dívidas. Isso tudo faz lembrar que deixamos o passado para trás e começamos o ano com a *ficha limpa*.

Essas tradições também nos lembram da nova vida em Cristo. Não importa quem costumávamos ser ou o que fazíamos, podemos deixar tudo para trás, parar de nos martirizar pelo passado e deixar de lado a culpa, sabendo que estamos completamente perdoados por causa da morte de Jesus na cruz. E podemos recomeçar, reconhecendo que contamos com o Espírito Santo para nos transformar diariamente a fim de sermos mais semelhantes a Jesus.

Paulo lembra os cristãos: "A velha vida acabou, e uma nova vida teve início!" (2 CORÍNTIOS 5:17). Podemos dizer isso por causa da verdade simples e poderosa: Deus nos reconciliou consigo através de Cristo e "não [leva] mais em conta" nossos pecados contra nós (v.19).

Outros ao nosso redor podem não estar dispostos a esquecer os nossos erros passados, mas estejamos certos de que, aos olhos de Deus, não estamos mais condenados (ROMANOS 8:1). Como Paulo salienta: "Se Deus é por nós, quem será contra nós?" (v.31). Aproveitemos o recomeço que Deus nos deu através de Jesus.

*LESLIE KOH*

**Você encoraja os novos cristãos a recomeçar?**

*Obrigado, Jesus, por Teu sacrifício remidor na cruz, o qual me reconcilia com Deus e traz nova vida em ti.*

---

**A BÍBLIA EM UM ANO**: LEVÍTICO 8–10; MATEUS 25:31-46

**11 DE FEVEREIRO**  🌿 **MATEUS 3:13-17**

# A VOZ DO PAI

*Este é meu Filho amado que
me dá grande alegria.* v.17

O pai do meu amigo morreu recentemente. Quando ele adoeceu, sua condição se deteriorou rapidamente e, em questão de dias, ele se foi. Meu amigo e seu pai sempre tiveram um bom relacionamento, mas ainda havia tantas perguntas e conversas a serem feitas, respostas a serem procuradas. Tantas coisas não ditas, e agora seu pai se foi. Meu amigo é um conselheiro treinado; conhece os altos e baixos do luto e sabe como ajudar os outros a navegar nessas águas turbulentas. Ainda assim, disse-me: "Há dias que preciso ouvir a voz dele, ter a garantia de seu amor. Isso sempre significou muito para mim".

Um evento importantíssimo, no início do ministério terreno de Jesus, foi o Seu batismo pelas mãos de João. Embora João tenha resistido, Jesus insistiu que era necessário para que Ele pudesse se identificar com a humanidade, dizendo: "'É necessário que seja assim, pois devemos fazer tudo que Deus requer'. E João concordou em batizá-lo" (MATEUS 3:15). Abriram-se os céus e o Pai proclamou a identidade de Jesus para João Batista e à multidão. Esse momento deve ter tocado profundamente o coração de Jesus. E a voz do Pai tranquilizou o Seu Filho: "Este é o meu Filho, que me dá grande alegria" (v.17).

Essa mesma voz em nosso coração nos reafirma o grande amor de Deus por nós (1 JOÃO 3:1).   *JOHN BLASE*

**Você já ouviu a voz do Pai?
Como falar de Jesus aos outros e encorajá-los
com essa confiança?**

*Pai, sou grato por Tua voz reconfortante
dizendo-me quem sou e o quanto sou amado.*

Saiba mais sobre a vida de Cristo, acesse: universidadecrista.org

---

**A BÍBLIA EM UM ANO:** LEVÍTICO 11–12; MATEUS 26:1-25

**12 DE FEVEREIRO** — **1 SAMUEL 17:32, 40-47**

# VIVENDO PELA FÉ

*Porque vivemos por fé, e não pelo que vemos.* 2 CORÍNTIOS 5:7

Geraldo teve problemas de equilíbrio, ao andar, e seu médico lhe pediu fisioterapia. Numa sessão, seu terapeuta lhe disse: "Você confia demais no que pode ver, mesmo quando está errado! Você não está dependendo o suficiente dos demais sistemas — sentidos sob seus pés e seus sinais internos — que também são feitos para o ajudar a manter o equilíbrio".

"Você está confiando demais no que você pode ver" traz à mente a história de Davi, um jovem pastor, e o seu encontro com Golias. Durante quarenta dias, Golias, um campeão filisteu, "se apresentava diante do exército israelita", desafiando-os a enviar alguém para lutar com ele (1 SAMUEL 17:16). Mas as pessoas se concentraram nesse desafio e naturalmente sentiam medo. O jovem Davi entrou em cena porque seu pai lhe pedira para levar suprimentos aos seus irmãos mais velhos (v.18).

Como Davi olhou para essa situação? Pela fé em Deus, não pela visão. Ele viu o gigante, mas confiou que Deus resgataria Seu povo. Mesmo sendo apenas um menino, ele disse ao rei Saul: "Ninguém se preocupe por causa desse filisteu. Seu servo vai lutar contra ele" (v.32). E disse a Golias: "A batalha é do SENHOR, e ele entregará vocês em nossas mãos!" (v.47). E foi exatamente isso o que Deus fez.

Confiar no caráter e no poder de Deus pode nos ajudar a viver mais perto dele pela fé, e não pelo que vemos.

*ANNE CETAS*

**O que significa caminhar pela fé em nossos dias?**

*Amado Deus, mostra-me como posso confiar em ti e no Teu caráter, no enfrentamento das minhas lutas.*

---

**A BÍBLIA EM UM ANO:** LEVÍTICO 13; MATEUS 26:26-50

**13 DE FEVEREIRO** — **HEBREUS 6:9-12**

# LEMBRADOS PELO SENHOR

*...Deus [...] não se esquecerá de como trabalharam arduamente para ele [...] como ainda fazem.* v.10

Quando pensamos em missionários históricos e pioneiros, o nome de George Liele (1750–1820) não nos vem à mente, mas deveria. Nascido em escravidão, Liele conheceu a Cristo e ganhou sua liberdade antes da Guerra de Independência dos Estados Unidos. Ele levou a mensagem de Jesus para a Jamaica, ministrou aos escravos nas plantações e serviu como pastor fundador de duas igrejas afro-americanas em Savannah, Geórgia — uma das quais hoje é considerada a "igreja mãe dos Batistas Negros".

A notável vida de Liele no serviço do reino pode ter sido esquecida por alguns, mas seu empenho espiritual nunca será esquecido por Deus. Nem o trabalho que você faz por Deus. Na carta aos Hebreus somos encorajados: "Pois Deus não é injusto; não se esquecerá de como trabalharam arduamente para ele e lhe demonstraram seu amor ao cuidar do povo santo, como ainda fazem" (6:10). A fidelidade de Deus jamais pode ser subestimada, pois Ele realmente sabe e se lembra do que é feito em Seu nome. Encorajem-se: Sigam o exemplo daqueles que, "por causa de sua fé e perseverança" (v.12), herdam as promessas.

Se servirmos nos bastidores, parece fácil sentir que nosso trabalho não é apreciado. Anime-se. Se o nosso trabalho não for reconhecido pelas pessoas ao redor, Deus é fiel e jamais nos esquece.

*BILL CROWDER*

**O que você faz por Deus? Saber que Ele tudo conhece o encoraja, mesmo quando lhe parece estar sendo ignorado?**

*Deus, sei que o meu serviço é imperfeito, mas sei que Tu me vês. Obrigado por me equipares para servir.*

Para saber mais sobre como servir aos outros: acesse: paodiario.org

**A BÍBLIA EM UM ANO**: LEVÍTICO 14; MATEUS 26:51-75

**14 DE FEVEREIRO**      🌿 **CÂNTICO DOS CÂNTICOS 8:6-7**

# O PODER DO AMOR

*As muitas águas não podem*
*apagar o amor. v.7*

**D**ois octogenários formaram um novo casal improvável. Ambos tinham sido casados por 60 anos anteriormente. Eles viviam a 15 minutos de distância, mas suas casas estavam em países separados. Apaixonados, cozinhavam juntos e passavam seu tempo juntos regularmente. Veio o coronavírus e o governo fechou as fronteiras. Destemidos, todos os dias, às 15h, os dois se encontravam e sentavam-se em seus respectivos lados para um piquenique. "Estamos aqui por causa do amor", explicou o homem. Seu amor era mais forte do que fronteiras, mais poderoso do que a pandemia.

Salomão, em Cântico dos cânticos, mostra-nos o poder invencível do amor: "é forte como a morte", (8:6). Nenhum de nós escapa dela, que chega com determinação de aço inquebrável. E, ainda assim, o amor é forte. Além disso, o amor "arde como fogo, como as labaredas mais intensas" (v.6). Você já viu um incêndio explodindo raivosamente? O amor, assim como o fogo, é impossível de conter. "As muitas águas não podem apagar o amor. Nem os rios afogá-lo" (v.7).

O amor humano, quando altruísta e verdadeiro, oferece reflexos dessas características. No entanto, apenas o amor de Deus tem esse vigor, com profundeza ilimitada e poder persistente. E o mais surpreendente é que Deus ama a cada um de nós com esse amor inextinguível.

*WINN COLLIER*

**Como o amor nesta vida reflete o amor**
**compartilhado por Deus, o Pai, Jesus e o Espírito Santo?**
**Como Ele o ama?**

*Deus, preciso do Teu amor poderoso,*
*profundo e inextinguível que jamais me desamparará.*

---

**A BÍBLIA EM UM ANO**: LEVÍTICO 15–16; MATEUS 27:1-26

# 15 DE FEVEREIRO — ROMANOS 12:1-5

## SOMOS UM

*Não imitem [...] os costumes deste mundo,
mas deixem que Deus os transforme [...]
em seu modo de pensar.* v.2

Em comunidades agrícolas, as notícias voam. Décadas depois de o banco ter vendido a fazenda da família de Davi, ele soube que a propriedade estaria novamente à venda. Com sacrifício e economias, Davi foi participar do leilão e juntou-se aos agricultores locais. A sua pequena oferta seria o suficiente? Davi deu o primeiro lance e respirou fundo enquanto o leiloeiro pedia lances maiores. A multidão permaneceu em silêncio até ouvir o bater do martelo. Os outros agricultores colocaram as necessidades de Davi e de sua família acima de seu proveito financeiro.

A bondade desses homens demonstra como o apóstolo Paulo instigou os cristãos a viverem. Ele nos advertiu para não nos conformarmos aos "costumes deste mundo" (ROMANOS 12:2), colocando o nosso egoísmo diante das necessidades dos outros na luta pela autopreservação. Em vez disso, podemos confiar em Deus para atender nossas necessidades enquanto servimos aos outros. À medida que o Espírito Santo transforma a nossa mente, podemos reagir às situações com amor e motivações que honram a Deus. Colocar os outros em primeiro lugar nos ajuda a evitar pensar no bem de nós mesmos, pois Deus nos lembra que somos parte de algo maior: a Igreja (vv.3-4).

O Espírito Santo nos ajuda a entender e a obedecer a Palavra, e nos capacita para sermos generosos, amáveis e amadurecermos em unidade.

*XOCHITL DIXON*

**Alguém que doou com amor e bondade
impactou-o em sua fé?**

*Pai, livra-me do egoísmo
para que eu possa amar com altruísmo e ser
um com meus irmãos em Cristo.*

**A BÍBLIA EM UM ANO:** LEVÍTICO 17–18; MATEUS 27:27-50

**16 DE FEVEREIRO**            🌿 **PROVÉRBIOS 6:20-23**

★ *TÓPICO DE FEVEREIRO: HUMILDADE*

# CONSELHOS SÁBIOS

*O insensato pensa que sua conduta é correta,*
*mas o sábio dá ouvidos aos conselhos.* 12:15

Quando o telhado da Catedral de Notre-Dame de Paris incendiou, em abril de 2019, suas antigas vigas de madeira e placas metálicas geraram tanto calor que foi impossível conter o fogo. Depois que a torre da catedral caiu, as atenções se voltaram para as torres dos sinos. Se as molduras de madeira dos sinos de aço queimassem, derrubaria as duas torres, deixando a catedral em ruínas.

Visando a segurança dos seus bombeiros, o General Gallet, ponderou sobre o que faria a seguir. Um bombeiro chamado Remi aproximou-se, dizendo: "General, proponho que usemos mangueiras pelo lado externo". O comandante descartou a ideia, mas Remi insistiu. O general precisou decidir entre seguir o conselho do bombeiro júnior ou deixar a catedral ruir.

Nas Escrituras, às vezes isso está no contexto de juventude e de respeito aos idosos (PROVÉRBIOS 6:20-23), mas não sempre. Provérbios diz, "o sábio dá ouvidos aos conselhos" (12:15), as guerras são ganhas com ele (24:6), e apenas o tolo não o atende (12:15). Pessoas sábias ouvem bons conselhos, qualquer que seja a idade ou posição daqueles que o dão.

O General Gallet ouviu o jovem Remi. As molduras de madeira dos sinos foram salvas a tempo, e a catedral não queimou totalmente. Qual problema necessita de conselhos divinos hoje? Às vezes Deus orienta os humildes por meio dos lábios de um jovem.

*SHERIDAN VOYSEY*

**Como você pode julgar melhor
os bons conselhos dos ruins?**

*Pai, pela ação do Teu Espírito Santo, por favor,
dá-me a humildade de receber bons conselhos dos outros.*

---

**A BÍBLIA EM UM ANO:** LEVÍTICO 19–20; MATEUS 27:51-66

**17 DE FEVEREIRO**  ATOS 9:26-30

# SENDO VISTO

*...Saulo chegou a Jerusalém, tentou se encontrar com os discípulos, mas todos estavam com medo dele...* v.26

Hannah Schell afirma que os mentores precisam apoiar, desafiar e inspirar, mas "em primeiro lugar, e talvez, acima de tudo, o bom mentor deve *ver* a pessoa em si. Reconhecer, não em termos de prêmios ou publicidade, mas no sentido de *ser reconhecido*. Essa é uma necessidade humana básica". As pessoas precisam ser reconhecidas, conhecidas e acreditadas.

Barnabé, que significa o filho do Encorajamento, tinha o dom de "ver" as pessoas ao seu redor. Em Atos 9, ele se dispôs a dar uma chance a Saulo, quando os outros discípulos o temiam (v.26). Saulo, também chamado de Paulo (13:9), tinha o histórico de perseguir os cristãos (8:3), que não acreditavam que ele tivesse "se tornado discípulo" (9:26).

Mais tarde, Paulo e Barnabé desentenderam-se sobre levar Marcos com eles para "visitar cada uma das cidades onde [pregavam]" (15:36). Paulo não achou sábio levar Marcos porque este os abandonara anteriormente. Porém, posteriormente, Paulo pediu a ajuda de Marcos: "Traga Marcos com você, pois ele me será útil no ministério" (2 TIMÓTEO 4:11).

Barnabé levou tempo para *ver* Paulo e Marcos. Talvez estejamos na posição de Barnabé de reconhecer o potencial de outra pessoa ou sejamos aquele que precisa de um mentor espiritual. Peçamos a Deus que nos mostre as pessoas que podemos encorajar e aqueles que nos encorajarão.

*JULIE SCHWAB*

### Como você pode ajudar pessoas que precisam de encorajamento?

*Pai, ajuda-me a ver e encorajar a outros, e leva-me a alguém que possa me encorajar.*

Saiba mais sobre liderança e encorajamento, visite: universidadecrista.org.

---

**A BÍBLIA EM UM ANO:** LEVÍTICO 21–22; MATEUS 28

**18 DE FEVEREIRO** — JOSUÉ 1:1-9

# LEVANTE-SE

*Seja forte e corajoso.* v.7

Durante nosso *tour* por um porta-aviões, um piloto de caça explicou que os aviões precisam de um vento de 56 quilômetros por hora para decolar em uma pista curta. Para alcançar essa brisa constante, o capitão transforma sua nave em vento. "O vento não deveria vir do fundo do avião?" perguntei. O piloto respondeu: "Não. Os jatos devem voar contra o vento. Essa é a única maneira de conseguir levantar".

Deus chamou Josué para levar seu povo aos "ventos" que os esperavam na Terra Prometida. Josué precisava de duas coisas. Internamente, ele precisava "ser forte e corajoso" (JOSUÉ 1:7); exteriormente, ele precisava de desafios. Isso incluía a tarefa diária de liderar milhares de israelitas, enfrentando cidades muradas (6:1-5), derrotas desmoralizantes (7:3-5), o roubo de Acã (vv.16-26) e batalhas contínuas (10-11).

O vento que soprava na face de Josué o encorajaria desde que a sua confiança viesse das instruções de Deus. O Senhor lhe disse que ele deveria ter "o cuidado de cumprir toda a lei [...] não se [desviar] dela nem para um lado nem para o outro [...meditar] dia e noite, para ter certeza de cumprir tudo que [nela] está escrito" (1:8). "Assim você será bem-sucedido em tudo que fizer" (1:7).

Você está pronto para seguir os caminhos de Deus? Busque desafios! Voe contra os ventos e veja o seu espírito voar.

*MIKE WITTMER*

**Por que os desafios são necessários para uma vida bem-sucedida?**

*Pai, a vida é difícil, e muitas vezes somos feridos. Que os meus problemas me aproximem de ti.*

---

**A BÍBLIA EM UM ANO:** LEVÍTICO 23–24; MARCOS 1:1-22

**19 DE FEVEREIRO**        🌿 **ISAÍAS 26:3-4**

# CONFIANDO EM DEUS

*Tu guardarás em perfeita paz todos que em ti confiam, aqueles cujos propósitos estão firmes em ti.* v.3

A pirueta é um gracioso rodopio sobre um único pé que é executado por dançarinos contemporâneos. Quando criança, eu gostava dessa prática nas aulas de dança moderna, rodopiando em volta de mim mesma até ficar tonta e cair no chão. À medida que cresci, aprendi que, para manter o equilíbrio e controle, deveria "detectar" um único ponto e olhar nele cada vez que fizesse um giro completo do círculo. Ter um único ponto focal era tudo o que eu precisava para dominar minha pirueta com graciosidade.

Todos nós enfrentamos muitas *reviravoltas* na vida. Concentrando-nos em nossos problemas, no entanto, as circunstâncias parecem incontroláveis, deixando-nos tontos e aptos a uma queda desastrosa. A Bíblia nos lembra que, se mantivermos nossa mente firme e focada em Deus, Ele nos guardará em "perfeita paz" (ISAÍAS 26:3). Essa paz significa que não importa quantas voltas a vida der, podemos permanecer calmos, seguros de que Deus estará conosco em meio aos problemas e provações. Ele é a "Rocha eterna" (v.4) — o *foco* para fixarmos os nossos olhos — porque as Suas promessas jamais mudam.

Que fixemos o nosso olhar no Senhor cada dia, orando e estudando Suas promessas nas Escrituras. Que possamos confiar em Deus, nossa Rocha eterna, para nos ajudar a nos movermos graciosamente por toda a vida.

*KIMYA LODER*

**Quais problemas o absorvem ultimamente?
O que Deus lhe revelou nas Escrituras
sobre as suas provações?**

*Pai celestial, perdoa-me e ajuda-me
a voltar meus olhos e coração a ti
em todas as circunstâncias.*

**A BÍBLIA EM UM ANO:** LEVÍTICO 25; MARCOS 1:23-45

**20 DE FEVEREIRO**  🌿 **APOCALIPSE 5:1-14**

# O CHORO MAIS AUTÊNTICO

*Comecei a chorar muito, pois
não se encontrou ninguém
digno de abrir o livro e lê-lo.* v.4

Normalmente não gostamos de chorar, exceto quando queremos "curtir" aqueles momentos em que "estamos na pior". No geral, olhamos para o pranto e ele está ligado a uma dor ou desespero, experiências que não gostamos de vivenciar.

Uma das coisas que me impressiona em Apocalipse 5 é a profunda autenticidade do choro do apóstolo João. E eu gostaria de convidá-lo a igualmente chorar por este mundo, pela história, por sabermos de algo que o mundo precisa, mas rejeita, chorar por amor ao próximo. Ao olharmos para o estado das coisas, para certas legislações criadas, em alguns países, que incentivam o mal, abolindo restrições a relações amorosas entre parentes próximos, por exemplo.

Chore, mas não como alguém que não tem esperança. João chorou quando o livro, que representa o registro da história humana, não encontrava alguém digno de o abrir. Porém, Deus continuava no trono, e foi dito ao apóstolo que o Leão da tribo de Judá não apenas tinha o livro em mãos, mas era o único merecedor de romper os selos que o lacravam.

Chore para ser consolado ao saber que existe Alguém digno de abrir o livro e destravar a história. Chore com a esperança de que um dia "todo joelho se dobrará, e toda língua declarará lealdade a Deus" (ROMANOS 14:11); de que a justiça e a verdade, um dia, serão estabelecidas com fundamentos inabaláveis.

*DAVI CHARLES GOMES*

**Senhor, meu coração dói
em ver a situação do mundo.**

*Mas em ti tenho esperança
da redenção da história.*

**A BÍBLIA EM UM ANO**: LEVÍTICO 26–27; MARCOS 2

**21 DE FEVEREIRO** — ÊXODO 3:7-10; 4:10-15

# JAMAIS DIGA "NÃO POSSO"

*Agora vá! Eu estarei com você quando falar e o instruirei a respeito do que deve dizer". 4:12*

Jane nasceu sem pernas e foi abandonada no hospital. No entanto, ela diz que ser colocada para adoção foi uma bênção. "Estou aqui por causa das pessoas que me abençoaram." Sua família adotiva a ajudou a ver que ela nasceu assim por uma razão. Eles a criaram para "nunca dizer 'não posso'" e a encorajaram em todas as suas atividades, incluindo tornar-se uma acrobata e *trapezista* talentosa! Ela enfrenta os desafios com muita atitude: "Como posso lidar com isso?", motivando outros a fazerem o mesmo.

A Bíblia relata sobre muitas pessoas que pareciam incapazes ou inadequadas para sua vocação, mas que de qualquer maneira Deus as usou. Moisés é um clássico exemplo. Quando Deus o chamou para levar os israelitas para fora do Egito, ele recusou (ÊXODO 3:11; 4:1) e protestou: "não tenho facilidade para falar". Deus respondeu: "Quem forma a boca do ser humano? Quem torna o homem surdo ou mudo? [...] não sou eu, o SENHOR? Agora vá! Eu estarei com você quando falar e o instruirei a respeito do que deve dizer" (4:10-12). Quando Moisés ainda protestava, Deus preparou Arão para falar por ele e lhe garantiu que Ele os ajudaria (vv.13-15).

Como Jane e Moisés, nós estamos aqui por um motivo, e Deus bondosamente nos ajuda ao longo do caminho. Ele provê pessoas que nos ajudam e também o que precisamos para viver para Ele.

*ALYSON KIEDA*

**Você já se sentiu incapaz para algo que Deus o chamou para cumprir?**

*Deus, sou grato por Teu amor e orientação e pelas pessoas que colocaste em minha vida.*

---

**A BÍBLIA EM UM ANO:** NÚMEROS 1–3; MARCOS 3

# AME OS SEUS ENTES QUERIDOS

*Se ele vier até você,
bem-vindo.* v.10

Amós era extrovertido e arrogante; Daniel era solitário e cheio de dúvidas. Esses gênios excêntricos tornaram-se melhores amigos e passaram uma década rindo e aprendendo juntos. Um dia, seus estudos receberam o Prêmio Nobel. Mas Daniel se cansou dos modos egocêntricos de Amós e disse-lhe que eles não eram mais amigos. Três dias depois, Amós ligou com notícias terríveis. Os médicos encontraram um câncer nele e lhe deram 6 meses de vida. O coração de Daniel partiu e ele disse: "Somos amigos para o que der e vier".

Paulo era um visionário e Barnabé um encorajador. O Espírito os juntou e os enviou em uma jornada missionária (ATOS 13:2-3). Eles pregaram e iniciaram igrejas, até discordarem sobre a deserção de Marcos. Barnabé queria dar uma segunda chance ao jovem Marcos, mas Paulo lhe disse que Marcos não era mais confiável. E, por isso, ambos se separaram (15:36-41). Paulo, mais tarde, perdoou Marcos, encerrando três de suas cartas com saudações ou elogios ao jovem (COLOSSENSES 4:10; 2 TIMÓTEO 4:11; FILEMOM 1:24). Não sabemos o que aconteceu a Barnabé. Será que viveu o suficiente para se reconciliar com Paulo ainda nesta vida? Espero que sim.

Qualquer que seja sua situação hoje, tente alcançar aqueles com quem você pode ter se desentendido. Esta é a hora da reconciliação.

MIKE WITTMER

**Com quem você precisa se reconciliar?
O que você fará com a sua dor se essa pessoa
não estiver mais aqui?**

*Pai, ajuda-me a ver
que um dos principais propósitos da vida é
mostrar amor àqueles ao meu redor.*

---

**A BÍBLIA EM UM ANO**: NÚMEROS 4–6; MARCOS 4:1-20

**23 DE FEVEREIRO** 🌿 **SALMO 8**

★ *TÓPICO DE FEVEREIRO: HUMILDADE*

# O DESAFIO DAS ESTRELAS

*Quem são os simples mortais,*
*para que penses neles?* v.4

No início do século 20, o poeta italiano F. T. Marinetti lançou o *Futurismo*, um movimento artístico que rejeitou o passado, zombou das ideias tradicionais de beleza e glorificou as máquinas. Em 1909, Marinetti escreveu seu *Manifesto Futurista*, no qual declarou "desprezo pelas mulheres", elogiou "o golpe com o punho", e afirmou: "Queremos glorificar a guerra". O manifesto conclui: "De pé, no topo do mundo, lançamos mais uma vez o nosso insolente desafio às estrelas!".

Cinco anos após esse manifesto, eclodiu a inglória Primeira Guerra Mundial. Marinetti morreu, em 1944, e as estrelas ainda estão em seu lugar, sem tomar conhecimento dele.

O rei Davi cantou poeticamente sobre as estrelas com uma perspectiva dramaticamente diferente e escreveu: "Quando olho para o céu e contemplo a obra de teus dedos, a lua e as estrelas que ali puseste, pergunto: Quem são os simples mortais, para que penses neles? Quem são os seres humanos, para que com eles te importes?" (SALMO 8:3-4). Essa pergunta não é de descrença, mas de surpreendente humildade. Davi sabia que o Deus Criador do vasto cosmos nos percebe e nota cada detalhe sobre nós: o bom, o ruim, o humilde, o insolente, até mesmo o absurdo.

É inútil desafiar as estrelas. Antes disso, elas nos desafiam a louvar o nosso Criador.

*TIM GUSTAFSON*

**Quais filosofias ou movimentos atuais**
**não deixam espaço para Deus?**
**O que o motiva a engrandecer o seu Criador?**

*Pai, reconheço e agradeço-te por Teu amor por mim com*
*admiração e humildade. Quem sou eu! Obrigado.*

**A BÍBLIA EM UM ANO**: NÚMEROS 7–8; MARCOS 4:21-41

**24 DE FEVEREIRO**      🌿 **1 CORÍNTIOS 10:23–11:1**

# SIGA O LÍDER

*Sejam meus imitadores, como eu sou imitador de Cristo.* 11:1

Durante uma maratona de Zumba, em meio à pandemia da COVID-19, milhares de pessoas ao redor do mundo dançaram 24 horas juntas virtualmente com instrutores de diversos países. Por que não havia barreiras linguísticas? Porque os instrutores de Zumba, criada na década de 90 por um colombiano, instrutor de aeróbica, utilizam pistas não verbais para comunicar-se. Os alunos seguem os movimentos dos instrutores, sem proferir qualquer palavra.

As palavras às vezes podem atrapalhar e criar barreiras. Elas podem causar confusão como a vivenciada pelos coríntios, conforme a primeira carta de Paulo a eles. A confusão foi provocada pelos pontos de vista diferentes sobre assuntos discutíveis relativos ao consumo de determinados alimentos (1 CORÍNTIOS 10:27-30). Mas nossas atitudes podem transcender as barreiras e até mesmo as confusões. Paulo nos ensina que, através de nossas ações, devemos mostrar às pessoas como seguir Jesus, buscando "o melhor para os outros" (10:32-33). Sendo imitadores de Cristo, convidamos o mundo a crer nele (11:1).

Como já foi dito: "Pregue o evangelho o tempo todo. Use palavras quando necessário". À medida que seguimos a liderança de Jesus, que Ele guie as nossas ações para levar os outros à realidade de nossa fé. E que as nossas palavras e ações sejam feitas "para a glória de Deus" (10:31).     *KATARA PATTON*

**Como as pessoas podem ver Cristo em suas palavras e ações?**

*Pai, obrigado pelo exemplo de Jesus. Mostra-me como seguir o Teu Filho todos os dias.*

---

**A BÍBLIA EM UM ANO**: NÚMEROS 9–11; MARCOS 5:1-20

# NÃO SE APROXIME

*Mantenha distância dessa mulher; não se aproxime da porta de sua casa!* v.8

O nariz do roedor com aspecto de esquilo se contorceu. Algo saboroso estava por perto, e o cheiro o levou a um alimentador de pássaros com sementes deliciosas. O roedor entrou pela porta do alimentador, comeu a noite toda e, pela manhã, percebeu o seu problema. Os pássaros bicavam-no pela porta do alimentador, mas tendo devorado toda a semente, ele tinha o dobro do seu tamanho e não podia escapar.

As portas podem nos levar a lugares maravilhosos ou perigosos. A porta se sobressai no conselho de Salomão sobre evitar a tentação sexual. Ele diz que embora o pecado sexual seja sedutor, os problemas o aguardam (5:3-6). Melhor ficar longe disso, pois se entrar por tal porta estará preso, perderá sua honra, e sua riqueza será consumida por estranhos (vv.7-11). Em contrapartida, Salomão nos aconselha a desfrutar da intimidade de nosso próprio cônjuge (vv.15-20). Seu conselho aplica-se ao pecado de forma mais ampla também (vv.21-23). Seja a tentação de gula, consumismo, ou qualquer outra coisa, Deus pode nos ajudar a evitar a porta que leva à armadilha.

O roedor deve ter ficado feliz quando o dono da casa o encontrou em seu alimentador de pássaros no jardim e o libertou. Felizmente, a mão de Deus também está pronta para nos libertar quando estivermos presos. Peçamos a força do Senhor para evitar a porta da armadilha em primeiro lugar.

*SHERIDAN VOYSEY*

**Que "porta" leva à sua maior tentação? Como evitá-la?**

*Deus Todo-poderoso, ajuda-me a evitar a porta que leva à armadilha do pecado.*

**26 DE FEVEREIRO** — **EFÉSIOS 2:19-22**

# PARTE DA FAMÍLIA

*...vocês já não são estranhos e forasteiros, mas concidadãos do povo santo e membros da família de Deus.* v.19

Downton Abbey é uma série sobre uma família fictícia, durante as transformações sociais, no início do século 20, na Inglaterra. Um dos personagens-chave, que era inicialmente o motorista da família, casou-se com a filha mais nova dessa mesma família. Após certo tempo, o jovem tornou-se parte da família, e teve acesso aos direitos e privilégios que lhe eram negados como empregado.

Já fomos considerados "estranhos e forasteiros" e excluídos dos direitos dados aos que fazem parte da família de Deus. Mas por causa de Jesus, todos os cristãos, independentemente de seus antecedentes, são reconciliados com Deus e chamados de "membros de sua família" (EFÉSIOS 2:19).

Ser membro da família de Deus abrange direitos e privilégios. Podemos ter acesso a Deus "com ousadia e confiança" (3:12) e desfrutar do acesso ilimitado e sem obstáculos ao Pai. Tornamo-nos parte de uma família maior, uma comunidade de fé para nos edificar e nos encorajar (2:19-22). Os membros dessa família têm o privilégio de ajudar uns aos outros a compreender a enormidade do amor pródigo de Deus (3:18).

O medo ou a dúvida podem nos fazer sentir como estranhos, impedindo-nos de acessar os benefícios de fazer parte da família de Deus. Mas ouça e envolva-se mais uma vez com as dádivas generosas do amor de Deus (2:8-10) e alegre-se com o maravilhoso fato de pertencer a Ele.

*LISA SAMRA*

### Quais os benefícios de pertencer à família de Deus?

*Pai, obrigado por me receberes em Tua família, concedendo-me os direitos e deveres por ser parte dela.*

**A BÍBLIA EM UM ANO:** NÚMEROS 15–16; MARCOS 6:1-29

**27 DE FEVEREIRO** — ISAÍAS 61:1-7

# A ALEGRIA DAS BOAS-NOVAS

*...o Senhor me ungiu para
levar boas-novas...* v.1

Em 1964, o terremoto do Alasca durou mais de 4 minutos e registrou magnitude de 9,2. Quarteirões inteiros da cidade de Anchorage desapareceram, deixando enormes crateras e escombros. Nessa noite de terror, a repórter Genie Chance ficou ao microfone, enviando mensagens às pessoas desesperadas ao lado de seus rádios: um marido que trabalhava ouviu que sua esposa estava viva; famílias preocupadas souberam que os filhos, no acampamento escoteiro, estavam bem, e um casal ouviu que os seus filhos tinham sido encontrados. A emissora de rádio trouxe boas notícias e alegria em meio à ruína.

Deve ter sido algo parecido ao que Israel sentiu quando ouviram as palavras do profeta Isaías: "o Senhor me ungiu para levar boas-novas aos pobres" (61:1). Enquanto olhavam para o deserto de suas vidas destruídas e um futuro sombrio, a voz clara de Isaías trouxe boas-novas no exato momento em que tudo parecia perdido. Deus pretendia "consolar os de coração quebrantado e [...] proclamar que os cativos serão soltos [...] reconstruirão os lugares desde muito destruídos" (vv.1,4). Em meio ao seu terror, o povo ouviu a promessa encorajadora de Deus, Suas boas-novas.

Hoje, ouvimos as boas-novas de Deus por meio de Jesus. Esse é o significado da palavra *evangelho*. Em nossos medos, dores e fracassos, Jesus traz boas-novas. E nossa angústia dá lugar à alegria.

*WINN COLLIER*

**As boas-novas de Deus substituíram
o seu medo e preocupação pela alegria?**

*Deus, preciso das boas-novas,
ouvir o que diz a Tua Palavra e usufruir
da alegria que Tu concedes.*

**A BÍBLIA EM UM ANO:** NÚMEROS 17–19; MARCOS 6:30-56

**28 DE FEVEREIRO** — **1 PEDRO 2:1-3, 9-10**

# ESCOLHENDO A CELEBRAÇÃO

*O contentamento dá saúde ao corpo;*
*a inveja é como câncer nos ossos.*
PROVÉRBIOS 14:30.

A escritora Marilyn McEntyre diz que aprendeu com uma amiga que "o oposto da inveja é a celebração". Apesar da deficiência física e dor crônica dessa amiga, ela foi de alguma forma capaz de vivenciar a alegria e comemorar com os outros, trazendo "apreciação em cada encontro" antes de morrer. Essa percepção permanece comigo, lembrando-me de amigos que estando livres das comparações parecem vivenciar essa mesma alegria, profunda e genuína pelos outros.

É fácil cairmos na armadilha da inveja. Essa inveja se alimenta de nossas vulnerabilidades, dores e medos mais profundos, sussurrando que, se apenas fôssemos como o outro, não estaríamos lutando nem nos sentindo mal.

Pedro lembrou aos novos cristãos que a única maneira de nos livrarmos de nós mesmos, das mentiras que a inveja produz é nos enraizarmos profundamente na verdade, para experimentar plenamente da "bondade do Senhor" (1 PEDRO 2:1-3). Podemos "amar uns aos outros sinceramente, de todo o coração" (1:22) quando conhecemos a verdadeira fonte de nossa alegria, "...a eterna e viva palavra de Deus" (1:23).

Quando nos lembramos de quem realmente somos, podemos nos livrar das comparações: somos "povo escolhido [...], propriedade exclusiva de Deus [...] que [nos] chamou das trevas para sua maravilhosa luz" (2:9).

MONICA LA ROSE

**Você costuma comparar-se aos outros?**
**Lembrar-se do seu lugar no Corpo de Cristo**
**o livra das comparações?**

*Deus, ajuda-me a esquecer as mentiras da inveja*
*e a celebrar as incontáveis dádivas do Teu reino.*

---

**A BÍBLIA EM UM ANO:** NÚMEROS 20; MARCOS 7:1-7

## 29 DE FEVEREIRO — JOÃO 13:31-35

# DISTRAÇÕES PERIGOSAS

*Seu amor uns pelos outros provará ao mundo que são meus discípulos.* v.35

Sigismund Goetze chocou seus conterrâneos ao retratar Jesus condenado e sofrendo, cercado por pessoas da própria geração do pintor. Elas estavam tão consumidas por seus próprios interesses: negócios, romance, política, que se mostravam indiferentes ao sacrifício do Salvador. Pessoas indiferentes a Cristo, como a multidão que se aglomerara aos pés da cruz de Jesus, sem ideia do que, ou quem, estavam ignorando.

Em nossos dias, acontece o mesmo. Cristãos e não-cristãos podem facilmente desviar a atenção do eterno. Como os cristãos podem enfrentar essa névoa de distração com a verdade do grandioso amor de Deus? Podemos começar amando uns aos outros como filhos de Deus. Jesus afirmou: "Seu amor uns pelos outros provará ao mundo que são meus discípulos" (v.35).

Mas o verdadeiro amor não para nisso. Estendemos esse amor compartilhando o evangelho na esperança de aproximar as pessoas ao Salvador. Como Paulo escreveu: "somos embaixadores de Cristo" (2 CORÍNTIOS 5:20).

O Corpo de Cristo pode refletir e tornar conhecido o amor de Deus, amor que desesperadamente precisamos, uns aos outros e ao nosso mundo. Que esses dois esforços, fortalecidos pelo Seu Espírito, sejam parte de um corte nas distrações que nos impedem de enxergar o milagre do amor de Deus em Jesus.

*BILL CROWDER*

**Como você pode levar a luz das boas-novas de Jesus a um mundo que vive na névoa da distração? Como mostrar amor aos outros hoje?**

*Pai, chamaste-nos para levar luz à escuridão. Ajuda-nos a praticar o Teu amor amando os irmãos em Cristo e mostrando Tua graça.*

A BÍBLIA EM UM ANO: NÚMEROS 21-22; MARCOS 7:8-13

★ TÓPICO DE MARÇO / **Mordomia**

# PARA O BEM DOS OUTROS

Recentemente passei vários dias com um CEO que, embora administre bilhões de dólares, não se empolga em acumular lucros ou planejar aquisições. Em vez disso, seu entusiasmo aumentou ao refletir sobre como empregar o capital para criar benefícios para os outros: fundar escolas de alta tecnologia, em países em desenvolvimento; incentivar as empresas a apoiar seus colaboradores; utilizar a influência para iluminar salas sombrias de reunião.

Outra pessoa recentemente me incluiu em um grupo de e-mail que ela organizou para reunir apoio (refeições, caronas, doações) para uma menina do Ensino Médio que enfrenta tratamentos de quimioterapia. Outra ainda explorou a crise em torno da alarmante taxa de morte das abelhas e as implicações catastróficas para o nosso suprimento de alimentos. Ela passou informações práticas sobre como, de maneiras simples, poderíamos ajudar as abelhas: contribuindo para um ecossistema mais saudável para nós e nossos semelhantes.

Três pessoas muito diferentes, em uma variedade de locais e momentos de vida, e cada uma com habilidades e recursos muito distintos, oferecendo quem elas são e quaisquer bens que tenham a serviço dos outros. É precisamente assim que Pedro nos desafia a viver: "Deus concedeu um dom a cada um, e vocês devem usá-lo para servir uns aos outros, fazendo bom uso da múltipla e variada graça divina" (1 PEDRO 4:10).

Pedro não disse nada sobre quanta influência, experiência ou dinheiro temos. Ele não estava interessado em qualquer hierarquia de trabalho ou impacto mais, ou menos, importante. Em vez disso, o apóstolo nos assegurou de que Deus confiou a cada um de nós algum dom para usar em benefício dos outros.

*WINN COLLIER*

Além deste artigo, o tema *mordomia*
é abordado nos devocionais dos dias **1, 9, 16 e 23 de março**.

**1º DE MARÇO** — **1 PEDRO 4:7-11**

★ *TÓPICO DE MARÇO: MORDOMIA*

# GERENCIANDO OS NOSSOS DONS

*Deus concedeu um dom a cada um, e vocês devem usá-lo para servir uns aos outros...* v.10

Em 2013, David Suchet estrelava uma peça teatral e filmava os episódios finais de uma série da TV, atuando como o detetive Hercule Poirot, de Agatha Christie, quando assumiu "o maior papel de sua vida". Entre esses projetos, ele gravou uma versão em áudio de toda a Bíblia, do livro de Gênesis ao Apocalipse: 752.702 palavras em 200 horas.

Suchet conheceu a Cristo como Salvador pessoal após ler Romanos numa Bíblia que encontrara num quarto de hotel. Ele chamou o projeto de "uma ambição de 27 anos. Senti-me motivado. Fiz tantas pesquisas em cada etapa que mal podia esperar para começar." Nesse projeto, ele doou seu salário.

Essa atitude é um exemplo inspirador de como glorificar a Deus, sendo o mordomo de um dom, e o compartilhando. Pedro insistiu sobre o ensino da mordomia em sua carta aos cristãos do primeiro século. Perseguidos por adorar a Jesus, não a César, eles foram desafiados a se concentrar em viver para Deus, alimentando seus dons espirituais. " Você tem o dom de falar? Então faça-o de acordo com as palavras de Deus". Podemos desenvolver os dons, "Assim, tudo que você realizar trará glória a Deus por meio de Jesus Cristo" (1 PEDRO 4:11).

Suchet ofereceu seus talentos a Deus. Podemos fazer o mesmo. Lide bem com o que Deus lhe concedeu, para a glória do Senhor.

PATRÍCIA RAYBON

**Como você descreveria os seus talentos e dons espirituais? De que maneira poderia lidar melhor com eles para a glória de Deus?**

*Pai, ensina-me utilizar os meus dons e a entregar toda a honra a ti para que o mundo te reconheça.*

Saiba mais sobre o exercício dos seus dons, visite:universidadecrista.org

**A BÍBLIA EM UM ANO**: NÚMEROS 23–25; MARCOS 7:14-37

**2 DE MARÇO**  •  **EFÉSIOS 6:18-20**

# UMA CONVERSA AMIGÁVEL

*E orem também [...] para que eu possa
explicar corajosamente o segredo
revelado pelas boas-novas.* v.19

Catherine e eu éramos boas amigas na escola e sempre estávamos juntas. Numa tarde de domingo, comecei a pensar nela. Naquela mesma manhã, meu pastor tinha falado sobre como ter a vida eterna, e eu sabia que ela não acreditava nos ensinamentos da Bíblia do mesmo jeito que eu. Senti o desejo de ligar para ela e explicar-lhe como poderia ter um relacionamento pessoal com Jesus. Hesitei, porém, pois temia que rejeitasse as minhas palavras e se distanciasse de mim.

Acho que esse medo mantém muitos de nós quietos. Até o apóstolo Paulo teve que pedir às pessoas que orassem para que ele pudesse "explicar corajosamente o segredo revelado pelas boas-novas" (EFÉSIOS 6:19). Não há como contornar o risco envolvido em compartilhar as boas-novas, mas Paulo disse que era "embaixador de Deus" — alguém que fala em nome de Deus (v.20). Nós também somos. Se as pessoas rejeitarem a nossa mensagem, rejeitarão Aquele que a enviou. Deus experimenta essa dor junto conosco.

Então, o que nos constrange a falar? Preocupamo-nos com as pessoas, como Deus faz (2 PEDRO 3:9). Foi isso que me levou a finalmente ligar para a Catherine. Surpreendentemente, ela não me rejeitou. Ela me escutou, questionou e pediu a Jesus para perdoar os seus pecados e decidiu viver por Ele. O risco valeu a recompensa.

*JENNIFER BENSON SCHULDT*

**Com quem Deus quer que você fale
em Seu nome? O que o impede? Que efeito
a oração teria nessa situação?**

*Querido Pai, dá-me coragem e sabedoria para saber como
e quando alcançar as pessoas que não te conhecem.*

---

**A BÍBLIA EM UM ANO**: NÚMEROS 26–27; MARCOS 8:1-21

**3 DE MARÇO** — **1 SAMUEL 23:15-24**

# ENCORAJADO "EM DEUS"

*Jônatas, o filho de Saul, foi encontrar
Davi e o animou a permanecer firme
em Deus.* v.16

Em 1925, Langston Hughes, um aspirante a escritor que trabalhava como garçom num hotel, descobriu que o admirado poeta Vachel Lindsey era um dos hóspedes. Hughes entregou a Lindsey cópias de poesias de sua autoria, e Lindsey mais tarde as elogiou entusiasticamente em uma leitura pública. Esse incentivo rendeu a Hughes uma bolsa de estudos na universidade, pavimentando o caminho dele à carreira de escritor bem-sucedido.

Um pouco de encorajamento pode ir longe, especialmente quando Deus está nele. Lemos nas Escrituras que Davi fugia do rei Saul, que tentava "matá-lo". O filho de Saul, Jônatas, procurou Davi e o ajudou a encontrar forças em Deus, dizendo: Não tenha medo [...] Meu pai jamais o encontrará! Você será o rei de Israel" (1 SAMUEL 23:15-17).

Jônatas estava certo. Davi seria rei. O encorajamento que o jovem lhe ofereceu é encontrado na simples expressão "em Deus" (v.16). Por meio de Jesus, Deus nos dá "eterno conforto e maravilhosa esperança" (2 TESSALONICENSES 2:16). Quando nos humilhamos diante dele, Ele nos encoraja como nenhum outro o faz.

Muitas pessoas precisam do encorajamento que Deus dá. Se as procurarmos e gentilmente as conduzirmos a Deus através de uma palavra ou ação, o Senhor fará o restante. Um brilhante futuro na eternidade aguarda quem confia nele.

*JAMES BANKS*

**Alguém o incentivou em sua jornada de fé?
Hoje, como podemos fortalecer a fé do próximo?**

*Pai, graças te damos pelo
encorajamento divino. Ensina-nos a ajudar outros
a encontrarem forças em ti.*

**A BÍBLIA EM UM ANO**: NÚMEROS 28–30; MARCOS 8:22-38

4 DE MARÇO — MATEUS 6:19-24

# FÉ INABALÁVEL

*A vida de uma pessoa não é definida pela quantidade de seus bens.* LUCAS 12:15

Carlos entrou na enfermaria depois do falecimento do seu pai para retirar os pertences dele. O pessoal lhe entregou duas caixas pequenas. Nesse dia, o jovem percebeu que não era preciso muitos bens para ser feliz. Seu pai, Lauro, era despreocupado e sempre disposto a dar um sorriso e a dar uma palavra encorajadora aos outros. O motivo de sua felicidade era outro "bem" que não cabia numa caixa: a fé inabalável em seu Redentor, Jesus.

Jesus nos encoraja a juntar "tesouros no céu" (MATEUS 6:20). O Senhor não nos disse que não poderíamos ter uma casa, comprar um carro, economizar para o futuro ou possuir bens. Mas Ele nos instou a examinarmos o foco de nosso coração. Onde estava o interesse de Lauro? Em amar a Deus, amando aos outros. Ele andava pelos corredores de onde morava, cumprimentando e encorajando seus conhecidos. Se encontrava alguém chorando, Lauro se dispunha a dar palavras de conforto, ouvir com atenção e orar com sinceridade. A mente dele se ocupava em viver para honra de Deus e pelo bem dos outros.

Vamos nos questionar se poderíamos ser felizes com menos coisas que nos atrapalham e desviam dos assuntos mais importantes como amar a Deus e aos outros. "Onde seu tesouro estiver, ali também estará seu coração" (v.21). O que valorizamos se reflete na forma como vivemos.

*ANNE CETAS*

**As suas prioridades estão desordenadas?
Quais mudanças Deus pode exigir de você?**

*Querido Deus, eu te amo e Tu és
o meu amor maior. Mostra-me como posso
me tornar mais semelhante a ti.*

---

**A BÍBLIA EM UM ANO**: NÚMEROS 31–33; MARCOS 9:1-29

# 5 DE MARÇO — SALMO 32

# MÃOS SEGURAS

*Pois és meu esconderijo; tu me guardas da aflição e me cercas de cânticos de vitória.* v.7

O pastor e escultor Doug Merkey descreveu como os fios da sua vida se partiam como o desenrolar de uma corda: "Minha mãe tinha perdido sua batalha contra o câncer; um longo relacionamento romântico se desfazia; meus recursos financeiros diluíram; minha vocação era incerta. A escuridão ao meu redor e em mim era debilitante, aparentemente impenetrável". Tudo isso e o fato de morar num sótão apertado tornou-se o cenário a partir do qual surgiu a escultura *The Hiding Place* [O esconderijo]. Ela representa as mãos fortes e cicatrizadas de Cristo como uma concha que abriga com segurança.

Merkey explica a sua obra: Essa "escultura é o convite de Cristo para se esconder nele". Davi escreveu o Salmo 32 como alguém que encontrara o lugar mais seguro: o próprio Deus, que nos oferece o perdão dos nossos pecados (vv.1-5) e nos encoraja a oferecer-lhe orações no meio "da inundação" (v.6). O salmista declara a sua confiança em Deus: "és meu esconderijo; tu me guardas da aflição e me cercas de cânticos de vitória" (v.7).

Quando os problemas aparecem, para onde você se volta? Como é bom saber que, quando as cordas frágeis de nossa existência terrena começam a se desfazer, podemos nos refugiar em Deus que nos proporciona a segurança eterna através da obra redentora de Jesus.

*ARTHUR JACKSON*

**O que significa encontrar abrigo, segurança e perdão em Jesus? Ele o sustenta em seus cuidados, medos e fardos?**

*Pai, Tu sabes o quanto eu te busco. Ajuda-me a abandonar minha segurança e buscar refúgio apenas em ti.*

**A BÍBLIA EM UM ANO:** NÚMEROS 34–36; MARCOS 9:30-50

**6 DE MARÇO**         🌿 **ROMANOS 8:22-27**

# LÍNGUA PRESA EM ORAÇÃO

*...não sabemos orar [...] mas o próprio*
*Espírito intercede por nós com gemidos*
*[não] expressos em palavras. v.26*

Minha mãe explicou que "anquiloglossia" era uma condição com a qual meu irmão tinha nascido e que, sem ajuda, a capacidade dele de comer e eventualmente falar seria dificultada. Hoje usamos o termo "língua presa" para descrever quem está sem palavras ou é tímido demais para falar.

Às vezes, temos a língua presa ao orarmos, não sabendo o que dizer. Prendemo-nos aos clichês espirituais e frases repetitivas. Lançamos nossas emoções ao alto, imaginando que alcançarão os ouvidos de Deus. Nossos pensamentos ziguezagueiam por caminhos desfocados.

Paulo escreveu o que é preciso fazer ao lutarmos para saber como orar. Convida-nos a buscar ajuda: "E o Espírito nos ajuda em nossa fraqueza, pois não sabemos orar segundo a vontade de Deus, mas o próprio Espírito intercede por nós com gemidos que não podem ser expressos em palavras" (ROMANOS 8:26). O conceito de "ajuda" aqui é carregar uma carga pesada. E "gemidos" indica a intercessão do Espírito ao levar nossas necessidades a Deus.

Quando estamos sem palavras na oração, o Espírito de Deus nos ajuda a moldar a nossa confusão, dor e distração na oração perfeita que se move de nosso coração aos ouvidos do Pai. O Senhor ouve e responde, trazendo o conforto que talvez não soubéssemos que precisávamos até termos pedido ao Espírito do Senhor que orasse por nós.

*ELISA MORGAN*

**Em que circunstâncias você não soube como orar?**
**Deus o ajudou nessa situação?**

*Querido Deus, agradeço a ajuda do Teu Espírito*
*quando não sei orar.*

Saiba mais sobre oração, visite universidadecrista.org

---

**A BÍBLIA EM UM ANO:** DEUTERONÔMIO 1–2; MARCOS 10:1-31

7 DE MARÇO — TIAGO 5:7-12

# DISPOSTO A ESPERAR

*...sejam pacientes enquanto esperam a volta do Senhor. Vejam como os lavradores esperam pacientemente...* v.7

A espera pode ser cúmplice por roubar a nossa paz. O cientista da computação, Ramesh Sitaraman, afirma que poucas coisas "inspiram frustração e ira universais" nos internautas como um navegador lento para carregar. Ele diz que estamos dispostos a esperar uma média de 2 segundos para um vídeo online carregar. Após 5 segundos, a taxa de abandono é de cerca de 25%, e após 10 segundos, metade dos usuários desistem. Somos impacientes!

Tiago encorajou os cristãos a não abandonarem a Jesus enquanto esperavam por Sua segunda vinda. Encorajava-os a permanecerem firmes diante do sofrimento e a amar e honrar uns aos outros (TIAGO 5:7-10). Ele usou o exemplo do lavrador para se fazer compreender. Como o lavrador, que esperou pacientemente por "chuvas de outono e primavera" (v.7) para que a terra produzisse sua valiosa colheita. Tiago os encorajou a serem pacientes sob a opressão até que Jesus retornasse. E quando Ele voltasse, corrigiria todos os erros e traria paz.

Às vezes, sentimo-nos propensos a abandonar Jesus enquanto esperamos por Ele. Mas enquanto o aguardamos, vigiemos (MATEUS 24:42), permaneçamos fiéis (25:14-30), e vivamos sob Seu caráter e caminhos (COLOSSENSES 3:12). Embora não saibamos quando Jesus voltará, aguardemos pacientemente por Ele, o tempo que for preciso.

MARVIN WILLIAMS

**É difícil aguardar pelo retorno de Jesus?
Como essa espera o encoraja a refletir o caráter de Jesus?**

*Jesus, embora no mundo haja dor,
injustiças e incertezas, esperarei por ti,
pois sei que voltarás.*

**A BÍBLIA EM UM ANO**: DEUTERONÔMIO 3-4; MARCOS 10:32-52

**8 DE MARÇO**  ISAÍAS 52:7-10

# BELOS PÉS

*Como são belos sobre os montes os pés
do mensageiro que traz boas-novas,
boas-novas de paz e salvação.* v.7

John Nash recebeu o Prêmio Nobel de Economia em 1994, por seu trabalho pioneiro em matemática. Desde então, suas equações são usadas para compreender a dinâmica da concorrência e da rivalidade por empresas ao redor do mundo. Um livro e documentário se referem a ele como alguém com "a mente brilhante" — não por qualquer apelo estético particular, mas por causa do que ele fez.

O profeta Isaías, no Antigo Testamento, usa a palavra "belos" para descrever os pés — não por qualquer atributo físico visível, mas porque ele viu beleza no que eles fizeram. "Como são belos sobre os montes os pés do mensageiro que traz boas-novas" (ISAÍAS 52:7). Após 70 anos de cativeiro na Babilônia, decorrentes da infidelidade deles a Deus, os mensageiros chegaram com palavras encorajadoras de que o povo de Deus logo voltaria para casa, pois "o Senhor [...] resgatou Jerusalém" (v.9).

Essas boas-novas não foram atribuídas ao poder militar dos israelitas ou aos esforços humanos. Em vez disso, foi obra do "santo poder" de Deus em favor deles (v.10). Isso ainda acontece, pois temos a vitória sobre o nosso inimigo espiritual através do sacrifício de Cristo por nós. Consequentemente, tornamo-nos mensageiros de boas-novas, proclamando paz e salvação aos que estão ao nosso redor. E fazemos isso com "belos pés".

*KIRSTEN HOLMBERG*

**Quem lhe trouxe a boa-nova
do sacrifício de Cristo? Com quem você pode
compartilhar essa notícia?**

*Obrigado, Pai, por enviares pessoas
que compartilharam as boas-novas de Cristo.
Ajuda-me a fazer o mesmo.*

**A BÍBLIA EM UM ANO:** DEUTERONÔMIO 5–7; MARCOS 11:1-18

# 9 DE MARÇO

**SALMO 36:5-10**

★ *TÓPICO DE MARÇO: MORDOMIA*

## CRIATURAS GRANDES E PEQUENAS

*...tu, SENHOR, cuidas tanto das
pessoas como dos animais.* v.6

Michelle Grant treinou um filhote de castor chamado Timber para voltar à natureza. Ela o levava para nadar em um lago, mas ele sempre voltava para se aconchegar e esfregar o seu nariz no caiaque dela. Uma manhã, ele não voltou. Semanas depois, ela encontrou um crânio de castor e chorou, pois supôs que fosse de Timber.

Sofri por Michelle e Timber, mas disse a mim mesmo: "Saia dessa. É apenas um roedor aquático gigante". Mas eu me importava, e Deus também. Seu amor alcança o alto dos céus e até mesmo a menor criatura —, parte da criação da qual Ele nos diz para cuidarmos bem (GÊNESIS 1:28). Deus cuida das pessoas e animais (SALMO 36:5-6), "Alimenta os animais selvagens e dá de comer aos filhotes dos corvos" (147:9).

Um dia, Michelle estava em seu caiaque e surpreendeu-se ao encontrar o castor! Ele tinha encontrado uma família castor e os ajudava a criar dois filhotes. Timber veio ao lado do caiaque dela, que lhe sorriu dizendo: "Você parece bem e tem uma família linda. Ele arrulhou, esticou o rabo e nadou até sua nova mãe.

Adoro finais felizes, especialmente os meus! Jesus prometeu que, enquanto Seu Pai alimenta os pássaros, Ele nos dará o que precisarmos (MATEUS 6:25-26). Nenhum pardal "cai no chão sem o conhecimento de seu Pai. [...] Portanto, não tenham medo, vocês são muito mais valiosos que um bando inteiro de pardais" (10:29-31).

*MIKE WITTMER*

**Quais necessidades dos outros
Deus quer que você supra?**

*Pai, entrego a ti
os meus cuidados e preocupações.*

**A BÍBLIA EM UM ANO**: DEUTERONÔMIO 8–10; MARCOS 11:19-33

**10 DE MARÇO** — **FILIPENSES 4:1-7**

# REVELAÇÃO E CONFIANÇA

*Não vivam preocupados [...] orem a Deus pedindo aquilo de que precisam e agradecendo-lhe por tudo...* v.6

Em 2019, a revelação do gênero de bebês foi exacerbada. Um carro emitiu fumaça azul para indicar: "É menino!" Um avião despejou muita água-rosa para anunciar: "É menina!". Há outra "revelação", porém, que descobriu coisas significativas sobre o mundo em que essas crianças crescerão. No final do mesmo ano, um site revelou que o versículo mais compartilhado, destacado e marcado num aplicativo bíblico online foi: "Não vivam preocupados com coisa alguma; em vez disso, orem a Deus pedindo aquilo de que precisam e agradecendo-lhe por tudo que ele já fez" (FILIPENSES 4:6).

Uma revelação e tanto! Hoje as pessoas estão ansiosas por muitas coisas, desde as necessidades dos filhos e filhas, às inúmeras maneiras como a família e os amigos estão divididos, até as catástrofes naturais e guerras. Mas em meio a tudo isso, muitas pessoas se apegam a um versículo que diz: "Não vivam preocupados com coisa alguma". Tais pessoas encorajam os outros, e a si mesmas, a apresentarem todos os pedidos a Deus em todas as situações. A mente não ignora, mas enfrenta as ansiedades da vida com "gratidão".

O versículo que não se tornou o "do ano", mas segue esse, é: "...vocês experimentarão a paz de Deus, que excede todo entendimento e que guardará seu coração e sua mente em Cristo Jesus." (v.7). Essa é a tranquilidade!

*JOHN BLASE*

**Refletir sobre como a paz de Deus
o amparou no passado ainda pode lhe ser útil?**

*Jesus, alguns dias, semanas e anos
são massacrantes. Obrigado por Tua paz,
que sempre me ampara.*

---

**A BÍBLIA EM UM ANO**: DEUTERONÔMIO 11–13; MARCOS 12:1-27

**11 DE MARÇO** — **PROVÉRBIOS 3:5-8**

# ENFRENTANDO A INDECISÃO

*Busque a vontade dele em tudo que fizer, e ele lhe mostrará o caminho que deve seguir.* v.6

Vivemos num mundo com amplas opções. Em 2004, o psicólogo Barry Schwartz, autor do livro *O Paradoxo da Escolha* (A Girafa, 2004), argumentou que, embora a liberdade de escolha seja importante para o nosso bem-estar, muitas escolhas podem causar sobrecarga e indecisão. Embora as apostas sejam certamente menores quando se decide sobre qual toalha de papel comprar, a indecisão pode ser debilitante quando as decisões impactam o curso de nossa vida. Como podemos superar a indecisão e seguir em frente, confiantes em viver para Jesus?

Como cristãos, buscar a sabedoria de Deus nos ajuda quando enfrentamos decisões difíceis. Ao decidirmos sobre algo na vida, grande ou pequeno, as Escrituras nos instruem: "Confie no SENHOR de todo o coração; não dependa do seu próprio entendimento" (PROVÉRBIOS 3:5). Quando confiamos em nosso próprio julgamento, podemos ficar confusos e nos preocupar em perder um detalhe importante ou fazer a escolha errada. No entanto, quando recorremos a Deus para obter as respostas, Ele mostrará os caminhos que devemos seguir (v.6). O Senhor nos dará clareza e paz ao tomarmos as decisões em nosso cotidiano.

Deus não quer que fiquemos paralisados ou sobrecarregados pelo peso de nossas decisões. Encontramos paz na sabedoria e direção que o Senhor concede quando entregamos as nossas preocupações a Ele em oração.

*KIMYA LODER*

**Você busca a sabedoria de Deus em oração e nas Escrituras?**

*Pai, Tu tens respostas para todas as escolhas que enfronto. Concede-me clareza e força para prosseguir.*

**A BÍBLIA EM UM ANO**: DEUTERONÔMIO 14–16; MARCOS 12:28-44

**12 DE MARÇO**  ·  **SOFONIAS 3:9-17**

# CANÇÃO DE AMOR

*Ele se agradará de vocês [...] e acalmará todos os seus medos com amor; ele se alegrará em vocês...!"* v.17

O parque ribeirinho está tranquilo. Os corredores passam, as varas de pesca dançam no ar, as gaivotas brigam por peixes e restos de salgadinhos, e eu e minha esposa observamos um casal, talvez na casa dos 40 anos. Ela senta-se olhando nos olhos dele enquanto ele, despreocupadamente, canta para ela uma canção de amor em sua própria língua, carregada na brisa para todos nós ouvirmos.

Esse momento delicioso me fez pensar sobre o livro de Sofonias. Você pode questionar o porquê. Na época de Sofonias, o povo de Deus tornou-se corrupto e curvou-se aos falsos deuses (1:4-5), e os profetas e sacerdotes de Israel tornaram-se arrogantes e profanos (3:4). Em grande parte do livro, Sofonias declara o julgamento vindo de Deus não apenas para Israel, mas para todas as nações da Terra (v.8).

No entanto, Sofonias prevê algo mais. Desse dia sombrio surgirá um povo que amará o Senhor de todo coração (vv.9-13). Para essas pessoas Deus será como um noivo que se deleita com Sua amada: "acalmará todos os seus medos com amor; ele se alegrará em vocês com gritos de alegria!" (v.17).

As Escrituras usam muitos títulos para Deus: Criador, Pai, Guerreiro, Juiz. Mas quantos de nós o vemos como Aquele que canta uma canção de amor para nós em Seus lábios?

*SHERIDAN VOYSEY*

**Como você imagina Deus — Criador, Pai, Guerreiro? Sua vida mudaria se pensasse nele como Amor, e em si mesmo como o alvo do Seu amor?**

*Deus, Grande Cantor, delicio-me com Teu canto sobre mim.*

---

**A BÍBLIA EM UM ANO:** DEUTERONÔMIO 17–19; MARCOS 13:1-20

**13 DE MARÇO** — **COLOSSENSES 3:12-15**

# VERRUGAS E TUDO MAIS

*Lembrem-se de que o Senhor os perdoou, de modo que vocês também devem perdoar.* COLOSSENSES 3:13

Oliver Cromwell, o "Protetor da Inglaterra", foi comandante militar no século 17. Naqueles dias, era comum que pessoas importantes tivessem seus retratos pintados; porém, os artistas evitavam retratar os aspectos menos atraentes de uma pessoa. Cromwell, no entanto, não queria nada semelhante a lisonjeio. Ele advertiu o artista: "Retrata-me como sou, com verrugas e tudo, ou não te pagarei". O artista o obedeceu e o retrato final de Cromwell exibe verrugas faciais que nos dias atuais certamente seriam retrabalhadas antes de serem postadas nas redes sociais.

A expressão "verrugas e tudo" passou a significar que as pessoas devem ser aceitas como são: com todos os seus defeitos, atitudes e peculiaridades. Em alguns casos, achamos que isso é tarefa muito difícil. No entanto, quando olhamos para o nosso interior, encontramos alguns aspectos pouco atraentes em nosso próprio caráter.

Somos gratos por Deus perdoar nossas "verrugas". Em Colossenses 3, somos ensinados a estender a graça aos outros. O apóstolo Paulo nos encoraja a sermos mais pacientes, gentis e compassivos, até mesmo com os que não são fáceis de amar. Ele nos instiga a ter um espírito perdoador por causa da maneira como Deus nos perdoa (vv.12-13). Pelo Seu exemplo, somos ensinados a amar os outros do jeito que Deus nos ama — com verrugas e tudo mais.

*CINDY HESS KASPER*

**Você pode seguir o exemplo de Deus na forma como interage com os outros?**

*Pai, mostra-me as falhas que impedem outros de conhecerem quem Tu és. Ajuda-me a ser paciente e perdoador.*

**A BÍBLIA EM UM ANO**: DEUTERONÔMIO 20–22; MARCOS 13:21-37

**14 DE MARÇO**  ·  **MIQUEIAS 6:1-8**

# JUSTIÇA E JESUS

*O Senhor [...] requer de você: que
pratique a justiça, ame a misericórdia e
ande humildemente com seu Deus.* v.8

O primeiro imperador de Roma, César Augusto (63 a.C.), queria ser reconhecido pela lei e ordem. Ele construiu seu império com trabalho escravo, conquistas militares e subornos, porém, restaurou o processo legal e legou aos seus cidadãos a deusa romana da justiça, *Iustitia*. César Augusto foi o responsável pelo censo que levou Maria e José a Belém para o nascimento do governante cuja grandeza alcançaria toda Terra (MIQUEIAS 5:2-4).

O imperador César e o restante do mundo não poderiam ter antecipado como um Rei tão maior viveria e morreria para demonstrar a verdadeira justiça. Séculos antes, nos dias de Miqueias, o povo de Deus havia caído em mentiras, violência e obtido tesouros pelo engano" (6:10-12). A nação querida de Deus o tinha perdido de vista. O Senhor desejava que eles praticassem a justiça, amassem a misericórdia e andassem humildemente com Ele (v.8).

Foi preciso um Rei Servo para personificar a justiça pela qual os feridos, esquecidos e indefesos ansiavam. Foi necessário cumprir-se a profecia de Miqueias em Jesus para se estabelecer os relacionamentos entre Deus e as pessoas, e de pessoa a pessoa. Isso não viria na aplicação externa da lei e da ordem de César, mas na liberdade da misericórdia, bondade e espírito de nosso Rei Servo — Jesus.

*MART DEHAAN*

**O que significa para você praticar a justiça,
amar a misericórdia e andar humildemente com Deus?
Como a vida de Jesus exemplifica isso?**

*Pai, em nome de Jesus, ajuda-me a fazer
o certo pelos outros e por
todos que Tu trazes para a minha vida.*

---

**A BÍBLIA EM UM ANO:** DEUTERONÔMIO 23–25; MARCOS 14:1-26

**15 DE MARÇO**  ●  **MATEUS 5:13-16**

# NENHUMA FÓRMULA NECESSÁRIA

*...suas boas obras devem brilhar, para que todos as vejam e louvem seu Pai, que está no céu.* v.16

Quando Jane era jovem, a professora da Escola Dominical a instruiu sobre o evangelismo, o que incluía memorizar versículos e um roteiro para compartilhar as boas-novas. Ela e um amigo tentaram evangelizar outra pessoa, mas Jane não "se lembra se a noite terminou em conversão [mas pensa] que não". A abordagem parecia ser mais sobre um método do que sobre a pessoa de Jesus.

Hoje, Jane e seu marido ensinam os seus filhos sobre o amor por Deus, compartilhando sua fé de maneira mais convidativa. Entendem a importância de lhes ensinar sobre Deus, a Bíblia e o relacionamento pessoal com Jesus, mas o fazem exemplificando diariamente o amor deles por Deus e pelas Escrituras. Demonstram o que significa ser a "luz do mundo" (MATEUS 5:14) e alcançar os outros com atitudes e palavras bondosas. Jane diz: "Não podemos transmitir palavras de vida aos outros se não as possuímos nós mesmos". Enquanto ela e o marido demonstram a bondade em seu estilo de vida, eles preparam seus filhos para "convidar os outros a crer em Cristo".

Não precisamos de fórmulas para levar os outros a Jesus — importa que o nosso amor por Deus nos motive e brilhe através de nós. À medida que vivemos e compartilhamos o amor de Deus, o Senhor atrai outros para conhecê-lo também. *ALYSON KIEDA*

**Como você compartilha o evangelho com outras pessoas? Qual o resultado? De que outras maneiras você poderia compartilhar sobre Jesus?**

*Pai, desejo que muitos experimentem a comunhão que tenho com o Senhor. Ajuda-me a atrair outros a ti.*

---

**A BÍBLIA EM UM ANO:** DEUTERONÔMIO 26–27; MARCOS 14:27-53

**16 DE MARÇO**     📖 **ESDRAS 4:1-5,24**

★ *TÓPICO DE MARÇO: MORDOMIA*

# GRATO, MAS NÃO OBRIGADO

*Não se ponham em jugo desigual com os descrentes.* 2 CORÍNTIOS 6:14

Na Índia, uma escola cristã para crianças autistas recebeu uma doação de certa empresa. Não havendo amarras, eles aceitaram o dinheiro. No entanto, mais tarde, alguém da corporação pediu para participar do conselho escolar. A diretora devolveu-lhes o dinheiro e se recusou a comprometer os valores da escola, dizendo: "É mais importante fazer o trabalho de Deus à maneira dele".

Esta é uma das muitas razões para recusar ajuda. Na Bíblia há outra. Quando os judeus exilados retornaram a Jerusalém, o rei Ciro os encarregou de reconstruir o Templo (ESDRAS 3). Quando seus vizinhos disseram: "Queremos participar da construção, pois também adoramos seu Deus, como vocês" (4:2), os líderes de Israel recusaram. Eles concluíram que, aceitando a oferta de ajuda, a integridade do projeto de reconstrução do Templo seria comprometida e a idolatria entraria em sua comunidade, já que seus vizinhos também adoravam ídolos. Os israelitas tomaram a decisão certa e seus "vizinhos" fizeram tudo o que puderam para desencorajar a construção.

Com a ajuda do Espírito Santo e o conselho dos que creem em Jesus, podemos desenvolver o discernimento e confiadamente dizer não às ofertas amigáveis que podem esconder perigos espirituais sutis porque ao trabalho de Deus feito à Sua maneira nunca faltará a provisão divina.     *POH FANG CHIA*

> **Se temos discernimento do perigo
> é possível ignorar um conflito de interesse
> na obra de Deus?**
>
> *Pai, ajuda-me a ser sábio e criterioso
> em saber quando agilizar parcerias.*

---

**A BÍBLIA EM UM ANO:** DEUTERONÔMIO 28–29; MARCOS 14:54-72

**17 DE MARÇO**  🌿 **JOÃO 14:1-4**

# PREPARANDO UM LUGAR PARA NÓS

*...e, quando tudo estiver pronto, virei buscá-los, para que estejam sempre comigo, onde eu estiver.* v.3

Nós planejávamos ter um cachorrinho e, por essa razão, a minha filha de 11 anos pesquisou por meses e descobriu o que o cão deveria comer e como devíamos apresentá-lo à nossa nova casa, entre vários outros detalhes. Ela me disse que os filhotes reagem melhor quando apresentados a um espaço de cada vez. Então preparamos cuidadosamente um quarto. Tenho certeza de que teremos surpresas ao criarmos o nosso pet, mas a preparação feita por minha filha não poderia ter sido mais completa.

Isso me faz lembrar do desejo de Cristo em compartilhar Sua vida com Seu povo e Sua promessa de preparar um lar para eles. Perto do fim de Seu ministério terreno, Jesus encorajou Seus discípulos a confiar nele, dizendo: "Creiam em Deus; creiam também em mim" (JOÃO 14:1). Jesus prometeu preparar lugar para eles e disse: "para que estejam sempre comigo, onde eu estiver" (v.3). Os discípulos logo enfrentariam problemas. Porém Jesus queria que soubessem que Ele estava agindo para levá-los ao lar celestial.

Não posso deixar de me deliciar com a preparação cuidadosa e intencional com que minha filha se preparou para o nosso novo pet. Mas só posso imaginar como o nosso Salvador se alegra ainda mais com a Sua própria preparação detalhada para cada um de Seu povo compartilhar a vida eterna com Ele (v.2). *ADAM HOLZ*

**Alegra-o saber que Jesus prepara um lugar para você na casa de Seu Pai? Isso o encoraja e fortalece em momentos difíceis?**

*Jesus, obrigado por preparares um lugar para mim. Ajuda-me a colocar a minha esperança plenamente em ti.*

---

**A BÍBLIA EM UM ANO**: DEUTERONÔMIO 30–31; MARCOS 15:1-25

**18 DE MARÇO** — CÂNTICO DOS CÂNTICOS 2:3-15

# PEQUENAS RAPOSAS

*Peguem todas as raposas [...] antes que destruam o vinhedo do amor, pois as videiras estão em flor!* v.15

Quando um piloto não conseguiu colocar seu chá no porta-copos, ele o colocou no console central; porém, quando o avião enfrentou turbulências, a bebida derramou no painel e desligou um motor. O voo foi desviado e pousou em segurança, mas isso aconteceu com a tripulação de outra companhia aérea dois meses depois e o fabricante percebeu que era um problema. O porta-copos do caríssimo avião era pequeno e causava momentos de angústia.

Os detalhes podem destruir os planos mais grandiosos. Na leitura de hoje, alguém incentiva a pessoa que ama a pegar todas as raposinhas "antes que destruam o vinhedo do amor" (2:15), pois vira raposas escalar paredes e cavar em busca de uvas. Eram difíceis de pegar quando corriam para o vinhedo para voltar à noite e não deviam ser ignoradas.

O que ameaça os seus relacionamentos? Talvez não sejam as grandes ofensas. Podem ser as raposinhas: comentários ou deslizes que cavam na raiz do seu amor. As pequenas ofensas se somam e o que antes era intensa amizade cheia de vigor ou um casamento apaixonado pode sofrer perigo de morrer.

Que Deus nos ajude a pegar as raposinhas! Vamos pedir e conceder perdão conforme o necessário e nutrir os nossos vinhedos no solo de atos comuns de consideração, enquanto Deus nos provê o que precisamos.

*MIKE WITTMER*

**Que "raposinhas" estão prejudicando algum dos seus relacionamentos? Como buscar perdão e um novo começo em Cristo?**

*Pai, que o Teu amor extraordinário flua naturalmente através de mim.*

---

**A BÍBLIA EM UM ANO**: DEUTERONÔMIO 32–34; MARCOS 15:26-47

**19 DE MARÇO** — JOEL 2:21-27

# RECUPERANDO O NOSSO TEMPO

*...devolverei o que perderam por causa dos gafanhotos [...]. Vocês voltarão a ter alimento até se saciar.* vv.25-26

Minha mãe compartilhou comigo como ela optou por não fazer um curso superior, a fim de se casar com meu pai, na década de 1960. Contudo, ela sempre manteve o seu sonho de se tornar professora de economia doméstica. Três crianças depois, embora ela nunca tenha recebido um diploma universitário, tornou-se nutricionista-assistente em seu estado. Ela preparava refeições para demonstrar as opções de refeições mais saudáveis, igual a um professor de economia doméstica. Ao compartilhar isso comigo e me contar sobre a sua vida, ela declarou que Deus ouvira as suas orações e lhe dera os desejos de seu coração.

A vida pode ser assim para nós. Nossos planos apontam para um lado, mas a realidade segue o outro. No entanto, com Deus, nosso tempo e nossa vida podem ser transformados em belas demonstrações de Sua compaixão, amor e restauração. Deus disse ao povo de Judá que "devolveria" seus anos perdidos ou destruídos por um "grande exército devastador" (v.25). O Senhor continua agindo para nos ajudar nos desafios e sonhos ainda não realizados. Nós servimos o Deus Redentor que honra e recompensa os nossos "sacrifícios" por Ele (MATEUS 19:29).

Se estamos enfrentando um desafio devastador ou um tempo de sonhos não realizados, clamemos e louvemos a Deus, que tudo restaura. *KATARA PATTON*

**O que você espera que Deus restaure ou redima? Como descreveria sua atitude enquanto aguarda?**

*Poderoso Deus, obrigado por Tuas promessas de redenção e restauração. Ajuda-me a sempre confiar no Teu tempo.*

**A BÍBLIA EM UM ANO**: JOSUÉ 1–3; MARCOS 16

**20 DE MARÇO**  **MATEUS 6:25-34**

# NÃO ANDEM ANSIOSOS

*Por isso eu lhes digo que não se preocupem com a vida diária, se terão o suficiente para comer, beber ou vestir...* v.25

Esta passagem é conhecida como o Sermão do Monte e mostra como Jesus sempre foi muito prático e didático. Quando Ele fala "observem os pássaros... observem os lírios" (MATEUS 6:26,28), está em meio a paisagens onde essas coisas podem ser vistas. Assim, as lições ficavam impressas na mente dos ouvintes.

Nosso relacionamento com Deus se baseia em fé, que é contrária à ansiedade. Quando Jesus diz que viver preocupado não acrescenta sequer uma hora à nossa vida (v.27), isso não quer dizer que não devamos ter responsabilidade. Mas, sim, que não precisamos viver opressos pela ansiedade. As ervas do campo e os pássaros não trabalham, e ainda assim Deus lhes supre o necessário. Somente ao homem, em toda a criação, foi dada a ordem de trabalhar (GÊNESIS 2:15). Ou seja, Jesus está dizendo que devemos cumprir a nossa responsabilidade sem que vivamos preocupados. Para Ele, valemos bem mais que do que os animais ou as plantas (v.26)! E, se o Senhor se importa com eles, quanto mais se importará conosco, que fomos criados à Sua imagem!

Quando estamos preocupados, nossa confiança em Deus é removida e colocada sobre nosso desempenho, como se tudo dependesse de nós. Por outro lado, a fé nos leva ao lugar de sabermos que, se cumprirmos com nossa responsabilidade, podemos contar com a ajuda do Pai. Você está adoecendo pela ansiedade quando poderia estar experimentando a paz de Deus?

*LUCIANO SUBIRÁ*

**Cumpra com suas responsabilidades, mas confie no suprimento de Deus.**

*Senhor, ajuda-me descansar no Teu cuidado atencioso sobre mim.*

---

**A BÍBLIA EM UM ANO:** JOSUÉ 4–6; LUCAS 1:1-20

**21 DE MARÇO** ✤ ÊXODO 39:1-7

# PERDIDO PARA O PASSADO

*Todos aqueles cujo coração foi movido e cujo espírito foi tocado voltaram com ofertas para o Senhor.* 35:21

Chateado com a corrupção que assolava o reino, Yeongjo, o rei da Coreia, (1694–1776), decidiu mudar as coisas. Considerando opulenta a arte tradicional do bordado de fio de ouro, ele a baniu. Desse modo, perdeu-se o conhecimento desse processo. Em 2011, a professora Sim Yeon-ok decidiu recuperar essa tradição perdida. Pressupondo que a folha de ouro era colada em papel de amora e, depois, cortada à mão em fios finos, ela recriou o processo e reviveu a antiga arte.

Lemos em Êxodo sobre as medidas empregadas para construir o tabernáculo, incluindo sobre os fios de ouro para fazer as roupas sacerdotais de Arão. Artesãos habilidosos batiam "o metal até formar lâminas finas e as [cortavam] em fios. Com grande habilidade e cuidado, [bordavam] os fios de ouro no linho fino, com fios de tecido azul, roxo e vermelho" (39:3). O que aconteceu com tal arte? As roupas se desgastaram? Foram pilhadas? Foi tudo em vão? Não! Todos os esforços foram feitos conforme as instruções dadas por Deus e específicas para isso.

Deus concedeu a cada um de nós algo para fazer também. Pode ser um simples ato de bondade — algo para retribuir a Ele enquanto servimos uns aos outros. Não precisamos nos preocupar com o que acontecerá com nossos esforços no final (1 CORÍNTIOS 15:58). Qualquer tarefa feita por nosso Pai torna-se um fio que se estende à eternidade.

*TIM GUSTAFSON*

**Quais tarefas Deus lhe deu para cumprir para Ele ao longo de sua vida?**

*Pai celestial, ajuda-me a servir-te hoje com tudo o que faço.*

**A BÍBLIA EM UM ANO:** JOSUÉ 7–9; LUCAS 1:21-38

**22 DE MARÇO**  ❧ **ATOS 8:26-35**

# SIMPLIFIQUE

*...Filipe, [...] com essa mesma passagem das Escrituras, anunciou-lhe as boas-novas a respeito de Jesus.* v.35

O e-mail era curto e urgente: "Peço salvação. Eu gostaria de conhecer Jesus". Surpreendente! Ao contrário de outras pessoas que ainda não tinham recebido Cristo, essa pessoa não precisava de convencimento. Minha tarefa era acalmar as minhas dúvidas sobre a evangelização e compartilhar conceitos-chave, Escrituras e recursos confiáveis que respondessem ao apelo daquele homem. A partir daí, pela fé, Deus o orientaria.

Filipe evangelizou na estrada deserta onde conheceu o tesoureiro da Etiópia que lia o livro de Isaías em voz alta. Perguntou-lhe se compreendia o que lia, e ouviu: "Como posso entender sem que alguém me explique?". Convidado a esclarecer: "Filipe, [começou] com essa mesma passagem das Escrituras, anunciou-lhe as boas-novas a respeito de Jesus" (ATOS 8:30-31,35).

Começar onde as pessoas se encontram e manter o evangelismo simples, como Filipe o fez, é um modo eficaz de compartilhar Cristo. De fato, enquanto viajavam, o homem disse: "Veja, aqui tem água" e pediu para ser batizado (v.36). Filipe o batizou e o homem "seguiu viagem cheio de alegria" (v.39). Alegrei-me quando o autor do e-mail respondeu que tinha se arrependido do pecado, confessado a Cristo, encontrado uma igreja e crido que nasceu de novo. Que belo começo! Que Deus o leve ainda mais alto!

PATRÍCIA RAYBON

**Quais respostas você pode dar prontamente a quem queira conhecer a Jesus como Salvador pessoal?**

*Pai celestial, mostra-me maneiras simples e eficazes de compartilhar as boas-novas sobre Cristo.*

Saiba mais sobre como evangelizar: acesse universidadecrista.org

---

**A BÍBLIA EM UM ANO**: JOSUÉ 10–12; LUCAS 1:39-56

23 DE MARÇO — GÊNESIS 1:20-25

★ *TÓPICO DE MARÇO: MORDOMIA*

# A BOA COLA DE DEUS

*Deus criou grande variedade de animais selvagens [...] que rastejam pelo chão.* v.25

Cientistas norte-americanos criaram um novo tipo de cola extremamente forte e removível. O projeto é inspirado num caracol cujo muco endurece em condições secas e se solta novamente quando molhado. A natureza reversível desse muco permite que o caracol se mova livremente em condições mais úmidas e mais seguras, mantendo-o firmemente fixado em seu ambiente quando o movimento é perigoso.

A abordagem dos pesquisadores em imitar um adesivo encontrado na natureza traz à mente a descrição das descobertas do cientista Johannes Kepler. Ele disse que estava "apenas pensando como os pensamentos de Deus". A Bíblia afirma que Deus criou a Terra e tudo o que nela está: a vegetação (GÊNESIS 1:12); os "animais marinhos" e "variedade de aves" (v.21); "animais que rastejam pelo chão" (v.25); e "os seres humanos à sua própria imagem" (v. 7). Quando a humanidade descobre ou identifica um atributo especial de uma planta ou animal, estamos simplesmente seguindo os passos criativos de Deus, abrindo os nossos olhos à maneira como Ele os projetou.

Ao final de cada dia, na sequência da criação, Deus viu o fruto de Sua obra e o descreveu como "bom". À medida que aprendemos e descobrimos mais sobre a criação de Deus, que também reconheçamos Seu magnífico trabalho, cuidemos bem dele e proclamemos o quanto isso é bom!

KIRSTEN HOLMBERG

**Como você vê a ação de Deus na criação? Você o louva por Seus feitos?**

*Deus Criador, obrigado por criares o mundo e tudo o que está nele. Tuas obras são maravilhosas!*

**24 DE MARÇO**  **MATEUS 21:1-11**

# UM REI MONTADO NUM JUMENTO

*Vejam, seu Rei se aproxima. Ele é humilde e vem montado num jumento... v.5*

Era o Domingo de Ramos. Sem dúvida, essa não fora a primeira visita de Jesus a Jerusalém. Como judeu devoto, Ele teria ido à cidade todos os anos para as três grandes festas (LUCAS 2:41-42; JOÃO 2:13;5:1). Nos três anos anteriores, Cristo também ministrou e ensinou em Jerusalém. Mas naquele domingo, sua ida à cidade foi radicalmente diferente.

Ao montar um jumentinho, em Jerusalém, numa época em que milhares de adoradores estavam chegando à cidade, Jesus foi o centro das atenções (MATEUS 21:9-11). Por que Ele assumiria o lugar de destaque diante de milhares de pessoas quando nos três anos anteriores deliberadamente manteve um perfil discreto? Por que Jesus aceitaria a proclamação do povo de que Ele era Rei apenas cinco dias antes de Sua morte?

Mateus diz que isso ocorreu para cumprir uma profecia dada 500 anos antes (MATEUS 21:4-5) de que o Rei escolhido por Deus entraria em Jerusalém "justo e vitorioso, mas também é humilde e vem montado num jumento" (ZACARIAS 9:9; GÊNESIS 49:10-11).

Essa entrada na cidade foi realmente incomum para um rei triunfante. Reis conquistadores normalmente cavalgavam em garanhões poderosos. Mas Jesus não veio montar um cavalo de guerra. Isso revela que tipo de Rei Jesus é. Ele é manso e humilde. Jesus não veio para a guerra, mas para a paz, estabelecendo a paz entre Deus e nós (ATOS 10:36; COLOSSENSES 1:20). *K. T. SIM*

**Como você pode honrar Jesus como o seu Rei?**

*Jesus, obrigado por revelares Teus poderosos e humildes caminhos. Preenche-me com a Tua paz.*

**A BÍBLIA EM UM ANO**: JOSUÉ 16–18; LUCAS 2:1-24

**25 DE MARÇO**  **JEREMIAS 29:4-7,10-14**

# ONDE ESTÁ DEUS?

*Se me buscarem de todo o coração,
me encontrarão.* v.13

Martin Handford escreveu uma série de livros de quebra-cabeças infantis *Onde está Wally?*. Em suas histórias, o personagem esquivo usa, desde 1987, uma camisa listrada vermelha e branca e meias com um chapéu combinando, jeans azul, botas marrons e óculos. Handford escondeu habilmente o menino Wally dentro das ilustrações ocupadas com multidões de personagens em vários locais ao redor do mundo. É difícil achá-lo, mas o autor promete que os leitores sempre serão capazes de encontrá-lo. Embora buscar por Deus não seja exatamente como procurar Wally em um livro de quebra-cabeças, a promessa do nosso Criador é que também podemos encontrá-lo.

Através do profeta Jeremias, Deus instruiu Seu povo sobre como viver sendo estrangeiros no exílio (JEREMIAS 29:4-9). Ele prometeu protegê-los até que os restaurasse de acordo com Seu plano perfeito (vv.10-11). Deus assegurou aos israelitas que o cumprimento de Sua promessa aprofundaria o compromisso deles de buscá-lo em oração (v.12).

Hoje, mesmo que Deus tenha se revelado na história e no Espírito de Jesus, pode ser fácil se distrair com os afazeres deste mundo. Podemos até ser tentados a perguntar: "Onde está Deus?" No entanto, o Criador e Sustentador de todas as coisas declara que aqueles que pertencem a Ele sempre o encontrarão se o buscarem "de todo o coração" (vv.13-14). XOCHITL DIXON

**Quais distrações o impedem de buscar a Deus através
da leitura da Bíblia e oração? Como Deus o ajudou
a se concentrar nele quando o trabalho o afastou dele?**

*Criador amoroso, ajuda-me a confiar em Tuas promessas
e a buscar-te sempre de todo o meu coração.*

---

**A BÍBLIA EM UM ANO**: JOSUÉ 19–21; LUCAS 2:25-52

**26 DE MARÇO**     **PROVÉRBIOS 11:1-3**

# UMA VIDA DE INTEGRIDADE

*A honestidade guia
os justos...* v.3

Abel Mutai, queniano, competia numa corrida internacional e estava liderando a poucos metros da vitória. No entanto, Mutai parou, pois confundiu-se com a sinalização do percurso e pensou que já tinha cruzado a linha de chegada. O corredor espanhol em segundo lugar, Ivan Fernandez Anaya, viu o erro de Mutai. Em vez de tirar vantagens e vencer, ele segurou Mutai pelo braço e o guiou à vitória e à medalha de ouro. Quando os repórteres lhe perguntaram por que ele perdeu a corrida, Anaya insistiu que Mutai merecia a vitória, não ele. "Qual seria o mérito da minha vitória? Qual seria a honra dessa medalha? O que minha mãe pensaria disso? Um relatório descreveu: "Anaya escolheu a honestidade em vez da vitória".

Lemos em Provérbios que aqueles que querem viver honestamente, e que suas vidas demonstrem fidelidade e autenticidade, devem fazer escolhas com base na verdade, e não na conveniência. "A honestidade guia os justos" (11:3). Esse compromisso com a honestidade não é apenas a *maneira certa* de viver, mas também oferece uma vida *melhor*. O provérbio continua: "a desonestidade destrói os desleais" (v.3). A longo prazo, a desonestidade nunca se paga.

Se abandonamos a integridade, as "vitórias" são derrotas. Quando a fidelidade e a prática da verdade nos moldam ao poder de Deus, tornamo-nos pessoas de profundo caráter que vivem genuinamente bem.

WINN COLLIER

### Onde a sua integridade está sendo testada?

*Deus, Tu és íntegro e fiel. Torna-me mais semelhante a ti.
Ensina-me a viver com toda a integridade.*

---

**A BÍBLIA EM UM ANO:** JOSUÉ 22–24; LUCAS 3

**27 DE MARÇO**  •  **1 PEDRO 5:6-11**

# A ESSÊNCIA DA ORAÇÃO

*Entreguem-lhe todas as suas ansiedades, pois ele cuida de vocês.* v.7

Quando Abraham Lincoln se tornou presidente dos Estados Unidos, ele foi encarregado de liderar uma nação dividida. Ele é considerado um líder sábio e de caráter moral, mas outro elemento o distinguiu ainda mais. Lincoln entendeu que ele era inadequado para presidir. A resposta dele a essa inadequação foi: "Muitas vezes caí de joelhos pela convicção esmagadora de que eu não tinha para onde ir. Minha própria sabedoria e a dos que me cercavam parecia insuficiente para aquele dia".

Quando lidamos com os desafios da vida e as severas limitações de nossa própria sabedoria, conhecimento ou força, descobrimos, como Lincoln, que somos totalmente dependentes de Jesus, o qual não tem limitações. Pedro nos lembrou dessa dependência quando escreveu: "Entreguem-lhe todas as suas ansiedades, pois ele cuida de vocês" (1 PEDRO 5:7).

O amor de Deus por Seus filhos e o Seu poder absoluto torna o Senhor a pessoa perfeita para se aproximar de nossas fragilidades. Essa é a essência da oração. Vamos a Jesus reconhecendo que somos inadequados e que Ele é eternamente suficiente. Lincoln disse que sentia que "não tinha para onde ir". Mas quando começamos a compreender o grande cuidado de Deus por nós, esse reconhecimento é maravilhoso. Podemos ir até Ele!

*BILL CROWDER*

**De que forma as suas inadequações se revelam? Como você reage quando as percebe?**

*Deus Onipotente, reconheço que sem ti nada sou. Obrigado por estares sempre comigo, sendo meu Ajudador.*

Leia mais sobre a oração: acesse paodiario.org

**A BÍBLIA EM UM ANO**: JUÍZES 1–3; LUCAS 4:1-30

**28 DE MARÇO**  **JOÃO 13:21-32**

## "E ERA NOITE"

*Judas saiu depressa, e era noite.* v.30

O romance de Elie Wiesel, *A Noite*, narra os horrores do Holocausto e as experiências em campos de extermínio. Seu relato inverte a história bíblica do Êxodo. Enquanto Moisés e os israelitas *livraram-se* da escravidão na primeira Páscoa (ÊXODO 12), Wiesel relata como os nazistas prenderam os líderes judeus após a Páscoa.

Não critiquemos Wiesel e sua sombria ironia. A Bíblia contém reviravolta semelhante. Na noite da Páscoa, Jesus, o esperado para libertar o povo de Deus do sofrimento, em vez disso, permitiu-se ser preso por quem o mataria.

João relata essa cena antes da prisão de Jesus. Jesus estava "conturbado em espírito" sobre o que o esperava e, na Última Ceia, Ele previu que sofreria traição (JOÃO 13:21). Num ato que mal podemos compreender, Jesus Cristo serviu pão ao Seu traidor. E, tão logo pegou o pão, "Judas saiu depressa, e era noite" (v.30). A maior injustiça da história estava em curso, mas Jesus declarou: "Chegou a hora de o Filho do Homem ser glorificado e, por causa dele, Deus será glorificado" (v.31). Em poucas horas, os discípulos experimentariam pânico, derrota e desânimo, porém Jesus viu o plano de Deus se desenrolar como deveria.

Quando parecer que a escuridão está vencendo, lembremo-nos de que Deus enfrentou Sua noite escura e a derrotou. O Senhor anda conosco e nem sempre será noite.   TIM GUSTAFSON

**Você já vivenciou o pânico,
a perda de esperança e o desespero?**

*Obrigado, Jesus, por manteres
o plano de Teu Pai quando enfrentaste a cruz
para vencer a morte.*

**A BÍBLIA EM UM ANO**: JUÍZES 4–6; LUCAS 4:31-44

**29 DE MARÇO** — **MARCOS 15:16-24**

# A CRUZ DE PAZ

*Um homem chamado Simão, de Cirene [...] passava ali [...] os soldados o obrigaram a carregar a cruz.* v.21

Os olhos sombrios se destacam na pintura *Simão de Cirene*, do artista holandês contemporâneo Egbert Modderman. Os olhos de Simão revelam a imensa carga física e emocional de sua responsabilidade. Em Marcos 15, descobrimos que Simão foi retirado da multidão e forçado a carregar a cruz de Jesus.

Simão era de Cirene, uma grande cidade no norte da África com enorme população de judeus durante o tempo de Jesus. Provavelmente, Simão tinha viajado para Jerusalém para celebrar a Páscoa. Lá ele se viu no meio dessa execução injusta e pôde realizar um pequeno, mas significativo ato de assistência a Jesus (MARCOS 15:21).

No início do evangelho de Marcos, Jesus diz aos Seus seguidores: "Se alguém quer ser meu seguidor, negue a si mesmo, tome sua cruz e siga-me" (8:34). Na estrada para o Gólgota, Simão literalmente fez o que Jesus pediu aos Seus discípulos: ele pegou a cruz que lhe foi dada e a carregou por amor a Jesus.

Nós também temos *cruzes* para suportar: talvez uma doença, uma atribuição desafiadora do ministério, a perda de um ente querido, ou perseguição por nossa fé. À medida que carregamos esses sofrimentos pela fé, as pessoas ao nosso redor têm a percepção dos sofrimentos de Jesus e Seu sacrifício na cruz. Foi Sua cruz que nos trouxe a paz com Deus e a força para enfrentarmos nossa jornada.

*LISA SAMRA*

**Que *cruz* lhe pediram para carregar?
Como usar sua luta para levar outros para Jesus?**

*Jesus, obrigado por me ajudares
enquanto carrego a minha cruz e te sigo. Encoraja-me
quando a jornada for difícil.*

**A BÍBLIA EM UM ANO:** JUÍZES 7–8; LUCAS 5:1-16

**30 DE MARÇO** 🌿 **LUCAS 23:49-56**

# QUE NÃO FOSSE ASSIM

*Mas os amigos de Jesus, incluindo as mulheres que o seguiram desde a Galileia, olhavam de longe.* v.49

"De alguma forma, gostaria que não fosse assim", lamentou o homem, elogiando o amigo que morrera jovem. Suas palavras deram valor à eterna angústia da humanidade. A morte nos atordoa e assusta. Sofremos para desfazer o que não pode ser desfeito. O desejo de "mudar a realidade" poderia descrever como os seguidores de Jesus se sentiram após Sua morte. Os evangelhos dizem pouco sobre essas horas horríveis, mas registram as ações de alguns de Seus amigos fiéis.

José, um líder religioso que acreditava secretamente em Jesus (JOÃO 19:38), teve coragem para pedir o corpo de Cristo a Pilatos (LUCAS 23:52). Pondere por instantes sobre o que seria necessário para remover o corpo dessa crucificação horrível e prepará-lo ternamente para o enterro (v.53). Reflita sobre a devoção e a bravura das mulheres que acompanharam Jesus a cada passo do caminho, até mesmo ao túmulo (v.55). Diante da morte, amor eterno!

Esses seguidores não aguardavam a ressurreição; eles estavam enfrentando o luto. O capítulo termina sem esperança, sombriamente: "Depois, foram para casa e prepararam especiarias e perfumes para ungir o corpo. No sábado, descansaram, conforme a lei exigia" (v.56).

Pouco se sabia que naquele sábado preparava-se o palco para a cena mais dramática da história. Jesus estava prestes a fazer o inimaginável. Ele faria a própria morte "não ser assim".

*TIM GUSTAFSON*

### Você crê na ressurreição eterna?

*Pai, rendo-me à crucificação e ressurreição de Teu Filho. Obrigada por Ele me perdoar dos meus pecados.*

Saiba mais sobre a ressurreição de Jesus, acesse: paodiario.org

---

**A BÍBLIA EM UM ANO:** JUÍZES 9–10; LUCAS 5:17-39

**31 DE MARÇO** — **1 CORÍNTIOS 15:12–26**

# ISSO MUDA TUDO

*...Cristo [...] ressuscitou dos mortos.
Ele é o primeiro fruto da colheita
de todos que adormeceram...* v.20

Jaroslav Pelikan, professor da Universidade de Yale, por sua extensa carreira acadêmica, é uma "autoridade preeminente de sua geração sobre a história cristã". Publicou mais de 30 livros e recebeu um prêmio vitalício por sua volumosa escrita. Um de seus alunos, no entanto, contou quais eram as palavras mais importantes que ouvira dele, faladas de seu leito de morte: "Se Cristo ressuscitou, nada mais importa. E se não, nada mais importa".

Pelikan deu voz à convicção de Paulo: "se Cristo não ressuscitou, nossa pregação é inútil, e a fé que vocês têm também é inútil" (1 CORÍNTIOS 15:14). Ele fez essa declaração tão ousada porque sabia que a ressurreição não era apenas um milagre pontual, mas sim o auge da obra redentora de Deus na história humana. A promessa de ressurreição não era apenas Sua garantia de que Jesus se levantaria dos mortos, mas Sua ousada afirmação de que outras coisas mortas e arruinadas (vidas, comunidades, relacionamentos) um dia também seriam trazidas de volta à vida através dele. No entanto, se não houvesse ressurreição, Paulo sabia que estaríamos em apuros, pois se não há ressurreição, a morte e a destruição vencem.

Destruída pelo Vencedor, a morte perdeu. E Jesus é o "o primeiro fruto da colheita" da vida que se seguirá. Ele conquistou o mal e a morte para vivermos com ousadia e liberdade. Isso muda tudo.

*WINN COLLIER*

**Onde você precisa de
"ressurreição" em sua vida?**

*Deus, permita-me ver como
a ressurreição de Jesus muda tudo
sobre a minha vida agora e para sempre.*

**A BÍBLIA EM UM ANO**: JUÍZES 11–12; LUCAS 6:1-26

★ TÓPICO DE ABRIL / **Comunidade**

# EDIFICANDO A COMUNIDADE

Deus nos chama para termos corações humildes, perdoadores, e a amarmos uns aos outros em nossas comunidades (EFÉSIOS 4:32; 5:21; 1 PEDRO 5:5). Fazer parte do Corpo de Cristo significa "uns aos outros", mutualidade, e não apenas "eu".

**Servir juntos.** *Pensemos em como motivar uns aos outros na prática do amor e das boas obras* (HEBREUS 10:24). Há necessidades ao seu redor. Pergunte a Deus o que você pode fazer por aqueles que você conhece e para os estranhos. Compartilhe uma refeição, um cartão, um presente, seu tempo. Use os dons que Deus lhe concedeu, para que as pessoas se sintam vistas e cuidadas. Junte-se a outros para realizar a vontade do Senhor.

**Orar juntos.** *Ajudem a levar os fardos uns dos outros...* (GÁLATAS 6:2). Leve suas necessidades a Deus. Vulnerabilidade e honestidade constroem relações mais próximas e dão a você e aos outros a oportunidade de confiar em Deus juntos e vê-lo agir em sua vida.

**Compartilhar juntos.** *Advirtam uns aos outros todos os dias [...] para que nenhum de vocês seja enganado pelo pecado e fique endurecido* (HEBREUS 3:13). Crie um ambiente seguro e confiável que permita que as pessoas compartilhem autenticamente o que pensam. Desafiem-se uns aos outros com as Escrituras, compartilhem suas histórias, ajudem-se mutuamente a crescer (1 TESSALONICENSES 5:11). Um grupo que inclui uma variedade de idades traz amplas experiências e ideias.

**Relaxar juntos.** *Abram sua casa de bom grado para os que necessitam de um lugar para se hospedar* (1 PEDRO 4:9). Receba os outros em sua casa para conversas casuais e para criar vínculos. Divirta-se! Uma noite de jogos, sobremesa, brincadeiras...

Como você e sua comunidade podem ser mais intencionais em colocar em prática o que o Senhor nos ensina sobre "uns aos outros"?

***ANNE CETAS***

Além deste artigo, o tema *comunidade*
é abordado nos devocionais dos dias **1**, **9**, **16** e **23** de abril.

1º DE ABRIL — 1 CORÍNTIOS 12:18–30

★ *TÓPICO DE ABRIL: COMUNIDADE*

# EDIFICADOS PARA SERVIR

*Ele faz que todo o corpo se encaixe perfeitamente.* EFÉSIOS 4:16

Na cultura Amish, a construção de um celeiro é um evento social. Esse grupo o constrói junto e rapidamente. Eles adquirem a madeira e preparam as ferramentas. No dia designado, a comunidade se reúne cedo, divide as tarefas e "monta" o celeiro; às vezes, até mesmo num único dia.

Essa é uma boa imagem da visão de Deus para a Igreja e nosso papel nela: "Juntos, todos vocês são o corpo de Cristo, e cada um é uma parte dele" (1 CORÍNTIOS 12:27). Deus nos equipou de forma diferente e dividiu as tarefas nas quais cada um de nós tem "sua função específica" como parte de um corpo que se encaixa "perfeitamente" (EFÉSIOS 4:16). Na comunidade, somos encorajados a "levar os fardos uns dos outros" (GÁLATAS 6:2).

No entanto, permanecemos sozinhos, mantendo nossas necessidades para nós mesmos, querendo ter o controle de nossas circunstâncias. Assim, não conseguimos alcançar nem ajudar o outro a suportar o peso da sua necessidade. Mas Deus deseja que nos relacionemos uns com os outros e sabe que coisas bonitas acontecem ao pedirmos ajuda e orarmos pelas necessidades do outro.

Somente dependendo uns dos outros podemos experimentar o que Deus tem para nós e realizar Seu incrível plano para nossa vida — como construir um celeiro em um dia. KENNETH PETERSEN

**O que o impede de compartilhar as suas necessidades com outras pessoas? O que você pode fazer hoje para alcançar alguém e ajudá-lo a carregar seu fardo?**

*Deus, às vezes sou tão reservado que excluo os outros da minha vida. Ajuda-me a servi-los e amá-los.*

A BÍBLIA EM UM ANO: JUÍZES 13–15; LUCAS 6:27-49

**2 DE ABRIL** — **ROMANOS 15:1-6**

# MARCAS DE TESTEMUNHAS

*Devemos agradar ao próximo visando ao que é certo, com a edificação deles como alvo.* v.2

"Veja isso!" O relojoeiro que consertava o velho relógio do vovô apontou a luz de sua lanterna numa fina marca gravada no interior. "Outro relojoeiro pode ter colocado essa marca há quase um século", disse ele. "É chamado de 'marca de testemunha', e me ajuda a saber como restaurar este mecanismo", concluiu. Antes de existirem os boletins técnicos e os manuais de conserto, as "marcas de testemunhas" eram usadas para ajudar num futuro reparo ou em alinhamentos com precisão. Eram mais do que simples lembretes para economizar tempo de conserto. Muitas vezes, eram deixadas como ajuda à próxima pessoa que viesse a refazer um conserto.

A Bíblia nos encoraja a deixar "marcas de testemunhas" ao servirmos a Deus e aos outros neste mundo decaído. Paulo escreveu à igreja em Roma: "Devemos agradar ao próximo visando ao que é certo, com a edificação deles como alvo" (ROMANOS 15:2). Esse é o exemplo do nosso Deus: "que concede paciência e ânimo" (v.5). Trata-se de ser um bom cidadão da Terra e do Céu.

Nossas "marcas de testemunhas" podem parecer pequenas, mas podem fazer importante diferença na vida de alguém. Uma palavra edificante, uma doação financeira a alguém necessitado e um ouvido atento são gentilezas que podem ter impacto duradouro. Que Deus o ajude a testemunhar a presença dele na vida de alguém hoje!

JAMES BANKS

**Quais "marcas de testemunhas" outros deixaram em sua vida para encorajá-lo?**

*Pai Todo-Poderoso, ajuda-me a refletir o Teu amor nas menores coisas que faço.*

---

**A BÍBLIA EM UM ANO:** JUÍZES 16–18; LUCAS 7:1-30

**3 DE ABRIL**                      **LAMENTAÇÕES 3:19-26**

# O GRANDE AMOR DE DEUS

*O amor do SENHOR não tem fim! Suas misericórdias são inesgotáveis.* v.22

Um amigo me pediu para falar aos adolescentes sobre a pureza e santidade e, eu recusei. Quando adolescente, rebelei-me, lutei e carreguei cicatrizes causadas pela imoralidade. Depois de casar e perder o primeiro filho num aborto involuntário, pensei que Deus me punira por pecados passados. Entreguei minha vida a Cristo aos 30 anos, confessei meus pecados e me arrependi, *repetidamente*. Ainda assim, a culpa e a vergonha me consumiam. *Como eu poderia compartilhar sobre a graça de Deus quando ainda não conseguia receber totalmente o presente de Seu grande amor por mim?* Felizmente, com o tempo, Deus aboliu as mentiras que me acorrentavam antes de confessar meus pecados. Por Sua graça, *recebi* o perdão que Deus me ofereceu o tempo todo.

Deus compreende os nossos lamentos sobre as aflições e as consequências de nossos pecados anteriores. No entanto, Ele capacita Seu povo a superar o desespero, afastar-se dos pecados e renascer com esperança em Seu grande amor, compaixão e fidelidade. A Bíblia ensina que Deus é a nossa porção, esperança e salvação, e podemos aprender a confiar em Sua bondade (LAMENTAÇÕES 3:19-26).

Nosso pai compassivo nos ajuda a acreditar em Suas promessas. Quando recebemos a plenitude de Seu grande amor por nós, podemos espalhar as boas-novas sobre Sua graça.    XOCHITL DIXON

**Como Deus o ajudou a descansar na esperança de Seu amor e graça imensuráveis?**

*Pai, ajuda-me a compreender Teu grande amor por mim enquanto espalho as boas-novas sobre a Tua graça.*

**A BÍBLIA EM UM ANO**: JUÍZES 19–21; LUCAS 7:31-50

**4 DE ABRIL**   **APOCALIPSE 21:1-7**

# REALMENTE VIVO

*...e não haverá mais morte....* v.4

Era a semana após a Páscoa e nosso filho de 5 anos tinha ouvido muita conversa sobre ressurreição. Ele sempre nos questionou, geralmente com perguntas difíceis de responder. Eu dirigia, e ele estava seguro no seu assento atrás de mim. O garoto olhou pela janela, pensando profundamente e se preparando para me fazer uma pergunta, disse: "Papai, quando Jesus nos trouxer de volta à vida, estaremos *realmente* vivos — ou apenas vivos em nosso pensamento?"

Esta é uma pergunta que muitos de nós temos, corajosos ou não para questionar em voz alta. Deus vai mesmo nos curar? Ele vai mesmo nos ressuscitar dos mortos? Ele cumprirá mesmo todas as Suas promessas?

O apóstolo João descreve nosso futuro como "um novo céu e uma nova terra" (APOCALIPSE 21:1). Naquela cidade sagrada, o próprio Deus habitará conosco e seremos o Seu povo (v.3). Por causa da vitória de Cristo, prometeram-nos um futuro onde não haverá mais lágrimas, nenhum mal contra Deus e Seu povo. Neste futuro maravilhoso, "...não haverá mais morte, nem tristeza, nem choro, nem dor. Todas essas coisas passaram para sempre" (v.4).

Em outras palavras, Deus nos promete que, no futuro, estaremos *realmente* vivos. Estaremos tão vivos que nossa vida agora parecerá mera sombra.

WINN COLLIER

**Onde você experimenta a morte em sua vida? Se Deus promete que a morte está condenada e que nós *realmente* viveremos, de que maneira isso renova sua esperança?**

*Deus, Tu disseste que a morte acabará e me prometeste uma vida verdadeira. Obrigado!*

---

**A BÍBLIA EM UM ANO**: RUTE 1–4; LUCAS 8:1-25

**5 DE ABRIL**  •  **SALMO 139:13-24**

# UM BOM TRABALHO

*...aquele que começou a boa obra em vocês irá completá-la até o dia em que Cristo Jesus voltar.* FILIPENSES 1:6

Charles Spurgeon lutou com Deus quando era adolescente. Ele cresceu indo à igreja, mas o que ouvia lhe parecia sem sentido. Lutou para crer em Deus e diz que: "se rebelou e se revoltou". Aos 16 anos, numa noite de muita neve, abrigou-se numa pequena igreja. O sermão do pastor parecia dirigido a ele; ouvindo-o, Deus venceu a luta, e Spurgeon entregou seu coração a Jesus.

Mais tarde, ele escreveu: "Antes de eu começar a andar com Cristo, Ele começou comigo". Na verdade, nossa vida com Deus não começa com o momento da salvação. O salmista observa que Deus formou nosso interior e nos teceu no ventre materno (SALMO 139:13). O apóstolo Paulo escreve: "ainda antes de eu nascer, Deus me escolheu e me chamou por sua graça" (GÁLATAS 1:15). E Deus não para de agir em nós quando somos salvos: "aquele que começou a boa obra em vocês irá completá-la até o dia em que Cristo Jesus voltar" (FILIPENSES 1:6).

Somos todos *obras em construção* nas mãos de um Deus amoroso. Ele nos conduz em meio às nossas rebeldias e nos ampara em Seus amorosos braços. No entanto, Seu propósito para nós está apenas começando. "Deus está agindo em vocês, dando-lhes o desejo e o poder de realizarem aquilo que é do agrado dele" (FILIPENSES 2:13). Tenha certeza: somos seu bom trabalho, independentemente da idade ou em que estágio da vida estamos.

*KENNETH PETERSEN*

**Como Deus age em você neste momento?
Como Ele cumpre os Seus propósitos?**

*Amado Deus, o Teu infinito amor me constrange.
Ajuda-me a aceitar a Tua contínua ação em minha vida.*

---

**A BÍBLIA EM UM ANO**: 1 SAMUEL 1–3: LUCAS 8:26-56

# BRIGA DE ESTACIONAMENTO

*Não se limitem, porém, a ouvir a palavra;*
*ponham-na em prática.* v.22

A cena no estacionamento poderia ter sido engraçada se não fosse tão trágica. Dois motoristas discutiam aos gritos sobre um dos carros que estava bloqueando a passagem do outro, e trocavam palavras duras e agressivas. O que tornou a cena especialmente dolorosa de assistir foi o fato de essa briga estar ocorrendo no estacionamento de uma igreja. Os dois homens possivelmente tinham acabado de ouvir um sermão sobre o amor, a paciência ou o perdão, mas tudo fora esquecido no calor daquele momento.

Passando por eles, meneei a cabeça e percebi rapidamente que não era nada melhor. Quantas vezes eu tinha lido a Bíblia, apenas para cair em pecado momentos depois com um pensamento nada generoso? Quantas vezes comportei-me "como alguém que olha no espelho, vê a si mesmo, mas, assim que se afasta, esquece como era sua aparência" (TIAGO 1:23-24)?

Tiago estava pedindo aos seus leitores não apenas para que lessem e refletissem sobre as instruções divinas, mas também para ouvirem e as praticarem (v.22). Ele observou que a verdadeira fé implica em conhecer as Escrituras e colocá-las em prática.

As circunstâncias da vida podem dificultar a aplicação do que as Escrituras nos revelam. Mas se perguntarmos ao Pai, Ele certamente nos ajudará a obedecer às Suas Palavras e a agradá-lo com nossas ações.

*LESLIE KOH*

**O que você leu nas Escrituras**
**que você pode praticar ainda hoje?**
**O que você deve parar de fazer?**

*Deus, perdoa-me pelas vezes*
*que não pratiquei aquilo que Tu me ensinaste.*
*Dá-me a força e a vontade de te obedecer.*

---

**A BÍBLIA EM UM ANO**: 1 SAMUEL 4-6; LUCAS 9:1-17

7 DE ABRIL            GÊNESIS 24:12-20

# VERDADEIRA HOSPITALIDADE

*Abram sua casa [...] para servir uns aos outros, fazendo bom uso da múltipla e variada graça divina.* 1 PEDRO 4:9-10

**K**umain ka na ba? (Você já comeu?).
Você sempre ouvirá isso ao visitar uma casa nas Filipinas. Essa é a nossa maneira de expressar cuidado e bondade para nossos convidados. E seja como for, seu anfitrião preparará algo para você comer. Os filipinos acreditam que a verdadeira bondade não significa apenas os cumprimentos, mas também ir além das palavras para mostrar verdadeira hospitalidade.

Rebeca também sabia tudo sobre ser gentil. Suas tarefas diárias incluíam tirar água do poço fora da cidade e levar o pote pesado de água para casa. Quando o servo de Abraão, que estava sedento lhe pediu um pouco de água de seu cântaro, ela não hesitou em lhe aliviar a sede (GÊNESIS 24:17-18).

Mas então Rebeca fez ainda mais. Quando percebeu que os camelos dos visitantes estavam sedentos, rapidamente se ofereceu para voltar e trazer mais água para eles (vv.19-20). Ela não hesitou em ajudar, mesmo que isso significasse fazer uma viagem extra (ou mais) para o poço e voltar com um pesado pote.

A vida é difícil para muitos. Tantas vezes, a prática de um pequeno gesto de bondade pode encorajar e levantar o espírito de alguém. Ser instrumento do amor de Deus nem sempre significa pregar um sermão poderoso ou iniciar uma igreja. Às vezes, pode ser simplesmente dar água a alguém.

*KAREN HUANG*

**Quem você conhece que precisa de encorajamento? Que ato de bondade praticar para encorajá-lo?**

*Pai, abre meus olhos para as necessidades ao meu redor. Dá-me sabedoria para demonstrar Teu cuidado.*

---

**A BÍBLIA EM UM ANO**: 1 SAMUEL 7–9; LUCAS 9:18-36

**DE ABRIL** 🌿 **SALMO 27:1-6**

# ENDEREÇO PERMANENTE

*A única coisa que peço ao SENHOR, [...]*
*é morar na casa do SENHOR...* v.24

Não faz muito tempo que nos mudamos para uma nova casa a uma curta distância da nossa antiga. Apesar da proximidade, ainda carregamos todos os nossos pertences em um caminhão por causa do tempo das transações financeiras. Entre a venda e a compra, nossos móveis ficaram num depósito temporário e encontramos um local de hospedagem. Fiquei surpreso ao descobrir como me sentia "em casa" apesar do deslocamento de nossa casa física, simplesmente porque eu estava com os que mais amo: minha família.

Durante parte de sua vida, Davi não tinha uma casa física. Ele vivia fugindo do rei Saul. Como Davi fora nomeado por Deus como sucessor ao trono, Saul viu Davi como ameaça e procurou matá-lo. Davi abandonou sua casa e abrigou-se onde conseguia. Embora ele tivesse junto aos seus companheiros, seu desejo era "morar na casa do SENHOR", e desfrutar de comunhão permanente com Ele (SALMO 27:4).

Jesus é nosso companheiro constante, nossa referência de "lar" não importa onde estivermos. Está conosco em nossos problemas e prepara um lugar para vivermos com Ele para sempre (JOÃO 14:3). Apesar das incertezas que podemos experimentar como cidadãos desta Terra, podemos viver permanentemente em comunhão com Ele todos os dias e em todos os lugares.

*KIRSTEN HOLMBERG*

**Você se sente "em casa" na presença de Deus?**
**Como desfrutar de comunhão com Jesus, independentemente**
**de onde se está e o que está se passando?**

*Amado Deus, agradeço-te por seres*
*o meu endereço permanente. Ajuda-me*
*a reconhecer-te sempre.*

**A BÍBLIA EM UM ANO:** 1 SAMUEL 10–12; LUCAS 9:37-62

**9 DE ABRIL**  ♣ **COLOSSENSES 4:2-**

★ *TÓPICO DE ABRIL: COMUNIDADE*

# ÔNIBUS TAGARELA

*Que suas conversas sejam amistosas e agradáveis...* v.6

Em 2019, uma empresa lançou, na Inglaterra, um ônibus que instantaneamente se tornou popular. A bordo dele se encontravam pessoas designadas e dispostas a conversar com os passageiros interessados. Essa rota foi a reação a uma pesquisa governamental que descobriu que 30% dos britânicos pelo menos um dia por semana não tem uma conversa significativa sequer.

Muitos dentre nós talvez já tenhamos experimentado a solidão por não ter alguém com quem conversar em momentos de necessidade. Ao refletir sobre isso em minha vida, lembro-me especialmente das interações agradáveis. Esses momentos me trouxeram alegria e encorajamento e me ajudaram a cultivar relações mais profundas.

Paulo encorajou seus leitores colossenses com princípios de vida cristã autêntica, incluindo maneiras de nossas conversas poderem demonstrar amor a todos os que encontramos. O apóstolo escreveu: "Que suas conversas sejam amistosas e agradáveis" (4:6), lembrando-os de que não é apenas a presença de palavras, mas a qualidade delas — "amistosas e agradáveis" — que lhes permitiriam ser um verdadeiro encorajamento aos outros.

Da próxima vez que você puder iniciar uma conversa com alguém, um amigo, colega de trabalho ou um estranho sentado ao seu lado, num ônibus ou sala de espera, busque maneiras de tornar esse tempo significativo e de bênção para ambos.

*LISA SAMRA*

**Como você pode encorajar alguém com suas palavras hoje?**

*Pai, ajuda-me a ser bênção para todos com quem eu me relacionar hoje, demonstrando a Tua graça.*

**A BÍBLIA EM UM ANO:** 1 SAMUEL 13–14; LUCAS 10:1-24

**10 DE ABRIL**      🌿 **TIAGO 2:1-4**

# E OUTROS SETE

*...irmãos, como podem afirmar que têm*
*fé em [...] Jesus Cristo se mostram*
*favorecimento a algumas pessoas?* v.1

A tragédia ocorreu em janeiro de 2020, quando nove pessoas morreram num acidente de helicóptero. A maioria das notícias informavam: "O astro do basquete Kobe Bryant, sua filha Gianna ("Gigi") e outros sete perderam suas vidas no acidente".

É natural e compreensível focar nas pessoas conhecidas, envolvidas em uma situação horrível como esta, e as mortes de Kobe e sua preciosa adolescente Gigi são de partir o coração além da descrição. Mas devemos ter em mente que, no quadro geral da vida, não há linha divisória que torne os "outros sete" (Payton, Sarah, Christina, Alyssa, John, Keri e Ara) menos significativos.

Às vezes, precisamos ser lembrados de que cada ser humano é importante aos olhos de Deus. A sociedade brilha sua luz sobre os ricos e famosos. No entanto, a fama não torna uma pessoa mais importante do que seu vizinho, as crianças ruidosas que brincam na sua rua, o desafortunado nos albergues de acolhimento da cidade, ou *você*.

Cada pessoa na Terra é criada à imagem de Deus (GÊNESIS 1:27), seja rico ou pobre (PROVÉRBIOS 22:2). Ninguém é mais favorecido do que outro em Seus olhos (ROMANOS 2:11), e cada um precisa de um Salvador (3:23).

Glorificamos nosso grande Deus quando nos recusamos a demonstrar favoritismo — seja na igreja (TIAGO 2:1-4) ou na sociedade em geral.     *DAVE BRANON*

**Como demonstrar o verdadeiro amor**
**por toda a humanidade?**
**Como Jesus revelou esse tipo de amor?**

*Pai celestial, ajuda-me a demonstrar*
*amor e bondade a todos, independentemente*
*de qual seja a situação social.*

---

**A BÍBLIA EM UM ANO**: 1 SAMUEL 15–16; LUCAS 10:25-42

**11 DE ABRIL**  ·  **MATEUS 24:36-44**

# CADA MOMENTO É IMPORTANTE

*Portanto, vigiem, pois não sabem em que ocasião o seu Senhor virá.* v.42

Os ponteiros parados de um relógio de bolso exposto na Universidade da Carolina do Norte contam uma história angustiante. Marcam o exato momento (8h19min56s) em que Elisha Mitchell, seu dono, escorregou e caiu mortalmente em uma cachoeira nos montes Apalaches na manhã de 27 de junho de 1857.

Mitchell, um professor da universidade, estava coletando dados para defender sua (correta) alegação de que o pico em que ele estava, que agora leva o seu nome, monte Mitchell, era o mais alto a leste do Mississippi. Seu túmulo está localizado no cume dessa montanha, não muito longe de onde ele caiu.

Recentemente, subi aquele pico da montanha e refleti sobre a história de Mitchell, minha própria mortalidade e como cada um de nós tem pouco tempo. Relembrei as palavras de Jesus sobre Seu retorno, enquanto falava com Seus discípulos no monte das Oliveiras: "Estejam também sempre preparados, pois o Filho do Homem virá quando menos esperam" (MATEUS 24:44).

Jesus indica claramente que nenhum de nós sabe o momento em que Ele voltará e estabelecerá Seu reino para sempre ou quando poderá nos convocar para deixar este mundo e nos apresentarmos diante dele. Mas Jesus nos diz para estarmos preparados e "vigiar" (v.42).

Tic tac... O "relógio" da vida está em movimento, mas por quanto tempo? Que amemos o nosso misericordioso Salvador, esperando-o e servindo-o.

*JAMES BANKS*

### Como você se prepara para estar com Jesus?

*Jesus, ajuda-me a estar pronto para conhecer-te a qualquer momento e a preparar-me para o Teu retorno.*

---

**A BÍBLIA EM UM ANO:** 1 SAMUEL 17–18; LUCAS 11:1-28

**12 DE ABRIL** — **HEBREUS 2:10-18**

# COMO NÓS, PARA NÓS

*Portanto, era necessário que ele se
tornasse semelhante a seus irmãos
em todos os aspectos...* v.17

Derek notou que seu filho não queria tirar a camisa para nadar por ter uma marca de nascença cobrindo partes do peito, barriga e braço esquerdo dele. Determinado a ajudá-lo, Derek passou por um doloroso processo de tatuagem para criar uma marca idêntica no próprio corpo.

O amor de Derek por seu filho reflete o amor de Deus por Seus filhos e filhas. Porque nós, Seus filhos, somos "feitos de carne e sangue" (HEBREUS 2:14), Jesus tornou-se como nós e assumiu a forma humana e compartilhou da nossa humanidade para nos libertar do poder da morte (v.14). "Portanto, era necessário que ele se tornasse semelhante a seus irmãos em todos os aspectos" (v.17) para nos reconciliar com Deus.

Derek queria ajudar seu filho a superar sua autoconsciência e assim "tornou-se" como ele. Jesus nos ajudou a superar nosso maior problema: a escravidão até a morte. Ele a venceu *por* nós tornando-se *como* nós, suportando a consequência do nosso pecado ao morrer em nosso lugar.

A vontade de Jesus de compartilhar da nossa humanidade não só nos garantiu o relacionamento certo com Deus, mas nos permite confiar nele em nossos momentos de luta. Quando enfrentamos tentações e dificuldades, podemos confiar nele para ter forças e amparo porque Jesus "é capaz de ajudar" (v.18). Como um pai amoroso, Jesus nos entende e se importa conosco.

*KIRSTEN HOLMBERG*

**O que o impede de refugiar-se
em Jesus neste momento e confiar nele?**

*Obrigado, Jesus, por assumires uma forma humana para te relacionares comigo em minhas lutas e pagar pelos meus erros.*

---

**A BÍBLIA EM UM ANO:** 1 SAMUEL 19–21; LUCAS 11:29-54

**13 DE ABRIL**      🌿 ISAÍAS 46:1-10

# CARREGADO PELO AMOR

*Eu os criei e cuidarei de vocês...* v.4

Meu neto de 4 anos se sentou no meu colo e deu um tapinha na minha cabeça careca, estudando-a atentamente Perguntou: "Vovô, o que aconteceu com teu cabelo?" Sorri, dizendo: "fui perdendo ao longo dos anos". Ele me respondeu pensativamente: "Isso é muito ruim, vou ter que te dar alguns dos meus". Sorri por sua compaixão e o abracei. Mais tarde, ao relembrar sobre o amor dele por mim naquele momento carinhoso, refleti sobre o amor altruísta e generoso de Deus.

O autor G. K. Chesterton escreveu: "Pecamos e envelhecemos, e nosso Pai é mais jovem do que nós". Com isso, ele quis dizer que o "Ancião" (DANIEL 7:9) está imaculado pela decadência do pecado — Deus não tem idade e nos ama exuberantemente com o amor que nunca vacila ou desaparece. Ele está pronto e é plenamente capaz de cumprir a promessa que fez ao Seu povo, em Isaías 46: "Serei o seu Deus por toda a sua vida, até que seus cabelos fiquem brancos. Eu os criei e cuidarei de vocês, eu os carregarei e os salvarei" (v.4).

Depois Ele explica: "Eu sou Deus, e não há outro semelhante a mim" (v.9). O grande "Eu Sou" (ÊXODO 3:14) nos ama tão profundamente que foi ao extremo de morrer na cruz para suportar todo o peso do nosso pecado, para que possamos recorrer a Ele e estar livres de nosso fardo e o adorar com gratidão para sempre!

*JAMES BANKS*

**De que maneira Deus cuida de você
todos os dias? Como extrair
novas forças dele neste momento?**

*Belo Salvador, sou tão grato,
pois Teu amor por mim jamais envelhece! Ajuda-me
a crescer em amor por ti cada vez mais.*

---

**A BÍBLIA EM UM ANO:** 1 SAMUEL 22–24; LUCAS 12:1-31

**14 DE ABRIL**  — ISAÍAS 26:3-7

# SUA PAZ

*Tu guardarás em perfeita paz todos que em ti confiam, aqueles cujos propósitos estão firmes em ti.* v.3

Por vários meses, lidei com politicagens e intrigas no trabalho. Sou preocupada por natureza e surpreendi-me ao me encontrar em paz. Em vez de me sentir ansiosa, pude reagir com calma e reconheci que essa paz só poderia vir de Deus.

Em contrapartida, houve outro período na minha vida em que tudo ia bem e, ainda assim, eu sentia uma profunda agitação em meu interior. Sabia que era por confiar em minhas habilidades, em vez de confiar em Deus e em Sua liderança. Olhando para trás, percebi que a verdadeira paz — a paz de Deus — não é definida por nossas circunstâncias, mas pela nossa confiança nele.

A paz de Deus vem até nós quando as nossas mentes estão firmes (ISAÍAS 26:3). Em hebraico, a palavra para "firme" significa "inclinar-se". À medida que nos inclinarmos sob a liderança do Pai, experimentaremos Sua calma presença. Podemos confiar em Deus, lembrando-nos de que Ele humilhará os orgulhosos e perversos e aplainará os caminhos daqueles que o amam (vv.5-7).

Quando experimentei a paz, numa época de dificuldades e não de tranquilidade, descobri que a paz de Deus não é uma ausência de conflito, mas uma profunda sensação de segurança mesmo em perigo. É uma paz que excede a compreensão humana e protege o nosso coração e mente em meio às circunstâncias mais difíceis (FILIPENSES 4:6-7). *KAREN HUANG*

> **O que você faz para experimentar a paz?
> Em que áreas da sua vida você
> precisa confiar em Deus e se "inclinar" a Ele?**
>
> *Pai, ajuda-me a ter propósitos firmes.
> Obrigado pela Tua paz perfeita
> e por poder confiar em ti.*

---

**A BÍBLIA EM UM ANO:** 1 SAMUEL 25–26; LUCAS 12:32-59

**15 DE ABRIL** — **2 CORÍNTIOS 4:7-18**

# ALÉM DOS LIMITES DO CONHECIMENTO

*...não olhamos para aquilo que agora podemos ver [...]; mas as que não podemos ver durarão para sempre.* v.18

Foi um dia difícil quando meu marido descobriu que, como tantos outros, ele também seria dispensado do emprego devido à pandemia. Acreditávamos que Deus atenderia nossas necessidades básicas, mas a incerteza ainda era assustadora.

Ao processar as minhas emoções, relembrei-me de um poema favorito do reformador do século 16, João da Cruz, intitulado *I Went In, I Knew Not Where*, (Entrei, sem saber onde). Esse poema retrata a maravilha da submissão a uma jornada de rendição, quando, passando "pelos limites do conhecimento", aprendemos a "discernir o Divino em todos os seus aspectos". E foi isso que meu marido e eu tentamos fazer durante essa experiência: mudar nosso foco do que poderíamos controlar e compreender as maneiras inesperadas, misteriosas e bonitas como Deus pode ser encontrado ao nosso redor.

O apóstolo Paulo convidou os fiéis para uma jornada do visível ao invisível, do exterior ao interior, das lutas temporárias à glória "que durará para sempre" (2 CORÍNTIOS 4:17).

Paulo não pediu isso por falta de compaixão pela luta deles. Ele sabia que uma vez que se desapegassem do que podiam entender, seria possível ter o conforto, a alegria e a esperança que desesperadamente precisavam (vv.10,15-16). Eles poderiam descobrir o poder maravilhoso e transformador de Cristo em tornar tudo novo.

MONICA LA ROSE

**Como podemos experimentar Deus além dos "limites do conhecimento"?**

*Pai, há tantas incertezas ao meu redor. Ajuda-me a aprender a seguir-te além do que posso entender.*

**16 DE ABRIL** — **ISAÍAS 1:10-18**

★ *TÓPICO DE ABRIL: COMUNIDADE*

# DEUS LIMPA AS MANCHAS

*Embora seus pecados sejam como escarlate, eles devem ser tão brancos quanto a neve [...] como a lã* v.18

E se as nossas roupas fossem mais funcionais, autolimpando-se depois de as sujarmos? Bem, engenheiros asiáticos desenvolveram um "revestimento especial que limpa o algodão e retira os odores quando exposto a luzes ultravioletas". Você pode imaginar as implicações de termos roupas autolimpantes?

Isso pode ser muito útil para roupas manchadas, mas só Deus pode limpar a alma manchada. Na antiga Judá, Deus estava zangado com Seu povo porque eles tinham "dado as costas para ele", sido perversos e corruptos e adoravam falsos deuses (ISAÍAS 1:2-4). Para piorar, tentaram limpar-se oferecendo sacrifícios, queimando incenso, fazendo muitas orações e reuniões solenes. No entanto, o coração deles permanecia hipócrita e pecaminoso (vv.12-13). Precisavam voltar-se ao Senhor totalmente arrependidos e levar as manchas de sua alma à presença do Deus santo e amoroso. Sua graça os purificaria e os tornaria espiritualmente "tão brancos quanto a neve" (v.18).

Quando pecamos, não há solução autolimpante. Com o coração humilde e arrependido, devemos reconhecer os nossos pecados e colocá-los sob a luz purificadora da santidade de Deus. Temos que nos afastar dos pecados e nos voltarmos ao Senhor. E Deus, o único que limpa as manchas da alma, oferecerá o completo perdão e renovará a nossa comunhão com Ele.   *MARVIN WILLIAMS*

**Quando o Espírito Santo lhe revela os seus pecados, como você reage?** (LEIA 1 JOÃO 1:9)

*Pai, perdoa-me por tentar me livrar do meu pecado. Reconheço e me arrependo da minha autossuficiência.*

**A BÍBLIA EM UM ANO**: 1 SAMUEL 30–31; LUCAS 13:23-35

**17 DE ABRIL** — LUCAS 14:7-14

# EMBAIXADA DE DEUS

*Quando oferecer um banquete ou
jantar [...] convide os pobres [...]
você será recompensado...* vv.12-14

Ludmilla, uma viúva de 82 anos, declarou que sua casa na República Tcheca era uma "Embaixada do Reino dos Céus", dizendo: "Minha casa é uma extensão do reino de Cristo". Ela recebe estranhos e amigos que sofrem e precisam de hospitalidade, às vezes provendo comida e abrigo, sempre com compaixão e orações. Ela confia no Espírito Santo para ajudá-la a cuidar de seus visitantes e se alegra com a maneira como Deus responde às suas orações.

Ludmilla serve a Jesus ao abrir sua casa e seu coração, diferentemente do proeminente líder religioso em cuja casa Jesus comeu num sábado. Jesus disse ao mestre da lei que ele deveria receber "os pobres, os aleijados, os mancos e os cegos" em sua casa — e não aqueles que poderiam "lhe retribuir" (LUCAS 14:13). Embora as observações de Jesus impliquem que o fariseu tenha recebido Jesus por orgulho (v.12), Ludmilla, tantos anos depois, convida as pessoas à sua casa para que ela possa ser "um instrumento do amor de Deus e Sua sabedoria".

Servir os outros com humildade é uma forma de sermos "representantes do reino dos céus", como diz Ludmilla. Quer possamos ou não prover uma cama para estranhos, podemos colocar as necessidades dos outros antes das nossas, de maneiras diferentes e criativas. Como estenderemos o reino de Deus em nossa parte do mundo hoje?

AMY BOUCHER PYE

**Como você acha que o fariseu reagiu
quando Jesus lhe disse para agir de forma diferente?**

*Jesus, sou grato por cuidares dos necessitados.
Ajuda-me a ser mais como Tu és,
e a demonstrar o Teu amor ao próximo.*

---

**A BÍBLIA EM UM ANO**: 2 SAMUEL 1–2; LUCAS 14:1-24

8 DE ABRIL — 1 PEDRO 2:11-21

# TESTEMUNHA NO LOCAL DE TRABALHO

*...se sofrem por terem feito o bem e suportam com paciência, Deus se agrada de vocês.* v.20

"Você está chateada que eu quero reduzir o tamanho do seu departamento?" O gerente da Evelyn lhe perguntou. "Não". Ela apertou a mandíbula frustrada por isso parecer provocação. Ela tentava ajudar a empresa a atrair grupos de interesses diferentes, mas o espaço limitado tornara isso quase impossível. Evelyn resistiu às lágrimas e fez o que o gerente lhe pedira. Talvez ela não pudesse fazer as mudanças que esperava, mas ainda poderia fazer o seu trabalho com o melhor de sua capacidade.

Pedro instruiu os cristãos a submeterem-se "a todas as autoridades humanas" (1 PEDRO 2:13). Conservar a integridade numa situação difícil no trabalho não é fácil. Mas Pedro nos dá uma razão para continuarmos a fazer o bem: "Procurem viver de maneira exemplar entre os que não creem. Assim, mesmo que eles os acusem de praticar o mal, verão seu comportamento correto e darão glória a Deus" (v.12). Ademais, isso nos ajuda a dar um exemplo divino aos cristãos que nos observam.

Se enfrentamos uma situação de trabalho verdadeiramente abusiva, talvez seja melhor sair, se isso for possível (1 CORÍNTIOS 7:21). Mas num ambiente seguro, com a ajuda do Espírito, façamos bem nosso trabalho lembrando-nos de que "Deus se agrada" disso (1 PEDRO 2:20). Quando nos submetemos à autoridade, temos a oportunidade de dar aos outros razões para que sigam e glorifiquem a Deus.

JULIE SCHWAB

**Deus age por meio de você em seu trabalho?**

*Pai celestial, ajuda-me a sempre te honrar e a viver todos os dias para te glorificar.*

---

A BÍBLIA EM UM ANO: 2 SAMUEL 3–5; LUCAS 14:25-35

**19 DE ABRIL**  —  **DEUTERONÔMIO 31:9-1[]**

# VENHA E CULTUE

*Convoquem todos: homens, mulheres,*
*crianças e os estrangeiros que vivem*
*em suas cidades... v.12*

Enquanto louvavam no culto de adoração multigeracional muitos experimentaram alegria e paz. Mas uma mãe embalava o seu bebê à beira do choro, e segurava o livro de cânticos para seu filho de 5 anos tentando impedi-lo de escapar dali. Em seguida, um senhor mais velho sentado atrás dela se ofereceu para passear com o bebê pela igreja e, na sequência, alguém se ofereceu para segurar o cancioneiro para a criança mais velha. Em dois minutos, a experiência da mãe foi transformada e ela pôde inspirar, fechar os olhos e adorar a Deus.

Deus sempre desejou que todo o Seu povo o venerasse: homens e mulheres, velhos e jovens, cristãos de longa data e novos convertidos. Quando Moisés abençoou as tribos de Israel, antes de entrarem na Terra Prometida, instou todos a se reunirem, "homens, mulheres, crianças e os estrangeiros que vivem em suas cidades", para que pudessem ouvir e aprender "a temer o SENHOR, seu Deus" e seguir suas ordens (DEUTERONÔMIO 31:12). Honramos a Deus quando tornamos possível que o Seu povo o adore juntos, não importa a nossa fase da vida.

Naquele culto, a mãe, o senhor idoso e a jovem experimentaram o amor de Deus através das trocas que fizeram. Talvez da próxima vez que estiver na igreja, você possa estender o amor de Deus, ofertando alguma ajuda ou aceitando um ato de bondade e gratidão.

*AMY BOUCHER PYE*

**Como você repartiu e recebeu o amor de Deus em um culto de adoração?**

*Amado Jesus, ajuda-nos a*
*sermos aqueles que percebem os outros*
*e estendem a mão com o Teu amor.*

---

**A BÍBLIA EM UM ANO:** 2 SAMUEL 6–8; LUCAS 15:1-10

**20 DE ABRIL**  🙵 **JOÃO 21:15-19**

# O AMOR VALE O RISCO

*Se vocês me amam, obedeçam*
*a meus mandamentos.* v.15

Quando um amigo encerrou nossa amizade sem explicação voltei ao meu antigo hábito de manter os amigos mais próximos. Ao processar minha dor, reli *Os quatro amores* de C. S. Lewis. O autor observa que o amor exige vulnerabilidade, afirmando que "não há investimento seguro" quando alguém se arrisca a amar. O autor sugere que amar "qualquer coisa fará seu coração se contorcer e possivelmente quebrantar". Ler essas palavras mudou a forma como li o relato da terceira vez que Jesus apareceu aos Seus discípulos após Sua ressurreição (JOÃO 21:1-14), depois que Pedro o traiu não uma, mas três vezes (18:15-27).

Jesus disse: "Simão filho de João, você me ama mais do que estes?" (21:15).

Depois de experimentar a traição e rejeição, Jesus falou com Pedro com coragem, e não medo; força, e não fraqueza; altruísmo, e não desespero. Ele demonstrou misericórdia, e não ira, confirmando Sua vontade de amar.

O texto revela que "Pedro ficou triste porque Jesus [perguntou] pela terceira vez" (v.17): você me ama? "Mas quando Jesus pediu a Pedro para provar seu amor amando os outros (vv.15-17) e seguindo-o (v.19), convidou todos os Seus discípulos a arriscarem-se a amar incondicionalmente. Cada um de nós terá que responder quando Jesus perguntar: "Você me ama?" Nossa resposta afetará como amamos os outros. *XOCHITL DIXON*

> **Uma relação íntima com Deus**
> **pode ajudá-lo a se sentir seguro**
> **para arriscar-se a amar?**
>
> *Pai, quebra as barreiras que me impedem*
> *de ser vulnerável para amar a ti*
> *e aos outros pelo Teu poder.*

**A BÍBLIA EM UM ANO**: 2 SAMUEL 9–11; LUCAS 15:11-32

**21 DE ABRIL**        ÊXODO 18:13-22

# CONSELHO SÁBIO

*É um trabalho pesado demais
para uma pessoa só.* v.18

Enquanto estudava no seminário, também trabalhava em tempo integral. Adicione a tudo isso uma capelania e estágio numa igreja! Eu estava muito ocupada e, quando meu pai me visitou, disse: "Você vai ter um colapso". Dei de ombros pensando que ele era de outra geração e não entendia nada sobre "bater metas". Não tive um colapso, mas caí em depressão. Desde então, aprendi a ouvir conselhos com mais cuidado.

Moisés também era diligente ao servir como juiz de Israel (ÊXODO 18:13). No entanto, ele ouviu o aviso de seu sogro (vv.17-18). Jetro não estava inteirado de tudo, mas como amava Moisés e sua família, ele anteviu os problemas à frente. Talvez seja por isso que Moisés tenha sido capaz de ouvi-lo e seguir seu conselho. Moisés criou um sistema para que os homens capazes e honestos enfrentassem as disputas menores, e ele assumiu os casos mais difíceis (vv.21-22). Ele ouviu Jetro, reorganizou seu trabalho, compartilhou a carga e foi capaz de evitar a síndrome do *burnout* ou o esgotamento total naquele momento.

Muitos de nós levamos nosso trabalho por Deus, nossas famílias e outros a sério, apaixonadamente mesmo. Mas ainda precisamos seguir os conselhos de entes queridos e confiar na sabedoria e poder de Deus em tudo o que fazemos.      *KATARA PATTON*

**Em quem você pode confiar para lembrá-lo
de servir sabiamente? Que mecanismos você tem para evitar
o *burnout*? Quando os implementou pela última vez?**

*Deus Poderoso, obrigado por
poder servir-te. Ensina-me a ser sábio e cumprir
o que Tu queres que eu faça.*

**22 DE ABRIL**      🌿 **GÊNESIS 2:4-10,15**

# GRATIDÃO NO DIA DA TERRA

*O Senhor Deus colocou o homem
no jardim do Éden para cultivá-lo
e tomar conta dele.* v.15

O Dia da Terra é celebrado em 22 de abril. Nos últimos anos, mais de um bilhão de pessoas, em cerca de 200 países, já participaram das atividades educacionais nesse dia. Todos os anos, o Dia da Terra nos lembra da importância de cuidar do nosso incrível planeta. Mas a ordem para cuidarmos do meio ambiente é muito mais antiga: remonta à criação.

Em Gênesis, aprendemos que Deus criou todo o Universo e formou a Terra como um lugar para os humanos habitarem. Ele não só formou os picos das montanhas e as planícies exuberantes, mas também criou o jardim do Éden, o belo lugar que fornecia alimento, abrigo e beleza para seus habitantes (GÊNESIS 2:8-9).

Depois de dar o fôlego da vida à Sua criação mais importante, os seres humanos, Deus os colocou nesse jardim (vv.8,22) e lhes deu a responsabilidade de cultivá-lo e tomar conta dele (v.15). Depois que Adão e Eva foram expulsos do jardim, cuidar da criação de Deus tornou-se mais difícil (3:17-19), mas até hoje o próprio Deus cuida do nosso planeta e de Suas criaturas (SALMO 65:9-13) e pede que façamos o mesmo (PROVÉRBIOS 12:10).

Quer vivamos em cidades lotadas ou em áreas rurais, todos nós temos maneiras de cuidar das áreas que Deus nos confiou. Ao cuidarmos da Terra, que isso seja um ato de gratidão a Ele por este belo planeta.

*LISA SAMRA*

**Que parte da criação tira o seu fôlego?
Como você pode cuidar da parte da Terra
que Deus confiou a você?**

*Deus Criador, confiaste-nos um maravilhoso planeta.
Ajuda-nos a cuidar dele com muita gratidão a ti.*

---

**A BÍBLIA EM UM ANO**: 2 SAMUEL 14-15; LUCAS 17:1-19

**23 DE ABRIL** 🍂 **ROMANOS 14:13-23**

★ *TÓPICO DE ABRIL: COMUNIDADE*

# O QUE CONTA

*Portanto, tenhamos como alvo
a harmonia e procuremos
edificar uns aos outros.* v.19

Minha amiga contou-me sobre como um colega cristão lhe questionava sobre o partido político ao qual ela pertencia. Seu objetivo em fazer a pergunta parecia ser descobrir se concordavam em questões que atualmente dividem sua comunidade. No esforço para encontrar um ponto em comum entre eles, ela respondeu: "Como cristãos, prefiro focar em nossa unidade em Cristo".

As opiniões também se dividiam nos dias de Paulo, embora sobre questões diferentes. Temas como quais alimentos comer e que dias eram sagrados causavam discordância entre eles. Apesar de estarem "plenamente convictos do que [faziam]" sobre qualquer posição que ocupassem, Paulo os lembra de seu ponto em comum: viver para Jesus (ROMANOS 14:5-9). Em vez de julgamentos mútuos, ele os encorajou a terem "como alvo a harmonia e [a procurar] edificar uns aos outros" (v.19).

Em muitos países, as igrejas e comunidades estão divididas sobre questões grandes e pequenas. Podemos encaminhar uns aos outros à verdade unificadora da obra de Cristo na cruz para garantir a nossa vida com Ele eternamente. O lembrete de Paulo de que não devemos destruir "a obra de Deus" (v.20) com as nossas posições individuais é tão oportuno hoje como era há 2 mil anos. Em vez de julgar um ao outro, podemos agir com amor e viver de maneira que honre aos nossos irmãos e irmãs. *KIRSTEN HOLMBERG*

**A diferença de opinião já causou
divisão entre você e outro cristão?**

*Jesus, obrigado por me salvares.
Ajuda-me a apresentar a unidade com foco em ti.*

---

**A BÍBLIA EM UM ANO**: 2 SAMUEL 16–18; LUCAS 17:20-37

**24 DE ABRIL**  •  **SALMO 103:13-19**

# SENTINDO-SE ENFERRUJADO

*...lembra que não passamos de pó.* v.14

Quando Wagner me disse que "se sentia enferrujado", percebi que essa era sua maneira de referir-se aos desafios físicos associados ao envelhecimento e à saúde. Com quase 70 anos, o ano que passara tinha incluído as consultas médicas, procedimentos cirúrgicos e a reorganização de sua casa aos cuidados geriátricos. Ele e a esposa estavam envelhecendo.

Não é preciso viver muito, antes de sentir as inadequações, imperfeições e fraquezas de natureza física, intelectual, emocional e espiritual. Deus, na pessoa de Seu Filho Jesus, entrou em nosso mundo decaído e cuida dos que experimentam as responsabilidades da existência humana (SALMO 103:13). Além disso, Davi escreveu: "Pois ele sabe como somos fracos; lembra que não passamos de pó" (v. 14). O termo *pó* nos remete a Gênesis: "Então o SENHOR Deus formou o homem do pó da terra. Soprou o fôlego da vida em suas narinas, e o homem se tornou ser vivo" (2:7).

Você está se sentindo enferrujado nestes dias? Bem-vindo à realidade da vida terrena. No entanto, lembre-se de que, quando nos sentimos mais vulneráveis, ele não nos deixa sozinhos. Nosso Deus compassivo "sabe" e "lembra". Ele demonstrou o Seu amor por nós enviando Seu Filho para conceder perdão a pessoas como você e eu. Seja como for, podemos confiar nele. *ARTHUR JACKSON*

**Que situações o conscientizam sobre as suas limitações humanas? Como você viu a mão de Deus agir em meio às fraquezas?**

*Pai, apesar das minhas limitações, ajuda-me a ser firme na fé e a confiar em ti.*

---

**A BÍBLIA EM UM ANO:** 2 SAMUEL 19–20; LUCAS 18:1-23

25 DE ABRIL            2 SAMUEL 22:13-20

# EM SEGURANÇA

*Dos céus estendeu a mão e me
resgatou; tirou-me de águas
profundas.* v.27

A garota entrou no riacho enquanto seu pai a observava. Suas botas de borracha alcançavam seus joelhos. Enquanto ela se movia rio abaixo, a água foi se aprofundando e entrou em suas botas impermeáveis. Impossibilitada de dar outro passo, ela gritou: "Papai, estou presa!". Rapidamente, o pai a puxou para a beira. Ela descalçou suas botas e riu vendo a água se derramar no solo.

Depois que Deus resgatou Davi de seus inimigos, ele teve o momento de "tirar suas botas", e permitir que o alívio inundasse a sua alma. O salmista expressou seus sentimentos numa canção, dizendo: "Clamei ao SENHOR, que é digno de louvor, e ele me livrou de meus inimigos" (2 SAMUEL 22:4). Davi louvou a Deus como sua rocha, fortaleza, libertador, escudo e refúgio (vv.2-3) e narrou poeticamente a resposta de Deus: A terra se abalou! Deus abriu os céus! Um clarão resplandeceu ao seu redor. Sua voz trovejou, e Ele o tirou das águas profundas (vv.8,10, 13-15,17).

Talvez hoje você sinta muita oposição ao seu redor. Talvez esteja preso ao pecado que dificulta o seu avanço espiritual. Reflita sobre como Deus o ajudou no passado e louve-o, pedindo para Ele agir novamente! Agradeça-lhe especialmente por resgatá-lo e o trazer para o Seu reino (COLOSSENSES 1:13).

*JENNIFER BENSON SCHULDT*

**Por que é fácil ignorar as coisas boas
que Deus fez por você no passado quando se está
no meio de problemas? Louvar a Deus revigora a sua fé?**

*Pai, obrigado por Teu auxílio.
Ajuda-me a enfrentar meus temores e lutas
seguindo a Tua orientação.*

---

**A BÍBLIA EM UM ANO:** 2 SAMUEL 21-22; LUCAS 18:24-43

**26 DE ABRIL** — **1 TIMÓTEO 4:6-13**

# IDADE É APENAS UM NÚMERO

*Seja exemplo para todos os fiéis
nas palavras, na conduta, no
amor, na fé e na pureza.* v.12

A juventude não deve impedir as conquistas e não impediu Mikaila, de 11 anos. Ela usou a receita de sua avó e abriu a *Me & the Bees Lemonade* (Eu & a limonada das abelhas). Com o aporte de investidores, assinou contrato com uma rede para vendê-la em 55 lojas.

As conquistas dela nos remetem às palavras de Paulo a Timóteo: "Não deixe que ninguém o menospreze porque você é jovem" (4:12).

Timóteo talvez tenha sido a pessoa mais jovem em sua congregação. Ele se preocupava por pessoas o tratarem com desprezo. E mesmo depois de ser orientado por Paulo, alguns pensaram que esse jovem não era maduro o suficiente para liderá-los. Em vez de dizer-lhe para provar a si mesmo mostrando suas credenciais, Paulo encorajou Timóteo a demonstrar maturidade espiritual na maneira de falar, na conduta, no amor aos seus irmãos, ao exercer sua fé e na pureza (v.12). Ninguém poderia desacreditá-lo como instrutor e pastor se ele praticasse uma conduta irrepreensível.

Independentemente da nossa idade, podemos impactar o mundo. Sendo centrados em Cristo, somos exemplo para os outros, à medida que Deus provê o que precisamos. Que o Senhor molde a nossa vida com o evangelho. Então, se tivermos 17 ou 70 anos, seremos dignos de o compartilhar com os outros.

*MARVIN WILLIAMS*

**Como Deus o ajuda a crescer em maturidade espiritual e eficácia para Ele? Por que a idade não é o fator mais importante em seu serviço para Jesus?**

*Pai, ajuda-me a ser exemplo dedicado a Jesus,
na maneira de falar, exercitar a fé e amar os outros.*

---

**A BÍBLIA EM UM ANO**: 2 SAMUEL 23–24; LUCAS 19:1-27

**27 DE ABRIL**  ❧ **SOFONIAS 3:14-20**

# CANTE NOVAMENTE

*Cante, ó filha de Sião! Grite
bem alto, ó Israel!* v.14

O pássaro-regente da Austrália (*honeyeater*) está em apuros, pois está perdendo a sua canção. Embora tenha sido uma espécie abundante, hoje restam apenas 300 aves; e como há poucas das quais aprender, os machos esqueciam sua canção singular e não conseguiam atrair companheiras.

Felizmente, os conservacionistas sabem como resgatá-los: cantam para eles ou tocam gravações do canto de outros pássaros-regentes para que possam reaprender sua canção de conquista. À medida que os machos captam a melodia e atraem fêmeas novamente, espera-se que a espécie ressurja.

Sofonias dirigiu-se a um povo em apuros. Com tanta corrupção no meio deles, o profeta anunciou que o julgamento de Deus se aproximava (SOFONIAS 3:1-8). A captura e o exílio aconteceram e o povo também perdeu sua canção (SALMO 137:4). Mas Sofonias previu um tempo além do julgamento quando Deus viria ao povo dizimado, perdoaria seus pecados e cantaria para eles: "Ele se agradará de vocês com exultação e acalmará todos os seus medos com amor" (SOFONIAS 3:17). Como resultado, a canção favorita do povo seria restaurada (v.14).

Seja através de nossa própria desobediência ou das provações da vida, também podemos perder a nossa canção de alegria. Mas uma Voz ressoa sobre nós as canções de perdão e amor. Ouçamos Sua melodia e cantemos juntos.

SHERIDAN VOYSEY

**Qual canção ou oração você pode entoar a Deus
e louvá-lo pelo que Ele já fez por você?**

*Amado Deus, é incrível imaginar
que Tu podes entoar canções de alegria sobre nós.
Louvamos-te agradecidos.*

---

**A BÍBLIA EM UM ANO:** 1 REIS 1–2; LUCAS 19:28-48

**28 DE ABRIL** — **TIAGO 1:2-4**

# CRESCENDO NA FÉ

*E é necessário que ela cresça, pois quando [...] desenvolvida vocês serão maduros e completos, sem que nada lhes falte.* v.4

Ao aprender sobre jardinagem, eu acordava cedo e corria à horta para ver se algo havia surgido no solo. Depois busquei na internet sobre o "crescimento rápido" e aprendi que a fase de mudas é a mais importante da vida útil da planta. Descobri que não podia apressar o processo e passei a apreciar a força dos brotinhos lutando pelo solo, sol e resiliência. Esperei pacientemente e finalmente vi as erupções de brotos verdes rastejando pelo solo.

É fácil elogiar as vitórias e os triunfos sem reconhecer que o crescimento em nosso caráter muitas vezes vem, da mesma forma, através do tempo e da luta. Tiago nos instrui a considerar "motivo de grande alegria" sempre que passarmos "por qualquer tipo de provação" (TIAGO 1:2). Mas o que poderia ser motivo de alegria sobre as provações?

Deus às vezes nos permitirá passar por desafios e dificuldades para que sejamos moldados em quem Ele nos chamou para ser. Ele espera na expectativa que saiamos das provações da vida "maduros e completos, sem que nada [nos] falte" (v.4). Mantendo-nos fundamentados em Jesus, podemos perseverar através de qualquer desafio, ficando mais fortes e, finalmente, permitindo que o fruto do Espírito floresça em nossa vida (GÁLATAS 5:22-23). Sua sabedoria nos dá o alimento de que precisamos para realmente florescer todos os dias (JOÃO 15:5).

*KIMYA LODER*

**Quais provações você enfrenta?
Que lições essas circunstâncias lhe revelam?**

*Pai, dá-me forças para perseverar,
crescer na fé e desenvolver-me na pessoa
que Tu me chamaste para ser.*

**A BÍBLIA EM UM ANO:** 1 REIS 3–5; LUCAS 20:1-26

**29 DE ABRIL** — **JEREMIAS 44:16-18,20-23**

# DIAGNÓSTICO ESPIRITUAL

*Não ouviremos as mensagens que você transmite em nome do SENHOR!* v.16

A quimioterapia reduziu o tumor no pâncreas do meu sogro. Quando o tumor recrudesceu, ele precisou tomar uma decisão de vida ou morte e perguntou ao médico: "Devo fazer mais quimioterapia, ou tentar outro tratamento, droga ou radiação diferente?"

O povo de Judá fez pergunta semelhante. Cansados da guerra e da fome, o povo de Deus questionou se o problema deles era muita ou pouca idolatria. Eles concluíram que deveriam oferecer mais sacrifícios a uma falsa deusa e ver se ela os protegeria e os faria prosperar (JEREMIAS 44:17). O profeta disse que eles diagnosticaram mal a situação. O problema deles não era a falta de compromisso com ídolos; o problema era o fato de eles os terem. Eles disseram ao profeta: "Não ouviremos a mensagem que você nos enviou em nome do SENHOR!" (v.16). Jeremias respondeu: "essas coisas terríveis aconteceram a vocês porque queimaram incenso a ídolos e pecaram contra o SENHOR. Não obedeceram à sua voz...!" (v.23).

Como Judá, nós também podemos ser persuadidos a aceitar escolhas pecaminosas que nos colocam em apuros. Problemas de relacionamento? Podemos nos distanciar. Problemas financeiros? Vamos gastar e ser felizes. Deixados de lado? Seremos igualmente desumanos. Mas os ídolos que contribuíram para nossos problemas não podem nos salvar. Só Jesus pode nos conduzir em meio aos nossos problemas quando o buscamos.

*MIKE WITTMER*

**O que Jesus deseja
que você faça?**

*Jesus, entrego a minha capacidade a ti
e peço-te que me tornes vitorioso aos Teus olhos.*

**A BÍBLIA EM UM ANO:** 1 REIS 6–7; LUCAS 20:27-47

**30 DE ABRIL**  •  **SALMO 134**

# SERVOS DA NOITE

*De Sião os abençoe o Senhor,*
*que fez os céus e a terra!* v.3

São três da manhã na ala de cuidados intensivos. Um paciente preocupado chama pela quarta vez numa hora. A enfermeira o atende sem reclamar. Outro paciente grita e pede atenção, mas isso não a surpreende. Ela pediu o turno da noite há 5 anos para evitar o frenesi diurno do hospital. O trabalho noturno significou assumir tarefas extras: levantar e movimentar os pacientes sozinha, monitorar de perto as condições dos pacientes para notificar os médicos das emergências.

Estimulada por seus bons colegas de trabalho, essa enfermeira luta para conseguir dormir adequadamente. Muitas vezes, pede orações à igreja, pois vê sua função como algo essencial. "Louvado seja Deus, as orações deles fazem a diferença." Esse louvor é bom e digno de um trabalhador noturno e de todos nós. O salmista escreveu: "Louvem o Senhor todos vocês, servos do Senhor, todos que servem de noite na casa do Senhor. Levantem suas mãos para o santuário e louvem o Senhor" (SALMO 134:1-2).

Esse salmo, escrito aos levitas que serviam como vigias do Templo, reconheceu o importante trabalho deles em proteger o Templo dia e a noite. Em nosso mundo agitado, é apropriado compartilhar esse salmo especialmente com trabalhadores do período noturno, mas cada um de nós pode louvar a Deus durante a noite. "De Sião os abençoe o Senhor, que fez os céus e a terra!" (v.3).

PATRÍCIA RAYBON

**Oremos a Deus e o agradeçamos**
**pelos trabalhadores essenciais.**

*Pai, antes de deitar-me em segurança,*
*peço Tuas bençãos aos servidores noturnos*
*e dedicados ao próximo.*

---

**A BÍBLIA EM UM ANO**: 1 REIS 8–9; LUCAS 21:1-19

★ TÓPICO DE MAIO / **Guerra espiritual**

# VITÓRIA EM NOSSAS BATALHAS ESPIRITUAIS

As Escrituras estabelecem diretrizes pelas quais podemos experimentar a vitória em nossas batalhas espirituais.

**Tenha confiança em Deus.** Quando reconhecemos nossa pecaminosidade e aceitamos o dom gratuito da salvação de Deus, estamos diante dele revestidos na justiça de Cristo (2 CORÍNTIOS 5:21).

**Submeta-se a Deus e resista a Satanás.** Embora Cristo tenha nos dado autoridade sobre Satanás (1 JOÃO 4:4), somente podemos exercê-la ao nos submetermos a Deus e resistirmos ao inimigo.

**Reconheça as estratégias de Satanás.** Satanás pode tirar proveito de nós se estivermos desatentos aos "seus planos malignos" (2 CORÍNTIOS 2:11).

**Vista-se com a armadura de Deus.** Vistamos a armadura de Deus para que estejamos preparados para a batalha espiritual (EFÉSIOS 6:11-18).

*O cinto da verdade.* Nossa primeira linha de defesa é sermos verdadeiros. Não deturpemos a verdade. *A couraça da justiça.* O pecado nos deixa abertos ao ataque de Satanás. Recebemos a justiça de Cristo (2 CORÍNTIOS 5:21) para praticar "a justiça santificadora de Cristo" (1 CORÍNTIOS 1:30) dia a dia. *O escudo da fé.* Para apagar as "flechas de fogo" do maligno (EFÉSIOS 6:16), cremos no que Deus disse sobre cada área de nossa vida. *O capacete da salvação.* A "esperança de salvação" (1 TESSALONICENSES 5:8) nos protege contra o desânimo e dúvidas. *A espada do Espírito.* As Escrituras são a melhor arma ofensiva contra o diabo (MATEUS 4:1-11).

**Ore.** A oração expressa nossa dependência de Deus (EFÉSIOS 6:18). No poder de Cristo, com a armadura do Espírito, podemos experimentar a vitória.

---

Além deste artigo, o tema *guerra espiritual*
é abordado nos devocionais dos dias **1**, **9**, **16** e **23** de **maio**.

**1º DE MAIO**                JOÃO 8:39-47

★ *TÓPICO DE MAIO: GUERRA ESPIRITUAL*

# PAI DA MENTIRA

*Quando ele mente, age de acordo com seu caráter,*
*pois é mentiroso e pai da mentira.* v.44

Víctor viciou-se em pornografia aos poucos. Muitos de seus amigos viam pornografia, e ele começou também porque se sentia entediado. Hoje ele reconhece seu erro — pecou contra Deus — e isso afetou demais sua esposa. Ele prometeu colocar salvaguardas em sua vida para que jamais visse pornografia. Mas, teme que seja tarde demais. *Seu casamento pode ser salvo? Ele algum dia será livre e perdoado?*

O diabo apresenta a tentação como se ela não fosse grande coisa. *Todos fazem isso. Qual é o problema?* Mas, quando entendemos seu esquema, ele muda o jogo. *É tarde demais! Você foi longe demais! Não há mais esperança para você!*

O inimigo dirá o que for preciso para nos destruir. Jesus disse: "Ele foi assassino desde o princípio. Sempre odiou a verdade, pois não há verdade alguma nele. Quando ele mente, age de acordo com seu caráter, pois é mentiroso e pai da mentira" (JOÃO 8:44).

Se o diabo é mentiroso, nunca deveríamos ouvi-lo. Nem quando ele diz que nosso pecado não é grande coisa, nem quando diz que não temos esperança. Que Jesus nos ajude a rejeitar as palavras do maligno e dar ouvidos a Ele. Descansemos em Sua promessa: "Vocês são verdadeiramente meus discípulos se permanecerem fiéis a meus ensinamentos. Então conhecerão a verdade, e a verdade os libertará" (vv.31-32).

MIKE WITTMER

**Que pecado tira a sua esperança?**
**O desespero vem de Satanás ou de Jesus?**
**Que promessa bíblica lhe vem à mente?**

*Jesus, Tu morreste e ressuscitaste para me libertar*
*do pecado. Ajuda-me a viver essa liberdade!*

Saiba mais sobre pecado e tentação, acesse: paodiario.org

**A BÍBLIA EM UM ANO**: 1 REIS 10–11; LUCAS 21:20-38

**2 DE MAIO** — **GÊNESIS 1:1-5**

# HAJA LUZ

*Então Deus disse: "Haja luz", e houve luz.* v.3

Quando minha filha ainda era criança, eu dava nome às coisas que ela encontrava. Eu identificava os objetos ou a deixava tocá-los e dizia a palavra por ela, trazendo compreensão — e vocabulário — para o vasto mundo diante dela. Embora meu marido e eu pudéssemos naturalmente ter esperado que sua primeira palavra tivesse sido mamãe ou papai, ela nos surpreendeu com algo totalmente diferente: um dia, sua boquinha murmurou *duz* — um eco doce e mal pronunciado da palavra *luz* que eu tinha acabado de repetir para ela.

*Luz* é uma das primeiras palavras de Deus para nós na Bíblia. Enquanto o Espírito de Deus pairava sobre uma Terra escura, sem forma e vazia, Ele trouxe luz à Sua criação, dizendo: "Haja luz" (GÊNESIS 1:3). Deus disse que a luz era boa, o que o restante das Escrituras confirma: o salmista explica que as palavras de Deus iluminam nosso entendimento (SALMO 119:130), e Jesus se refere a si mesmo como "a luz do mundo", o doador da luz da vida (JOÃO 8:12).

A primeira declaração de Deus na criação foi para iluminar. Não foi porque Ele precisava de luz para fazer Sua obra; não, a luz era para nós. A luz nos permite ver e identificar Suas impressões digitais na criação ao nosso redor, discernir o que é bom do que não é e seguir a Jesus um passo de cada vez neste vasto mundo.

KIRSTEN HOLMBERG

**Em qual área da sua vida você mais precisa da luz de Deus? Como Sua luz o ajudou no passado?**

*Jesus, graças por seres a luz da vida, que ilumina o caminho para mim todos os dias.*

**A BÍBLIA EM UM ANO**: 1 REIS 12–13; LUCAS 22:1-20

**3 DE MAIO** — **SALMO 62:1-8**

# ANSIANDO POR UM LAR

*...derrame o coração diante dele,
pois Deus é nosso refúgio.* v.8

Anne, a protagonista das histórias de Anne de Green Gables, ansiava por uma família. Órfã, ela havia perdido a esperança de encontrar um lar. Mas então, soube que Matthew e sua irmã Marilla a acolheriam. Na ida de carruagem para a casa deles, Anne se desculpou por falar sem parar, mas o idoso Matthew de poucas palavras, disse: "Você pode falar o quanto quiser. Eu não me importo". Isso era música para os ouvidos dela. Anne sentia que ninguém a queria por perto, muito menos ouvi-la tagarelar. Depois de chegar, suas esperanças foram frustradas quando soube que os irmãos pensaram que estariam recebendo um menino para ajudá-los na fazenda. Anne temia ser devolvida, mas o desejo dela por um lar amoroso foi atendido quando eles a tornaram parte de sua família.

Todos nós já tivemos momentos em que nos sentimos indesejados ou sozinhos. Mas quando nos tornamos parte da família de Deus, por meio da salvação em Jesus, Ele se torna um lar seguro para nós (SALMO 62:2). O Senhor se deleita em nós e nos convida a conversar com Ele a respeito de tudo: preocupações, tentações, tristezas e esperanças. O salmista nos diz que podemos "esperar em Deus" e "derramar o coração diante dele" (vv.5,8).

Não hesite. Fale com Deus o quanto quiser. Ele não vai se importar. Ele se alegra conosco. Nele você encontrará um lar.

*ANNE CETAS*

**De que maneira Deus se tornou o seu refúgio?
Sobre o que você quer falar com Ele?**

*Deus, ajuda-me a não hesitar em falar contigo
quando tenho algo em meu coração.
Graças por me ouvires.*

**A BÍBLIA EM UM ANO**: 1 REIS 14–15; LUCAS 22:21-46

**4 DE MAIO** — **2 CORÍNTIOS 9:12-13**

# UM CORAÇÃO SERVO

*Como resultado do serviço de vocês,
eles darão glória a Deus...* v.13

Um ministério cristão numa cidade norte-americana, serve aos residentes da comunidade mais de 10 toneladas de alimento grátis todos os meses. O líder desse ministério disse: "As pessoas podem vir, e nós as aceitaremos e as acolheremos exatamente como estão. Nosso objetivo é atender às suas necessidades práticas para atingir as suas necessidades espirituais". Como cristãos, Deus deseja que usemos o que nos foi dado para abençoar os outros, aproximando nossas comunidades dele. Como podemos desenvolver um coração para servir que glorifique a Deus?

Desenvolvemos o dom de servir ao pedir a Deus que nos mostre como usar os talentos que Ele nos concedeu em benefício dos outros (1 PEDRO 4:10). Assim, oferecemos "gratidão a Deus" pela abundância com que Ele nos abençoou (2 CORÍNTIOS 9:12).

Servir aos outros era parte importante do ministério de Jesus. Quando Ele curou e alimentou os famintos, muitos conheceram a bondade e o amor de Deus. Ao cuidar de nossas comunidades, seguimos Seu modelo de discipulado. A sabedoria de Deus nos lembra de que, ao demonstrarmos o amor de Deus por meio de nossas ações, outros "darão glória a Deus" (v.13). Servir não por autogratificação, mas para demonstrar aos outros o amor de Deus e as maneiras milagrosas como Ele opera por meio dos que são chamados pelo Seu nome.

*KIMYA LODER*

**O que o motiva a servir?
Como ser mais intencional ao usar seus dons
para glorificar a Deus?**

*Pai celestial, desejo fazer diferença
na vida dos outros. Dá-me um coração servo
para o Teu louvor.*

Saiba mais sobre o amor de Jesus, acesse: paodiario.org

**A BÍBLIA EM UM ANO**: 1 REIS 16–18; LUCAS 22:47-71

**5 DE MAIO** — **MATEUS 6:5-13**

# PAI NOSSO

*Portanto, orem da seguinte forma: Pai nosso... v.9*

Quase todas as manhãs, faço a oração do Pai Nosso. Recentemente, após ter recitado apenas as duas primeiras palavras — "Pai nosso" —, o meu telefone tocou. Levei um susto, pois eram 5h43. Adivinhe quem era? O visor do telefone dizia "Pai". Antes de atender, a chamada foi encerrada. Imaginei que meu pai tinha ligado por engano. Com certeza, tinha. Coincidência? Talvez. Mas, acredito que vivemos em um mundo cheio da misericórdia de Deus. Naquele dia específico, eu precisava dessa confirmação da presença de nosso Pai.

Pense nisso por um minuto. De todas as maneiras pelas quais Jesus poderia ter ensinado Seus discípulos a começarem suas orações, Ele escolheu "Pai nosso" (MATEUS 6:9) como ponto de partida. Aleatório? Não. Jesus sempre foi intencional. Todos nós temos relacionamentos diferentes com nossos pais terrenos: alguns bons, outros nem tanto. Contudo, orar da maneira que devemos não é dirigir-nos a "meu" pai ou a "seu" pai, mas a "nosso" Pai, Aquele que nos vê e nos ouve e que sabe do que precisamos antes mesmo de lhe pedirmos (v.8).

Que certeza incrível, especialmente naqueles dias em que nos sentimos esquecidos, sozinhos, abandonados ou simplesmente de pouco valor. Lembre-se: não importa onde ou a hora, nosso Pai está sempre perto.

*JOHN BLASE*

**Como você pode tornar o "Pai Nosso" parte de sua vida de oração? Que sentimentos essa oração provoca em você?**

*Pai, obrigado por Tua promessa de me ouvires quando oro, independentemente de onde eu estiver.*

Saiba mais sobre oração, acesse: paodiario.org

**A BÍBLIA EM UM ANO:** 1 REIS 19–20; LUCAS 23:1-25

6 DE MAIO — SALMO 139:1-5

# ELE CONHECE

*Ó Senhor, tu examinas meu coração
e conheces tudo a meu respeito.* v.1

Lia estava pronta para iniciar como enfermeira em Taiwan. Ela poderia sustentar melhor sua família, mais do que em Manila, onde as oportunidades de trabalho eram limitadas. Na noite anterior à sua partida, ela instruiu sua irmã que cuidaria de sua filha de cinco anos. "Ela toma suas vitaminas se você lhe der uma colher de manteiga de amendoim", Lia explicou, "Lembre-se de que ela é tímida, tem medo do escuro e, em algum momento, brincará com os primos. E ela...". Enquanto olhava pela janela do avião no dia seguinte, Lia orou: *Senhor, ninguém conhece minha filha como eu. Eu não posso ficar com ela, mas Tu podes.*

Conhecemos as pessoas que amamos e todos os detalhes sobre elas porque são preciosas para nós. Quando não podemos estar com elas, muitas vezes ficamos preocupados que, uma vez que ninguém as conhece tão bem como nós, elas estarão mais vulneráveis aos danos.

No Salmo 139, Davi nos lembra de que Deus nos conhece mais do que qualquer pessoa. Ele também conhece nossos entes queridos intimamente (vv.1-4). Ele é o Criador deles (vv.13-15) e entende suas necessidades. O Senhor sabe o que acontecerá a cada dia da vida de cada um (v.16) e nunca os deixará (vv.5,7-10).

Quando você está ansioso pelos outros, confie-os a Deus, pois Ele os conhece melhor e os ama verdadeiramente. KAREN HUANG

**Quem você pode entregar aos cuidados de Deus?
Como você pode demonstrar
sua confiança em Deus nessa área?**

*Pai, embora eu não possa estar sempre
com aqueles que amo, confio-os aos Teus cuidados.*

---

A BÍBLIA EM UM ANO: 1 REIS 21–22; LUCAS 23:26-56

# 7 DE MAIO

**1 TESSALONICENSES 2:1-9**

# AMOR DE MÃE

*...fomos como a mãe que alimenta
os filhos e deles cuida. Nós os
amamos tanto...* vv.7-8

Joana contou ao sobrinho sobre como foi crescer durante a Grande Depressão. Sua família só tinha maçãs para comer e qualquer animal selvagem que seu pai pudesse prover. Quando ele caçava um esquilo e o trazia para o jantar, sua mãe dizia: "Tudo que eu quero é a cabeça, a melhor parte". Anos depois, Joana percebeu que não havia carne nesse pedaço. Sua mãe não comia e apenas fingia que era uma iguaria "para que nós, crianças, pudéssemos comer mais sem nos preocuparmos com ela".

Ao celebrarmos o Dia das Mães, também podemos contar histórias da dedicação de nossas mães, agradecermos a Deus por elas e nos esforçarmos para amar mais como elas nos amam.

Paulo serviu à igreja de Tessalônica "como a mãe que alimenta os filhos" (1 TESSALONICENSES 2:7). Ele a amou impetuosamente, lutando contra "forte oposição" para falar-lhes sobre Jesus e compartilhar sua própria vida (vv.2,8). Ele trabalhou arduamente noite e dia para não ser "um peso para ninguém enquanto lhes [anunciava] as boas-novas de Deus" (v.9). Como uma mamãe.

Poucos podem resistir ao amor de uma mãe, e Paulo disse modestamente que seus esforços não foram inúteis (v.1). Não podemos controlar a reação dos outros, mas podemos escolher servir-lhes dia após dia de forma sacrificial. A mamãe ficaria orgulhosa, e também nosso Pai celestial. *MIKE WITTMER*

**Quem o amou sacrificialmente?
A quem você demonstra amor como o seu
Pai celestial o ama?**

*Pai, ninguém poderia me amar
mais do que Tu me amas.*

---

**A BÍBLIA EM UM ANO:** 2 REIS 1–3; LUCAS 24:1-35

**8 DE MAIO** — **SALMO 111:1-10**

# QUÃO GRANDE É O NOSSO DEUS!

*Como são grandiosas as obras do
Senhor! Todos que têm prazer
nele devem nelas meditar.* v.2

As impressões digitais são usadas há muito para identificar pessoas, mas podem ser falsificadas. Da mesma forma, o padrão da íris no olho humano é uma fonte confiável de identificação — até que alguém use uma lente de contato para distorcer os resultados. O uso da biometria na identificação também pode ser manipulado. Então, o que há como característica de identificação única? Constatou-se que os padrões de vasos sanguíneos de todas as pessoas são únicos e impossíveis de falsificar. Seu próprio "mapa de veias" pessoal é um identificador único, que o difere de todas as outras pessoas.

Refletir sobre as complexidades do ser humano deve nos conduzir à adoração e admiração pelo Criador. Davi nos lembrou de que fomos "feitos de modo tão extraordinário" (SALMO 139:14), e isso deve ser celebrado. De fato, o Salmo 111:2 nos lembra: "Como são grandiosas as obras do Senhor! Todos que têm prazer nele devem nelas meditar".

Mais digno de nossa atenção é o próprio Criador. Ao celebrarmos Suas grandes obras, também devemos celebrá-lo! Suas obras são grandes, mas Ele é maior, levando o salmista a orar: "Pois tu és grande e realizas maravilhas; só tu és Deus" (SALMO 86:10).

Hoje, ao considerarmos a grandeza da obra de Deus, que também nos maravilhemos com a grandeza de quem Ele é. *BILL CROWDER*

**O que inspira em você um sentimento
de admiração por Deus? Como você o louva
por Suas obras maravilhosas?**

*Pai, ajuda-me a maravilhar-me com a Tua criação
e com o grande e poderoso Deus que Tu és.*

Saiba mais sobre a criação, acesse: paodiario.org

---

**A BÍBLIA EM UM ANO:** 2 REIS 4–6; LUCAS 24:36-53

**9 DE MAIO**              🕊️ **COLOSSENSES 2:6-13**

★ *TÓPICO DE MAIO: GUERRA ESPIRITUAL*

# A LUTA DO GIRASSOL

*Portanto, porque estão nele [Cristo] [...]
vocês também estão completos.* v.10

Os cervos na vizinhança e eu temos opiniões distintas sobre os girassóis. Quando eu os planto na primavera, fico ansioso para ver a beleza de suas flores. Porém, meus amigos cervos não se importam com o produto final. Eles simplesmente querem mastigá-los até não sobrar nada. É uma batalha anual enquanto tento ver os girassóis amadurecerem antes que meus vizinhos quadrúpedes os devorem. Às vezes ganho; às vezes não.

Quando pensamos em nossa caminhada com Cristo, vemos uma batalha semelhante entre nós e Satanás. Nosso objetivo é o crescimento contínuo à maturidade espiritual que nos ajuda a honrar a Deus. O diabo quer devorar nossa fé e nos impedir de crescer. Mas Jesus tem domínio sobre "todo poder" e pode nos levar "à plenitude" (COLOSSENSES 2:10), o que significa que Ele nos torna "completos". A vitória de Cristo na cruz nos permite que nos destaquemos no mundo como aqueles lindos girassóis.

Quando Jesus "cancelou o registro de acusações contra nós" (a penalidade por nossos pecados) na cruz (v.14), Ele destruiu os poderes que nos controlavam. Tornamo-nos "enraizados e edificados" (v.7) e "vivos com Cristo" (v.13). Nele, temos o poder (v.10) para resistir aos ataques do inimigo e florescer em Jesus — exibindo uma vida de verdadeira beleza.

*DAVE BRANON*

**Como o inimigo tenta reduzir sua crescente
maturidade espiritual? Por que é vital clamar a Deus
quando enfrentamos ataques espirituais?**

*Deus, torna minha vida bela para ti e ajuda-me
a resistir ao inimigo por meio do Teu poder.*

---

A BÍBLIA EM UM ANO: 2 REIS 7–9; JOÃO 1:1-28

# O RETRATO DO LUTO

**JÓ 19:19-27**

*Quem dera minhas palavras fossem registradas! Quem dera fossem escritas num monumento...* v.23

Depois de receber o diagnóstico de um câncer cerebral raro e incurável, Caroline encontrou esperança e propósito ao prover voluntariamente um serviço único: fotografia para crianças em estado crítico e suas famílias. Com isso, as famílias puderam capturar os momentos preciosos com seus filhos, tanto no luto quanto "nos momentos de graça e beleza que presumimos não existir nesses lugares de desespero". Ela observou que "nos momentos mais difíceis, essas famílias escolheram amar, apesar de tudo".

Há algo poderoso em capturar a veracidade do luto — tanto a sua realidade devastadora quanto as maneiras como experimentamos a beleza e a esperança em meio a ele.

Muito do livro de Jó é como uma fotografia do luto que captura a jornada de Jó diante de perdas devastadoras (1:18-19). Depois de sentar-se com Jó por vários dias, seus amigos se cansaram de sua dor, tentaram minimizá-la ou explicá-la como sendo o julgamento de Deus. Mas Jó não aceitou isso e insistiu que o que ele passava tinha um propósito e que desejava que seu testemunho fosse "gravado para sempre na rocha!" (19:24).

No livro de Jó, isso está "gravado" — de uma forma que nos leva ao Deus vivo em nossa dor (vv.26-27), que nos encontra em nossa dor, conduzindo-nos da morte para a vida de ressurreição.

MÔNICA LA ROSE

**O enfrentamento da dor pode trazer a cura? Você já experimentou graça e beleza inesperadas em meio à uma grande dor?**

*Deus, graças pela história de Jó. Ajuda-me a oferecer a Tua esperança àqueles que estão sofrendo.*

Saiba mais sobre como lidar com o sofrimento, acesse: paodiario.org

**A BÍBLIA EM UM ANO:** 2 REIS 10–12; JOÃO 1:29-51

**11 DE MAIO**  •  **2 CORÍNTIOS 2:12-17**

# SEMPRE DIGNO DE COMPARTILHAR

*Mas graças a Deus, que [...] por nosso intermédio, ele espalha o conhecimento de Cristo...* v.14

Depois de me tornar cristã, compartilhei o evangelho com minha mãe. Em vez de tomar a decisão de confiar em Jesus, ela parou de falar comigo por um ano. Suas experiências ruins com pessoas que afirmavam seguir Jesus a tornaram cética. O Espírito Santo me confortou e continuou agindo enquanto minha mãe me dava o tratamento do silêncio. Quando ela finalmente atendeu ao meu telefonema, decidi amá-la e compartilhar a verdade de Deus com ela sempre que tivesse oportunidade. Quase um ano depois, ela recebeu Jesus como Salvador e nosso relacionamento se aprofundou.

Os que creem em Jesus têm acesso ao maior presente dado à humanidade: Cristo. O apóstolo Paulo diz que devemos "espalhar o conhecimento de Cristo [...] como um doce perfume" (2 CORÍNTIOS 2:14). Ele se refere àqueles que compartilham o evangelho como "um doce perfume" para os que creem, mas reconhece que cheiramos a morte para os que rejeitam Jesus (vv.15-16).

Depois de receber Cristo como Salvador, temos o privilégio de usar nosso tempo na Terra para divulgar Sua verdade e amar os outros. Mesmo durante os momentos mais difíceis, podemos confiar em Sua provisão. Não importa o custo pessoal, sempre vale a pena compartilhar as boas-novas de Deus.           XOCHITL DIXON

**Como Deus o levou a não desistir de compartilhar o evangelho depois que alguém o rejeitou? Deus o aproximou de alguém depois que vocês dois se conectaram como cristãos?**

*Deus, ajuda-me a compartilhar Tuas boas-novas onde quer que me enviares!*

---

**A BÍBLIA EM UM ANO:** 2 REIS 13–14; JOÃO 2

**12 DE MAIO**                  🌿 **ISAÍAS 48:12-20**

# PASSANDO PELA BÊNÇÃO

*Quem dera tivesse prestado atenção às minhas ordens!... v.18*

Em 1799, Conrad Reed, 12, encontrou uma pedra grande e brilhante no sítio de sua família. Ele a levou para casa para mostrar ao pai, um pobre imigrante. Seu pai não entendeu o grande valor dessa pedra e a usou como batente de porta. A família passou por ela durante anos. Por fim, a pedra de Reed — uma pepita de ouro de quase 8 kg — chamou a atenção de um joalheiro local. A família Reed tornou-se rica rapidamente e sua propriedade o local da primeira grande descoberta de ouro nos Estados Unidos.

Às vezes, atentos aos nossos caminhos deixamos de reconhecer uma bênção. Depois que Israel foi exilado na Babilônia por desobediência, Deus anunciou liberdade ao povo novamente. Entretanto, também os lembrou do que perderam. Deus disse: "Eu sou o SENHOR, seu Deus, que lhe ensina o que é bom e o conduz pelo caminho que deve seguir. Quem dera tivesse prestado atenção às minhas ordens!...". Deus os encorajou a segui-lo, deixando os velhos caminhos para iniciarem uma nova vida: "Deixem a Babilônia [...] Proclamem esta mensagem! Anunciem-na em alta voz!..." (ISAÍAS 48:17-18,20).

Talvez agora, tanto quanto antes, sair da Babilônia significa deixar os caminhos de pecado e "voltar para casa", para um Deus que anseia em nos fazer o bem — se o obedecermos e o seguirmos!

*JAMES BANKS*

**O que você espera de Deus ao caminhar com Ele hoje? E o que você pode fazer para gentilmente levar outras pessoas ao amor de Deus?**

*Senhor, Tu és inigualável!*
*Ajuda-me a caminhar contigo e*
*a descobrir as Tuas bênçãos.*

**A BÍBLIA EM UM ANO**: 2 REIS 15–16; JOÃO 3:1-18

**13 DE MAIO** 🌿 **ATOS 20:17-24**

# TERMINE BEM

*Mas minha vida não vale coisa alguma
[...] a menos que eu a use para
completar minha carreira...* v.24

Ao entrar nos instantes finais do meu treino de 40 minutos, quase posso garantir que meu instrutor vai gritar: "Termine bem!" Todo *personal trainer* que conheço usa essa frase antes do desaquecimento. Eles sabem que o final do treino é tão importante quanto o início. E sabem que o corpo humano tende a querer desacelerar ou afrouxar quando está em movimento por um tempo.

Isso também acontece em nossa jornada com Jesus. Ao se dirigir a Jerusalém, onde certamente enfrentaria mais perseguições como apóstolo de Cristo, Paulo disse aos presbíteros da igreja em Éfeso que ele precisava terminar bem (ATOS 20:17-24). Ele, entretanto, não se intimidou, pois tinha uma missão: "completar [sua] carreira" que havia começado e fazer o que Deus o chamara para fazer. Paulo tinha uma missão — contar "as boas-novas da graça de Deus" (v.24). E ele queria terminar bem. Mesmo com as dificuldades (v.23), ele continuou a correr em direção à linha de chegada — concentrado e determinado a permanecer firme em sua jornada.

Quer estejamos exercitando os músculos físicos ou praticando as habilidades que Deus nos concedeu, por meio de ações, palavras e feitos, também podemos ser encorajados pelo lembrete para terminar bem: "não nos cansemos" (GÁLATAS 6:9). Não desistamos! Deus providenciará o que precisamos para terminar bem.

*KATARA PATTON*

**O que você faz quando cansa e quer desistir?
Qual a vantagem em terminar bem?**

*Pai, ajuda-me a continuar esta jornada e terminar bem
para que Tu sejas glorificado em minha vida.*

---

**A BÍBLIA EM UM ANO**: 2 REIS 17–18; JOÃO 3:19-36

**14 DE MAIO**         **JOEL 2:12-14**

# A DÁDIVA DO ARREPENDIMENTO

*Não rasguem as roupas [...] rasguem o coração! Voltem para o SENHOR, seu Deus...* v.13

"**N**ão! Eu não fiz isso!" Jane ouviu a negação de seu filho adolescente com o coração apertado, pois sabia que ele estava mentindo. Ela pediu ajuda a Deus antes de perguntar-lhe novamente. O jovem continuou a negar até que finalmente ela, irritada, ergueu as mãos. Dizendo que precisava de um tempo, começou a se afastar quando sentiu a mão dele em seu ombro e ouviu seu pedido de desculpas. Ele respondeu ao toque do Espírito Santo e se arrependeu.

No livro de Joel, Deus chamou Seu povo ao arrependimento, dando-lhes as boas-vindas para que retornassem a Ele de todo o coração (2:12). Deus não buscou atos externos de remorso, mas sim que eles se quebrantassem: "Não rasguem as roupas [...] rasguem o coração". Joel lembrou aos israelitas que Deus é "misericordioso e compassivo, lento para se irar e cheio de amor" (v.13).

Podemos achar difícil confessar nossos erros, pois em nosso orgulho não admitimos nossos pecados. Talvez tenhamos falsificado a verdade, justificando nossas ações, dizendo que foi apenas "uma mentirinha inocente". Mas quando damos ouvidos ao gentil, porém firme, pedido de Deus para nos arrependermos, Ele nos perdoa e nos limpa de todos os nossos pecados (1 JOÃO 1:9). Podemos nos livrar da culpa e da vergonha, sabendo que somos perdoados.

*AMY BOUCHER PYE*

**Como você se sentiu ao contar uma "mentirinha inocente"? O entendimento desse ato lhe trouxe convicção e arrependimento?**

*Senhor Jesus Cristo, Tu morreste para que eu pudesse viver em harmonia contigo e com o Pai, obrigado.*

**A BÍBLIA EM UM ANO:** 2 REIS 19–21; JOÃO 4:1-30

**15 DE MAIO** — COLOSSENSES 1:1-20

# BRINCANDO COM O COSMOS

*Ele existia antes de todas as coisas e
mantém tudo em harmonia.* v.17

No início dos anos 1980, um astrônomo ateu escreveu: "Uma interpretação de bom senso dos fatos sugere que um superintelecto brincou com a física, com a química e a biologia". Aos olhos dele, a evidência mostrou que *alguém* projetou todo o cosmos. Ele acrescentou: "Não existem forças cegas sobre as quais vale a pena falar na natureza". Em outras palavras, tudo o que vemos parece ter sido planejado por Alguém. Mesmo assim, o astrônomo permaneceu ateu.

Há três mil anos, outro homem inteligente olhou para os céus e concluiu: "Quando olho para o céu e contemplo a obra de teus dedos […] pergunto: Quem são os simples mortais, para que penses neles?…", perguntou-se Davi (SALMO 8:3-4).

No entanto, Deus se preocupa profundamente conosco. O cosmos conta a história de seu *Designer* Inteligente, o "Superintelecto" que fez a nossa mente e nos colocou aqui para refletir sobre a Sua obra. Por meio de Jesus e da Criação, Deus pode ser conhecido: "O Filho é a imagem do Deus invisível e é supremo sobre toda a criação. Pois, por meio dele, todas as coisas foram criadas, tanto nos céus como na terra…" (COLOSSENSES 1:15-16).

"De fato, o cosmos tem sido "manipulado". A identidade do *Designer* Inteligente está aí para ser descoberta por qualquer um que queira.

*TIM GUSTAFSON*

**Você percebe a presença de Deus
nos detalhes de sua vida? Como você pode compartilhar sua
confiança em Deus com alguém que não crê nele?**

*Pai, obrigado por te revelares em Tua criação.
Oro por aqueles que não te veem nela. Atrai-as a ti.*

---

**A BÍBLIA EM UM ANO:** 2 REIS 22–23; JOÃO 4:31-54

**16 DE MAIO**              ✤ **EFÉSIOS 6:10-20**

★ *TÓPICO DE MAIO: GUERRA ESPIRITUAL*

# A LUTA FEROZ

*...não lutamos contra inimigos de carne e sangue [...] mas contra grandes poderes neste mundo de trevas...* v.12

Em 1896, um explorador chamado Carl Akely se viu em uma parte remota da Etiópia, perseguido por um leopardo. Ele se lembrou do leopardo tentando "afundar os dentes na [sua] garganta". O felino agarrou o braço direito dele com suas mandíbulas ferozes. Os dois rolaram na areia — uma luta longa e feroz. Akely enfraqueceu e "tornou-se uma questão de quem desistiria primeiro". Reunindo suas últimas forças, ele foi capaz de sufocar o felino com as próprias mãos.

O apóstolo Paulo explicou como cada um de nós que crê em Jesus inevitavelmente encontrará as suas próprias lutas ferozes e, então nos sentiremos oprimidos e inclinados a nos rendermos. Em vez disso, devemos tomar nossa posição contra as estratégias do diabo e "permanecer firmes" (EFÉSIOS 6:11,14). Em vez de nos encolhermos de medo ou desmoronarmos, ao reconhecer nossa fraqueza e vulnerabilidade, Paulo nos desafiou a dar um passo de fé, lembrando-nos de que não confiamos em nossa própria coragem e força, mas em Deus: "Sejam fortes no Senhor e em seu grande poder" (v.10). Nos desafios que enfrentamos, Ele está apenas a uma oração de distância (v.18).

Sim, temos muitas lutas e nunca vamos escapar delas por nosso próprio poder ou engenhosidade. Mas Deus é mais poderoso do que qualquer inimigo ou mal que enfrentemos.     *WINN COLLIER*

**Que luta você está enfrentando agora? Como Deus o convida a permanecer firme em Sua força e a lutar?**

*Deus, a luta é real. O mal é real. Não sei o que fazer, mas confio em ti e em Teu grande poder.*

**A BÍBLIA EM UM ANO:** 2 REIS 24–25; JOÃO 5:1-24

# CORAGEM INCOMUM

*...Leve-me ao rei e eu interpretarei o sonho dele.* v.24

Em 1478, Lorenzo de Medici, governante de Florença, Itália, livrou-se de um ataque contra sua vida. Seus compatriotas iniciaram uma guerra ao tentarem retaliar tal ataque. À medida que a situação piorava, o cruel rei Ferrante 1º de Nápoles tornou-se inimigo de Medici. Porém, um ato corajoso do próprio Medici mudou tudo. Ele visitou o rei desarmado e sozinho. Essa bravura, combinada com seu charme e brilho, ganhou a admiração de Ferrante e findou a guerra.

Daniel também ajudou o rei Nabucodonosor a experimentar uma transformação de atitude. Ninguém na Babilônia conseguia descrever ou interpretar o sonho perturbador do rei. Isso o deixou tão zangado que o fez decidir executar todos os seus conselheiros, incluindo Daniel e seus amigos. Mas Daniel pediu para ver o rei. Diante de Nabucodonosor, Daniel deu a Deus todo o crédito por revelar o mistério do sonho (DANIEL 2:24,28). Quando o profeta o decifrou, o rei honrou "o maior de todos os deuses" (v.47). A coragem incomum de Daniel, nascida de sua fé em Deus, ajudou-o, e a todos, a escaparem da morte naquele dia.

Em nossa vida, há momentos em que a coragem e a ousadia são necessárias para comunicar mensagens importantes. Que Deus nos oriente e dê a sabedoria para sabermos o que dizer e como dizer bem. — JENNIFER BENSON SCHULDT

**Como a bravura de alguém fez a diferença em sua vida? Você pode descansar no poder de Deus para agir com coragem?**

*Jesus, obrigado por Tua coragem. Dá-me Tua sabedoria e poder quando eu enfrentar situações tensas.*

---

**A BÍBLIA EM UM ANO:** 1 CRÔNICAS 1–3; JOÃO 5:25-47

**18 DE MAIO** — **JOÃO 6:25-35**

# ANSEIE POR ELE

*Jesus respondeu: "Eu sou o pão da vida. Quem vem a mim nunca mais terá fome..."* v.35

Por que quando dizemos "Esta é a última batata frita que vou comer", logo depois estamos procurando por mais? Michael Moss responde a essa pergunta em seu livro *Sal, açúcar, gordura* (Editora Intrínseca, 2015). Ele descreve como os produtores de lanches rápidos sabem como "ajudar" as pessoas a desejar comer "o que não é nutritivo". De fato, uma empresa popular gastava quase 1 bilhão e meio por ano contratando "consultores de anseios" para determinar o ponto de satisfação dos consumidores, para que fosse possível "tirar partido" dos nossos anseios por comida.

No entanto, Jesus nos ajuda a ansiar por comida verdadeira — espiritual — que traz satisfação à nossa alma. Ele disse: "Eu sou o pão da vida. Quem vem a mim nunca mais terá fome. Quem crê em mim nunca mais terá sede" (JOÃO 6:35). Ao afirmar isso, comunicou duas coisas importantes: Primeiro, o pão de que Ele falou é uma pessoa, não um produto (v.32). Segundo, quando confiamos em Jesus para o perdão dos pecados, iniciamos um relacionamento correto com Ele e encontramos satisfação para cada anseio da alma. Esse Pão é alimento espiritual eterno que leva à satisfação e à vida.

Quando confiamos em Jesus, o verdadeiro Pão do céu, ansiamos por Ele que fortalecerá e transformará a nossa vida.

*MARVIN WILLIAMS*

**Por que ansiamos por coisas que jamais nos satisfarão? Quais atitudes nos ajudarão a ansiar mais por Jesus?**

*Jesus, Pão da vida, que eu anseie por ti e encontre tudo de que preciso em Tua perfeita provisão.*

---

**A BÍBLIA EM UM ANO**: 1 CRÔNICAS 4–6; JOÃO 6:1-21

**19 DE MAIO**      ÊXODO 16:4-5, 13-18

# COMIDA DO CÉU

*Então o SENHOR disse a Moisés: "Vejam, farei chover comida do céu para vocês.* v.4

Em agosto de 2020, os moradores de Olten, Suíça, surpreenderam-se ao ver que nevava chocolate! Um defeito na ventilação de uma fábrica local lançou partículas de chocolate no ar. Assim, uma poeira de flocos nevados de chocolate comestível cobriu carros e ruas, fazendo a cidade cheirar como se fosse uma loja de doces.

Quando penso em comida deliciosa caindo "magicamente" dos céus, penso na provisão de Deus para o povo de Israel em Êxodo. Após a dramática fuga do Egito, o povo enfrentou grandes desafios no deserto, especialmente a escassez de comida e água. E Deus, movido pela situação difícil deles, prometeu "farei chover comida do céu" (ÊXODO 16:4). Na manhã seguinte, uma camada de flocos finos apareceu no solo do deserto. Essa provisão diária, conhecida como maná, continuou pelos quarenta anos seguintes.

Quando Jesus veio à Terra e milagrosamente providenciou pão para uma grande multidão, as pessoas começaram a acreditar que Ele fora enviado por Deus (JOÃO 6:5-14). Mas Jesus ensinou que Ele mesmo era o "pão da vida" (v.35), enviado para trazer não apenas alimento temporário, mas vida eterna (v.51).

Para os que estão famintos por alimento espiritual, Jesus estende a oferta de vida eterna com Deus. Que possamos crer e confiar que Ele veio para satisfazer esses anseios mais profundos.

*LISA M. SAMRA*

**Quando você percebeu que precisa de Jesus? Você já experimentou a satisfação espiritual?**

*Jesus, graças por vires à Terra para que eu possa ter um relacionamento com Deus eternamente.*

Saiba mais sobre crescimento espiritual, acesse: paodiario.org

---

**A BÍBLIA EM UM ANO**: 1 CRÔNICAS 7–9; JOÃO 6:22-44

**20 DE MAIO**      **1 CORÍNTIOS 16:15-18**

# ESTIMULADOS NA CASA DE SIMÃO

*Eles têm sido um grande estímulo para mim, como foram para vocês.* v.18

A viagem à casa de Simão foi inesquecível. Sob um céu estrelado em Nyahururu, Quênia, dirigimo-nos à sua modesta casa para jantar. O chão de terra e a luz da lanterna refletiam seus parcos recursos. Não me lembro do cardápio, mas não esqueço a alegria de Simão em nos receber. Sua agradável hospitalidade era como a de Jesus — altruísta, comovente e revigorante.

Em 1 Coríntios 16:15-18, Paulo mencionou a família de Estéfanas que era hospitaleira, dizendo: eles "têm dedicado a vida ao serviço do povo de Deus" (v.15). Embora esse serviço provavelmente incluísse coisas tangíveis (v.17), o impacto foi tal que Paulo escreveu: "eles têm sido um grande estímulo para mim..." (v.18).

Quando temos oportunidades de partilhar, damos atenção às questões das refeições, acomodações e às outras necessidades para tais ocasiões. Mas às vezes esquecemos que, embora "o quê" e "onde" importem, não são as coisas mais importantes. As refeições memoráveis são ótimas e os ambientes agradáveis têm seu lugar, mas a comida é limitada em sua capacidade de nutrir e encorajar plenamente. O verdadeiro refrigério flui de Deus e é uma questão do coração; atinge o coração de outras pessoas e continua a nutrir muito tempo após terminada a refeição.

*ARTHUR JACKSON*

**Em que ocasiões você foi encorajado pela hospitalidade de alguém? Você pode servir aos outros tornando essas ocasiões mais significativas espiritualmente?**

*Pai, perdoa-me por eu pensar mais em mim do que no outro a quem quero servir. Ensina-me a doar-me.*

**21 DE MAIO** 🌿 **GÁLATAS 5:22-26**

# O FRUTO É DIGNO DA ÁRVORE

*Mas o Espírito produz [...]: amor, alegria, paz, paciência, amabilidade, bondade, fidelidade...* v.22

A dona de um canteiro considerou várias maneiras antes de vender seus pessegueiros. Deveria alinhar mudas de folhas em sacos de juta em uma bela exibição? Talvez criar um catálogo colorido com pessegueiros em várias fases de crescimento? Por fim, percebeu o que realmente vende um pessegueiro. É o pêssego que ele produz: cheiroso, laranja intenso e de casca aveludada. A melhor maneira de vender um pessegueiro é colher um pêssego maduro, cortá-lo em fatias para que o suco escorra pelo braço do cliente. Quando eles saboreiam o fruto, querem a árvore.

Deus se revela tal como um fruto espiritual em Seus seguidores: *amor, alegria, paz, paciência, amabilidade, bondade, fidelidade, mansidão e domínio próprio* (GÁLATAS 5:22-23). Quando os cristãos exibem esse fruto, outros também o desejarão e, portanto, buscarão a fonte do fruto.

O fruto é o resultado exterior de um relacionamento interior — a influência do Espírito Santo em nossa vida. O fruto é o "tempero" que leva outras pessoas a conhecerem o Deus a quem representamos. Como os pêssegos reluzentes se destacando nas folhas verdes de uma árvore, o fruto do Espírito anuncia a um mundo faminto: "Aqui está o alimento! Aqui está a vida! Venham e encontrem um modo de sair da exaustão e do desânimo. Venham e encontrem o Senhor Deus!"

*ELISA MORGAN*

**O que o atraiu a Jesus? Como você exibe
o fruto do Espírito para que outros sejam atraídos a Deus?**

*Espírito Santo, peço-te que continues a cultivar
Teu fruto em mim para que outros te vejam e anseiem por ti.*

Saiba mais sobre o fruto do Espírito, acesse: paodiario.org

---

**A BÍBLIA EM UM ANO**: 1 CRÔNICAS 13–15; JOÃO 7:1-27

**22 DE MAIO**      🌿 **GÊNESIS 1:26-28**

# ALGO PROFUNDO E UNIDO

*Assim, Deus criou os seres humanos
à sua própria imagem...* v.27

Amina é iraquiana, e José é norte-americano. Eles participaram de um protesto político em lados opostos. Fomos ensinados a crer que os que estão separados por etnia e política divergem fortemente uns com os outros. Porém, quando uma pequena multidão cercou José tentando colocar fogo em sua camisa, Amina correu em sua defesa. José disse a um repórter: "Acho que como pessoas não poderíamos estar mais distantes e, ainda assim, foi nesse momento que tivemos 'algo em comum'". Algo mais profundo do que a política entrelaçou Amina e José.

Embora muitas vezes tenhamos desacordos genuínos, diferenças substanciais que tantas vezes não podemos ignorar, há realidades muito mais profundas que nos unem. Todos nós fomos criados por Deus e unidos em uma amada família humana. Deus nos criou, independentemente de gênero, classe social, etnia ou convicção política, "à sua própria imagem" (GÊNESIS 1:27). Além dessa verdade, Deus se reflete em você e em mim e nos deu um propósito comum de "encher" e "governar" o mundo que Ele criou com sabedoria e cuidado (v.28).

Sempre que esquecemos a maneira que estamos unidos em Deus, causamos danos a nós e aos outros. Mas sempre que nos unimos em Sua graça e verdade, participamos do Seu desejo de fazer o mundo ser bom e próspero.    *WINN COLLIER*

**Quem lhe parece ser completamente diferente de você?
Você pode compartilhar com essa pessoa
o que vocês têm em comum?**

*Pai, neste mundo caótico,
é difícil crer que as pessoas compartilham algo
em comum. Ajuda-me a ver esta verdade.*

---

**A BÍBLIA EM UM ANO**: 1 CRÔNICAS 16–18; JOÃO 7:28-53

**23 DE MAIO** — **2 TIMÓTEO 4:6-8**

★ *TÓPICO DE MAIO: GUERRA ESPIRITUAL*

# NO FINAL

*Lutei o bom combate, terminei
a corrida e permaneci fiel.* v.7

Lidero retiros espirituais; ficar fora por uns dias para orar e refletir pode ser muito enriquecedor. Durante a programação, às vezes peço aos participantes que façam um exercício: "Imagine que você faleceu e seu obituário foi publicado. O que você gostaria que estivesse escrito?" Alguns participantes mudam suas prioridades, com o objetivo de findar bem a vida.

Em 2 Timóteo 4, lemos as últimas palavras conhecidas que o apóstolo Paulo escreveu. Embora estivesse na casa dos sessenta anos e tivesse enfrentado a morte antes, ele sente que sua vida está quase no fim (v.6). Não fará mais viagens missionárias nem escreverá cartas às suas igrejas. Ele relembra sua vida e diz: "Lutei o bom combate, terminei a corrida e permaneci fiel" (v.7). Mesmo tendo sido imperfeito (1 TIMÓTEO 1:15-16), Paulo avalia sua vida e sua fidelidade a Deus e ao evangelho. A tradição sugere que ele foi martirizado logo depois.

Contemplar os nossos últimos dias é uma forma de esclarecer o que importa agora. As palavras de Paulo podem ser um bom modelo: Lute o bom combate. Termine a corrida. Permaneça fiel. No fim, o que importa é que tenhamos permanecido fiéis a Deus e Seus caminhos. Ele nos provê o que precisamos para viver, lutar as batalhas espirituais e terminar bem.

*SHERIDAN VOYSEY*

**Pense no que você gostaria que fosse escrito
em seu obituário? Quais mudanças são necessárias
para terminar bem a "corrida"?**

*Deus Pai, fortalece-me para viver
fielmente para ti até o fim.*

---

**A BÍBLIA EM UM ANO:** 1 CRÔNICAS 19–21; JOÃO 8:1-27

**24 DE MAIO** — LEVÍTICO 19:9-10

# DOAÇÃO GENEROSA

*...Não [...] apanhem as uvas que caírem no chão. Deixem-nas para os pobres e estrangeiros...* v.10

O general Charles Gordon (1833-85) serviu à rainha Vitória em muitos lugares, mas quando morava na Inglaterra, doava 90% de sua renda. Quando soube da fome em Lancashire, riscou a inscrição de uma medalha de ouro puro que recebera de um líder mundial e a enviou para o norte, dizendo que deveriam derretê-la e usar o dinheiro para comprar pão para os pobres. Naquele dia, ele escreveu em seu diário: "A última coisa terrena que eu tinha neste mundo e que valorizava dei ao Senhor Jesus".

O nível de generosidade do general Gordon pode parecer acima e além de nossa capacidade de compreender, mas Deus sempre chamou Seu povo para cuidar dos necessitados. Nas leis que proferiu por meio de Moisés, Deus instruiu o povo a não colher até os limites do campo nem colher toda a safra. Em vez disso, ao colher uma vinha, disse para deixar as uvas que haviam caído "para os pobres e estrangeiros" (LEVÍTICO 19:10). Deus queria que Seu povo conhecesse e cuidasse dos vulneráveis em seu meio.

Por mais generosos que possamos nos sentir, podemos pedir a Deus que aumente o nosso desejo de doar aos outros e buscar Sua sabedoria para encontrar maneiras criativas de o fazer. Ele gosta muito de nos ajudar a mostrar Seu amor aos outros.

*AMY BOUCHER PYE*

**Como você pode ser generoso hoje, seja por meio de ajuda prática, do ouvido atento ou de outra forma? Quando alguém foi generoso com você? Como você se sentiu?**

*Pai, graças por Jesus ter vivido como um de nós. Enche meu coração de amor e gratidão.*

# SAIR CORRENDO

*...como se cumpririam as Escrituras, que descrevem o que é necessário que agora aconteça?* v.54

A lição inicial do *Aikido*, uma arte marcial tradicional japonesa, foi uma grande surpresa. O instrutor nos disse que, quando confrontados, nossa primeira resposta deve ser "fugir". "Só se você não puder fugir, então lute", disse ele sério. Fugir? Fiquei surpreso. Por que esse instrutor de defesa pessoal altamente qualificado estava nos dizendo para fugir de uma luta? Parecia contraintuitivo — até que ele explicou que a melhor forma de autodefesa é evitar lutar. *Claro!*

Quando vários homens vieram prender Jesus, Pedro reagiu como alguns dentre nós faríamos, desembainhando a espada para atacar um deles (JOÃO 18:10). Mas Jesus lhe disse para guardá-la: "...como se cumpririam as Escrituras, que descrevem o que é necessário que agora aconteça?" (MATEUS 26:51-54).

Embora um senso de justiça seja importante, também é importante compreender o propósito e reino de Deus — um reino "de cabeça para baixo" que nos chama a amar nossos inimigos e retribuir o mal com bondade (5:44). É um contraste gritante de como o mundo pode reagir, mas é uma resposta que Deus procura nutrir em nós.

Em Lucas 22:51, temos a descrição de Jesus curando a orelha do homem que Pedro havia golpeado. Que possamos aprender a reagir às situações difíceis como Ele fez, sempre buscando paz e restauração enquanto Deus provê o que precisamos.

LESLIE KOH

**Como você reagiu a uma situação difícil recentemente? Como Jesus teria reagido?**

*Pai, dá-me compreensão dos Teus propósitos para eu reagir às situações como Jesus o fez.*

---

**A BÍBLIA EM UM ANO:** 1 CRÔNICAS 25–27; JOÃO 9:1-23

## AUMENTE A TEMPERATURA

*...seja zeloso e arrependa-se.* v.19

As temperaturas onde moro mudam rápido — às vezes em minutos. Então, meu marido ficou curioso sobre as diferenças de temperatura dentro e fora de nossa casa. Fã de aparelhos, ele estava animado com seu mais recente "brinquedo" — um termômetro mostrando a temperatura de quatro "zonas" ao redor de nossa casa. Sempre achei que era um aparelho "desnecessário", mas fiquei surpresa ao me ver verificando as temperaturas constantemente. As diferenças internas e externas me fascinavam.

Jesus usou a temperatura para descrever a igreja "morna", em Laodiceia, uma das mais ricas das sete cidades do Apocalipse. A cidade era prejudicada por um abastecimento de água insuficiente e precisava de um aqueduto para transportar a água de uma fonte termal. Quando ela chegava a Laodiceia, não estava nem quente, nem fria.

A igreja também estava morna. Jesus disse: "...Você não é frio nem quente. Desejaria que fosse um ou o outro! Mas, porque é como água morna [...] eu o vomitarei de minha boca" (APOCALIPSE 3:15-16). Como Cristo explicou: "Eu corrijo e disciplino aqueles que amo. Por isso, seja zeloso e arrependa-se" (v.19).

O apelo do nosso Salvador é urgente para nós também. Espiritualmente, você não é nem quente nem frio? Aceite Sua correção e peça-lhe para ajudá-lo a viver sua fé com zelo e fervor.

PATRÍCIA RAYBON

**Qual é a temperatura da sua fé?
Se o seu compromisso com Deus é morno,
o que fará para o aquecer?**

*Pai, se meu compromisso contigo esfriar,
envia o calor amoroso do Teu Espírito
para aquecer minha fé.*

A BÍBLIA EM UM ANO: 1 CRÔNICAS 28–29; JOÃO 9:24-41

**27 DE MAIO**  **JEREMIAS 23:16-22**

# O ERRO DO PROCRASTINADOR

*...que meus verdadeiros mensageiros
proclamem fielmente todas as
minhas palavras...* v.28

No início da tarde em 21 de Setembro de 1938, um jovem meteorologista, Charles Pierce, advertiu o Gabinete de Meteorologia dos EUA sobre duas frentes forçando um furacão para o norte. O responsável da área o ridicularizou achando que a tempestade tropical não seguiria tão ao norte. Duas horas depois, o Furacão New England atingiu Long Island. Ao atingir o estado por volta das 16:00 horas, lançou os navios em terra e as casas ao mar. Houve mais de 600 vítimas fatais. Se elas tivessem sido amparadas pelo conhecimento científico do jovem Pierce, provavelmente teriam sobrevivido.

Saber em qual palavra devemos confiar é um conceito bíblico. Por meio de Jeremias, Deus advertiu o Seu povo contra os falsos profetas. "Não deem ouvidos...", disse ele: " esses profetas quando profetizam para vocês [e] os enchem de falsas esperanças" (JEREMIAS 23:16). Deus disse sobre eles: "Se houvessem estado diante de mim e me ouvido, teriam anunciado as minhas palavras..." (v.22).

Os "falsos profetas" ainda estão entre nós. Dispensam seus conselhos ignorando Deus completamente ou torcendo as Suas palavras para se adequarem aos seus fins. Mas através da Sua Palavra e Espírito, Deus instrui sobre o que precisamos para discernir o falso do verdadeiro. À medida que agirmos pela verdade da Sua Palavra, o nosso testemunho reflete essa verdade aos outros.

*TIM GUSTAFSON*

**O que é preciso mudar em relação às pessoas
que discordam de você?**

*Deus, quero discernir com base em Tua Palavra.
Torna-me sensível ao Teu Espírito, não ao deste mundo.*

---

**A BÍBLIA EM UM ANO**: 2 CRÔNICAS 1–3; JOÃO 10:1-23

**28 DE MAIO**  ·  **LUCAS 13:22-30**

# CAFÉ *PORTA ESTREITA*

*Esforcem-se para entrar
pela porta estreita...* v.24

Croissants, bolinhos, carne de porco com *curry* e todos os tipos de comida deliciosa aguardam os que entram no *Café Porta Estreita*. Localizado em um país asiático, esse café é literalmente um buraco na parede. Sua entrada tem apenas 40 centímetros de largura — o suficiente para uma pessoa se espremer para entrar! Contudo, apesar do desafio, o café atrai grandes multidões.

Isso será verdade para a porta estreita descrita em Lucas 13:22-30? Perguntaram a Jesus: "Só alguns poucos serão salvos?" (v.23). Em resposta, Jesus desafiou a pessoa a se esforçar "para entrar pela porta estreita" do reino de Deus (v.24). Ele estava essencialmente perguntando: "Os salvos incluirão você?". Jesus usou essa analogia para exortar os judeus a não serem presunçosos. Muitos criam que seriam incluídos no reino de Deus por serem descendentes de Abraão ou por guardarem a Lei. Mas Jesus os desafiou a aceitarem-no antes que "o dono da casa [tivesse] trancado a porta" (v.25).

Nem nossa família, nem nossas ações podem nos tornar justos diante de Deus. Somente a fé em Jesus nos salva (EFÉSIOS 2:8-9; TITO 3:5-7). A porta é estreita, mas está bem aberta para os que colocam sua fé em Jesus. Ele nos convida a aproveitar a oportunidade de entrar pela porta estreita de Seu reino.

POH FANG CHIA

**Você está certo de que entrará
pela porta estreita e terá a vida eterna com Jesus?
Por que essa decisão é tão importante?**

*Jesus, obrigado pelo Teu reino
e por teres morrido e ressuscitado.
Entra em minha vida e sê meu Salvador.*

---

**A BÍBLIA EM UM ANO**: 2 CRÔNICAS 4–6; JOÃO 10:24-42

**29 DE MAIO**  ·  **JOSUÉ 9:7-15**

# PAUSA PARA ORAR

*...mas não consultaram
o SENHOR a respeito.* v.14

O hidrante jorrava água, e vi minha oportunidade. Vários carros passaram antes de mim, e pensei: *Que ótima maneira de lavar o carro de graça!* Meu carro estava muito sujo, e me dirigi rápido ao aguaceiro. *Crash!* Aconteceu tão rápido. O sol já havia batido em meu carro preto naquela manhã, aquecendo o vidro e o interior. Mas a água do hidrante estava gelada demais e quando o jato atingiu o para-brisa quente, uma rachadura caiu como um relâmpago. Meu lava-rápido "grátis" acabou sendo caro.

Se ao menos eu tivesse "feito uma pausa" para pensar ou até mesmo orar. Você já passou por isso? O povo de Israel sim, em circunstâncias muito mais importantes. Deus prometeu ajudá-los a expulsar outras nações quando entrassem na Terra Prometida (JOSUÉ 3:10) para que não fossem tentados por falsos deuses (DEUTERONÔMIO 20:16-18). Mas uma das nações viu as vitórias de Israel e usou "pães secos e esfarelados" para enganá-los e fazê-los crer que viviam longe. "Os israelitas examinaram as provisões deles, *mas não consultaram o SENHOR a respeito*. Josué fez um tratado de paz..." (JOSUÉ 9:14-15, ITÁLICO DO AUTOR), desviando-se, sem saber, das instruções de Deus.

Quando a oração é o primeiro recurso, recebemos a direção, a sabedoria e a bênção de Deus. Que Ele nos ajude a "fazer uma pausa" hoje.

*JAMES BANKS*

**Que decisão você já tomou
antes de conversar com Deus? O que você
precisa conversar com Ele hoje?**

*Pai, graças por concederes
sabedoria àqueles que a pedem. Ajuda-nos
a "pausar e falar" mais contigo.*

**A BÍBLIA EM UM ANO**: 2 CRÔNICAS 7–9; JOÃO 11:1-29

**30 DE MAIO**            🕮 **2 CORÍNTIOS 5:11-19**

# CURA PARA O MUNDO TODO

*...Deus [...] nos trouxe [...] para si por meio de Cristo e nos encarregou de reconciliar outros...* v.18

O centro médico secreto *Hospital Franja Partisan*, escondido em um desfiladeiro no oeste da Eslovênia, abrigou uma equipe que cuidou de milhares de soldados feridos durante a Segunda Guerra Mundial. Embora evitar a detecção de inúmeras tentativas nazistas de localizar a instalação seja em si um feito notável, ainda mais notável é que o hospital (fundado e administrado pelo movimento de resistência da Eslovênia) cuidava de soldados dos exércitos aliados e do Eixo. O hospital acolhia a todos.

A Bíblia nos convoca a ajudar o mundo todo a ser espiritualmente curado. Adverte-nos a ter compaixão por todos, apesar de seus pontos de vista. Todos merecem o amor e a bondade de Cristo. Paulo insiste que o amor de Jesus "nos impulsiona. Porque cremos que ele morreu por todos" (2 CORÍNTIOS 5:14). Todos nós sofremos a doença do pecado e precisamos desesperadamente da cura do perdão de Jesus. E Ele se moveu em direção a todos nós a fim de nos curar.

Por conseguinte, Deus, em um movimento surpreendente, confiou-nos "a mensagem maravilhosa de reconciliação" (v.19). Deus nos convida a cuidar de pessoas feridas e despedaçadas (como nós). Participamos da obra de cura em que os enfermos são curados por meio da união com Ele. E essa reconciliação, essa cura é para todos os que a receberem.

*WINN COLLIER*

**Você crê no poder restaurador de Deus? Para onde Ele poderá chamá-lo para ser um reconciliador?**

*Deus, assim como preciso de cura, todos precisam. Ajuda-me a levar cura aos outros.*

---

**A BÍBLIA EM UM ANO**: 2 CRÔNICAS 10–12; JOÃO 11:30-57

**31 DE MAIO**  **SALMO 107:23-32**

# A ESPERANÇA RESISTE ÀS TEMPESTADES

*Acalmou a tempestade e
aquietou as ondas.* v.29

Na primavera de 2021, vários caçadores de tempestades gravaram vídeos e tiraram fotos de um arco-íris próximo a um tornado no Texas, EUA. Em um vídeo, longas hastes de trigo em um campo dobraram sob o poder dos ventos. Um arco-íris brilhante cortou o horizonte cinza e se curvou em direção ao tornado. Os espectadores em outro vídeo pararam à beira da estrada e viram o símbolo da esperança firme ao lado da nuvem em forma de funil.

No Salmo 107, o salmista oferece esperança e nos incentiva a nos voltarmos para Deus em tempos difíceis. Ele descreve alguns que estavam no meio de uma tempestade, "cambaleantes" (v.27). "Em sua aflição, clamaram ao SENHOR, e ele os livrou..." (v.28).

Deus entende que Seus filhos às vezes lutam para ter esperança quando a vida parece uma tempestade. Precisamos de lembretes de Sua fidelidade, especialmente quando o horizonte parece escuro e conturbado.

Quer nossas tempestades venham como obstáculos em nossa vida, como turbulência emocional ou como estresse mental, Deus pode acalmá-las e nos guiar a um lugar de refúgio (vv.29-30). Embora possamos não sentir alívio como e quando preferimos, podemos confiar que Deus manterá as promessas que fez nas Escrituras. Sua esperança duradoura resistirá às tempestades. XOCHITL DIXON

**Você já lutou para ter esperança nas
turbulências da vida? Deus o lembrou de Suas promessas
quando você precisou de ânimo e esperança?**

*Deus, obrigado por me concederes
esperança, não importa
as circunstâncias em minha vida.*

---

**A BÍBLIA EM UM ANO:** 2 CRÔNICAS 13–14; JOÃO 12:1-26

★ TÓPICO DE JUNHO / **Santidade**

# SANTIDADE — SEPARADO EM CRISTO

**S**anto é uma palavra que muitas vezes é mal compreendida em nossos dias; sem dúvida, em parte porque às vezes é usada negativamente para chamar alguém de "mais santo do que você" — uma declaração da arrogância de uma pessoa sobre sua superioridade moral. Então, deixando de lado essa visão negativa, por que é importante que os cristãos entendam o que é santidade? Nas Escrituras, as principais palavras para "santo" (hebraico, *qodesh*; grego, *hagios*) carregam a ideia de ser "separado para o uso de Deus". Como resultado, a santidade resulta em pureza e utilidade — os subprodutos de uma vida separada para Deus e Seus propósitos. Como escreveu Pedro (citando LEVÍTICO 11): "Sejam filhos obedientes. Não voltem ao seu antigo modo de viver, quando satisfaziam os próprios desejos e viviam na ignorância. Agora, porém, sejam santos em tudo que fizerem, como é santo aquele que os chamou. Pois as Escrituras dizem: 'Sejam santos, porque eu sou santo'" (1 PEDRO 1:14-16).

Então, como seria ser "separado"? Paulo escreve: "Portanto, irmãos, suplico-lhes que entreguem seu corpo a Deus, por causa de tudo que ele fez por vocês. Que seja um sacrifício vivo e santo, do tipo que Deus considera agradável. Essa é a verdadeira forma de adorá-lo. Não imitem o comportamento e os costumes deste mundo, mas deixem que Deus os transforme por meio de uma mudança em seu modo de pensar, a fim de que experimentem a boa, agradável e perfeita vontade de Deus para vocês" (ROMANOS 12:1-2). Observe como a descrição de Paulo apresenta a distinção com que os cristãos são chamados a viver em nome de Cristo. *Um sacrifício vivo e santo, do tipo que Deus considera agradável. Não imitem o comportamento e os costumes deste mundo, mas deixem que Deus os transforme por meio de uma mudança em seu modo de pensar.* Não podemos fazer isso baseados em nossa própria sabedoria, força ou poder. É só quando permitimos que Deus aja em nosso coração, por meio do Seu Espírito, que podemos viver de maneira que se harmonize com o Santo que nos redimiu.

**BILL CROWDER**

Além deste artigo, o tema *santidade*
é abordado nos devocionais dos dias **1**, **9**, **16** e **23** de **junho**.

**1º DE JUNHO** — **EFÉSIOS 4:29-32**

★ *TÓPICO DE JUNHO: SANTIDADE*

# SEPARADOS

*Tomem sobre vocês o meu jugo. Deixem que eu lhes ensine, pois sou manso e humilde de coração...* v.29

Em 1742, eclodiu um motim para protestar contra a mensagem do evangelho que Carlos Wesley anunciava. Parece que ele e o seu irmão João estavam mudando algumas tradições eclesiásticas de longa data, e isso foi demais para muitos da cidade.

João Wesley soube desse motim e foi ajudar o irmão. Uma multidão indisciplinada cercou rapidamente o local onde João se hospedava. Corajosamente, João encontrou-se pessoalmente com os líderes do movimento, falou-lhes com tanta serenidade que a raiva de cada um deles diminuiu.

O espírito gentil e tranquilo de João Wesley acalmou a multidão potencialmente furiosa. No entanto, essa gentileza não lhe foi natural. Pelo contrário, refletia a presença do Salvador que Wesley seguia tão de perto. Jesus disse: "Tomem [...] o meu jugo. Deixem que eu lhes ensine, pois sou manso e humilde de coração, e encontrarão descanso para a alma" (MATEUS 11:29). Este jugo de doçura tornou-se o verdadeiro poder por detrás do desafio que Paulo nos lançou: "Sejam sempre humildes e amáveis, tolerando pacientemente uns aos outros em amor" (EFÉSIOS 4:2).

Essa paciência nos parece impossível, mas pelo fruto do Espírito em nós, Cristo pode separar-nos e equipar-nos para enfrentarmos o mundo hostil. Quando o fazemos, cumprimos as palavras de Paulo: "Que todos vejam que vocês são amáveis..." (FILIPENSES 4:5).

*BILL CROWDER*

**Por que a cultura atual vê a amabilidade como fraqueza?**

*Pai, ajuda-nos a não revidar e a imitar a compaixão de Jesus em relação aos Seus adversários.*

Leia mais sobre Jesus em: universidadecrista.org

**A BÍBLIA EM UM ANO**: 2 CRÔNICAS 15–16; JOÃO 12:27-50

**2 DE JUNHO**  **MATEUS 6:1-4**

# DOAR POR AMOR

*...seu Pai, que observa em segredo,*
*os recompensará.* v.4

Todos os dias, Gilson compra o seu café da manhã num *drive-thru* próximo, e paga o pedido da pessoa no carro logo atrás dele, pedindo ao caixa que deseje a ela um bom dia. Gilson não tem qualquer ligação com quem está no carro de trás, não sabe como reagirá, mas simplesmente acredita que este pequeno gesto é "o mínimo que ele pode fazer". Certa ocasião, porém, ele soube do impacto das suas ações quando leu uma carta anônima ao editor do seu jornal local. Descobriu que seu ato de bondade, em 18 de julho de 2017, permitiu que a pessoa, no carro atrás dele, reconsiderasse os planos de tirar a própria vida, mais tarde, naquele mesmo dia. [O gesto a salvou!].

Gilson doa diariamente às pessoas do carro atrás de si sem receber crédito algum por isso. Somente nessa única ocasião, ele teve um vislumbre do impacto de seu pequeno gesto. Quando Jesus diz: "não deixem que a mão esquerda saiba o que a direita está fazendo" (MATEUS 6:3), Ele está nos exortando a doar à maneira de Gilson, sem necessidade de reconhecimento.

Quando doamos por amor a Deus, sem nos preocupar em receber o louvor dos outros, podemos confiar que as nossas dádivas, grandes ou pequenas, serão usadas por Ele para ajudar a satisfazer as necessidades dos que as recebem. *KIRSTEN HOLMBERG*

**Você já se beneficiou de
uma doação anônima? Como você pode
doar mais "em segredo"?**

*Pai, usa-me para satisfazer
as necessidades dos outros e as minhas
através deles. Tua seja a glória.*

**A BÍBLIA EM UM ANO**: 2 CRÔNICAS 17–18; JOÃO 13:1-20

# SINAIS DE ESPERANÇA

*Espere em Deus! Ainda voltarei a louvá-lo...* SALMO 42:5

Em uma de minhas férias, a batalha com a dor crônica obrigou-me a passar os primeiros dias em recuperação no quarto. O meu humor parecia o céu nublado. Finalmente nos aventuramos a visitar um farol próximo, mas as nuvens cinzentas bloquearam grande parte da nossa visão. Ainda assim, tirei fotos das montanhas sombrias e do vago horizonte.

Mais tarde, desapontada pela tempestade que nos impediu de sair à noite, revisei as nossas fotos. Suspirando, entreguei a câmera ao meu marido. "Um arco-íris!" Focada na escuridão anterior, eu tinha perdido Deus renovando o meu espírito cansado com esse inesperado vislumbre de esperança (GÊNESIS 9:13-16).

O sofrimento físico ou emocional pode muitas vezes nos arrastar às profundezas do desespero. Desesperados por um pequeno renovo, temos sede de lembretes da presença constante e do poder infinito de Deus (SALMO 42:1-3). Ao recordarmos as inúmeras vezes que Deus alcançou a nós e a outros no passado, podemos confiar que a nossa esperança está assegurada nele, por mais abatidos que nos sintamos no momento (vv.4-6).

Quando más atitudes ou circunstâncias difíceis obscurecem a visão, Deus nos convida a invocá-lo, ler a Bíblia e confiar na Sua fidelidade (vv.7-11). Ao buscarmos o Senhor, podemos confiar nele para nos ajudar a detectar o arco-íris da esperança iluminando os dias mais sombrios.

*XOCHITL DIXON*

**Como colocar a sua esperança sob a vontade de Deus?**

*Amoroso Deus, Tu és aquele que transforma os meus clamores em louvores cheios de esperança.*

**4 DE JUNHO** — **1 TIMÓTEO 6:6-11**

# FOCO EM DEUS

*...a devoção acompanhada de
contentamento é, em si mesma,
grande riqueza.* v.6

Quando fui comprar os anéis de noivado, passei horas à procura do diamante certo. Estava atormentado, pensando: *E se eu perder o melhor?*

O psicólogo Barry Schwartz afirma que a minha crônica indecisão indica que sou um "maximizador", e contrasta com o "que se satisfaz". O satisfeito escolhe com base em suas necessidades. Os maximizadores se preocupam em fazer sempre a melhor escolha (culpado!). Qual o resultado da indecisão face a muitas escolhas? Ansiedade, depressão e descontentamento. Os sociólogos cunharam outra expressão para isso: "medo de falhar".

Não encontramos as palavras *maximizador* ou *o que se contenta* nas Escrituras, mas encontramos uma ideia semelhante. Paulo desafiou Timóteo a encontrar valor em Deus, e não nas coisas mundanas. As promessas do mundo nunca são cumpridas na sua totalidade. Paulo quis que ele enraizasse a sua identidade em Deus: "a devoção acompanhada de contentamento é, em si mesma, grande riqueza" (1 TIMÓTEO 6:6). Paulo parece mais contente quando diz: "se temos alimento e roupa, estejamos contentes" (v.8).

Fico inquieto e insatisfeito quando valorizo as maneiras que o mundo promete satisfação. Quando me apego a Deus e abandono o meu impulso compulsivo de maximizar, a minha alma se move em direção ao contentamento e descanso genuíno. *ADAM H. HOLZ*

> **Você tende a ser alguém que se contenta?
> Como a sua relação com Deus afeta
> o seu contentamento no dia a dia?**
>
> *Pai, ajuda-me a buscar o contentamento
> na minha relação contigo.
> Tua presença me traz plena satisfação.*

**A BÍBLIA EM UM ANO**: 2 CRÔNICAS 21–22; JOÃO 14

**5 DE JUNHO**  🌱 **1 JOÃO 5:13-15**

# CONFIANTE EM DEUS

*Estamos certos de que ele nos
ouve sempre que lhe pedimos
algo conforme sua vontade.* v.14

Um estudo realizado em 2018, no Reino Unido, concluiu que, em média, os adultos acordados "verificavam os seus smartphones a cada 12 minutos". Mas essa estatística parece conservadora se considerarmos a frequência com que eu busco respostas ou respondo aos alertas de textos, chamadas e e-mails que chegam ao longo do dia. Olhamos os nossos dispositivos, confiantes de que fornecerão o que precisamos para nos manter organizados, informados e conectados.

Como cristãos, temos um recurso infinitamente melhor do que um smartphone. Deus ama e cuida de nós intimamente. Ele deseja que o busquemos com as nossas necessidades. A Bíblia diz que, quando oramos, podemos confiar "que ele nos ouve sempre que lhe pedimos algo conforme sua vontade" (1 JOÃO 5:14). Lendo a Bíblia e guardando as palavras de Deus no nosso coração, podemos orar com segurança por coisas que sabemos que Ele já deseja para nós, incluindo paz, sabedoria, fé e "que ele nos dará o que pedimos" (v.15).

Por vezes, pode parecer que Deus não nos ouve quando a nossa situação não muda. Mas construímos a nossa confiança em Deus, voltando-nos constantemente para Ele em todas as circunstâncias (SALMO 116:2). Isso permite que cresçamos na fé, confiando que, embora possamos não conseguir tudo o que desejamos, Ele prometeu fornecer o que precisamos no Seu tempo. *KIMYA LODER*

**Como podemos ter confiança
e ser intencionais em nossas orações?**

*Pai, sou grato por saber que tens
o poder de suprir as minhas necessidades
de acordo com a Tua vontade.*

---

**A BÍBLIA EM UM ANO**: 2 CRÔNICAS 23–24; JOÃO 15

**6 DE JUNHO**         **PROVÉRBIOS 27:1-9**

# É BOM SER SINCERO

*O conselho sincero de um amigo é
agradável como perfume e incenso.* v.9

"Meu amigo, por vezes você parece mais santo do que realmente é". Essas palavras foram ditas sob um olhar direto e com sorriso suave. Meus sentimentos estariam feridos se tivessem vindo de alguém que não fosse amigo próximo e mentor cujo discernimento eu valorizava muito. Em vez disso, sorri, pois sabia que as suas palavras "acertaram no alvo" e que ele tinha razão. Por vezes quando falava da minha fé, usava uma abordagem que dava a impressão de que eu não estava sendo sincero. Meu amigo tentava me ajudar a ser mais eficaz no compartilhar a minha fé. Refletindo sobre isso, vejo que ele me deu um dos melhores conselhos que já recebi.

Salomão afirmou sabiamente: "As feridas feitas por um amigo sincero são melhores que os beijos de um inimigo" (PROVÉRBIOS 27:6). Os conhecimentos do meu amigo demonstraram a veracidade desse conselho. Fiquei grato por ele ter se preocupado o suficiente para me dizer algo que eu precisava ouvir, embora ele soubesse que poderia não ser fácil de eu aceitar. Por vezes, quando alguém nos diz apenas o que pensa que queremos ouvir, isso não ajuda, porque pode nos impedir de crescer e desenvolver de formas importantes.

A sinceridade pode ser uma atitude amável, se for demonstrada com amor genuíno e humilde. Que Deus nos dê a sabedoria para a receber e transmitir bem, refletindo o Seu coração atento.

*JAMES BANKS*

**Por que às vezes é
difícil receber bons conselhos?**

*Aba, Pai, ajuda-me a receber
e a dar bons conselhos, confiando em ti para me guiar.*

**A BÍBLIA EM UM ANO**: 2 CRÔNICAS 25–27; JOÃO 16

**7 DE JUNHO**         🌿 **MATEUS 28:16-20**

# JESUS ESTÁ AQUI

*Ensinem [...] os discípulos a obedecerem a todas as ordens que eu lhes dei. E lembrem-se disto: estou sempre com vocês...* v.20

A minha tia-avó deitou-se na sua cama com um sorriso no rosto. Os seus cabelos grisalhos foram afastados da sua face e as rugas cobriram-lhe as bochechas. Ela não falava muito, mas ainda me lembro das poucas palavras que disse quando meus pais e eu a visitamos. Ela sussurrou: "Eu não me sinto só. Jesus está aqui comigo".

Eu era solteira naquela época e maravilhei-me com a proclamação da minha tia. O marido dela tinha morrido vários anos antes, e os seus filhos viviam longe. Perto do seu nonagésimo ano de vida, ela estava sozinha, na sua cama, mal conseguindo se mexer. No entanto, ela podia dizer que não se sentia só.

A minha tia aceitou as palavras de Jesus aos discípulos literalmente, como todos nós devíamos: "estou sempre com vocês" (MATEUS 28:20). Ela sabia que o Espírito de Cristo estava com ela, como Ele prometeu, ao instruir os discípulos para irem ao mundo e anunciarem a Sua mensagem aos outros (v.19). Jesus disse que o Espírito Santo "estará" com os discípulos e conosco (JOÃO 14:16-17).

Tenho a certeza de que a minha tia experimentou a realidade dessa promessa. O Espírito estava habitando nela enquanto ela descansava em sua cama. E o Espírito a usou para compartilhar a Sua verdade comigo — uma jovem sobrinha que precisava ouvir essas palavras e aceitá-las.  *KATARA PATTON*

> **Você se sente encorajado por saber que Jesus está em você? Já experimentou o conforto do Espírito Santo?**
>
> *Obrigado, Jesus, por enviares o Teu Espírito como meu Consolador e companheiro.*

---

**A BÍBLIA EM UM ANO**: 2 CRÔNICAS 28–29; JOÃO 17

**8 DE JUNHO** — **1 CRÔNICAS 29:1-9**

# GENEROSIDADE E ALEGRIA

*O povo se alegrou com as ofertas, pois as entregou ao SENHOR voluntariamente e de todo o coração.* v.9

Os pesquisadores dizem que há ligação entre generosidade e alegria: os que doam dinheiro ou tempo aos outros são mais felizes do que os que não o fazem. Certo psicólogo concluiu: "Paremos de pensar em doar como obrigação moral, e pensemos nisso como fonte de prazer".

Doar pode nos alegrar, mas questiono-me se esse deve ser o objetivo da doação. Se somos generosos com pessoas ou causas que nos agradam, o que dizer das necessidades mais difíceis que requerem o nosso apoio?

As Escrituras ligam a generosidade à alegria, mas em bases diferentes. Depois de doar para construir o templo, o rei Davi convidou os israelitas a doarem também (1 CRÔNICAS 29:1-5). O povo doou ouro, prata e pedras preciosas com alegria (v.6-8). Mas reparem no que consistia a alegria deles: "O povo se alegrou com *as ofertas*, pois as entregou ao SENHOR *voluntariamente e de todo o coração*" (v.9). As Escrituras nunca nos dizem que, se doarmos, seremos felizes, mas para doarmos de bom grado e de todo o coração para satisfazer uma necessidade. Geralmente a alegria é a consequência.

É mais fácil angariar fundos para o evangelismo do que para a administração. Os cristãos gostam de financiar o trabalho da linha da frente. Sejamos generosos também em relação a outras necessidades. Jesus também se entregou para satisfazer as nossas necessidades (2 CORÍNTIOS 8:9). *SHERIDAN VOYSEY*

**Você pode beneficiar alguém com o que tem?**

*Deus, sou grato pela alegria gerada pela doação.*
*Dá-me um coração disposto a ser generoso.*

**A BÍBLIA EM UM ANO**: 2 CRÔNICAS 30–31; JOÃO 18:1-18

**9 DE JUNHO**  🌿 **MARCOS 7:6-13**

★ *TÓPICO DE JUNHO: SANTIDADE*

# REJEITE A RACIONALIZAÇÃO

*Vocês desprezam a lei de Deus e a substituem por sua própria tradição.* v.8

O policial perguntou à condutora se ela sabia por que fora parada. "Não faço ideia!" disse ela. "A senhora enviava mensagens de texto enquanto dirigia", disse-lhe o agente. "Ela protestou afirmando: Era e-mail". Usar um celular para enviar e-mail não nos dá brecha na lei que proíbe o envio de mensagens de texto! O objetivo da lei é impedir a condução desatenciosa.

Jesus acusou os líderes religiosos de Sua época por criarem brechas piores. "Vocês se esquivam com habilidade da lei de Deus", disse-lhes, citando como prova a ordem: "Honre seu pai e sua mãe" (MARCOS 7:9-10). Sob o manto hipócrita da devoção religiosa, esses ricos líderes negligenciavam suas famílias. Declaravam o seu dinheiro como "dedicado a Deus", e pronto, não havia necessidade de ajudar a mãe e o pai na sua velhice. Jesus chegou rápido ao cerne do problema: "Anulando a palavra de Deus a fim de transmitir sua própria tradição", disse-lhes (v.13), pois não honravam a Deus; mas desonravam os seus pais.

A racionalização pode ser sutil. Com ela, evitamos responsabilidades, explicamos comportamentos egoístas e rejeitamos as ordens vindas de Deus. Se isso descreve o nosso comportamento, enganamo-nos a nós mesmos. Jesus nos oferece a oportunidade de trocar nossas tendências egoístas pela orientação do Espírito que está por trás das boas instruções do seu Pai. *TIM GUSTAFSON*

### Suas racionalizações se adequam à sabedoria da Bíblia?

*Deus, resgata-me da negação da minha culpa. Desejo viver sob o Teu Espírito de amor, verdade e santidade.*

---

**A BÍBLIA EM UM ANO**: 2 CRÔNICAS 32–33; JOÃO 18:19-40

**ECLESIASTES 3:1-13**

# TEMPO SUFICIENTE

*Deus fez tudo apropriado para seu devido tempo. Ele colocou um senso de eternidade no coração humano...* v.11

Quando vi o livro *Guerra e Paz* de Leo Tolstói (LPM Editores, 2007) na estante do meu amigo, confessei: "Nunca consegui ler até ao fim". "Bem", riu-se ele, "Quando me aposentei como professor, recebi-o como presente de um amigo que me disse: '*Agora* você terá tempo de o ler'".

Nos primeiros oito versículos de Eclesiastes 3, temos um ritmo familiar e natural das atividades da vida com algumas escolhas arbitrárias. Não importa em que fase da vida nos encontramos, muitas vezes é difícil encontrar tempo para fazer tudo o que queremos. É útil termos um planejamento para tomar decisões sábias sobre a gestão do nosso tempo (SALMO 90:12).

O tempo com Deus todos os dias é prioridade à nossa saúde espiritual. Fazer algo produtivo satisfaz nosso espírito (ECLESIASTES 3:13). Servir a Deus e ajudar aos outros é essencial para cumprir o propósito de Deus para nós (EFÉSIOS 2:10). E os tempos de descanso ou lazer não são desperdícios, pois revigoram o corpo e o espírito.

É fácil nos concentrarmos demais no aqui e agora e encontrar tempo para o que mais nos importa. No entanto, Eclesiastes 3:11 diz que Deus "colocou um senso de eternidade" em nosso coração, lembrando-nos de que as coisas eternas são prioridade. Isso pode nos colocar face a face com algo da maior importância: a perspectiva eterna de Deus "do começo ao fim" (v.11).

CINDY HESS KASPER

### O que significa o "senso de eternidade" no coração humano?

*Jesus, dá-me um vislumbre da Tua perspectiva e ajuda-me a buscar o equilíbrio para cumprir o Teu propósito.*

Para saber mais sobre o cuidado com a sua alma, visite: paodiario.org

**A BÍBLIA EM UM ANO**: 2 CRÔNICAS 34–36; JOÃO 19:1-22

**11 DE JUNHO** — **MARCOS 5:11-20**

# CONVERSAS SOBRE A FÉ NO LAR

*Volte para sua casa e para sua família e conte-lhes tudo que o Senhor fez por você.* v.19

"Não há lugar como a nossa casa. Não há lugar como o lar". Essas linhas surgem em tantas narrativas e revelam um recurso estilístico muito utilizado nas histórias mais conhecidas. Chama-se "a viagem do herói". Em resumo: uma pessoa comum vive ordinariamente quando lhe é apresentada uma aventura extraordinária. O personagem sai de casa e viaja para um mundo diferente onde testes e provações, mentores e vilões o aguardam. Se a pessoa passar nos testes e provar que é herói, ela regressa à casa com histórias para contar e mais sabedoria. A sabedoria é crucial.

A história do homem possuído por demônios é muito parecida com a viagem do herói. É interessante que, na última cena, o homem tenha implorado a Jesus que o deixasse "ir com ele" (MARCOS 5:18). No entanto, Jesus disse-lhe: "Volte para sua casa e para sua família" (v.19). Era importante, na "viagem deste herói", regressar à casa para as pessoas que o conheciam melhor e contar-lhes a sua espantosa história.

Deus chama cada um de nós de maneiras diferentes e para cenários diversificados. Mas para alguns de nós, pode ser crucial para a nossa viagem de fé regressar à casa e contar a nossa história àqueles que nos conhecem melhor. Para alguns de nós, o chamado é "não há lugar como o lar".

*JOHN BLASE*

**Pense em "seu próprio povo".
Quem lhe vem à mente que precisa ouvir o que Deus fez por você? Qual é o primeiro passo nessa viagem?**

*Jesus, dá-me a coragem de contar as Tuas obras
não só aos estranhos, mas àqueles em minha casa.*

---

**A BÍBLIA EM UM ANO**: ESDRAS 1–2; JOÃO 19:23-42

**12 DE JUNHO**  ÊXODO 12:24-28

# OS MOVIMENTOS DE DEUS

*É o sacrifício da Páscoa para o SENHOR,
pois ele passou por sobre as casas [...].
E [...] poupou nossas famílias.* v.27

Adoro um bom jogo de *Palavras Cruzadas*. Depois de uma partida, os meus amigos deram o meu nome a um movimento, chamando-o de "Katara". No último lance do jogo, sem mais letras para "comprar", fiz uma palavra com as sete letras em meu estoque. Isto significava que o jogo tinha acabado, e eu recebi 50 pontos de bônus assim como todos os pontos de todos as letras restantes dos meus adversários, saltando do último lugar para o primeiro. Agora, sempre que jogamos, e alguém está atrás, lembram-se do que aconteceu e têm a esperança de uma "Katara".

Recordar o que aconteceu no passado tem o poder de elevar o nosso espírito e nos dar esperança. E foi isso que os israelitas fizeram ao celebrarem a Páscoa — o que Deus fez pelos israelitas quando estavam no Egito, oprimidos pelo Faraó e seu povo (ÊXODO 1:6-14). Depois de clamarem a Deus, Ele os libertou de forma poderosa. Disse-lhes que pusessem sangue nos batentes das portas para que o anjo da morte "passasse por cima" de suas casas e dos seus animais (12:12-13). Então seriam mantidos a salvo da morte.

Hoje, recordamos regularmente o Seu sacrifício na cruz, provendo o que precisávamos para sermos libertos do pecado e morte (1 CORÍNTIOS 11:23-26). Recordar os atos amorosos de Deus no passado nos dá esperança para hoje.

*KATARA PATTON*

**Como celebrar o que Deus fez por nós?
Podemos oferecer esperança aos outros
a partir das nossas experiências?**

*Deus, Tu és maravilhoso. Dá-me forças
para me concentrar nos Teus feitos
quando precisar de esperança.*

**A BÍBLIA EM UM ANO:** ESDRAS 3–5; JOÃO 20

**13 DE JUNHO** — **1 REIS 19:4-10,15-18**

# TERNURA DIVINA

*Elias [...] viu, [...] um pão assado sobre
pedras quentes e um jarro de água.
Ele comeu, bebeu e se deitou...* v.6

Um empresário descreveu os seus anos estudantis como uma época em que se sentia "desamparado e sem esperança" devido a crises de depressão. Infelizmente, nunca falou com um médico sobre isso e fez planos mais drásticos. Ele reservou um livro sobre suicídio na biblioteca local e marcou uma data para tirar sua vida.

Deus preocupa-se com os indefesos e sem esperança. Vemos isso no Seu tratamento de personagens bíblicos durante os seus tempos sombrios. Quando Jonas quis morrer, Deus envolveu-o numa terna conversa (JONAS 4:3-10). Quando Elias pediu a Deus para tirar-lhe a vida (1 REIS 19:4), Ele o revigorou (vv.5-9), falou-lhe gentilmente (vv.11-13), e ajudou-o a ver que não estava tão só como pensava (v.18). Deus aproxima-se ternamente dos abatidos.

A biblioteca o notificou quando o livro sobre suicídio estava disponível para retirada. Mas, por engano, esse aviso foi para o endereço dos pais dele. Quando a sua mãe ligou para ele, perturbada, ele percebeu a devastação que o seu suicídio causaria. Sem essa confusão de endereços, diz ele, não estaria vivo hoje.

Não creio que ele tenha sido salvo por sorte ou acaso. Mesmo que se trate de pão e água ou de uma moradia inoportuna de que precisemos, quando uma intervenção misteriosa salva a nossa vida, vemos nisso a ternura divina.

*SHERIDAN VOYSEY*

**Como Deus o amparou num momento difícil?
Onde mais você viu ou foi tocado
pela ternura divina em ação?**

*Amoroso Deus, louvo-te por Teu cuidado
terno e prático em relação
aos indefesos e desesperançados.*

---

**A BÍBLIA EM UM ANO:** ESDRAS 6–8; JOÃO 21

**14 DE JUNHO** — **OBADIAS 1:1-4**

# ORGULHO E ENGANO

*Foi enganado por
seu orgulho...* v.3

Com os ombros descaídos, murmurei essas palavras difíceis: *Amoroso Deus, obrigado por Tua correção suave e incisiva. Tenho sido arrogante, achando que posso fazer tudo sozinho.* Durante meses, tinha sido bem-sucedida; os elogios me fizeram confiar nas minhas capacidades e rejeitar a liderança de Deus. Foi preciso um projeto desafiador para perceber que eu não era tão inteligente como pensava. O meu orgulho me enganou e me fez acreditar que não precisava da ajuda de Deus.

Deus disciplinou o poderoso reino de Edom por seu orgulho que, do alto dos montes, tornou-se aparentemente invulnerável aos inimigos (OBADIAS 1:3). A rica nação situava-se no centro de rotas comerciais estratégicas e sua riqueza vinda do cobre era altamente valorizada. Estava cheia de coisas boas, mas muito orgulho. Os cidadãos acreditavam que eram invencíveis e oprimiam o povo de Deus (vv.10-14). Mas Deus usou o profeta Obadias para lhes falar do Seu julgamento. As nações se ergueriam, e o outrora poderoso reino seria indefeso e humilhado (vv.1-2).

O orgulho é enganoso e nos faz pensar que podemos viver em nossos termos, sem Deus. Faz-nos sentir invulneráveis à autoridade, correção e fraqueza. Mas Deus quer que nos humilhemos perante Ele (1 PEDRO 5:6). Deixemos o orgulho e escolhamos o arrependimento, Deus nos guiará à total confiança nele. *KAREN HUANG*

**O que acontece quando as bênçãos
se tornam fontes de orgulho?**

*Pai, protege-me do orgulho. Por favor,
dá-me um coração humilde.*

**A BÍBLIA EM UM ANO:** ESDRAS 9–10; ATOS 1

**15 DE JUNHO**  🌿 **LUCAS 16:1-12**

# INVESTIR NOS OUTROS

*...usem a riqueza deste mundo
para fazer amigos.* v.9

Certa empresa ofereceu mil milhas em passagens aéreas por dez compras de um dos seus alimentos. Um cliente percebeu que o produto mais barato eram taças individuais de pudim de chocolate e comprou mais de 12 mil por 3.000 dólares. Ele recebeu o status de ouro e o benefício vitalício de milhas aéreas para si e sua família. O pudim foi doado aos centros de caridade e foi isento de impostos no valor de 800 dólares. Genial!

Jesus contou uma parábola controversa sobre um gerente astuto que, ao ser despedido, reduziu a quantia que os devedores deviam ao seu mestre. Ele queria contar com a ajuda deles por esse favor. Jesus não elogiou essa prática antiética, mas sabia que podíamos aprender com tal parábola. Ele disse que devíamos usar "a riqueza deste mundo para fazer amigos. Assim, quando [nossas] posses se extinguirem, eles [nos] receberão num lar eterno" (LUCAS 16:9). Como "o pudim de chocolate" transformou sobremesas de 25 centavos em milhas aéreas, podemos usar a nossa "riqueza injusta" para ganhar "a verdadeira riqueza" (v.11).

Que riquezas são essas? Jesus disse: "deem aos necessitados" e "as bolsas no céu não se desgastam nem se desfazem. Seu tesouro estará seguro; nenhum ladrão o roubará e nenhuma traça o destruirá" (12:33). O nosso tesouro não nos salva, mas "onde seu tesouro estiver, ali também estará seu coração" (v.34).   MIKE WITTMER

### Você considera a caridade um investimento?

*Deus Amoroso, ajuda-me a investir
nos necessitados, por amor de Jesus e de ti.*

---

**A BÍBLIA EM UM ANO:** NEEMIAS 1–3; ATOS 2:1-21

**16 DE JUNHO** — **EFÉSIOS 4:17-24**

★ *TÓPICO DE JUNHO: SANTIDADE*

# NOVO DNA EM JESUS

*...e revistam-se de sua nova natureza,
criada para ser verdadeiramente
justa e santa como Deus.* v.24

Cristiano testou o seu sangue novamente após quatro anos do seu transplante. O doador tinha fornecido a medula necessária para o curar, mas lhe deixara uma surpresa: o seu DNA. Isso faz sentido: o objetivo do procedimento era substituir o sangue enfraquecido pelo sangue saudável do doador. De certa forma, ele tinha-se tornado outra pessoa, embora retivesse as suas próprias memórias, aparência exterior, e parte do seu DNA original.

A experiência dele tem semelhança com o que acontece na vida daquele que recebe a salvação em Jesus. Quando somos transformados espiritualmente e confiamos em Jesus, tornamo-nos nova criatura (2 CORÍNTIOS 5:17). A carta de Paulo à igreja em Éfeso os encorajou a revelar essa transformação interior, a livrar-se de "sua antiga natureza e do seu velho modo de viver e a revestir-se de sua nova natureza, criada para ser verdadeiramente justa e santa com Deus" (EFÉSIOS 4:22-24): a ser separado para Cristo.

Não precisamos de cotonetes de DNA ou testes de sangue para mostrar que o poder transformador de Jesus está vivo dentro de nós. Que isso seja evidente na forma como nos envolvemos com o mundo ao redor, revelando como somos "bondosos e [compassivos] uns [com os] outros, perdoando [nos] como Deus [nos] perdoou em Cristo" (V.32).

*KIRSTEN HOLMBERG*

**Como Jesus o mudou interiormente?
Você demonstra essa transformação na forma
como se relaciona com os que o rodeiam?**

*Jesus, obrigado pela nova vida em ti. Ajuda-me a "livrar-me"
dos velhos hábitos e "revestir-me" à Tua semelhança.*

Leia sobre o poder transformador do evangelho em: paodiario.org

**A BÍBLIA EM UM ANO:** NEEMIAS 4–6; ATOS 2:22-47

**17 DE JUNHO** — **JEREMIAS 17:5-8**

# PLANTADOS EM DEUS

*É como árvore plantada
junto ao rio...* v.8

"Os lilases se agitam ao vento". Com a abertura do seu poema "Maio", a poetisa Sara Teasdale capturou a visão dos arbustos lilases balançando ao vento. No entanto, ela lamentava um amor perdido, e o poema rapidamente se tornou triste.

Os lilases do meu quintal também enfrentaram desafios. Depois de sua estação mais exuberante e bela, sentiram o rastelo do jardineiro que os "aparou" até os tocos. Chorei. Três anos depois, ramos estéreis, um surto de fungos, e o meu plano descrente de os desenterrar, os nossos lilases, tão sofridos, recuperaram-se. Eles precisavam de tempo, e eu de esperar pelo que não conseguia ver.

A Bíblia fala de muitas pessoas que esperaram fielmente apesar das adversidades. Noé esperou por chuva. Calebe esperou por 40 anos para viver na Terra Prometida. Rebeca esperou 20 para conceber uma criança. Jacó esperou 7 para casar-se com Raquel. Simeão esperou muito para ver o menino Jesus. A paciência deles foi recompensada.

Em contrapartida, aqueles que olham para os homens serão "como arbusto solitário no deserto" (JEREMIAS 17:6). A poetisa finalizou seu poema em tal escuridão. "Vou por um caminho invernal" concluiu ela. Mas "feliz é quem confia no SENHOR", serão "como árvore plantada junto ao rio" regozijou-se Jeremias. (vv.7-8).

A confiança permanece em Deus, que caminha conosco em meio às alegrias e adversidades da vida.

PATRÍCIA RAYBON

### Deus é o seu solo mais firme?

*Pai celestial, cultiva a minha confiança em ti,
plantando-me mais profundamente
no Teu firme amor.*

---

**A BÍBLIA EM UM ANO:** NEEMIAS 7–9; ATOS 3

**18 DE JUNHO**                      **LUCAS 23:32-43**

# COMO VAI VOCÊ?

*Pai, perdoa-lhes, pois não
sabem o que fazem.* v.34

Carla estava à morte, e ela sabia disso. Deitada na cama do seu quarto de hospital, o seu cirurgião e um grupo de jovens residentes a cercavam. Durante os minutos seguintes, o médico ignorou Carla e descreveu o seu estado terminal aos alunos. Finalmente, voltou-se para ela e perguntou: "E você como vai? Carla sorriu e falou ao grupo sobre a sua esperança e paz em Jesus.

Há 2000 anos, o corpo de Jesus sofreu a humilhação da cruz perante uma multidão de espectadores. Será que Ele chicotearia os Seus atormentadores? Não. "Jesus disse: 'Pai, perdoa-lhes, pois não sabem o que fazem'" (LUCAS 23:34). Embora condenado falsamente e crucificado, Ele orou por Seus inimigos. Mais tarde, Jesus disse a outro homem humilhado, um criminoso, que por causa de sua fé, logo estaria com Ele "no paraíso" (v.43). Na sua dor e vergonha, Jesus escolheu compartilhar palavras de esperança e de vida por amor aos outros.

Ao concluir sua fala sobre Cristo, Carla questionou o médico. Ela olhou ternamente para os olhos dele, cheios de lágrimas, e perguntou: "E o senhor como vai? Pela graça e poder de Cristo, ela compartilhou palavras de amor e preocupação pela vida dele e dos outros na sala. Em qualquer situação difícil, confiemos em Deus para nos dar coragem de falar amorosamente palavras de vida.

*TOM FELTEN*

**Como descansar em Jesus e em Seu poder,
enquanto proferimos palavras de vida
durante nossos desafios?**

*Jesus, louvo-te por Teu exemplo de graça e humildade.
Por favor, ajuda-me a refletir Tuas palavras.*

---

**A BÍBLIA EM UM ANO:** NEEMIAS 10–11; ATOS 4:1-22

**19 DE JUNHO**  •  **SALMO 68:1-10**

# DEUS – PAI DOS ÓRFÃOS

*Pai dos órfãos, defensor das viúvas,
esse é Deus, cuja habitação é santa.* v.5

Guy Bryant, solteiro e sem filhos, trabalhou no departamento de bem-estar infantil da sua cidade. Enfrentava a necessidade por pais adotivos e decidiu fazer algo a respeito. Bryant acolheu mais de 50 crianças, e certa vez cuidou de nove ao mesmo tempo. "Eu me virava e tinha outra criança precisando de lugar para ficar", explicou Bryant. "Se você tem espaço na casa e no coração, simplesmente a aceita, não fica racionalizando". As crianças acolhidas que cresceram e já se estabeleceram ainda têm as chaves do apartamento de Bryant e regressam frequentemente aos domingos para almoçar com o "pai". Bryant demonstrou o amor de um pai a muitos.

As Escrituras afirmam que Deus busca a todos os que são esquecidos ou postos de lado. Embora alguns cristãos se vejam destituídos e vulneráveis nesta vida, o Senhor promete estar com eles. Deus é "Pai dos órfãos" (SALMO 68:5). Se, por negligência ou tragédia, estivermos sozinhos, Deus ainda nos alcança, aproximando-nos e dando-nos esperança. De fato, "Deus dá uma família aos que vivem sós" (v.6). Em Jesus, os outros cristãos constituem a nossa família espiritual.

Sejam quais forem as nossas histórias familiares, o nosso isolamento, abandono ou disfunção relacional, sabemos que somos amados. Com Deus, já não somos órfãos.

*WINN COLLIER*

**O que significa ter um Pai celestial
que o ama e nunca o deixará? Ele satisfaz
as suas necessidades mais profundas?**

*Pai, preciso de um pai bom e verdadeiro,
que não me abandone. Confio em ti
para seres este Pai para mim.*

---

**A BÍBLIA EM UM ANO:** NEEMIAS 12–13; ATOS 4:23-37

# 20 DE JUNHO     APOCALIPSE 2–3

## UMA IGREJA PARA HOJE

*"Quem tem ouvidos para ouvir, ouça
o que o Espírito diz às igrejas."*
APOCALIPSE 3:22

Quando queremos saber quais são as marcas de uma Igreja verdadeira, a Palavra de Deus deve ser a nossa primeira fonte de consulta. Assim o texto base de nossa reflexão será Apocalipse 2 e 3. Essa passagem relata a última vez em que Jesus Cristo se dirigiu à Sua Igreja na Bíblia.

Essa Igreja, trabalha arduamente e com perseverança pelo Senhor (APOCALIPSE 2:2). Ela se porta como uma autêntica "pescadora de homens" (MATEUS 4:19). A imparável Igreja de Cristo é composta por membros incansáveis por causa do seu amor a Cristo, independentemente da idade cronológica.

Ela não teme o que tem de padecer e não nega a fé (APOCALIPSE 2:10). Não teme por sua reputação, nem pelo desprezo, abandono ou ameaças. Continua honrando o nome do Senhor (vv.12-13)! Além disso, a Igreja verdadeira serve com amor (v.12). Ela expressa seu amor sacrificial e continua crescendo em suas obras por Cristo.

Outra marca é a vigilância (3:3-4) contra os religiosos, contra as ondas e modismos que não param de aparecer, contra aqueles que querem engessar a Igreja e levá-la de volta ao século 19. Para isso, ela guarda a Palavra de Deus (3:8-11), que lhe serve como bússola. Se ela não ouvir e seguir essa Palavra, deixará de ser Igreja.

Por fim, a Igreja usa o colírio de Deus e enxerga a realidade (3:18)! Ela vê o mundo sob a perspectiva do Senhor. Que sejamos essa Igreja de hoje e sempre!

*MIGUEL UCHÔA*

**A Igreja que relativiza a Palavra de Deus
é irrelevante para o seu tempo.**

*Pai, ajuda-nos a discernir com sabedoria
por meio da graça que há em Cristo Jesus.*

---

**A BÍBLIA EM UM ANO**: ESTER 1–2; ATOS 5:1-21

**21 DE JUNHO**                  🌿 **SALMO 91:1-10**

# DEUS LUTA POR NÓS

*Ele o cobrirá com as suas penas e*
*o abrigará sob as suas asas; a sua*
*fidelidade é armadura e proteção.* v.4

Certa mãe provou que nada a deteria para proteger o seu filho de 5 anos que brincava fora quando ela o ouviu gritar. Ela correu para fora e, para seu horror, viu que o seu filho tinha um leão da montanha como inesperado "companheiro". O enorme gato estava em cima do seu filho, com a cabeça dele em sua boca. A mãe tirou forças do seu interior para lutar contra o leão e abrir as mandíbulas dele para salvar o seu filho. As ações heroicas dessa mãe nos recordam como a maternidade é usada nas Escrituras para ilustrar o amor obstinado e a proteção de Deus pelos Seus filhos.

Deus cuidou ternamente e confortou o Seu povo como uma águia mãe cuida dos seus filhos (DEUTERONÔMIO 32:10-11; ISAÍAS 66:13). Como uma mãe que jamais esquece uma criança que amamentou e com a qual construiu um laço inseparável, Deus nunca esqueceria o Seu povo, nem para sempre lhe negaria eterna compaixão (ISAÍAS 54:7-8). Finalmente, como uma ave mãe que oferece proteção debaixo das suas asas para os passarinhos, Deus "cobrirá [o Seu povo] com as suas penas" e "a sua fidelidade [será] a [sua] armadura e proteção" (SALMO 91:4).

Por vezes, sentimo-nos sós, esquecidos e presos nas garras de todos os tipos de predadores espirituais. Que Deus nos ajude a lembrar que Ele tem misericórdia, conforta-nos e luta por nós.

*MARVIN WILLIAMS*

### De que forma você experimentou os Seus cuidados, conforto e proteção?

*Pai celestial, como as aves protegidas, que eu também encontre refúgio sob o escudo da Tua fidelidade.*

---

**A BÍBLIA EM UM ANO:** ESTER 3–5; ATOS 5:22-42

**22 DE JUNHO**        🌿 **2 CORÍNTIOS 8:13-15**

# A ABUNDÂNCIA SATISFAZ A NECESSIDADE

*...vocês têm fartura e podem ajudar os
que passam por necessidades.* v.14

As cantinas escolares e os grandes restaurantes geralmente preparam mais comida do que precisam porque não conseguem prever perfeitamente a quantidade necessária, e muita comida vai ao lixo. No entanto, há estudantes que não têm comida suficiente em casa e passam fome nos fins de semana. Numa parceria com uma organização sem fins lucrativos, a solução foi embalar as sobras, que são enviadas às casas estudantis. Essa foi a solução para o desperdício alimentar e a fome.

Embora muitos não olhem a abundância de dinheiro com o mesmo olhar que temos para o desperdício de alimentos, o princípio é o mesmo que Paulo sugere na sua carta aos Coríntios. Ele sabia que as igrejas na Macedônia passavam por dificuldades; por isso, pediu à igreja de Corinto que usasse a sua "abundância" para amparar os necessitados (2 CORÍNTIOS 8:14). O objetivo dele era trazer igualdade entre as igrejas, para que nenhuma tivesse muito enquanto outras sofressem.

Paulo não queria que os cristãos empobrecessem por causa das doações, mas que tivessem empatia e generosidade com os macedônios, e reconhecessem que, em algum momento, no futuro, também eles provavelmente precisariam de ajuda semelhante. Quando vemos outros necessitados, avaliemos se temos algo para compartilhar. A nossa doação, grande ou pequena, nunca será desperdício!

*KIRSTEN HOLMBERG*

**Deus já supriu as suas necessidades
através de outra pessoa ou grupo?**

*Pai, desperta-me para as necessidades dos outros
para que eu contribua com os recursos que me deste.*

**A BÍBLIA EM UM ANO**: ESTER 6–8; ATOS 6

**23 DE JUNHO**  ·  **2 REIS 23:3-7**

★ *TÓPICO DE JUNHO: SANTIDADE*

# MEDIDAS DRÁSTICAS

*O rei [...] renovou a aliança na presença do Senhor. Comprometeu-se a obedecer ao Senhor e cumprir seus mandamentos.* v.3

O arco e a aljava cerimoniais ornamentados tinham sido pendurados na parede da nossa casa há anos. Eu os herdara do meu pai, que os adquiriu enquanto servíamos como missionários em Gana. Então um dia um amigo ganense nos visitou. Quando ele viu o arco, fitou-o com um olhar estranho. Apontando para um pequeno objeto amarrado a ele, disse: "Isso é um feitiço — um encanto mágico. Eu sei que não tem poder, mas não o guardaria em minha casa". Rapidamente cortamos o amuleto do arco e o descartamos. Não queríamos nada em nossa casa destinado à adoração de alguém que não fosse Deus.

Josias, rei em Jerusalém, cresceu sabendo pouco sobre as expectativas de Deus para o Seu povo. Quando o sumo sacerdote redescobriu o Livro da Lei no templo há muito negligenciado (2 REIS 22:8), Josias queria ouvi-lo. Assim que soube o que Deus tinha dito sobre a idolatria, ordenou mudanças radicais para levar Judá a cumprir a Lei de Deus. Foram mudanças muito mais drásticas do que simplesmente cortar o amuleto de um arco (23:3-7).

Hoje os cristãos têm mais do que o rei Josias tinha, muito mais. Temos a Bíblia inteira para nos instruir. Temos uns aos outros e a presença vital do Espírito Santo, o qual traz tudo à luz, coisas grandes e pequenas, que de outra forma poderíamos ignorar.

*TIM GUSTAFSON*

**Quais coisas na sua vida podem ser ofensivas para Deus e precisam ser descartadas?**

*Pai celestial, pela obra do Espírito Santo, ajuda-me a afastar-me de tudo o que te ofende.*

Para saber mais sobre os líderes do povo de Israel, visite: universidadecrista.org

**A BÍBLIA EM UM ANO**: ESTER 9–10; ATOS 7:1-21

**24 DE JUNHO** — **1 CORÍNTIOS 1:18-25**

# A MENSAGEM DA CRUZ

*A mensagem da cruz é .[...]*
*o poder de Deus.* v.18

Zhang foi criado sem "nenhum Deus, nenhuma religião, nada". Em 1989, em busca de democracia e liberdade para seu povo, ele ajudou a liderar estudantes em protestos pacíficos. Mas os protestos levaram tragicamente à intervenção do governo e à perda de muitas vidas. Pela sua participação, Zhang tornou-se um dos homens mais procurados do seu país. Após uma curta detenção, fugiu para uma aldeia remota onde conheceu uma idosa agricultora que lhe apresentou o cristianismo. Ela tinha apenas uma cópia manuscrita do evangelho de João, mas não sabia ler e pediu a Zhang que a lesse para ela. À medida que ele lia, ela lhe explicava e, um ano mais tarde, Zhang entregou sua vida a Jesus.

Por tudo o que ele suportou, Zhang crê que Deus o conduzia poderosamente à cruz, onde ele experimentou em primeira mão o que o apóstolo Paulo afirma: "A mensagem da cruz é [...] o poder de Deus" (1 CORÍNTIOS 1:18). O que muitos consideravam tolice, fraqueza, tornou-se a força de Zhang. Para alguns de nós, esse também era o nosso pensamento antes de chegarmos a Cristo. Mas por meio do Espírito, sentimos o poder e a sabedoria de Deus invadindo a nossa vida e nos conduzindo a Cristo. Hoje Zhang serve como pastor e espalha a verdade da cruz a todos os que a ouvem.

Jesus tem o poder de mudar até o mais duro coração. Quem precisa hoje do Seu poderoso toque?

*ALYSON KIEDA*

**Quem poderia beneficiar-se ao ouvir
o seu testemunho?**

*Jesus, obrigado por teres me conduzido a ti
por meio da cruz. Eu estaria perdido
sem a Tua salvação.*

---

**A BÍBLIA EM UM ANO:** JÓ 1–2; ATOS 7:22-43

# MOMENTOS SOMBRIOS, ORAÇÕES PROFUNDAS

*SENHOR, preserva minha vida. Por tua justiça, tira-me deste sofrimento. v. 11*

"Foi um momento sombrio". Essas quatro palavras captam a agonia interna de uma celebridade durante a pandemia da COVID-19. A adaptação ao novo normal a desafiou e, nesse tumulto, ela lutou com pensamentos de suicídio. Sair dessa espiral destrutiva exigiu que compartilhasse a sua luta com uma amiga que se importava com ela.

Todos nós somos suscetíveis a horas, dias e fases tumultuadas. Os vales e lugares sombrios não são incomuns e sair de tais lugares pode ser desafiador. Muitas vezes, é preciso buscar a ajuda de profissionais da saúde mental.

Somos instruídos pela oração de Davi durante um dos tempos sombrios da vida dele. A situação exata é desconhecida, mas as suas orações são sinceras e cheias de esperança. "Meu inimigo me perseguiu; derrubou-me no chão e obrigou-me a morar em trevas, como as do túmulo. Vou perdendo todo o ânimo; estou tomado de medo" (SALMO 143:3-4). Para os cristãos, não é suficiente reconhecer o que se passa dentro de nós somente, para nós mesmos, para nossos amigos ou para médicos especialistas. Devemos nos achegar seriamente a Deus com orações que incluam as petições sinceras encontradas no Salmo 143:7-10. Os nossos momentos sombrios podem também ser de orações profundas, procurando a luz e a vida que só Deus pode conceder.

*ARTHUR JACKSON*

**Em meio aos seus momentos mais sombrios, como você reage? É difícil ser sincero consigo mesmo, com os outros e com Deus?**

*Soberano e amado Pai, renova a minha força e esperança em ti. Ajuda-me a buscar-te sempre em oração.*

---

**A BÍBLIA EM UM ANO:** JÓ 3–4; ATOS 7:44-60

**26 DE JUNHO**        🌿 **ROMANOS 13:8-14**

# ANDAR COM OUTROS

*Não devam nada a ninguém, a não*
*ser o amor de uns pelos outros.* v.8

Billy é um cão amoroso e leal e tornou-se uma celebridade norte-americana em 2020. O seu dono, Russell, tinha quebrado o tornozelo e estava usando muletas para andar. O cão também começou a mancar quando caminhava com o seu dono. Preocupado, Russell o levou ao veterinário, mas não havia nada de errado com o cão! Ele corria livremente quando estava sozinho. O cão apenas fingia coxear quando caminhava com o seu dono. É isso que significa tentar identificar-se verdadeiramente com a dor de alguém!

O apóstolo Paulo instruiu a igreja de Roma sobre a importância de andar lado a lado com os outros. Ele resumiu os últimos cinco dos Dez Mandamentos desta forma: "Ame o seu próximo como a si mesmo" (ROMANOS 13:9). Podemos ver a importância de caminhar com os outros também no versículo 8: "Não devam nada a ninguém, a não ser o amor de uns pelos outros".

A autora Jenny Albers aconselha: "Quando alguém está quebrado, não tente consertá-lo. (Você não consegue!) Quando estiver magoado, não tente tirar-lhe a dor. (Você não consegue!) Em vez disso, ame-os, caminhando ao seu lado na dor. (Você consegue!). Muitas vezes, o que as pessoas realmente precisam é simplesmente saber que não estão sozinhas".

Jesus, o nosso Salvador, caminha ao nosso lado em meio à dor e mágoa; portanto, sabemos o que significa caminhar com os outros.

*ANNE CETAS*

**Quem precisa da sua presença nesta semana?**
**O que Deus quer que você faça?**

*Abre os meus olhos, Deus, às necessidades*
*das pessoas que me rodeiam.*
*Ajuda-me a ser um amigo amoroso.*

**A BÍBLIA EM UM ANO:** JÓ 5–7; ATOS 8:1-25

**27 DE JUNHO** — **2 REIS 4:1-7**

# A PROVISÃO DE DEUS

*"O que posso fazer para ajudá-la?", perguntou Eliseu. "Diga-me, o que você tem em casa?"* v.2

João, de 3 anos, e a mãe, semanalmente, ajudavam a descarregar as compras do caminhão do Ministério da Alimentação da igreja. Quando João ouviu a mãe dizer à avó que o caminhão tinha quebrado, disse: "Como eles vão fazer agora"? A mãe explicou que a igreja teria de angariar dinheiro para comprar outro. O garoto sorriu e disse: "Eu tenho dinheiro". Saiu dali e buscou o seu cofre decorado com adesivos coloridos e quase R$200,00 em moedas. Embora fosse pouco, Deus juntou à oferta sacrificial dele com outras doações para a compra de um caminhão novo e refrigerado. A igreja pôde continuar a servir a sua comunidade.

Uma pequena quantia oferecida com amor é sempre mais do que o suficiente quando colocada nas mãos de Deus. Em 2 Reis 4, uma viúva pobre pediu ajuda financeira ao profeta Eliseu. Ele pediu-lhe que fizesse um inventário dos recursos que possuía, pedisse ajuda aos seus vizinhos e, depois obedecesse às instruções dele (vv.1-4). Numa miraculosa demonstração de provisão, Deus usou o azeite para encher todas as vasilhas que a viúva recolheu entre os seus vizinhos (vv.5-6). Depois disso, Eliseu a instruiu: "Agora venda o azeite e pague suas dívidas. Você e seus filhos poderão viver do que sobrar" (v.7).

Quando focamos naquilo que não temos, arriscamo-nos a perder de ver Deus fazer grandes coisas com o que temos.

*XOCHITL DIXON*

**Deus o usou para atender uma necessidade em sua comunidade?**

*Deus, Tu és fiel e provedor, ajuda-me a estar atento e grato para compartilhar do muito que me deste.*

---

**A BÍBLIA EM UM ANO:** JÓ 8–10; ATOS 8:26-40

**28 DE JUNHO**  — **MATEUS 10:1-11, 40-42**

# UM AMIGO DOS AMIGOS DE DEUS

*Quem recebe vocês recebe a mim,*
*e quem me recebe também recebe*
*aquele que me enviou.* v.40

É tão bom quando as pessoas descobrem que têm um amigo em comum. É tão bom que o então anfitrião receba o convidado dizendo algo como: "É um prazer conhecê-lo. Qualquer amigo de sicrano, ou beltrano é meu amigo também".

Jesus disse algo semelhante. Ele tinha atraído multidões e curado a muitos. Porém, tinha também feito inimigos entre os líderes religiosos locais, ao discordar da forma como comercializavam no templo e usavam indevidamente a influência que possuíam. Em meio ao crescente conflito, Jesus fez um movimento para multiplicar a alegria, o custo e a maravilha da Sua presença. Deu aos Seus discípulos a capacidade de curar outros e os enviou para anunciar que o reino de Deus estava à porta. Ele lhes assegurou: "Quem recebe vocês recebe a mim" e, por sua vez, acolhe também "aquele que me enviou" (MATEUS 10:40).

É difícil imaginar uma oferta de amizade mais transformadora. Para qualquer um que abrisse a sua casa, ou mesmo que desse um copo de água fria a um dos Seus discípulos, Jesus assegurou um lugar no coração de Deus. Embora esse momento tenha acontecido há muito tempo, as Suas palavras nos lembram de que, em grandes e pequenos atos de bondade e hospitalidade, ainda há maneiras de acolher e ser acolhido, como um amigo dos amigos de Deus.

*MART DEHAAN*

**Com a liderança do Espírito Santo, o que**
**é preciso fazer para que o outro abra o seu coração**
**para você levá-lo ao Salvador?**

*Pai, obrigado por nos dares uma oportunidade*
*de fazer parte das boas-novas que têm a sua fonte em ti.*

**A BÍBLIA EM UM ANO**: JÓ 11–13; ATOS 9:1-21

**29 DE JUNHO** — **GÊNESIS 39:11-23**

# FUJA DO PECADO

*Fuja de tudo que estimule as paixões da juventude. [...] busque justiça, fidelidade, amor e paz...* 2 TIMÓTEO 2:22

Por duas vezes, no verão sofri com uma hera venenosa. Em ambas as vezes que isso aconteceu, eu estava limpando o crescimento indesejado de algumas plantas do nosso quintal. E nas duas ocasiões, vi o inimigo desagradável, de três folhas à espreita nas proximidades. Pensei que podia chegar perto dele sem que isso me afetasse. Logo percebi que tinha me enganado. Em vez de me aproximar mais do meu pequeno rival ou nêmesis verde, devia ter fugido para o outro lado!

Na história de José no Antigo Testamento, vemos em ação a prática do princípio de fugir de algo pior do que uma hera venenosa: o pecado. Quando José vivia na casa de Potifar, o oficial egípcio, cuja mulher tentou seduzi-lo, ele não tentou aproximar-se, ao contrário: ele correu!

Embora essa mulher o tenha acusado falsamente e o lançado à prisão, José permaneceu puro durante todo o episódio. E vemos que "O Senhor estava com ele" (GÊNESIS 39:21).

Deus pode nos ajudar a fugir de atividades e situações que poderiam nos levar para longe dele, orientando-nos a seguir em outra direção quando o pecado está próximo. Paulo escreve: "Fuja de tudo que estimule as paixões da juventude" (2 TIMÓTEO 2:22) e "Fujam da imoralidade sexual" (1 CORÍNTIOS 6:18).

Na força de Deus, que possamos escolher fugir das coisas que podem nos prejudicar.

*DAVE BRANON*

**Qual é a "hera venenosa", que pode infectá-lo, caso você não fugir? O que fazer para fugir dela?**

*Deus, Tu conheces o meu interior. Ajuda-me a fugir do perigo sem olhar para trás com discernimento e coragem.*

**A BÍBLIA EM UM ANO**: JÓ 14–16; ATOS 9:22-43

**30 DE JUNHO**  🌿 **COLOSSENSES 3:22-25**

# ENTREGO A DEUS O MEU TRABALHO

*Em tudo que fizerem, trabalhem de bom ânimo, como se fosse para o Senhor, e não para os homens.* v.23

A revista era considerada "importante". Por isso, esforcei-me por apresentar o melhor artigo possível para o editor sênior. Sentindo pressão para cumprir os seus padrões, continuei a reescrever os meus pensamentos e ideias. Mas qual era o meu problema? Era o tema desafiador? Ou minha verdadeira preocupação seria a editora aprovar a minha pessoa, e não apenas as minhas palavras?

Para essas preocupações, Paulo tem instruções dignas de confiança. Na carta aos colossenses, Paulo exortou os cristãos a trabalharem pela aprovação de Deus, não das pessoas. Ele disse: "Em tudo que fizerem, trabalhem de bom ânimo, como se fosse para o Senhor, e não para os homens. Lembrem-se de que o Senhor lhes dará uma herança como recompensa e de que o Senhor a quem servem é Cristo" (COLOSSENSES 3:23-24).

Reflitamos sobre isso e deixemos de lutar para parecer bem aos olhos dos nossos patrões terrenos. Com certeza, nós os honramos como pessoas e procuramos dar-lhes o nosso melhor. Mas, se trabalharmos "como se fosse para o Senhor", pedindo por Sua liderança e bênção ao nosso trabalho para Ele, o Senhor abrilhantará os nossos esforços. A nossa recompensa? A pressão sobre o trabalho é aliviada e finalizamos nossas tarefas. E um dia o ouviremos dizer: "Muito bem!".

*PATRÍCIA RAYBON*

**Quais pressões você sofre no dia a dia? Isso melhoraria se você começasse a trabalhar realmente "como se fosse para o Senhor"?**

*Pai celestial, redireciona-me para colocar-te em primeiro lugar em tudo o que faço para Tua honra.*

**A BÍBLIA EM UM ANO:** JÓ 17–19; ATOS 10:1-23

★ TÓPICO DE JULHO / **Dons espirituais**

# MUITA GRAÇA, MUITOS CANAIS

Quando participei de uma conferência de pastores, há muitos anos, experimentei o impacto revigorante de muitos cristãos usando seus dons espirituais. O pastor anfitrião usou seu dom de ensino para edificar e instruir centenas de pessoas presentes. Mas muitas outras pessoas — algumas visíveis, outras nos bastidores — utilizaram o dom da hospitalidade, generosidade, servindo por meio da música, oração, administração e outras habilidades para encorajar aqueles que estavam reunidos. Crianças, jovens, adultos e idosos trabalharam juntos — alegremente ajudando onde eram necessários. Como muitas pessoas estavam disponíveis para servir, muita graça foi compartilhada.

*Canais da graça de Deus.* Que maneira útil de ver os dons espirituais! Deus dispensa Sua graça "em suas várias formas", na igreja e no mundo, por meio de nossos dons.

*Deus concedeu um dom a cada um, e vocês devem usá-lo para servir uns aos outros, fazendo bom uso da múltipla e variada graça divina.* —1 PEDRO 4:10

Entre outros versículos do Novo Testamento sobre dons espirituais (ROMANOS 12:3-8; 1 CORÍNTIOS 12:27-31), a contribuição de Pedro (1 PEDRO 4:10-11) é como um curso de "101 Dons espirituais". É conciso, claro e básico. Deus, o Doador de dons os reparte como quer. Os membros da igreja, o Corpo de Cristo, são os recipientes dos dons que também se tornam canais da graça.

A graça de Deus é tão variada, vasta e abundante que Ele usa muitos canais e uma variedade de dons para nos ajudar a crescer e amadurecer em Cristo. Que possamos usar os dons que nos foram concedidos para honrar a Deus e servir uns aos outros!

**ARTHUR JACKSON**

Além deste artigo, o tema *dons espirituais* é abordado nos devocionais dos dias **1**, **9**, **16** e **23 de julho**.

**1º DE JULHO**  ✿ **EFÉSIOS 4:4-16**

★ *TÓPICO DE JULHO: DONS ESPIRITUAIS*

# SOBREVIVENDO E PROSPERANDO

*Ele faz que todo o corpo se encaixe [...] para que [...] se desenvolva e seja saudável em amor.* v.16

Na série *Os Croods*, os membros de uma família de homens das cavernas creem que "o único modo de sobreviver é se o bando [sua pequena família] ficar junto". Eles têm medo do mundo e dos outros, então quando encontram um lugar seguro para viver, ficam com medo ao descobrirem uma família já na área que escolheram. Mas logo aprendem a aceitar as diferenças dos novos vizinhos, fortalecer-se pelo contato e sobreviver juntos. Eles passam a gostar das pessoas e *aceitam* que precisam dos outros para viver plenamente.

Pode ser arriscado ter relacionamentos — as pessoas podem nos ferir. Porém, é por uma boa razão que Deus colocou Seu povo junto, em um corpo: a Igreja. Em comunhão com os outros, crescemos até a maturidade (EFÉSIOS 4:13). Aprendemos a depender de Deus para sermos humildes, amáveis e pacientes (v.2). Ajudamos uns aos outros edificando-nos "em amor" (v.16). Quando nos reunimos, usamos nossos dons e aprendemos com os que usam os seus, o que, por sua vez, capacita-nos em nossa caminhada com Deus e em Seu serviço.

À medida que Ele o conduz, se você ainda não encontrou o seu lugar, procure-o entre o povo de Deus. Você fará mais do que sobreviver. Em amor, honrará a Deus e crescerá para ser mais como Jesus. E que todos dependamos dele ao caminhar num relacionamento de contínuo amadurecimento com Ele e outros.   *ANNE CETAS*

### Como desenvolver mais relacionamentos que produzem crescimento?

*Amo pertencer a ti, Deus. Ajuda-me a ocupar meu lugar para crescer e ajudar os outros a te conhecer.*

Saiba mais sobre dons, acesse: paodiario.org

**A BÍBLIA EM UM ANO**: JÓ 20–21; ATOS 10:24-48

**2 DE JULHO** — **1 CORÍNTIOS 11:23-26**

# COMUNHÃO CELESTIAL

*...cada vez que vocês comem [...] e bebem [...] anunciam a morte do Senhor até que ele venha.* v.26

Quando o módulo *Eagle* da Apollo 11 pousou no Mar da Tranquilidade na Lua, em 20 de julho de 1969, os astronautas levaram certo tempo recuperando-se do voo antes de pisar na superfície lunar. O astronauta Buzz Aldrin havia recebido permissão para levar pão e vinho para celebrar a Ceia do Senhor. Depois de ler as Escrituras, ele provou os primeiros alimentos consumidos na Lua. Mais tarde, ele escreveu: "Coloquei o vinho no cálice que nossa igreja tinha me dado. Na gravidade da Lua, o vinho fazia movimentos circulares lentos e graciosos no cálice". Aldrin desfrutou da comunhão celestial e suas ações proclamaram sua crença no sacrifício de Cristo na cruz e na certeza de Sua segunda vinda.

O apóstolo Paulo nos encoraja a lembrar como Jesus sentou-se com os Seus discípulos "na noite em que [...] foi traído" (1 CORÍNTIOS 11:23). Cristo comparou Seu corpo que seria sacrificado ao pão (v.24). Declarou o vinho como um símbolo da "nova aliança" que trouxe o perdão e a salvação através de Seu sangue derramado na cruz (v.25). Sempre e onde quer que celebremos a comunhão, proclamamos nossa confiança no Seu sacrifício e a esperança em Sua segunda vinda (v.26).

Onde quer que estejamos, celebremos nossa fé no único Salvador ressurreto e vindouro — Jesus Cristo.

XOCHITL DIXON

**O que o impede de participar da comunhão em memória de Cristo? Em sua opinião, a celebração da Ceia do Senhor na Lua honrou a Jesus?**

*Jesus, por favor, ajuda-me a viver corajosamente para ti até que Tu voltes!*

---

**A BÍBLIA EM UM ANO:** JÓ 22–24; ATOS 11

**3 DE JULHO**      🍃 **ISAÍAS 11:1-5**

# ELE CONHECE O MEU CORAÇÃO

*...não julgará pela aparência, nem
acusará com base em rumores.* v.3

Depois que um cliente de uma mercearia tinha passado suas compras pelo leitor de preços, fui em direção ao balcão e comecei a passar minhas mercadorias no mesmo leitor. Inesperadamente, uma pessoa visivelmente zangada me confrontou. Eu não tinha percebido que ela era a próxima na fila. Reconhecendo o meu erro, disse com sinceridade: "Desculpe". Ela respondeu (embora não se limite apenas a estas palavras): "Sem desculpas!"

Você já se viu numa situação em que errou, reconheceu e tentou consertar as coisas — mas acabou sendo rejeitado? Não é bom ser mal interpretado, e quanto mais perto estamos daqueles que ofendemos ou dos que nos ofendem, mais doloroso isso se torna. Como seria bom se eles pudessem ver o nosso coração!

Em Isaías 11:1-5, o profeta descreve alguém com autoridade nomeada por Deus com sabedoria e capacidade para julgar com perfeição. "[Ele] não julgará pela aparência, nem acusará com base em rumores. Fará justiça aos pobres e tomará decisões imparciais em favor dos oprimidos". Isso foi cumprido na vida e no ministério de Jesus. Embora em nosso pecado e fraqueza nem sempre acertemos, podemos nos encorajar pelo fato de que Deus tudo vê, tudo sabe, conhece-nos plenamente e nos julga com retidão.

*ARTHUR JACKSON*

**Quando você foi mal interpretado?
Como isso o encoraja a saber que Deus o vê e o conhece
plenamente, mesmo quando os outros não?**

*Pai, sou grato por saberes tudo sobre mim.
Perdoa-me quando sou severo em julgar os outros.*

**A BÍBLIA EM UM ANO**: JÓ 25–27; ATOS 12

**4 DE JULHO** — **JOÃO 15:9-17**

# NÃO EXISTE AMOR MAIOR

*Não existe amor maior do que dar a vida por seus amigos.* v.13

As comemorações do 75º aniversário do Dia D, em 2019, homenagearam os mais de 156.000 soldados que participaram da maior invasão marítima da história para libertar a Europa Ocidental. Na oração transmitida pelo rádio, em 6 de junho de 1944, o presidente Roosevelt pediu a proteção de Deus, dizendo: "Eles não lutam pelo desejo da conquista. Eles lutam para acabar com a conquista. Eles lutam para libertar".

A vontade de colocar-se em perigo para conter o mal e libertar os oprimidos traz-nos à mente as palavras de Jesus: "Não existe amor maior do que dar a vida por seus amigos" (JOÃO 15:13). Essas palavras foram ditas quando Cristo ensinava os Seus seguidores a se amarem. Mas Ele queria que eles entendessem o custo e a profundidade desse tipo de amor: um amor exemplificado por alguém que voluntariamente sacrifica sua vida por outra pessoa. O chamado de Jesus para amar sacrificialmente é a base de Seu mandamento: "amem uns aos outros" (v.17).

Talvez possamos demonstrar amor sacrificial cuidando das necessidades de um membro idoso da família. Podemos fazer as tarefas domésticas de um irmão durante uma semana escolar estressante. Podemos até ter cuidados extras à noite com um filho doente para permitir que nosso cônjuge durma. Na medida em que amamos sacrificialmente aos outros, demonstramos a maior expressão de amor.

*LISA SAMRA*

**Como você poderia demonstrar amor sacrificial hoje? O que o impede de amar sacrificialmente?**

*Pai, por favor, ajuda-me a procurar maneiras de amar os outros sacrificialmente todos os dias.*

**A BÍBLIA EM UM ANO**: JÓ 28–29; ATOS 13:1-25

**5 DE JULHO**          🌿 **PROVÉRBIOS 2:1-11**

# SABEDORIA E ENTENDIMENTO

*Pois o SENHOR concede sabedoria;*
*de sua boca vêm conhecimento e*
*entendimento.* v.6

Em 1373, Juliana de Norwich, 30, adoeceu e quase morreu. Ao orarem por ela, Juliana teve uma série de visões nas quais contemplou a crucificação de Jesus. Depois de recuperada, ela passou os vinte anos seguintes numa sala lateral da igreja, orando e refletindo. Juliana concluiu que o sacrifício de Cristo é a manifestação suprema do amor de Deus.

As revelações de Juliana são famosas, mas o que as pessoas muitas vezes ignoram é o tempo e o esforço que ela investiu em oração para discernir o que Deus lhe revelou. Durante vinte anos, ela procurou discernir o que a experiência da presença divina significava, suplicando ao Pai por Sua sabedoria e ajuda.

Como Ele fez com Juliana, Deus graciosamente se revela ao Seu povo, através da Bíblia, do Seu suave sussurro, no refrão de um hino, ou mesmo apenas na percepção de Sua presença. Quando isso acontece, podemos buscar a Sua sabedoria e ajuda. Essa sabedoria é o que o rei Salomão instruiu seu filho a buscar, dizendo que ele deveria dar ouvidos à sabedoria e concentrar o coração no entendimento (PROVÉRBIOS 2:2). Assim, ele obteria "o conhecimento de Deus" (v.5).

Deus promete nos conceder discernimento e entendimento. Quando conhecemos mais profundamente o Seu caráter e os Seus caminhos, podemos honrá-lo e compreendê-lo mais.

*AMY BOUCHER PYE*

**De que maneira Deus se revela**
**a você com maior frequência? Quando Ele o faz,**
**você compreende o que Ele lhe revelou?**

*Deus misericordioso,*
*ajuda-me a crescer em Tua sabedoria.*

**A BÍBLIA EM UM ANO:** JÓ 30–31; ATOS 13:26-52

**6 DE JULHO**  ATOS 14:21-28

# VOCÊ CONSEGUE!

*...Paulo e Barnabé [...] fortaleceram os discípulos [...] os encorajaram a permanecer na fé...* vv.21-22

Não vivemos sem o encorajamento, ele é como o oxigênio. James Savage, 9, nadou por mais de 3 quilômetros da costa de São Francisco até a Ilha de Alcatraz e voltou, quebrando o recorde da pessoa mais jovem a realizar o feito. Os 30 minutos nadando sob as águas agitadas e frias fizeram-no querer desistir. Porém, muitos remadores gritavam: "Você consegue!" Os incentivos deram-lhe o impulso que ele precisava para conquistar o seu objetivo.

Quando as águas agitadas e frias da tribulação fizeram os cristãos querer desistir, Paulo e Barnabé os encorajaram a prosseguir. Depois que os apóstolos pregaram o evangelho em Derbe, eles "voltaram [...] fortaleceram os discípulos. Eles os encorajaram a permanecer na fé" (ATOS 14:21-22). Eles ajudaram os cristãos a permanecerem firmes em Jesus. Os problemas os enfraqueceram, mas as palavras de encorajamento reforçaram a determinação de viver por Cristo. Na força de Deus, eles perceberam que podiam continuar. Finalmente, Paulo e Barnabé os ajudaram a entender que eles passariam "por muitos sofrimentos até entrar no reino de Deus" (v.22).

Viver para Jesus pode ser desafiador e, às vezes, somos tentados a desistir. Felizmente, Jesus e outros cristãos oferecem o encorajamento de que precisamos. Com Ele, podemos conseguir!

*MARVIN WILLIAMS*

**Que pessoas ao seu redor precisam ouvir: "Você consegue!"? Quais palavras de encorajamento você pode compartilhar nesta semana?**

*Jesus, quando eu estiver propenso a desistir, envia-me pessoas que me encorajem a prosseguir contigo.*

---

**A BÍBLIA EM UM ANO:** JÓ 32–33; ATOS 14

# 7 DE JULHO

**1 SAMUEL 22:1-5**

## APRESSE-SE E ESPERE

*Espere pelo SENHOR e seja valente e
corajoso; sim, espere pelo SENHOR.*
SALMO 27:14

"O que faremos com o nosso tempo livre?" Esse pensamento norteou o ensaio publicado pelo economista John Maynard Keynes, em 1930. Keynes propôs que, dentro de cem anos, os avanços tecnológicos e econômicos levariam as pessoas a trabalhar apenas 3 horas por dia e 15 horas por semana.

Faz mais de 90 anos desde que Keynes publicou seu famoso ensaio. Mas a tecnologia, em vez de criar mais lazer, deixou-nos mais ocupados ainda. Nossos dias estão cheios, e enquanto as tarefas diárias como locomoção e preparação de refeições levam menos tempo, ainda estamos com pressa.

Um evento marcante da vida de Davi nos mostra como nos manter firmes na corrida da vida. Quando Davi fugia do rei Saul (que tentava matá-lo), ele pediu ao rei de Moabe: "Por favor, permita que meu pai e minha mãe morem aqui *até que eu saiba o que Deus fará comigo*"(1 SAMUEL 22:3). Davi estava muito ocupado. Ele tentava escapar das perseguições assassinas de Saul e também sustentar sua família. Mas mesmo com pressa, ele teve tempo para esperar em Deus.

Quando o ritmo frenético da vida nos envolve, podemos confiar naquele que pode nos manter em Sua paz (ISAÍAS 26:3). As palavras de Davi resumem bem esse ponto: "Espere pelo SENHOR e seja valente e corajoso; sim, espere pelo SENHOR" (SALMO 27:14).

JAMES BANKS

**Como esperar em Deus quando a vida está agitada?
Onde você precisa de Sua ajuda para confiar nele hoje?**

*Pai, Tu és minha calma na agitação.
Obrigado por me dares Tua paz enquanto
continuo confiando em ti.*

**A BÍBLIA EM UM ANO:** JÓ 34–35; ATOS 15:1-21

**8 DE JULHO** — **LUCAS 22:14-20**

# COMIDA FAVORITA

*Tomou o pão e agradeceu a Deus. Depois,
partiu-o e o deu aos discípulos...* v.19

Participei de uma festa de aniversário cujo tema era "coisas favoritas" na decoração, nos presentes e na comida. Como a aniversariante adorava bife e salada — e bolo de framboesa com chocolate branco — a anfitriã grelhou bife, preparou espinafre e encomendou o bolo favorito. As comidas favoritas dizem: "Eu te amo".

A Bíblia contém muitas referências à festividades, combinando comida com celebrações da fidelidade de Deus. As festas faziam parte do sistema sacrificial de adoração dos israelitas (NÚMEROS 28:11-31), como a Páscoa, a festa das semanas e as da Lua Nova realizadas todos os meses. Deus prepara uma mesa com uma refeição abundante com cálices que transbordam de misericórdia e amor (SALMO 23:5). Talvez a combinação mais suntuosa de comida e vinho já expressada tenha sido quando Jesus partiu o pão e tomou um cálice de vinho, ilustrando a dádiva de Sua morte em uma cruz para nossa salvação. Ele então nos desafiou, dizendo: "Façam isto em memória de mim" (LUCAS 22:19).

Quando você participar da refeição hoje, tire um momento para pensar no Deus que fez a boca e o estômago e lhe oferece a comida como expressão de Seu amor na celebração de Sua fidelidade. O nosso Deus festeja com os fiéis, combinando Sua provisão perfeita com nossa grande necessidade, dizendo: "Eu te amo".

*ELISA MORGAN*

**Qual alimento favorito você serve em
celebrações? Como você pode
agradecer a Deus pelo alimento de hoje?**

*Obrigado, Deus, por tudo que me concedes,
incluindo o alimento diário e minha própria salvação.*

---

**A BÍBLIA EM UM ANO**: JÓ 36–37; ATOS 15:22-41

9 DE JULHO — ROMANOS 12:3-8

★ *TÓPICO DE JULHO: DONS ESPIRITUAIS*

# O TIME DOS SONHOS

*...Somos membros diferentes do mesmo corpo, e todos pertencemos uns aos outros.* v.5

Melissa e Tércio trilharam quilômetros juntos, mas, não seriam capazes de fazê-lo individualmente. Ela usa uma cadeira de rodas. Ele perdeu a visão para o glaucoma. A dupla percebeu que se complementava perfeitamente para desfrutarem juntos da natureza: Enquanto ele caminha pelas trilhas, carregando-a nas costas, ela lhe dá instruções verbais. Eles se descrevem como um "time dos sonhos".

Paulo descreve os que creem em Jesus como — o Corpo de Cristo — algo semelhante ao "time dos sonhos". Ele instou os romanos a reconhecer como os dons individuais beneficiaram a todos. Assim como o nosso corpo possui muitas partes, cada uma com funções diferentes, juntos "formamos um corpo [espiritual]", e nossos dons devem ser dados em serviço para o benefício coletivo da Igreja (ROMANOS 12:5). Seja na forma de doação, encorajamento ou ensino, ou qualquer outro dom espiritual, Paulo nos instrui a ver a nós mesmos e nossos dons como pertencentes a todos os outros (vv.5-8).

Melissa e Tércio não estão focados no que não têm, nem orgulhosos do que têm em comparação um com o outro. Em vez disso, eles alegremente dão seus "dons" a serviço do outro, reconhecendo o quanto ambos são melhores pela mútua colaboração. Que possamos combinar os dons que Deus nos deu com os dos outros — por amor de Cristo.

KIRSTEN HOLMBERG

**Que dons e habilidades Deus lhe concedeu? Como você pode compartilhá-los com pessoas ao seu redor?**

*Obrigado, Deus, mostra-me como usar os meus recursos e minhas habilidades para beneficiar o Corpo de Cristo.*

**A BÍBLIA EM UM ANO**: JÓ 38-40; ATOS 16:1-21

**10 DE JULHO** — **ZACARIAS 7:4-10**

# CUIDANDO UM DO OUTRO

*...mostrem compaixão e bondade
uns pelos outros.* v.9

José, 77, era professor-substituto e já vivia em seu carro por oito anos. Todos as noites, esse homem idoso se alojava em seu carro e monitorava cuidadosamente a bateria do carro enquanto recarregava o seu computador para dar suas aulas no período noturno. José enviava o dinheiro destinado ao aluguel aos familiares no México que precisavam mais. Todas as manhãs, um ex-aluno o via vasculhando o porta-malas. "Senti que devia fazer algo", disse o homem. Ele iniciou uma coleta de fundos, e semanas depois entregou a José um cheque para ajudá-lo a pagar um lugar para morar.

As Escrituras nos instruem a cuidar uns dos outros, mas às vezes é difícil ver além de nossas preocupações. O profeta Zacarias repreendeu Israel que, em vez de adorar a Deus ou servir aos outros, festejava para agradar a eles mesmos (ZACARIAS 7:6). Eles ignoravam a necessidade do seu próximo. Zacarias entregou-lhes, com clareza, as instruções de Deus: eles deviam demonstrar "compaixão e bondade uns pelos outros [e] não oprimir as viúvas, nem os órfãos, nem os estrangeiros, nem os pobres" (vv.9-10).

Embora seja fácil sermos consumidos por nossas necessidades, a fidelidade exige que atendamos às necessidades dos outros. Na economia divina, há muito para todos. Deus, em Sua misericórdia, escolhe nos usar para dar um pouco disso aos outros.

*WINN COLLIER*

**Em que situação você se percebe consumido
por suas próprias preocupações?**

*Deus, por favor, concede-me uma visão mais ampla,
para cuidar daqueles que me cercam.*

**A BÍBLIA EM UM ANO**: JÓ 41–42; ATOS 16:22-40

**11 DE JULHO**   **1 CORÍNTIOS 10:23-24; 11:1**

# VERDADEIRA LIBERDADE

*Não se preocupem com seu próprio bem,*
*mas com o bem dos outros.* v.24

Enquanto Milena lia no trem; ela destacava algumas frases e escrevia notas nas margens de seu livro. Mas uma conversa entre uma mãe e uma criança sentadas próximas a fez parar. A mãe corrigia seu filho por rabiscar no livro retirado da biblioteca. Milena guardou sua caneta, não querendo que a criança ignorasse as palavras de sua mãe, seguindo o exemplo dela mesma. A jovem sabia que a criança não entenderia a diferença entre danificar um livro emprestado e fazer anotações em um que fosse seu.

A atitude dela me lembrou das palavras inspiradas do apóstolo Paulo em 1 Coríntios 10:23-24: "'Tudo é permitido', você diz — mas nem tudo convém. 'Tudo é permitido' — mas nem tudo traz benefícios. Não se preocupem com seu próprio bem, mas com o bem dos outros".

Os cristãos, na jovem igreja em Corinto, viram sua liberdade em Cristo como uma oportunidade para buscar interesses pessoais. Mas Paulo escreveu que eles deveriam vê-la como oportunidade para beneficiar e edificar os outros. Ele lhes ensinou que a verdadeira liberdade não é o direito de fazer o que se quer, mas a liberdade de o fazer por Deus.

Seguimos os passos de Jesus quando usamos a nossa liberdade para escolher edificar aos outros em vez de servir a nós mesmos.

*POH FANG CHIA*

**Por que Deus é honrado quando você**
**é cuidadoso no que diz e faz perto dos outros?**
**Como você pode ser mais atencioso**
**com os outros no exercício de sua liberdade?**

*Jesus, sou grato por me libertares.*
*Dá-me sabedoria e graça para te honrar*
*e abençoar aos outros.*

**A BÍBLIA EM UM ANO**: SALMOS 1–3; ATOS 17:1-15

**12 DE JULHO** — **PROVÉRBIOS 1:1-7**

# UM ESPÍRITO ENSINÁVEL

*O sábio que os ouvir se tornará ainda mais sábio. Quem tem entendimento receberá orientação...* v.5

Infelizmente, tornou-se "normal" atacar não só as opiniões, mas também a pessoa que emite a sua opinião. Isso também pode ser verdade nos círculos acadêmicos. Por isso, surpreendi-me quando o teólogo Richard B. Hays escreveu um artigo criticando um trabalho que ele mesmo havia escrito anos antes! Hays demonstrou grande humildade ao corrigir seu pensamento anterior, agora aperfeiçoado por seu compromisso em aprender continuamente.

Na introdução do livro de Provérbios, o rei Salomão listou as várias intenções desta coleção de sábios ditados. Mas, no meio desses propósitos, inseriu este desafio: "O sábio que os ouvir se tornará ainda mais sábio. Quem tem entendimento receberá orientação" (PROVÉRBIOS 1:5). Como o apóstolo Paulo, que alegou que, mesmo depois de seguir a Cristo por décadas, ele continuou a buscar conhecer a Jesus (FILIPENSES 3:10), Salomão instou os sábios a ouvir, aprender e continuar a crescer.

Ninguém jamais se fere por manter o espírito ensinável. À medida que buscamos continuar a crescer e aprender sobre as coisas da fé (e da vida), que permitamos ao Espírito Santo nos guiar na verdade (JOÃO 16:13), para compreendermos melhor as maravilhas do nosso bom e grandioso Deus.

*BILL CROWDER*

**Em que área da vida ou do crescimento espiritual você deixou de crescer? Como você pode se tornar mais ensinável, permitindo que Deus o faça crescer além do ponto em que está neste momento?**

*Senhor, dá-me um espírito humilde e ensinável para que eu cresça na graça e conhecimento de Jesus.*

Para mais estudos bíblicos, acesse: paodiario.org

**A BÍBLIA EM UM ANO**: SALMOS 4–6; ATOS 17:16-34

**13 DE JULHO** — **MARCOS 8:27-30**

# QUEM É JESUS?

*Quem as pessoas dizem que eu sou?* v.27

Alguns creem que Jesus foi um bom mestre, mas apenas um homem. C. S. Lewis escreveu em *Cristianismo Puro e Simples* (Ed. Thomas Nelson, 2017): "Ou esse homem era, e é, o Filho de Deus, ou não passa de um louco ou algo pior. Você pode querer calá-lo por ser um louco, pode cuspir nele e matá-lo como a um demônio ou pode prosternar-se a seus pés e chamá-lo de Senhor e Deus, mas que ninguém venha, com paternal condescendência, dizer que ele não passava de um grande mestre humano". Essas palavras hoje famosas propõem que Jesus *não* teria sido um grande profeta se Ele afirmasse falsamente que é Deus. Isso seria a suprema heresia.

Jesus perguntou aos Seus discípulos: "Quem as pessoas dizem que eu sou?" (MARCOS 8:27). As respostas incluíam João Batista, Elias, e um dos profetas (v.28). Mas Jesus insistiu: "Quem vocês dizem que eu sou?" Pedro respondeu: "O senhor é o Cristo" (v.29), o Salvador.

Mas quem *nós* dizemos que Jesus é? Jesus não poderia ter sido um bom mestre ou profeta se o que Ele disse sobre si mesmo — que Ele e o Pai (Deus) são "um" (JOÃO 10:30) — não fosse verdade. Seus seguidores e até os demônios declararam Sua divindade como o Filho de Deus (MATEUS 8:29; 16:16; 1 JOÃO 5:20). Que hoje possamos compartilhar quem Cristo é à medida que Ele nos concede o que precisamos.

*ALYSON KIEDA*

**Quem você diz que Jesus é?
Se você crê nele como o Filho de Deus, como
anunciar aos outros quem Ele é?**

*Jesus, graças por seres
o caminho, a verdade e a vida. Ajuda-me
a compartilhar essas boas-novas.*

**A BÍBLIA EM UM ANO**: SALMOS 7–9; ATOS 18

**14 DE JULHO** — **SALMO 46**

# EXERCITANDO OS MÚSCULOS DA FÉ

*Aquietem-se e saibam
que eu sou Deus!* v.10

Ao visitar o zoológico, parei perto do bicho-preguiça. Ele estava pendurado de cabeça para baixo e parecia contente por estar imóvel. Suspirei. Por causa de minha saúde, lutava contra a imobilidade e queria desesperadamente seguir em frente, fazer algo. Ressentida com minhas limitações, ansiava por parar de me sentir tão fraca. Mas, enquanto o observava, vi como ele esticou um braço, agarrou um galho próximo e parou novamente. Ficar imóvel requer força. Se eu quisesse me contentar com movimentos lentos ou ser tão imóvel quanto o bicho-preguiça, precisaria muito mais do que a incrível força muscular. Para confiar em Deus, em meio às dores, eu precisava do poder *sobrenatural*.

Deus não apenas nos *concede* força, Ele *é* a nossa força (SALMO 46:1). Não importa o que aconteça, "o SENHOR dos exércitos está entre nós" (v.7). O salmista repete essa verdade com convicção (v.11).

Como o bicho-preguiça, nossas aventuras muitas vezes requerem passos lentos e longos períodos de quietude aparentemente impossível. Quando confiamos no caráter imutável de Deus, podemos depender de Sua força, não importa qual plano e ritmo Ele tenha para nós.

Embora continuemos a lutar contra aflições ou esperas, Deus permanece presente. Mesmo quando não nos *sentimos* fortes, Ele nos ajudará a exercitarmos a fé.

*XOCHITL DIXON*

**Como Deus lhe revela
a Sua força em tempos de imobilidade?
Refletir sobre o Seu caráter imutável
o ajuda a perseverar?**

*Poderoso Deus, sou grato por poder
exercitar a minha fé e por crer que Tu és a minha força.*

---

**A BÍBLIA EM UM ANO:** SALMOS 10–12; ATOS 19:1-20

**15 DE JULHO**  ATOS 16:22-34

# A CASA TODA

..."*Creia no Senhor Jesus, e você e sua família serão salvos*". v.31

Com seu uniforme, James atravessou o ginásio de esportes da prisão e subiu na piscina portátil onde foi batizado pelo capelão prisional. A alegria dele multiplicou-se quando soube que sua filha Bruna, também prisioneira, havia sido batizada no mesmo dia, na mesma água! Percebendo isso, até a equipe se emocionou. "Não havia um olho seco", disse o capelão. Dentro e fora da cadeia, por anos, Bruna e seu pai queriam o perdão de Deus. E juntos, Deus lhes deu uma nova vida.

As Escrituras descrevem outro encontro na prisão, no qual Jesus transformou uma família inteira. Depois de um "forte terremoto" sacudir a prisão e "todas as portas se abrirem", Paulo e Silas permaneceram em suas celas (ATOS 16:26-28). O carcereiro, grato por eles não terem fugido, levou-os à sua casa e lhes perguntou: "...que devo fazer para ser salvo?" (v.30).

"Creia no Senhor Jesus", responderam, "e você e sua família serão salvos" (v.31). A resposta revela o desejo de Deus em derramar misericórdia em indivíduos e em famílias inteiras. Diante do amor divino, todos "creram em Deus — [o carcereiro] e toda a sua família" (v.34). Embora estejamos muitas vezes ansiosos pela salvação daqueles que amamos, confiemos que Deus os ama ainda mais do que nós. Ele deseja restaurar todos nós, toda a nossa casa.

*WINN COLLIER*

**Faz diferença saber que Deus alcança famílias inteiras? Como confiar na misericórdia de Deus por sua família?**

*Deus, por favor, revela-te a toda a minha família.*

**A BÍBLIA EM UM ANO**: SALMOS 13–15; ATOS 19:21-41

# 16 DE JULHO — 1 CORÍNTIOS 13:1-7

★ *TÓPICO DE JULHO: DONS ESPIRITUAIS*

## SEM AMOR É INÚTIL

*Se desse tudo que tenho aos pobres [...] e não tivesse amor, de nada me adiantaria.* v.3

Depois de pegar as peças da caixa para a mesa que encomendei e colocá-las diante de mim, notei que algo não estava certo. A bela parte superior da mesa e outras partes estavam lá, mas estava faltando uma das pernas. Sem todas as pernas, eu não poderia montar a mesa, tornando-a inútil.

Não são apenas as mesas que são inúteis quando falta uma peça essencial. Em 1 Coríntios, Paulo lembrou aos seus leitores que lhes faltava algo essencial. Os cristãos possuíam muitos dons espirituais, mas lhes faltava o amor.

Usando uma linguagem exagerada para enfatizar seu ponto de vista, Paulo escreveu que, mesmo que seus leitores tivessem *todo* o conhecimento, se dessem *tudo* o que possuíam, e mesmo que voluntariamente passassem dificuldades, sem a base essencial do amor, suas ações de nada adiantariam (1 CORÍNTIOS 13:1-3). Paulo os encorajou a sempre inspirar suas ações com amor, descrevendo comoventemente a beleza de um amor que sempre protege, confia, espera e persevera (vv.4-7).

Ao utilizarmos os nossos dons espirituais, talvez para ensinar, encorajar ou servir em nossas comunidades de fé, lembremo-nos de que o projeto de Deus sempre pede por amor. Caso contrário, é como uma mesa faltando uma perna. Não pode alcançar o verdadeiro propósito para o qual foi projetada.

*LISA SAMRA*

**Em que situação você percebeu que não havia amor? Qual é o exemplo em que o amor era essencial?**

*Pai celestial, fico maravilhado por fazeres tudo em amor. Ajuda-me a aprender a amar como Tu amas.*

**A BÍBLIA EM UM ANO:** SALMOS 16–17; ATOS 20:1-16

**17 DE JULHO**     🌿 **DEUTERONÔMIO 2:1-7**

# VIAJE SEGURO COM O SENHOR

*...Ele tem cuidado de cada um de seus passos [...] e nada lhes tem faltado.* v.7

Indo aos Estados Unidos, você pode começar sua viagem por uma cidade poeirenta chamada *Why* (por que...?), no Arizona. Para atravessar o país, você passa por *Uncertain* (incerto), no Texas. A nordeste, você faz uma parada de descanso em *Dismal* (desolador), no Tennessee. Então, daí chega ao seu destino *Panic* (pânico), na Pennsylvania. Essas cidades existem, mas provavelmente essa não seja uma viagem que você escolheria fazer.

Às vezes, a jornada da vida parece exatamente assim. É fácil nos identificarmos com a vida difícil dos israelitas no deserto (DEUTERONÔMIO 2:7) — a vida pode ser dura. Mas vemos os outros paralelos? Criamos nosso próprio itinerário, saindo do caminho de Deus (1:42-43). Como os israelitas, resmungamos em relação ao suprimento de nossas necessidades (NÚMEROS 14:2). Em nossas inquietações, duvidamos dos propósitos de Deus (v.11). A história deles se repete na nossa.

Deus nos assegura que, se seguirmos o Seu caminho, Ele nos levará a um lugar muito melhor do que *Dismal*. Não nos faltará nada (DEUTERONÔMIO 2:7; FILIPENSES 4:19). Mas, por mais que já saibamos disso, falhamos em crer. Precisamos seguir o mapa de Deus.

A distância entre as cidades *Panic* e *Assurance* (segurança), na Virgínia Ocidental é curta. Se deixarmos Deus dirigir os nossos caminhos (SALMO 119:35), viajaremos com alegria sob o Seu controle — bendita segurança!

*KENNETH PETERSEN*

**Quais tem sido as suas preocupações?**

*Deus, ajuda-me a descansar tendo a certeza de que estou sob a Tua orientação.*

**18 DE JULHO**                      **SALMO 19:1-4; 7-14**

# CONVIDADOS INDESEJADOS

*Absolve-me das faltas que me
são ocultas. Livra teu servo dos
pecados intencionais.* vv.12-13

Nilo e Alice tiveram uma lua de mel maravilhosa num local exótico. Mas, quando voltaram para casa, descobriram que os pés de Nilo estavam com uma estranha irritação. O casal foi encaminhado a um especialista que lhes informou que pequenos parasitas tinham entrado nos pés de Nilo através das bolhas causadas por seus novos chinelos. O que começou como uma viagem dos sonhos terminou numa batalha desafiadora contra "convidados" indesejados.

Davi sabia que, se ele não pedisse ajuda a Deus contra o pecado, seu desejo de estar bem com Deus se transformaria numa batalha contra convidados indesejados, como o pecado e a rebelião. Depois de declarar como Deus se revela no mundo natural (SALMO 19:1-6) e sobre Sua sabedoria e instrução (vv.7-10), Davi pediu a Deus para protegê-lo da desobediência inadvertida, arrogante e deliberada: "Absolve-me das faltas que me são ocultas. Livra teu servo dos pecados intencionais!" (vv.12-13). O rei reconheceu que não conseguia evitar que a doença infecciosa do pecado o afetasse. Sabiamente, pediu ajuda a Deus.

Como podemos garantir que o nosso sonho de viver honrando a Deus não seja tomado pelo pecado? Fixemos o nosso olhar nele, confessemos e nos arrependamos do nosso pecado; busquemos a ajuda divina para que parasitas espirituais indesejados não se abriguem em nós.

*MARVIN WILLIAMS*

**Qual a importância da confissão
e do arrependimento?
E de viver para a honra de Deus?**

*Deus, não me conheço como gostaria.
Ajuda-me a confiar em Teu poder contra o pecado.*

---

**A BÍBLIA EM UM ANO:** SALMOS 20–22; ATOS 21:1-17

**19 DE JULHO**     🍂 **1 PEDRO 5:1-6**

# UM SIMPLES LANCHE

*...vistam-se de humildade...* v.5

O pacote de salgadinhos era pequeno, mas ensinou uma grande lição a uma missionária norte-americana. Trabalhando na República Dominicana, ela chegou a uma reunião da igreja e abriu seu salgadinho. Alguém que ela mal conhecia pegou alguns do pacote e outros também se serviram.

*Que falta de educação*, ela pensou, mas recebeu uma lição de humildade. Ela ainda não entendia a cultura local. Em vez de enfatizar o individualismo, aprendeu que, na República Dominicana, vive-se em comunidade. Compartilhar a comida e os bens é um modo de se relacionarem. O jeito dela não era melhor, apenas diferente. Ela confessou: "Foi humilhante descobrir isso sobre mim". Quando ela reconheceu os seus preconceitos, descobriu que compartilhar a ajudou a servi-los melhor.

Pedro ensinou isto aos líderes da igreja: tratar os outros com humildade. Aconselhou os presbíteros: "Não abusem de sua autoridade com aqueles que foram colocados sob seus cuidados" (1 PEDRO 5:3). E aos mais jovens: "aceitem a autoridade dos presbíteros [...] vistam-se de humildade" (v.5). Ele declarou: "Deus se opõe aos orgulhosos, mas concede graça aos humildes". "Portanto, humilhem-se sob o grande poder de Deus e [...] ele os exaltará" (v.6). Que Ele nos ajude a viver humildemente diante dele e dos outros.

*PATRÍCIA RAYBON*

**Que preconceitos culturais você tem?
Como Deus pode transformar essas atitudes para que você sirva a todos humildemente?**

*Pai, por favor, substitui a minha arrogância
em relação aos outros
por Teu amor pleno de humildade.*

---

**A BÍBLIA EM UM ANO**: SALMOS 23–25; ATOS 21:18-40

**20 DE JULHO**  **LUCAS 14:15-24**

# NÃO PERCA O BANQUETE

*Feliz será aquele que participar do
banquete no reino de Deus!* v.15

Você já convidou alguém para um evento e recebeu uma desculpa esfarrapada? A pessoa não tinha coragem de dizer "não quero", "não vou" e veio com uma evasiva. As desculpas comunicam o óbvio: o que a pessoa tem para fazer é preferido ao seu convite.

Na parábola de Lucas 14:15-24, o homem rico convida pessoas a um banquete espetacular. Ele tinha o desejo de abençoar seus amigos. Porém, todos responderam com uma desculpa que revelou suas prioridades. E perceba que nenhum dos motivos alegados é, aparentemente, pecaminoso. Contudo, mesmo as coisas lícitas, quando tomam o lugar de Deus, tornam-se pecado. Isso enfraquece a fé e arranca nossa força espiritual. Não era para ser algo errado, mas, por desligá-lo gradativamente de Cristo, acabará por matá-lo espiritualmente, pois o salário do pecado é sempre a morte (ROMANOS 6:23).

Quando Deus nos chama para algo que vai mexer com a nossa vida, Ele está nos convidando para um banquete. Se renegarmos algo que é importante para nós e colocarmos a proposta de Deus em primeiro lugar, Ele vai nos dar bênçãos inéditas.

Se recusarmos um convite, aquela mesa nunca mais será preparada. Podemos até orar para que venham outros convites, ou para que Deus não desista de nós e escolha outros, como na parábola. Mas o ideal é que não percamos as oportunidades e aceitemos os convites de Deus. Quais são suas prioridades?

*PAULO MAZONI*

**Você reconhece que Jesus removeu o nosso pecado
mediante Sua própria morte em sacrifício?**

Pai, mostra-me agora se há algo em mim que é prioridade
acima de ti, pois não quero perder Teus banquetes.

---

**A BÍBLIA EM UM ANO:** SALMOS 26–28; ATOS 22

**21 DE JULHO** — **GÊNESIS 16:7-16**

# O DEUS QUE ME VÊ

*...Tu és o Deus que me vê.* v.13

As manhãs, logo cedo, podem ser dolorosas para minha amiga Vilma, mãe solteira com dois filhos. Ela diz: "Quando tudo está quieto, as preocupações surgem. Ao fazer as tarefas domésticas, penso nas nossas finanças e na saúde e estudos das crianças".

Quando seu marido a abandonou, Vilma ficou responsável por criar seus filhos. "É difícil", diz ela, "mas sei que Deus vê a mim e minha família. Ele me dá forças para trabalhar em dois empregos, supre nossas necessidades, e permite que meus filhos experimentem o Seu direcionamento a cada dia".

Hagar, uma serva egípcia, entendeu o que significava ser vista por Deus. Depois que engravidou de Abrão, começou a desprezar Sarai (GÊNESIS 16:4), que, por sua vez, a maltratava, causando sua fuga para o deserto. Hagar encontrou-se sozinha, enfrentando um futuro que parecia sombrio e sem esperança para ela e seu filho ainda não nascido.

Mas foi no deserto que "o anjo do SENHOR" (v. 7) a encontrou e disse: "O SENHOR ouviu seu clamor angustiado" (v.11). O anjo de Deus orientou Hagar sobre o que fazer, e Ele lhe garantiu um futuro. Com ela, aprendemos um dos nomes de Deus: *El Roi*, "o Deus que me vê" (v.13).

Como Hagar, talvez você enfrente uma jornada difícil — sentindo-se perdido e sozinho. Mas lembre-se de que, mesmo no deserto, Deus o vê. Busque-o e confie nele para guiá-lo.

*KAREN HUANG*

**Saber que Deus o vê pode mudar
sua percepção sobre as circunstâncias atuais?**

*Deus, sou grato por jamais precisar caminhar sozinho.
Sei que me vês, e que estarás sempre comigo.*

---

**A BÍBLIA EM UM ANO:** SALMOS 29–30; ATOS 23:1-15

**22 DE JULHO** — **ATOS 3:1-10**

# VIVA COMO SE ESTIVESSE CURADO

*...Em seguida, caminhando, saltando e louvando a Deus, entrou no templo com eles.* v.8

Duas irmãs indianas nasceram cegas. O pai delas era muito trabalhador, mas nunca poderia pagar a cirurgia que lhes daria visão. No entanto, uma equipe de médicos foi à região em missão de curto prazo. Na manhã seguinte à cirurgia, as meninas sorriram quando a enfermeira removeu suas ataduras. Uma delas exclamou: "Mamãe, posso ver! Posso ver!"

Um homem que era aleijado desde o nascimento sentou-se em seu lugar habitual no portão do templo, implorando por dinheiro. Pedro disse-lhe que não tinha dinheiro, mas tinha algo melhor. "Em nome de Jesus Cristo [...] ande" (ATOS 3:6). "De um salto, ele se levantou e começou a andar. Em seguida, caminhando, saltando e louvando a Deus..." (v.8).

As irmãs e o homem valorizaram seus olhos e pernas mais do que quem nunca foi cego ou aleijado. As meninas não paravam de piscar de espanto e celebração, e o homem saltava.

Reflita sobre as suas habilidades naturais. Como você pode desfrutá-las melhor? Como você poderia usá-las de forma diferente, se tivesse sido curado milagrosamente? Agora sobre o que vem em seguida. Se você crê em Jesus, Ele o curou espiritualmente. Ele o salvou dos seus pecados.

Vamos agradecer Àquele que nos criou e nos salvou e dedicar a Ele tudo o que nos concedeu.

*MIKE WITTMER*

**De que maneira você pode usar suas habilidades naturais para Jesus? Você gosta de servir com as habilidades que possui? Agradeça a Ele pelo prazer que lhe trazem.**

*Pai, graças pelos ouvidos para ouvir-te, bocas para louvar-te, e mãos e pés para servir-te.*

**23 DE JULHO**  ●  **2 PEDRO 1:3-9**

★ *TÓPICO DE JULHO: DONS ESPIRITUAIS*

# CHAMADO PARA CRESCER

*Quanto mais crescerem nessas coisas,*
*mais produtivos e úteis serão...* v.8

O ouriço-do-mar é preso às rochas e conchas e parece um tubo de plástico macio movendo-se com a correnteza. Retira seus nutrientes da água corrente e vive calma e diferentemente de sua juventude outrora ativa.

Nasce como um girino com a medula espinhal primitiva e cérebro que o ajuda a encontrar comida e evitar danos. Quando jovem, o ouriço-do-mar explora o oceano, mas na fase adulta fixa-se à rocha, e para de explorar e crescer. Ele digere o seu próprio cérebro numa macabra reviravolta.

Sendo invertebrado, flutua descuidado e passivamente com a correnteza. O apóstolo Pedro nos encoraja a não termos o mesmo destino. Uma vez que para nós a maturidade significa assumir a natureza de Deus (2 PEDRO 1:4), somos chamados a *crescer* mentalmente:— "na graça e no conhecimento de nosso Senhor Jesus Cristo" (3:18); espiritualmente em bondade, perseverança e domínio próprio (1:5-7); e a praticar novas formas de amar, oferecendo hospitalidade e a servir com os nossos dons (1 PEDRO 4:7-11). E "quanto mais [crescermos] nessas coisas" isso nos impedirá de vivermos improdutiva e inutilmente (2 PEDRO 1:8).

O chamado para crescer é importante para o idoso e para o jovem. A natureza de Deus é tão vasta quanto o oceano. Pouco conhecemos. Explore o Seu caráter eterno, busque novas aventuras espirituais. Estude, sirva, corra riscos. *Cresça.*   SHERIDAN VOYSEY

**Em que traço de caráter**
**Deus quer que você cresça?**

*Deus Pai, que eu tenha o desejo de crescer mais*
*à Tua semelhança a cada dia.*

Saiba mais sobre o crescimento espiritual, acesse: paodiario.org

**A BÍBLIA EM UM ANO**: SALMOS 33–34; ATOS 24

**24 DE JULHO** — **JOSUÉ 22:21-27**

# DEUS SABE

*O Senhor, o Poderoso, é Deus!
Ele sabe a verdade...* v.22

Um casal parou para admirar uma enorme pintura abstrata e viu latas de tinta abertas e pincéis abaixo dela. Presumiram ser uma "obra inacabada" e deram algumas pinceladas. O material fazia parte dessa exibição. Após ver as imagens do incidente, a galeria reconheceu o mal-entendido e não prestou queixa.

Os israelitas a leste do Jordão criaram um mal-entendido ao construírem um altar ao lado do rio. As tribos ocidentais viram isso como uma rebelião contra Deus, pois sabiam que o tabernáculo era o único lugar de adoração (JOSUÉ 22:16).

As tensões aumentaram até que as tribos orientais explicaram que só pretendiam fazer uma réplica do altar de Deus. Queriam que os seus descendentes a vissem e reconhecessem sua conexão espiritual e ancestral com Israel (vv.28-29). Eles exclamaram: "O Senhor, o Poderoso, é Deus! Ele sabe..." (v.22). Felizmente, os outros entenderam. Viram o que estava acontecendo, louvaram a Deus e voltaram para casa.

Porque Deus "vê todos os corações e conhece todos os planos e pensamentos" (1 CRÔNICAS 28:9), as motivações de todas as pessoas são claras para Ele. Se pedirmos Sua ajuda para resolver situações confusas, Ele pode nos dar uma chance de nos explicarmos ou a graça para perdoar as ofensas. Podemos recorrer a Ele quando buscamos a unidade com os outros.

*JENNIFER BENSON SCHULDT*

**Qual o valor da unidade com o próximo?
Por que é vital que discordemos,
em amor, de outros cristãos?**

*Deus, ajuda-me a ser
um ouvinte atento e a ser humilde
ao expressar-me em palavras.*

**A BÍBLIA EM UM ANO**: SALMOS 35–36; ATOS 25

**25 DE JULHO** — **HEBREUS 12:1-3**

# VIAJANDO LEVE

*...corramos com perseverança a corrida
que foi posta diante de nós.* v.1

Um homem chamado Tiago fez uma viagem de mais de 2.000 quilômetros pedalando pela costa do Oceano Pacífico. Um amigo meu encontrou esse ciclista a 1.500 quilômetros do seu ponto de partida. Depois de saber que alguém tinha roubado o equipamento de acampamento de Tiago, meu amigo ofereceu seu cobertor e suéter, mas o ciclista recusou. Ele lhe disse que à medida que descesse para o sul com o clima mais quente, precisava começar a se livrar de alguns itens. E quanto mais perto chegasse do destino, mais cansado se sentiria, por isso precisava reduzir o peso que já carregava.

A dedução dele foi inteligente. É um reflexo do que o escritor de Hebreus também diz. À medida que continuamos nossa jornada na vida, precisamos nos livrar "de todo peso que nos torna vagarosos e do pecado que nos atrapalha" (12:1). Precisamos viajar com pouco peso para ir adiante.

Como cristãos, participar dessa corrida exige "perseverança" (v.1). Uma das maneiras de garantir que continuemos é nos livrarmos do peso da falta de perdão, mesquinharia e outros pecados que nos atrapalham e prejudicam.

Sem a ajuda de Jesus, é impossível completar essa corrida bem. Que possamos olhar para o "líder e aperfeiçoador de nossa fé" para que não fiquemos "cansados nem desanimados" (vv.2-3).

*KATARA PATTON*

**O que o impede de prosseguir em sua jornada
da vida? Como você pode perseverar
e livrar-se de todo peso que o torna vagaroso?**

*Deus, graças pela jornada que me propuseste.
Dá-me sabedoria para ficar longe do pecado que me assedia.*

**A BÍBLIA EM UM ANO:** SALMOS 37–39; ATOS 26

**26 DE JULHO** — GÊNESIS 3:8-13

# DEUS DO JARDIM

*...o homem e sua mulher ouviram o SENHOR Deus caminhando pelo jardim...* v.8

Muitos anos atrás, Joni Mitchell escreveu a canção chamada *Woodstock*, na qual ela descreveu sobre a raça humana estar presa a uma "barganha" com o diabo. Pedindo aos seus ouvintes que buscassem viver de forma mais simples e pacífica, ela cantou a respeito de um retorno ao "jardim". Nessa canção, Joni expressou o desejo de uma geração que estava em busca de propósito e significado.

O "jardim" poético de Joni é o Éden, é claro. O Éden foi o paraíso que Deus criou para nós no início. Naquele jardim, Adão e Eva se encontravam com Deus regularmente — até o dia em que barganharam com o diabo (GÊNESIS 3:6-7). Aquele dia foi diferente. "Quando soprava a brisa do entardecer, o homem e sua mulher ouviram o SENHOR Deus caminhando pelo jardim e se esconderam dele entre as árvores" (v.8).

Quando Deus lhes perguntou o que tinham feito, Adão e Eva começaram a culpar um ao outro. Apesar de sua negação, Deus não os deixou lá. "E o SENHOR Deus fez roupas de pele para Adão e sua mulher" (v.21), um sacrifício que alude à morte que Jesus sofreria para cobrir nossos pecados.

Deus não nos deu um caminho de volta para o Éden. O Senhor nos deu um caminho para a restauração do relacionamento com Ele. Não podemos retornar para o jardim, mas podemos voltar para o Deus do jardim. — TIM GUSTAFSON

**Há algo entre você e Deus hoje?
O que você pode lhe confessar para poder andar
com Ele na "brisa do entardecer"?**

*Pai, ajuda-me a não culpar os outros por minhas falhas.
Sou grato por Tua presença em minha vida.*

---

**A BÍBLIA EM UM ANO:** SALMOS 40–42; ATOS 27:1-26

**27 DE JULHO** — **MATEUS 11:25-29**

# A CHAVE

*Deixem que eu lhes ensine [...] sou manso e humilde de coração, e encontrarão descanso para a alma.* v.29

No livro *A Condição Humana* (Santuário, 2006), Thomas Keating relata um conto memorável. Certo professor perdeu a chave de casa e a procura em meio à grama. Seus alunos decidem ajudá-lo, mas sem sucesso. Finalmente, um dos alunos pergunta: "Mestre, você sabe onde pode ter perdido a chave?" O professor responde: "Claro! Na casa". Eles exclamam: "Então por que estamos procurando aqui fora?" "Não é óbvio? Há mais luz aqui", diz ele.

Perdemos a *chave* para ter "intimidade com Deus, a experiência da presença divina", conclui Keating. "Sem essa experiência, nada mais funciona; com ela, quase tudo funciona".

Como é fácil esquecer que nos altos e baixos da vida, Deus é a solução para nossos mais profundos anseios. Entretanto, quando estamos prontos a parar de procurar em todos os lugares errados, Deus está pronto para nos mostrar o verdadeiro descanso. Jesus louva o Pai por revelar os Seus caminhos, não aos "sábios e instruídos", mas "aos que são como crianças" (MATEUS 11:25). Em seguida, Jesus convida "todos que estão cansados e sobrecarregados" (v.28) a ir a Ele para descansar.

Como crianças, podemos encontrar o verdadeiro descanso ao aprendermos os caminhos do Mestre, que é "manso e humilde de coração" (v.29). Deus deseja nos receber em casa. MONICA LA ROSE

**Quando você sente-se propenso a buscar satisfação e alegria nos lugares errados? O que o ajuda a lembrar-se de buscar a paz somente em Deus?**

*Deus, como é fácil buscar por satisfação indevida. Ajuda-me a recorrer a ti para encontrar o verdadeiro descanso.*

---

**A BÍBLIA EM UM ANO:** SALMOS 43–45; ATOS 27:27-44

**28 DE JULHO**        🌿 **APOCALIPSE 5:8-14**

# QUANDO O MUNDO TODO CANTA

*...e entoavam [...] com teu sangue*
*compraste [...] pessoas de toda tribo,*
*língua, povo e nação.* v.9

Um *jingle* da década de 1970, criado como parte da campanha publicitária da Coca-Cola *"The Real Thing"* (Isso é que é — no Brasil) inspirou uma geração. O grupo *The New Seekers* o cantou como canção completa e subiu ao topo das paradas musicais no mundo todo. Mas muitos nunca esquecerão a versão original da TV que era cantada por jovens numa colina fora de Roma. Por mais fantasista que fosse, com visões de abelhas e árvores frutíferas, identificamo-nos com o desejo do compositor de ensinar o mundo a cantar com o coração e a harmonia do amor.

O apóstolo João descreve algo parecido com esse sonho idealizado, só que muito maior. Ele teve a visão de uma canção entoada por "todas as criaturas no céu, na terra, debaixo da terra e no mar" (APOCALIPSE 5:13). Não há nada de fantasista nesse hino. Nada poderia ser mais realista do que o preço pago por Aquele a quem essa canção é entoada. Também não poderia haver nada mais premonitório do que as visões de guerra, morte e a consequência que o Seu sacrifício de amor teria que superar.

No entanto, isso foi preciso para o Cordeiro de Deus levar o nosso pecado e derrotar a morte, superar nosso medo da morte, e ensinar todo o Céu e a Terra a cantar, em perfeita harmonia.

*MART DEHAAN*

**O que o faz cantar? O que acontece em sua mente e coração quando você acolhe a visão de João na qual todas as criaturas cantam juntas em louvor ao Cordeiro e Seu amor?**

*Pai Eterno, que eu sinta a grandeza*
*dos Teus feitos numa canção*
*que todos os seres viventes possam cantar*

**A BÍBLIA EM UM ANO**: SALMOS 46–48; ATOS 28

**29 DE JULHO**                        **SALMO 23**

# A BONDADE DE DEUS ME SEGUIRÁ

*Certamente a bondade e o amor me seguirão todos os dias da minha vida...* v.6

O meu primeiro emprego foi numa loja de roupas femininas na qual uma mulher disfarçada de cliente vigiava as pessoas suspeitas de furtar mercadorias. Segundo os donos da loja, algumas pessoas se encaixavam nesse perfil. Outras não consideradas como ameaça eram ignoradas. Eu também já fui seguida nas lojas, uma experiência interessante, pois ainda reconheço essa tática.

Diferentemente disso, Davi declarou que era seguido por bênçãos divinas: a bondade e o amor. Essas duas dádivas estão conectadas, seguindo-o não com suspeita, mas com amor verdadeiro. Esses "anjos da guarda" gêmeos, como o evangelista Charles Spurgeon descreveu a dupla, seguem os cristãos durante os dias sombrios e brilhantes. "Os dias sombrios do inverno, bem como os dias brilhantes do verão. A bondade supre as nossas necessidades, e o amor misericordioso apaga os nossos pecados".

Sendo pastor, Davi entendeu essa combinação de bondade e amor concedida por Deus. Outras coisas poderiam seguir os cristãos: medo, preocupação, tentação, dúvidas. Mas "certamente", Davi declara com muita convicção, a benignidade de Deus e Seu amor misericordioso nos seguem continuamente.

Como Davi se alegrou: "Certamente a bondade e o amor me seguirão todos os dias de minha vida, e viverei na casa do SENHOR para sempre." (SALMO 23:6). Que dádiva incrível!

*PATRÍCIA RAYBON*

**Você é abençoado pela bondade e o amor divino?
Como reconhecer melhor essas dádivas?**

*Deus, sou grato por me seguires
com tão boas intenções e duas lindas bênçãos:
Tua bondade e amor.*

**A BÍBLIA EM UM ANO**: SALMOS 49–50; ROMANOS 1

# POÇAS DE SOL

**JOÃO 1:1-5**

*...o povo que vivia na escuridão
viu uma grande luz...* MATEUS 4:16

Era um dia quente de verão, e minha neta Milena, 4, e eu estávamos descansando após brincar de jogar bola. Sentados na varanda, tomávamos água, quando Milena olhou para o quintal e disse: "Olhe para os reflexos do sol". A luz solar filtrava-se por entre as folhagens espessas para criar um reflexo de luz em meio às sombras escuras.

Poças de sol. Não é uma bela imagem para encontrar a esperança em dias sombrios? No meio do que muitas vezes podem ser tempos desafiadores — quando boas notícias parecem estar em falta —, em vez de nos concentrarmos nas sombras, podemos nos concentrar na luz.

A Luz tem um nome: Jesus. Mateus citou Isaías para descrever o brilho que veio ao mundo quando Jesus chegou: "o povo que vivia na escuridão viu uma grande luz, e sobre os que viviam na terra onde a morte lança sua sombra, uma luz brilhou" (MATEUS 4:16; ISAÍAS 9:2). Os efeitos do pecado estão ao nosso redor enquanto vivemos na "terra onde a morte lança sua sombra". Mas, brilhando através dessa sombra está Jesus, a grandiosa e gloriosa luz do mundo (JOÃO 1:4-5).

O sol do amor e da compaixão de Jesus rompe a sombra, dando-nos "poças de sol" para iluminar nossos dias e nosso coração com esperança.

*DAVE BRANON*

**Qual tipo de sombra escurece os seus dias?
De que maneira você pode permitir que o brilho da presença
e do amor de Jesus lhe tragam alegria e esperança?**

*Jesus, preciso da Tua presença
e do Teu amor para que eu saia das sombras
e permaneça sob a Tua luz.*

---

**A BÍBLIA EM UM ANO:** SALMOS 51–53; ROMANOS 2

# APROPRIE-SE DA DÁDIVA DO PERDÃO

*...prossigo a fim de conquistar
essa perfeição para a qual
Cristo Jesus me conquistou.* v.12

Em 11 de junho de 2002, estreou a competição *American Idol*. Toda semana, cantores esperançosos apresentavam suas versões de canções populares, e o público votava em quem avançava para a próxima rodada da competição.

Randy Jackson, um dos jurados no show, fez este comentário: "Você deu identidade própria a essa música, cara!" Ele esbanjou esse elogio quando um cantor escolheu uma música conhecida e a cantou de uma nova maneira que lhe deu uma interpretação única e pessoal. Foi como apossar-se completa e criativamente e "torná-la como algo que lhe pertence", e no palco oferecê-la ao mundo.

Paulo nos convida a fazer algo semelhante em relação a nossa fé e à forma como a expressamos. Ele rejeita as tentativas de sermos "declarados justos" perante Deus (FILIPENSES 3:7-8). Em vez disso, ensina-nos a acolher "a justiça que vem pela fé em Cristo" (v.9). A dádiva do perdão e da redenção transforma a nossa motivação e objetivos: "...prossigo a fim de conquistar essa perfeição para a qual Cristo Jesus me conquistou" (v.12).

Jesus garantiu a nossa vitória. Nosso dever é nos apropriarmos dessa verdade, internalizando a dádiva do evangelho de Deus e vivendo-a neste mundo caído. Em outras palavras, devemos nos apropriar de nossa fé e "prosseguir de maneira coerente com o que já alcançamos" (v.16).

ADAM HOLZ

**O que significa "prosseguir" em sua fé?
O que mais o encoraja e o sustenta a seguir em frente?**

*Jesus, agradeço por Tua dádiva
de redenção e amor na cruz. Ajuda-me
a ser grato e permanecer fiel.*

**A BÍBLIA EM UM ANO:** SALMOS 54–56; ROMANOS 3

★ TÓPICO DE AGOSTO / **Autenticidade**

# PRATICANDO A AUTENTICIDADE

Todos nós desejamos ser percebidos como pessoas autênticas. Como cristãos, às vezes sentimos pressão para fingir ou esconder partes de nossa vida que sabemos que não são perfeitas. Praticar a autenticidade em nossas palavras e atos começa com a conscientização de nossa necessidade de perdão. Culmina com a autenticidade porque nossa fraqueza pode glorificar a maravilhosa graça de Deus. Quais são algumas coisas que podemos fazer para praticar a verdadeira autenticidade?

*Peça a Deus para abrir nossos olhos.* Ore com o salmista: "Examina-me, ó Deus, e conhece meu coração [...] Mostra-me se há em mim algo que te ofende..." (SALMO 139:23-24). Considere em oração o que Ele lhe traz à mente.

*Responda com humilde arrependimento.* Considere a parábola do fariseu e do cobrador de impostos. Enquanto o fariseu se vangloriou da própria justiça, o cobrador de impostos se arrependeu e disse: "Deus, tem misericórdia de mim, pois sou pecador" (LUCAS 18:13). Jesus disse que o cobrador de impostos foi para casa justificado diante de Deus: "Pois aqueles que se exaltam serão humilhados, e aqueles que se humilham serão exaltados" (v.14).

*Regozije-se na graça de Deus.* Paulo testificou o que Deus diz: "Minha graça é tudo de que você precisa. Meu poder opera melhor na fraqueza" (2 CORÍNTIOS 12:9). Reconhecer nossas fraquezas e pecados nos coloca no lugar certo para buscar o perdão de Deus e ser transformados para sermos mais como Cristo por meio do Espírito Santo.

*Comprometa-se com a honestidade.* Seja autêntico com os outros, mesmo que isso possa mudar a percepção deles sobre nós. Devemos decidir com antecedência agradar a "Deus, que examina as intenções de nosso coração" (1 TESSALONICENSES 2:4).

Pode ser humilhante e desafiador viver uma vida autêntica em Jesus. Mas à medida que o Senhor nos ajuda, Ele será honrado, e os outros verão a autenticidade de nossa fé.

**KAREN PIMPO**

Além deste artigo, o tema *autenticidade* é abordado nos devocionais dos dias **1, 9, 16** e **23** de **agosto**.

**1º DE AGOSTO**  🌿 **PROVÉRBIOS 15:31-33**

★ *TÓPICO DE AGOSTO: AUTENTICIDADE*

# CRÍTICA CONSTRUTIVA

*Quem dá ouvidos à crítica construtiva se sente à vontade entre os sábios.* v.31

"Tivemos uma conversa difícil recentemente", disse Sheila. "Não acho que nenhuma de nós tenha gostado, mas senti que sua atitude e ações precisavam ser abordadas para não magoar as pessoas ao seu redor". Sheila estava falando sobre a jovem que ela orienta. Embora desconfortável, a conversa foi frutífera e fortalecedora. Pouco depois, as duas lideraram um estudo sobre a oração na igreja com o tema humildade.

Mesmo não sendo mentores, teremos conversas difíceis com irmãos em Cristo. Em Provérbios, um livro cheio de sabedoria, a importância da humildade em dar e receber correção é um tema recorrente. De fato, a crítica construtiva é chamada de "vivificante" e leva à verdadeira sabedoria. Na Bíblia está escrito que o tolo rejeita a disciplina, enquanto aqueles que acatam a correção mostram bom senso. Resumindo: "quem odeia a repreensão morrerá" (PROVÉRBIOS 15:5,10). Como Sheila relatou, a verdade falada em amor pode trazer nova vida a um relacionamento.

Há alguém que precise ouvir uma crítica construtiva em amor? Ou talvez você tenha recebido recentemente uma sábia advertência e foi tentado a responder com raiva ou indiferença. Rejeitar a disciplina é prejudicar-se a si mesmo, mas quem dá ouvidos à repreensão adquire entendimento (v.32). Peçamos a ajuda de Deus para darmos e recebermos correção com humildade. *KAREN PIMPO*

**Como você lida com críticas construtivas?
O que é a humildade?**

*Deus, busco a Tua sabedoria.
Por favor, dá-me um coração humilde para
receber a correção que traz vida.*

---

**A BÍBLIA EM UM ANO:** SALMOS 57–59; ROMANOS 4

2 DE AGOSTO — 2 TIMÓTEO 4:9-22

# JUNTOS NISTO

*Na primeira vez que fui levado perante o juiz, ninguém me acompanhou. Todos me abandonaram...* v.16

Kelly lutava contra um câncer cerebral quando veio a pandemia. Fluidos se acumularam ao redor de seu coração e pulmões, e ela foi hospitalizada. A família não pôde visitá-la por causa da pandemia, mas seu marido, Davi, prometeu fazer algo.

Reunindo seus familiares, Davi lhes pediu que fizessem cartazes com mensagens. Usando máscaras, 20 pessoas ficaram em frente ao hospital segurando os cartazes: "A MELHOR MÃE!" "NÓS TE AMAMOS". "ESTAMOS JUNTOS". Com a ajuda de uma enfermeira, Kelly foi à janela e eles a viram. "Tudo o que vimos foi uma máscara e uma mão acenando", postou seu marido nas redes sociais, "mas foi uma linda máscara e uma mão acenando".

Já idoso, o apóstolo Paulo se sentiu sozinho ao definhar numa prisão romana. Ele escreveu a Timóteo: "Faça todo o possível para estar aqui antes do inverno" (2 TIMÓTEO 4:21). No entanto, Paulo não estava totalmente sozinho, pois disse: O "Senhor permaneceu ao meu lado e me deu forças" (v.17). É evidente que ele tinha algum contato encorajador com outros cristãos. "Êubulo lhe manda lembranças", disse ele a Timóteo, "e também Prudente, Lino, Cláudia e todos os irmãos" (v.21).

Fomos criados para a comunidade e sentimos isso mais intensamente quando estamos em crise. O que você pode fazer por alguém que esteja se sentindo sozinho hoje? TIM GUSTAFSON

**Quando você se sentiu mais sozinho? Deus o confortou em momentos de separação dos seus familiares?**

*Querido Pai, obrigado pelo consolo do Teu Espírito e pela comunidade de cristãos que Tu me deste.*

**A BÍBLIA EM UM ANO:** SALMOS 60–62; ROMANOS 5

**3 DE AGOSTO**        🌿 **APOCALIPSE 8:1-6**

# QUANDO A ORAÇÃO ABALA A TERRA

*A fumaça do incenso, misturada às orações do povo santo, subiu [...] até a presença de Deus.* v.4

O Dr. Gary Greenberg amplia e fotografa a areia das praias pelo mundo, muitas vezes revelando salpicos surpreendentes e vibrantes da cor dos minerais, conchas e fragmentos de corais contidos nela. Descobriu que há mais na areia do que o que vemos. Ao estudar a composição da areia, a análise microscópica do seu conteúdo mineral pode revelar muito sobre a erosão, correntes costeiras e seus efeitos no litoral. Um grão de areia pode fornecer informações valiosas!

Uma única oração, como um grão de areia, pode ser algo importante. A Bíblia indica o papel poderoso da oração na vinda do reino de Deus. No livro de Apocalipse, João vê um anjo diante do trono de Deus com um incensário de ouro contendo "as orações do povo santo [...] Então o anjo encheu o incensário com fogo do altar e o lançou sobre a terra, e houve trovões, estrondos, relâmpagos e um grande terremoto" (8:3,5). Logo após o anjo lançar o incensário cheio de fogo e oração, sete anjos com sete trombetas "se prepararam para tocá-las" (v.6), anunciando os últimos dias e a volta de Cristo.

Às vezes, sentimos que as nossas orações não têm valor, mas Deus as valoriza tanto que, de alguma maneira, elas até desempenham um papel importante na consumação de Seu reino. O que parece a menor oração para nós pode ter, com Ele, um peso de estremecer a Terra!

*JAMES BANKS*

**Por que Jesus quer que oremos pela vinda do reino de Deus** (MATEUS 6:10)**?**

*Pai, por favor, ajuda-me a ser fiel na oração hoje.*

Para saber mais sobre o ato de orar, acesse: paodiario.org

**A BÍBLIA EM UM ANO**: SALMOS 63–65; ROMANOS 6

**4 DE AGOSTO** — GÊNESIS 1:20-21, 24-28

# O PRIVILÉGIO DA MORDOMIA

*...Dominem sobre os peixes do mar, sobre as aves do céu e sobre todos os animais que rastejam...* v.28

Durante as férias, meu marido e eu caminhávamos ao longo da praia e vimos uma cerca improvisada bloqueando parte da área. Um jovem explicou que uma equipe de voluntários mantinha sob guarda os ovos de tartarugas marinhas, em cada ninho, 24 horas por dia. Assim que os filhotes saem de seu ninho, a presença de animais e humanos ameaça e diminui a chance de sobrevivência deles. "Mesmo com todos os nossos esforços", disse ele, "estima-se que apenas um em cada cinco mil filhotes atinja a idade adulta". Mesmo assim, esses números desoladores não desencorajaram esse jovem. Sua paixão por cuidar dos filhotes intensificou o meu desejo de respeitar e proteger as tartarugas marinhas. Agora, uso um pingente de tartaruga marinha que me lembra da responsabilidade dada por Deus para cuidar das criaturas que Ele criou.

Quando Deus criou o mundo, Ele providenciou um *habitat* onde cada criatura poderia viver e se reproduzir (GÊNESIS 1:20-25). Quando Deus nos criou à Sua imagem, Ele planejou que dominássemos "sobre os peixes do mar, sobre as aves do céu, sobre os animais domésticos, sobre todos os animais selvagens da terra e sobre todos os animais que rastejam pelo chão" (v.26). Deus nos ajuda a servi-lo como mordomos responsáveis que usam a autoridade concedida por Ele para cuidar de Sua criação. *XOCHITL DIXON*

> **Você cuida da criação de Deus?**
> **Como você pode se tornar**
> **um melhor mordomo nesta semana?**
>
> *Deus, como posso ser mordomo*
> *de Tua criação e inspirar outros a cuidar*
> *do mundo que Tu nos confiaste?*

**A BÍBLIA EM UM ANO**: SALMOS 66–67; ROMANOS 7

**5 DE AGOSTO** — JOÃO 15:1-8

# PRECISAMOS DO AUXÍLIO DE JESUS

*...Pois, sem mim, vocês não podem fazer coisa alguma.* v.5

Finalmente chegou o dia em que percebi que meu pai não era indestrutível. Quando menino, sabia de sua força e determinação. Mas, ao tornar-me adulto, ele lesionou as costas e entendi que afinal meu pai era mortal. Fiquei com os meus pais para ajudá-lo com as necessidades básicas de higiene e alimentação — isso era humilhante para o meu pai. Ele fez tentativas para realizar pequenas tarefas, mas admitiu: "Não posso fazer nada sem a sua ajuda". Ele se recuperou, mas essa experiência nos ensinou uma lição importante: precisamos um do outro.

E embora precisemos uns dos outros, precisamos de Jesus ainda mais. Em João 15, a imagem figurativa da videira e dos ramos continua a ser aquela a que nos apegamos. No entanto, uma das outras frases, embora consoladoras, também pode atingir a nossa autossuficiência. O pensamento que pode facilmente se infiltrar em nossa mente é: *não preciso de ajuda*. Jesus é muito claro: "sem mim, vocês não podem fazer coisa alguma" (v.5). Cristo está falando sobre dar frutos, como "amor, alegria, paz" (GÁLATAS 5:22), características básicas de um discípulo. Jesus nos chama para frutificarmos, e a nossa total confiança nele produz a vida frutífera, para a glória do Pai (JOÃO 15:8).

*JOHN BLASE*

**A oração "Sem ti nada posso fazer" é simples e poderosa. O que você está enfrentando hoje que precisa de oração? Como ter a certeza de que Deus está com você e o ama?**

*Pai, longe de ti, não posso fazer coisa alguma.*

---

**A BÍBLIA EM UM ANO**: SALMOS 68–69; ROMANOS 8:1-21

**6 DE AGOSTO** — **EZEQUIEL 17:19-24**

# ENTREGANDO O CONTROLE A DEUS

*...eu, o Senhor, derrubo a árvore alta
e faço crescer a árvore baixa.* v.24

Imagine um poderoso carvalho que seja pequeno o suficiente para caber em uma mesa de cozinha. Asim é um bonsai: uma bela árvore ornamental, em miniatura, do que se encontra na natureza. Não há diferença genética entre um bonsai e outra árvore em tamanho real. É um vaso raso, a poda dos galhos e da raiz restringe o crescimento, e a planta permanece pequena.

Os bonsais são maravilhosos como plantas decorativas, e ilustram o poder do controle. É verdade que podemos manipular seu crescimento, mas, em última análise, Deus é Aquele que os faz crescer.

Deus falou com o profeta Ezequiel desta maneira: "...eu, o Senhor, derrubo a árvore alta e faço crescer a árvore baixa" (EZEQUIEL 17:24). Deus estava prefigurando eventos futuros quando "desarraigou" a nação de Israel, permitindo que os babilônios a invadissem. No futuro, no entanto, Deus plantaria uma nova árvore em Israel que daria frutos, com "aves de toda espécie" encontrando abrigo "à sombra de seus ramos" (v.23). Deus lhes assegurou de que não importava o quanto os próximos eventos parecessem fora de controle, Ele ainda estava no comando.

O mundo nos diz para tentarmos controlar nossas circunstâncias com manipulação e trabalho árduo. Mas encontramos a verdadeira paz e o crescimento quando entregamos o controle ao Único que pode fazer as árvores crescerem.

*KAREN PIMPO*

**De que maneira a confiança
de que Deus está no controle lhe traz paz?**

*Louvamos-te, amado a Deus,
como o Rei Todo-poderoso. Ajuda-me a
sempre reconhecer o Teu senhorio.*

---

**A BÍBLIA EM UM ANO**: SALMOS 70–71; ROMANOS 8:22-39

**7 DE AGOSTO** — ISAÍAS 40:28-31

# FORÇA PARA ABRIR MÃO

*...Ele nunca perde as forças
nem se cansa...* v.28

O halterofilista Paul Anderson estabeleceu um recorde mundial nas Olimpíadas de 1956, em Melbourne, Austrália, mesmo estando com febre alta e dor de ouvido. Ficando para trás dos competidores classificados, sua única chance de medalha de ouro era estabelecer um novo recorde em sua última prova. Suas duas primeiras tentativas falharam terrivelmente. Então, o atleta fez o que até o mais fraco pode fazer. Ele clamou a Deus por mais força, abrindo mão do seu próprio eu. Como ele disse mais tarde: "Não foi uma barganha. Eu precisava de ajuda". Com seu levantamento final, ele içou 187,5 kg sobre a cabeça.

O apóstolo Paulo escreveu: "Pois, quando sou fraco, então é que sou forte" (2 CORÍNTIOS 12:10). Ele falava de força espiritual, sabendo que o poder de Deus "opera melhor na fraqueza" (v.9). Como o profeta Isaías declarou: "[O SENHOR] dá força aos cansados e vigor aos fracos" (40:29).

Como adquirir tanta força? Permanecer em Jesus. "Pois, sem mim, vocês não podem fazer coisa alguma", disse Ele (JOÃO 15:5). Como o halterofilista costumava dizer: "Se o homem mais forte do mundo não consegue passar um dia sem o poder de Jesus Cristo, o que você deve fazer?" Para descobrir, podemos nos libertar de nossa força ilusória, pedindo a Deus por Sua ajuda. PATRÍCIA RAYBON

**O que acontece ao dependermos da força divina?
De que maneira o fato de permanecermos
firmes em Jesus nos fortalece?**

*Deus, os fardos da vida
parecem muito pesados, mas permanecer em ti
me fortalece para prosseguir e vencer.*

**A BÍBLIA EM UM ANO**: SALMOS 72–73; ROMANOS 9:1-15

**8 DE AGOSTO**             🌿 **PROVÉRBIOS 22:6,17-21**

# DISCERNINDO OS CAMINHOS CERTOS

*Ensine seus filhos no caminho certo, e,*
*mesmo quando envelhecerem, não se*
*desviarão dele.* v.6

Ninguém teria acreditado que o skatista brasileiro Felipe Gustavo, 16, se tornaria "um dos mais lendários do planeta". Seu pai acreditava que ele precisava perseguir seu sonho de ser skatista profissional, mas eles não tinham dinheiro. Então o pai vendeu o carro e levou o filho à famosa competição de skate na Flórida. Ninguém tinha ouvido falar de Gustavo até ele vencer. E a vitória o projetou a uma carreira incrível. O pai de Gustavo teve a capacidade de entender o desejo e a paixão de seu filho. "Quando me tornar pai", disse Gustavo, "só quero ser pelo menos 5% do que meu pai foi para mim".

Provérbios descreve a oportunidade que os pais têm de ajudar os filhos a discernir a maneira única como Deus os criou, com energia e personalidade, e então orientá-los e encorajá-los para serem quem Deus os criou para ser. "Ensine seus filhos no caminho certo", disse o escritor, "e, mesmo quando envelhecerem, não se desviarão dele" (22:6).

Podemos não possuir vastos recursos ou conhecimentos profundos. Contudo, com a sabedoria de Deus (vv.17-21) e nosso amor atencioso, podemos oferecer aos nossos filhos e a outras crianças dentro da nossa esfera de influência um imenso presente. Podemos ajudá-los a confiar em Deus e a discernir os caminhos que podem seguir por toda a vida (3:5-6).    *WINN COLLIER*

**Você conhece um pai atento**
**ao coração ou à energia de seu filho? Como Deus**
**lhe revelou o Seu cuidado a você?**

*Pai, ao observar como bons pais*
*prestam atenção aos filhos, sei que Tu és*
*o Pai mais verdadeiro.*

---

**A BÍBLIA EM UM ANO**: SALMOS 74–76; ROMANOS 9:16-33

**9 DE AGOSTO**             **TIAGO 4:1-11**

★ *TÓPICO DE AGOSTO: AUTENTICIDADE*

# A HUMILDADE É A VERDADE

*Humilhem-se diante do Senhor,
e ele os exaltará.* v.10

Refletindo sobre o motivo de Deus valorizar tanto a humildade, Teresa de Ávila, no século 16, de repente percebeu a resposta: "É porque Deus é a Verdade suprema, e a humildade é a verdade. Nada de bom em nós surge do nosso interior. Em vez disso, vem das águas da graça, perto das quais a alma repousa, como uma árvore plantada perto de um rio, e daquele Sol que dá vida às nossas obras". Teresa concluiu que é por meio da oração que nos ancoramos nessa realidade, pois "todo o fundamento da oração é a humildade. Quanto mais nos humilhamos em oração, mais Deus nos exaltará".

As palavras de Teresa sobre humildade ecoam com as Escrituras, em Tiago 4. Nessa passagem, Tiago alertou sobre a natureza autodestrutiva do orgulho e da ambição egoísta, o oposto de uma vida sob a dependência da graça de Deus (vv.1-6). Ele enfatizou que a única solução para uma vida de ganância, desespero e conflito constante é nos arrependermos de nosso orgulho em troca da graça de Deus. Ou, em outras palavras, "humilhem-se diante do Senhor", com a certeza de que "*ele* os exaltará" (v.10).

Somente quando estamos enraizados nas águas da graça, podemos estar nutridos pela "sabedoria que vem do alto" (3:17). Somente em Deus podemos ser exaltados pela verdade.

*MONICA LA ROSE*

**De que maneira o orgulho o impede de orar
e verdadeiramente experimentar a graça de Deus?
Você já experimentou a graça de ser humilde ao orar?**

*Deus, graças pelo dom da vida e porque em ti
encontro tudo o que preciso e muito mais.*

Para mais estudos sobre "decisões", acesse: paodiario.org

**A BÍBLIA EM UM ANO**: SALMOS 77–78; ROMANOS 10

**10 DE AGOSTO**      🌿 **ESTER 4:7-14**

# POSICIONANDO-SE COM OUSADIA

*...Quem sabe não foi justamente para
uma ocasião como esta que você
chegou à posição de rainha?* v.14

Em uma pequena cidade, a violência doméstica representa 40% dos crimes. O pastor local diz que o problema está frequentemente escondido em nossas comunidades de fé por ser desconfortável falar sobre isso. Assim, em vez de se esquivar do problema, os pastores optaram por abordá-lo corajosamente. Eles aprenderam a reconhecer os sinais de violência e apoiam as organizações sem fins lucrativos que enfrentam essa questão. Reconhecendo o poder da fé e da ação, um deles disse: "Nossas orações, compaixão e apoio verdadeiro podem fazer significativa diferença".

Quando Ester, rainha da Pérsia, hesitou em falar contra uma lei que autorizava o genocídio de seu povo, ela foi avisada por seu tio que, se permanecesse em silêncio, ela e sua família morreriam também (ESTER 4:13-14). Sabendo que era hora de ser ousado e posicionar-se, Mardoqueu lhe perguntou: "Quem sabe não foi justamente para uma ocasião como esta que você chegou à posição de rainha?" (v.14). Quer sejamos chamados a nos posicionar contra a injustiça ou a perdoar alguém que tenha nos causado angústia, a Bíblia nos garante que, em circunstâncias desafiadoras, Deus nunca nos abandonará (HEBREUS 13:5-6). Quando buscamos a ajuda de Deus nos momentos difíceis, Ele nos dará "poder, amor e autocontrole" para cumprirmos a nossa tarefa até o fim (2 TIMÓTEO 1:7).

*KIMYA LODER*

**O que Deus lhe pede para fazer?
Quais ferramentas Ele já disponibilizou?**

*Pai, graças por Teu chamado em minha vida.
Ajuda-me a superar o medo e a agir com confiança e fé.*

---

**A BÍBLIA EM UM ANO**: SALMOS 79–80; ROMANOS 11:1-18

**11 DE AGOSTO**      🌿 **ROMANOS 11:33-36**

# RIQUEZAS INCALCULÁVEIS

*Como são grandes as riquezas,
a sabedoria e o conhecimento
de Deus!...* v.33

Numa órbita entre Marte e Júpiter, aproxima-se um asteroide que vale trilhões de dólares. Os cientistas dizem que o *16 Psyche* está repleto de ouro, ferro, níquel e platina de valor incalculável. Por enquanto, os terráqueos não estão tentando minerar esse rico recurso, mas os Estados Unidos planejam enviar uma sonda para estudar a valiosa rocha. A promessa de riquezas incalculáveis fora do alcance pode ser tentadora e frustrante. Com o tempo, haverá pessoas que defenderão sua exploração.

E quanto à perspectiva das riquezas ao nosso alcance? Será que todos não iríamos nessa direção? Escrevendo para a igreja em Roma, o apóstolo Paulo falou sobre as riquezas que podemos alcançar — as que encontramos em nosso relacionamento com Deus. Ele escreveu: "Como são grandes as riquezas, a sabedoria e o conhecimento de Deus!" (ROMANOS 11:33). O erudito bíblico, James Denney, as descreveu como "a incalculável riqueza do amor que permite a Deus fazer muito mais do que satisfazer as grandes necessidades do mundo".

Não é disso que precisamos muito mais do que pepitas de ouro de algum asteroide distante? Podemos extrair as riquezas da sabedoria e do conhecimento de Deus encontradas nas Escrituras conforme o Espírito Santo nos conduz. Que Deus nos oriente a cavar essas riquezas, a conhecê-lo e valorizá-lo mais. *DAVE BRANON*

**O que significa ser rico no amor de Deus?
Como buscar pelas riquezas eternas?**

*Pai, à medida que eu o sigo, ajuda-me
a buscar a Tua sabedoria,
Teu julgamento e os Teus caminhos.*

Para mais estudos sobre a sabedoria de Deus, acesse: paodiario.org

**A BÍBLIA EM UM ANO**: SALMOS 81–83; ROMANOS 11:33-36

**12 DE AGOSTO**      🌿 **JOEL 1:1-7, 19-20**

# ATRAÍDOS PELO DESASTRE

*Socorro, SENHOR!* v.19

Em 1717, uma tempestade assolou por dias o norte da Europa. Milhares perderam a vida na Holanda, Alemanha e Dinamarca. A história revela uma reação interessante pelo menos por parte do governo local. As autoridades da cidade holandesa de Groningen convocaram um "dia de oração" em resposta ao desastre. Há relatos de que eles se reuniram em igrejas e "ouviram sermões, cantaram salmos e oraram por horas".

O profeta Joel descreve um desastre enfrentado pelo povo de Judá que também resultou em oração. Um enxame de gafanhotos cobriu a terra, "destruiu videiras e arruinou figueiras" (JOEL 1:7). Enquanto ele e o povo estavam debilitados pela devastação, Joel orou: "Socorro, SENHOR!" (1:19). Direta e indiretamente, tanto o povo do norte da Europa quanto o de Judá sofreram desastres que tiveram origem nos efeitos do pecado deste mundo caído (GÊNESIS 3:17-19; ROMANOS 8:20-22). Mas também descobriram que isso os fez clamar a Deus e buscá-lo em oração (JOEL 1:19). E Deus disse: "...Voltem para mim de todo o coração..." (2:12).

Quando enfrentarmos dificuldades e desastres, que possamos nos voltar a Deus — talvez angustiados, talvez arrependidos. "Compassivo" e "cheio de amor" (v.13), Ele nos atrai a si, consolando-nos e ajudando-nos no que precisamos.    *TOM FELTEN*

> **Por que as pessoas se voltam a Deus em meio aos desastres? De que maneira Deus pode usar os momentos difíceis para nos atrair a Ele?**
>
> *Pai, ao enfrentar dificuldades,*
> *ajuda-me a buscar-te para encontrar a esperança*
> *que Tu podes conceder.*

---

**A BÍBLIA EM UM ANO:** SALMOS 84–86; ROMANOS 12

**13 DE AGOSTO**        **LUCAS 10:27-37**

# MONSTRO, O PEIXE DOURADO

*...Ame o seu próximo
como a si mesmo.* v.27

Laura estava num *pet shop,* e um peixe triste no fundo do aquário chamou sua atenção. Suas escamas estavam pretas e havia lesões no corpo dele. Ela resgatou o peixe e o chamou de "Monstro" em homenagem à baleia no conto Pinóquio. Colocou-o num aquário "hospital", e trocou a água diariamente. Lentamente, o Monstro melhorou, começou a nadar e cresceu. Suas escamas negras se tornaram douradas e, com o cuidado de Laura, ele voltou a ser saudável!

Jesus nos conta sobre um viajante que foi espancado, roubado e deixado para morrer. Um sacerdote e um levita passaram, ignorando o sofrimento dele. Mas um samaritano — membro de um grupo de pessoas desprezadas — cuidou dele, e até pagou por suas despesas (LUCAS 10:33-35). Ao declarar o samaritano como o verdadeiro "próximo", Jesus encorajou os Seus ouvintes a fazerem o mesmo.

O que Laura fez por um peixinho moribundo podemos fazer pelos necessitados ao nosso redor. Sem-teto, desempregados, portadores de necessidades especiais e "próximos" solitários estão em nosso caminho. Que a tristeza deles atraia os nossos olhos e nos leve a responder com generosidade. Uma saudação gentil. Uma refeição compartilhada. Algum dinheiro colocado na palma da mão ao cumprimentar. Como Deus pode nos usar para oferecer Seu amor aos outros, um amor que pode renovar todas as coisas?

*ELISA MORGAN*

**Como ajudar amigavelmente?
O que podemos fazer pelos necessitados?**

*Deus, obrigado por me renovares! Que eu seja
o "próximo" dos que precisam do Teu cuidado.*

---

**A BÍBLIA EM UM ANO**: SALMOS 87-88; ROMANOS 13

**14 DE AGOSTO** — **DEUTERONÔMIO 31:1-8**

# GRAÇA PARA AS PROVAÇÕES

*Não tenha medo nem desanime [...]*
*Ele estará com vocês; não os deixará*
*nem os abandonará.* v.8

Annie Johnson Flint teve artrite severa quando era jovem, parou de andar e passou a depender da ajuda de outras pessoas. Por causa de sua poesia e hinos, recebia muitas visitas, incluindo uma diaconisa desanimada com seu próprio ministério. Numa carta posterior, essa visitante indagou a Annie por que Deus permitia tantas dificuldades na vida dessa mesma senhora.

Em resposta, Annie lhe enviou um poema: "Deus não prometeu céus sempre azuis, caminhos repletos de flores por toda a nossa vida..." Ela sabia que o sofrimento ocorre com frequência, mas que Deus nunca abandona aqueles a quem ama. Em vez disso, Ele prometeu dar "graça para as provações, ajuda do alto / simpatia infalível, amor eterno". Esse poema é o hino *What God Hath Promised* (O que Deus prometeu).

Moisés também enfrentou conflitos, mas sabia que a presença de Deus estava com ele. Quando passou a liderança que exercia a Josué, disse-lhe para ser forte e corajoso, porque "o SENHOR, seu Deus, irá adiante de vocês" (DEUTERONÔMIO 31:6). Moisés, sabendo que o povo de Israel enfrentaria inimigos na Terra Prometida, disse a Josué: "Não tenha medo nem desanime" (v.8).

Como discípulos de Cristo, enfrentaremos dificuldades e lutas, mas temos o Espírito de Deus para nos encorajar. Ele nunca nos deixará.

*AMY BOUCHER PYE*

**Ao passar por provações, você confia em Deus?**
**Como compartilhar com outras pessoas**
**o seu testemunho sobre a fidelidade de Deus?**

*Pai, ao me sentir desanimado e angustiado,*
*por favor, lembra-me de que nunca me deixarás.*

---

**A BÍBLIA EM UM ANO:** SALMOS 89–90; ROMANOS 14

**15 DE AGOSTO**  ·  **EFÉSIOS 4:2-13**

# A METÁFORA DO CASAMENTO

*Sejam sempre humildes e amáveis,*
*tolerando pacientemente uns aos*
*outros em amor.* v.2

Após 22 anos, pergunto-me como meu casamento ainda dá certo. Sou escritor; Merryn é estatística. Trabalho com palavras; ela, com números. Quero beleza; ela, funcionalidade. Ela chega aos compromissos mais cedo; eu, às vezes, atraso. Experimento coisas novas do cardápio; ela, sempre o mesmo. Numa galeria de arte, quando estou apenas começando, ela já está pronta. Damos um ao outro muitas oportunidades para praticar a paciência!

Temos coisas em comum: senso de humor, amor por viagens e fé, que nos ajuda a orar por aquilo que é necessário. Com essa base compartilhada, nossas diferenças até funcionam a nosso favor. Minha esposa me ajudou a aprender a relaxar; eu lhe ensinei disciplina. Trabalhar com nossas diferenças nos tornou pessoas melhores.

Paulo usa a metáfora do casamento para a igreja (EFÉSIOS 5:21-33). Como o casamento, a igreja reúne pessoas muito diferentes, exigindo que desenvolvam humildade e paciência e que "[tolerem] uns aos outros em amor" (4:2). E, como no casamento, uma base compartilhada de fé e serviço ajuda a igreja a se tornar unificada e madura (vv.11-13).

As diferenças podem causar frustração — na igreja e no casamento. Mas bem administradas, podem nos ajudar a nos tornarmos mais semelhantes a Cristo.

*SHERIDAN VOYSEY*

**Como as diferenças entre você e quem lhe é próximo os ajudaram a crescer? As diferenças entre os membros da igreja ajudam todos a desenvolver piedade?**

*Pai, usa as nossas diferenças*
*para nos ajudar a amadurecer.*

---

**A BÍBLIA EM UM ANO:** SALMOS 91–93; ROMANOS 15:1-13

**16 DE AGOSTO**  •  **SALMO 51:10-17**

★ *TÓPICO DE AGOSTO: AUTENTICIDADE*

# MOÍDO E BELO

*O sacrifício que desejas é um espírito quebrantado; não rejeitarás um coração humilde e arrependido.* v.17

À primeira vista, não gostei da pintura *Consider the lilies*, de Makoto Fujimura. Era simples e monocromática com um lírio aparentemente escondido no fundo. No entanto, ela ganhou vida quando soube que foi pintada com mais de *80 camadas* de minerais finamente moídos em um estilo de arte japonesa que Fujimura chama de "arte lenta". Olhando de perto, veem-se camadas de complexidade e beleza. O artista explica que vê o evangelho como essa técnica que traz "beleza por meio do quebrantamento", assim como o sofrimento de Jesus trouxe plenitude e esperança ao mundo.

Deus ama utilizar aspectos de nossa vida onde fomos moídos e quebrados e criar algo novo e belo. O rei Davi precisava da ajuda divina para reparar o que suas próprias ações causaram na vida dele. No Salmo 51, escrito após ele admitir que abusou de seu poder real para tomar a esposa de outro homem e providenciar o assassinato dele, Davi ofereceu a Deus seu "coração humilde e arrependido" (v.17) e implorou por misericórdia. A palavra hebraica para "arrependido" é *nidkeh*, que significa "moído".

Para que Deus remodelasse o coração de Davi (v.10), ele teve de oferecer a Ele os pedaços quebrados, admitir seu pesar e confiar. Davi confiou seu coração ao Deus fiel e misericordioso, que utiliza o que foi moído e o transforma em algo belo.    *LISA SAMRA*

**Quais partes do seu coração estão moídas?
Você quer entregar o seu quebrantamento a Deus?**

*Pai, confio minha vida a ti, crendo que
Tu a transformarás em algo verdadeiramente belo.*

---

**A BÍBLIA EM UM ANO:** SALMOS 94–96; ROMANOS 15:14-33

**17 DE AGOSTO** 🌿 **ATOS 15:36-40**

# COMO FUI FORMADO

*Barnabé queria levar João Marcos,*
*mas Paulo se opôs... vv.37-38*

Aos 7 anos, Thomas Edison não gostava e nem ia bem na escola. Foi até chamado de mentalmente confuso por uma professora. Depois de falar com essa professora, sua mãe, também professora, decidiu ensinar o filho em casa. Ajudado por seu amor e incentivo (e sua genialidade dada por Deus), Thomas tornou-se um grande inventor. Posteriormente, ele escreveu: "Minha mãe me fez crescer. Ela era tão verdadeira, tão segura de mim, e eu senti que tinha alguém por quem viver, que não devia decepcioná-la".

Em Atos 15, lemos que Barnabé e o apóstolo Paulo serviram juntos como missionários até que se desentenderam sobre se deviam ou não levar João Marcos com eles. Paulo se opôs, pois Marcos os havia "abandonado na Panfília" (vv.36-38). Como resultado, Paulo e Barnabé se separaram. Paulo levou Silas; Barnabé levou Marcos. Barnabé estava disposto a dar a Marcos uma segunda chance, e seu encorajamento contribuiu para a habilidade de Marcos em servir e ser bem-sucedido como missionário. O jovem escreveu o evangelho de Marcos e foi conforto para Paulo enquanto este estava na prisão (2 TIMÓTEO 4:11).

Muitos de nós podemos olhar retrospectivamente e destacar alguém que nos encorajou e ajudou ao longo do caminho. Quem sabe, Deus esteja lhe chamando para fazer o mesmo por outra pessoa. Quem você pode encorajar?

*ALYSON KIEDA*

**Quem confiou em você e o ajudou a alcançar**
**os seus objetivos? Como essa pessoa o encorajou?**

*Deus, graças por estares*
*ao meu lado e pelas pessoas em minha vida*
*que me ajudam a ser quem sou.*

---

**A BÍBLIA EM UM ANO:** SALMOS 97–99; ROMANOS 16

**18 DE AGOSTO**  •  **SALMO 103:13-18**

# UM PAI COMPASSIVO

*O Senhor é como um pai para seus filhos,
bondoso e compassivo para
os que o temem.* v.13

Gabriel foi submetido a uma cirurgia para remover um tumor cerebral e ficou com uma cicatriz na lateral da cabeça. Quando o menino disse que se sentia como um monstro, Josué decidiu demonstrar o quanto o amava fazendo uma tatuagem em sua cabeça com o mesmo formato da cicatriz do filho.

O salmista diz que esse é o tipo de amor bondoso e compassivo que Deus tem por "seus filhos" (SALMOS 103:13). Usando uma metáfora tirada da vida humana, Davi ilustrou o amor de Deus. Ele afirmou que esse amor é tão bondoso e compassivo quanto o cuidado de um bom pai por seus filhos (v.17). Assim como o pai humano demonstra compaixão por seus filhos, também Deus, nosso Pai celestial, demonstra amor e cuidado com os que o temem. Deus é Pai compassivo, e compreende o Seu povo.

Quando estamos fracos e nos sentimos não amados por causa das cicatrizes da vida, que possamos receber, pela fé, o amor de nosso Pai celestial. Ele demonstrou Sua compaixão ao enviar seu Filho que "deu sua vida por nós" (1 JOÃO 3:16) — por nossa salvação. Por esse único ato sacrificial, podemos experimentar o amor de Deus e olhar para a cruz e ver esse amor. Você não está feliz por ter um Sumo Sacerdote que "entende [suas] fraquezas" (HEBREUS 4:15)? As Suas cicatrizes provam isso.

*MARVIN WILLIAMS*

**Qual a diferença entre *conhecer* a Deus e *vivenciar*
o Seu amor? O que lhe vem à mente
ao saber que Jesus compreende as suas dores?**

*Pai, obrigado por Teu amor compassivo por mim.
Tu podes usar minhas cicatrizes para Tua glória.*

---

**A BÍBLIA EM UM ANO:** SALMOS 100–102; 1 CORÍNTIOS 1

**19 DE AGOSTO**  ·  **JEREMIAS 1:14-19**

# TÃO FORTE QUANTO O FERRO

*Pois hoje eu o fortaleci como uma cidade fortificada, como uma coluna de ferro...* v.18

Os besouros de ferro são conhecidos pelo casco resistente, que os protege de predadores. Uma variedade, entretanto, tem uma força *extraordinária* sob pressão. Sua casca externa dura se estende, não racha. Seu dorso reto o ajuda a resistir a fraturas. Testes científicos mostram que eles suportam a força de compressão de quase 40.000 vezes o seu peso corporal.

O mesmo Deus que criou esse inseto super-resistente, deu resiliência a Jeremias. O profeta enfrentou intensa pressão ao pregar para Israel, mas Deus prometeu fazer dele "uma coluna de ferro" (JEREMIAS 1:18). Jeremias não seria esmagado e suas palavras seriam fortes por causa da presença e do poder de Deus e do Seu poder de salvar.

Jeremias foi falsamente acusado, preso, julgado, espancado, aprisionado e jogado em um poço, mas sobreviveu. Ele também persistiu, apesar do peso de suas lutas. A dúvida e a dor o atormentavam. A rejeição constante e o pavor de uma invasão babilônica aumentavam seu estresse.

Deus ajudou Jeremias a não ter seu espírito e testemunho abalados. Quando sentimos vontade de desistir da missão que Ele nos deu, ou recuar de uma vida de fé, lembremo-nos de que o Deus de Jeremias é o nosso Deus. Ele pode nos tornar fortes como o ferro, pois Seu poder é aperfeiçoado em nossa fraqueza (2 CORÍNTIOS 12:9).

*JENNIFER BENSON SCHULDT*

**Quais circunstâncias o ameaçam?  
Quais personagens bíblicos  
o inspiram a ter fé em Deus?**

*Deus, fortalece-me para enfrentar  
os desafios diários.*

**A BÍBLIA EM UM ANO**: SALMOS 103–104; 1 CORÍNTIOS 2

**20 DE AGOSTO**                              **GÁLATAS 6:6-10**

# POR FIM, O BEM VENCERÁ!

*"...não nos cansemos de fazer o bem.
No momento certo, teremos uma
colheita de bênçãos..."* v.9

Aproveitando as férias para descansar e me distrair, escolhi alguns filmes para assistir. Mas grande foi a minha surpresa ao perceber que, nos três filmes separados para isso, os bandidos, os trapaceiros em geral, foram apresentados como modernos, inteligentes e vitoriosos, enquanto os bons foram descritos como bobos e derrotados. Com certeza, os seus diretores os prepararam para mostrar que não vale a pena fazer o bem e, provavelmente, devem ter desanimado pessoas de continuarem com boas obras.

Isso vai contra o ensino da Bíblia. Temos a garantia, no texto de hoje, de que Deus não se deixa enganar, ou, melhor ainda: de que de Deus não se zomba. A retribuição final de nossos atos, semelhantemente à semeadura e à colheita, depende dele. Assim, aquilo que plantarmos colheremos. Ninguém colherá coisas boas enganando o próximo e deixando de fazer o bem. Do mesmo modo, ninguém colherá o que é ruim plantando aquilo que é bom, pois Deus é justo!

Talvez alguns estejam cansados dos filmes mais antigos que sempre mostravam o bem sobrepondo-se e sendo vitorioso, e talvez por isso os diretores atuais estejam exaltando as vitórias momentâneas dos maus. Mas, na vida real, naquela que a Bíblia nos mostra, a vitória final do bem é garantida. Portanto não nos cansemos de fazer o bem, pois no tempo adequado, no tempo perfeito de Deus, colheremos aquilo que plantamos.

*ANTÔNIO RENATO GUSSO*

**Vale a pena insistir na prática do bem a todos,
pois o bem sempre vencerá!**

*Pai, somos gratos porque Cristo verdadeiramente nos libertou
e estamos livres da escravidão da lei.*

**A BÍBLIA EM UM ANO:** SALMOS 105–106; 1 CORÍNTIOS 3

**21 DE AGOSTO**        🌿 **MATEUS 7:24-27**

# DUAS CASAS

*Quem ouve minhas palavras e as pratica [...] constrói sua casa sobre uma rocha firme.* v.24

Para testar a estabilidade de duas casas, os engenheiros simularam um furacão de categoria 3 usando ventiladores poderosos que produziram rajadas de vento de 160 km/h por dez minutos. A primeira casa foi construída de acordo com um código de construção sem furacões, e a outra, com telhado e piso reforçados. A primeira casa estremeceu e finalmente desabou, mas a segunda sobreviveu com apenas alguns danos. Um dos engenheiros resumiu o estudo perguntando: "Em qual casa você prefere morar?"

Concluindo o Seu ensino sobre os valores da vida no reino, Jesus disse: "Quem ouve minhas palavras e as pratica é tão sábio como a pessoa que constrói sua casa sobre uma rocha firme" (MATEUS 7:24). Os ventos fortes sopraram, mas a casa resistiu. Em contrapartida, quem ouve, e ainda não obedece "é tão tolo como a pessoa que constrói sua casa sobre a areia" (v.26). Os ventos fortes sopraram e a casa desabou sob a intensa tempestade. Jesus apresentou duas opções: construir a vida sobre o alicerce sólido da obediência a Ele, ou na areia instável de seus próprios caminhos.

Nós também temos que fazer uma escolha. Vamos construir a nossa vida em Jesus e em obediência às Suas palavras, ou em desobediência às Suas instruções? Com a ajuda do Espírito Santo, podemos escolher construir a nossa vida em Cristo.

*MARVIN WILLIAMS*

**Jesus é o alicerce da sua vida?
Em que áreas Ele o convida a praticar a obediência?**

*Jesus, ajuda-me a permanecer
e a firmar-me em ti quando surgirem
as tempestades e os ventos.*

---

**A BÍBLIA EM UM ANO**: SALMOS 107–109; 1 CORÍNTIOS 4

**22 DE AGOSTO** — **DEUTERONÔMIO 4:9-14**

# TRANSMITINDO A VERDADE

*...enquanto viverem. Passem-nas [as leis e ensinamentos de Deus] adiante a seus filhos e netos.* v.9

Impossibilitados de ver seus netos pessoalmente, durante a pandemia da COVID-19, muitos avós buscaram novas formas de conexão. Uma pesquisa mostrou que muitos avós utilizaram as mensagens de texto e as redes sociais para manter seu precioso vínculo com os netos. Alguns até cultuavam com seus familiares por videochamada.

Uma das maneiras mais maravilhosas que os pais e avós podem influenciar seus filhos é transmitindo-lhes as verdades bíblicas. Em Deuteronômio 4, Moisés instruiu o povo de Deus a não esquecer o que tinham visto sobre o Senhor nem deixar que isso se apagasse da memória deles (v.9). Prosseguiu dizendo que compartilhar essas coisas com seus filhos e netos os ensinaria a "temê-lo" (v.10) e a viver segundo a Sua verdade.

Certamente, devemos usufruir dos relacionamentos que Deus nos dá com as nossas famílias e amigos. O propósito de Deus é que eles também sejam um canal para transmitir a Sua sabedoria de uma geração a outra, ensinando-as na verdade e capacitando-as para "toda boa obra" (2 TIMÓTEO 3:16-17). Quando compartilhamos sobre a presença de Deus e o agir dele em nossa vida com a geração seguinte — seja por mensagem de texto, chamada, vídeo ou conversa presencial —, nós os preparamos para verem e apreciarem a obra de Deus na vida deles também.

*KIRSTEN HOLMBERG*

**Quem lhe transmitiu as boas-novas de Jesus? Com quem você pode compartilhar Sua verdade por escrito ou pessoalmente hoje?**

*Deus, graças pelo legado de fé que me transmitiste. Ajuda-me a compartilhar isso em amor ao próximo.*

**A BÍBLIA EM UM ANO**: SALMOS 110–112; 1 CORÍNTIOS 5

**23 DE AGOSTO**          🌿 **2 CRÔNICAS 24:2, 13-16**

★ *TÓPICO DE AGOSTO: AUTENTICIDADE*

# O CURSO DE UMA VIDA TODA

*Joás fez o que era certo aos olhos do Senhor enquanto o sacerdote Joiada estava vivo.* v.2

"Há diferentes perguntas que um jovem artista pode fazer", diz o cantor e compositor Linford Detweiler, do eclético duo popular *Over the Rhine*. "Uma é: 'O que fazer para ser famoso?'". Ele adverte que tal objetivo "abre a porta a todos os tipos de forças destrutivas de dentro e de fora". Mas ele e sua esposa escolheram um caminho musical menos chamativo, no qual "continuam a crescer ao longo da vida".

O nome Joiada não é imediatamente reconhecido, mas é sinônimo de uma vida toda de dedicação a Deus. Ele serviu como sacerdote durante o reinado do rei Joás, que na maioria das vezes governou bem — graças a Joiada.

Quando Joás tinha apenas 7 anos, Joiada o estabeleceu como rei (2 REIS 11:1-16). Mas isso não foi tomada de poder. Na coroação de Joás, Joiada "fez uma aliança entre o Senhor, o rei e o povo, estabelecendo que eles seriam o povo do Senhor" (v.17). Ele implementou reformas extremamente necessárias. "Enquanto o sacerdote Joiada viveu, os holocaustos eram oferecidos continuamente no templo do Senhor" (2 CRÔNICAS 24:14). Como reconhecimento, Joiada "foi sepultado entre os reis na Cidade de Davi" (v.16).

Eugene Peterson chama essa vida centrada em Deus de "uma longa obediência na mesma direção". Ironicamente, é essa obediência que se destaca em um mundo voltado para a fama, poder e autorrealização.

*TIM GUSTAFSON*

**Quais mudanças você gostaria
que Deus o ajudasse a fazer?**

*Querido Deus, ajuda-me a buscar a ti e a Tua sabedoria
em vez das coisas fugazes que tenho buscado.*

---

**A BÍBLIA EM UM ANO**: SALMOS 113–115; 1 CORÍNTIOS 6

**24 DE AGOSTO** • **2 CORÍNTIOS 5:6-10**

# PONTO DE ATERRISSAGEM

*Porque vivemos por fé, e
não pelo que vemos.* v.22

O impala, um membro da família dos antílopes, é ágil e capaz de pular grandes alturas e saltar grandes distâncias. É uma façanha incrível e, sem dúvida, essencial para sua sobrevivência. No entanto, em muitos cercados de impalas nos zoológicos, os animais são mantidos no lugar por uma parede com aproximadamente um metro de altura. Como pode uma parede tão baixa conter esses animais atléticos? É porque os impalas nunca vão pular, a menos que vejam onde vão pousar. A parede restringe os impalas dentro do cercado porque eles não conseguem ver o que há do outro lado.

Os seres humanos não são tão diferentes. Queremos saber o resultado antes de avançarmos. A vida de fé, entretanto, raramente funciona assim. Escrevendo à igreja em Corinto, Paulo os lembrou: "Vivemos por fé, e não pelo que vemos" (2 CORÍNTIOS 5:7).

Jesus nos ensinou a orar: "Seja feita a tua vontade, assim na terra como no céu" (MATEUS 6:10). Mas isso não significa que saberemos de antemão a vontade do Pai. Viver por fé significa confiar em Seus bons propósitos, mesmo quando esses propósitos estão envoltos em mistério.

Em meio às incertezas da vida, confiemos em Seu amor infalível. Não importa o que está à frente, "nosso objetivo é agradar ao Senhor" (2 CORÍNTIOS 5:9).

*BILL CROWDER*

**Em que área você tem dificuldade de saber
qual o próximo passo a tomar? Peça a Deus para ajudá-lo
a confiar nele para seguir em frente em Sua graça.**

*Pai, oro para que me guies no caminho
que desejas que eu siga, e
para que Tua boa vontade seja feita.*

Para mais estudos sobre coragem e esperança, acesse: paodiario.org

---

**A BÍBLIA EM UM ANO:** SALMOS 116–118; 1 CORÍNTIOS 7:1-19

**25 DE AGOSTO**        **SALMO 121**

# QUANDO PRECISO DE AJUDA

*Meu socorro vem do SENHOR,
que fez os céus e a terra!* v.2

Era uma manhã de segunda-feira, mas o meu amigo Chia-ming não estava no escritório. Ele estava limpando a casa dele. Estava há um mês desempregado, pois a empresa onde ele trabalhava tinha fechado devido à pandemia. As preocupações com o futuro o encheram de medo. Ele pensava: *"Preciso sustentar a minha família. Onde poderei buscar ajuda?"*.

No Salmo 121:1, os peregrinos que seguiam para Jerusalém fizeram pergunta semelhante. A ida até a Cidade Santa foi longa e potencialmente perigosa, com os viajantes suportando uma subida íngreme. Os desafios que enfrentaram podem parecer as jornadas difíceis da vida de hoje: doenças, problemas de relacionamento, luto, estresse no trabalho, dificuldades financeiras ou desemprego.

Mas podemos confiar, pois o próprio Criador do Céu e da Terra nos socorre (v.2). Ele zela por nossa vida (vv.3,5,7-8) e sabe do que precisamos. *Shamar*, a palavra hebraica para "zelar", significa "permanecer atento". O Criador do Universo é o nosso guardião. Estamos sob Sua proteção. Chia-ming compartilhou recentemente que Deus cuidou dele e da sua família, e acrescentou: "No momento certo, Ele me proveu um emprego como professor".

Ao confiar em Deus e obedecê-lo, podemos olhar para frente com esperança, sabendo que estamos sob a proteção de Sua sabedoria e amor.

*KAREN HUANG*

**Em que área você precisa pedir ajuda ao Senhor?
Saber que Ele é o Criador do Universo o encoraja?**

*Pai, obrigado por seres minha fonte de ajuda
na jornada desta vida.*

**A BÍBLIA EM UM ANO**: SALMO 119:1-88; 1 CORÍNTIOS 7:20-40

**26 DE AGOSTO**

**FILIPENSES 4:4-7**

# APENAS PEÇA!

*...não têm o que desejam porque não pedem.* TIAGO 4:2

Os gritos alegres vindos do porão eram de minha esposa, Shirley. Por horas, ela fazia um projeto de boletim informativo e o tinha finalizado. Em sua ansiedade e incerteza sobre como seguir adiante, ela orou pedindo a ajuda de Deus. Ela também entrou em contato com amigos e completou a tarefa — um esforço de equipe.

Embora o projeto do boletim informativo tenha sido algo pequeno, coisas pequenas (e não tão pequenas) podem gerar preocupação ou ansiedade. Talvez você seja um pai enfrentando pela primeira vez as fases da educação dos filhos; um aluno com novos desafios acadêmicos; alguém em luto pela perda de um ente querido; enfrentando um desafio doméstico, profissional ou ministerial. Às vezes, chegamos desnecessariamente ao limite por não pedirmos a ajuda de Deus (TIAGO 4:2).

Paulo indicou aos seguidores de Jesus, em Filipos, e a nós, a primeira linha de defesa em tempos de necessidade: "Não vivam preocupados com coisa alguma [...] orem a Deus pedindo aquilo de que precisam e agradecendo-lhe por tudo..." (FILIPENSES 4:6). Quando a vida é difícil, precisamos de lembretes como o do hino *Em Jesus amigo temos*: "*Oh, que paz perdemos sempre / Oh, que dor no coração / Só porque nós não levamos tudo a Deus em oração*" (CC 155). Quando pedimos ajuda a Deus, Ele nos mostra quais pessoas podem nos ajudar.

ARTHUR JACKSON

**Quais situações o desafiam e que você pode entregar a Deus em oração? Por que você hesita?**

*Pai, perdoa-me por não levar meus fardos a ti em oração. Ensina-me a pedir ajuda e a estender a mão aos outros.*

---

**A BÍBLIA EM UM ANO:** SALMO 119:89-176; 1 CORÍNTIOS 8

**27 DE AGOSTO**  •  **TIAGO 4:13-17**

# PLANOS E PROVIDÊNCIA

*Se o Senhor quiser, viveremos
e faremos isso ou aquilo.* v.15

Em 2000, uma empresa de aluguel de filmes foi oferecida para a *Blockbuster*, o rei do aluguel de filmes caseiros e videogames na época, por US$50 milhões. A Netflix tinha cerca de 300 mil assinantes, enquanto a Blockbuster, milhões. A *Blockbuster* recusou a oportunidade. O resultado? Hoje, a Netflix tem mais de 180 milhões de assinantes e vale quase US$200 bilhões. E a *Blockbuster*?, bem... foi à falência. Nenhum de nós pode prever o futuro.

Tendemos a acreditar que controlamos a nossa vida e que seremos bem-sucedidos. Mas Tiago diz: "A vida é como a névoa ao amanhecer: aparece por um pouco e logo se dissipa" (4:14). A vida é breve, rápida e mais frágil do que imaginamos. O planejamento é necessário, mas o pecado da presunção está no pressuposto de que estamos no controle. É por isso que Tiago diz para não nos orgulharmos "de [nossos] planos pretensiosos", pois "toda presunção como essa é maligna" (v.16).

Sendo gratos a Deus, evitamos essa prática pecaminosa. A gratidão nos lembra de que Ele é a fonte de toda "dádiva que é boa e perfeita" (1:17). Então, quando buscamos a Deus, pedimos ao Senhor que não apenas abençoe os nossos planos atuais e futuros, mas que nos ajude a nos juntarmos a Ele no que Ele faz. Isso significa orar e dizer: "Se o Senhor quiser" (4:15).   GLENN PACKIAM

**Como é sentir-se no controle de sua vida?
O que significa render-se a Deus
e compartilhar sua vida com Ele?**

*Jesus, entrego-te os meus planos.
Ajuda-me a colocar a minha confiança em ti,
pois sei que jamais falhaste.*

---

**A BÍBLIA EM UM ANO**: SALMOS 120–122; 1 CORÍNTIOS 9

**28 DE AGOSTO** — RUTE 1:11-19

# AME E DEPENDA DE DEUS

*...mas Rute se apegou
firmemente a Noemi.* v.14

Zeca era engraçado, inteligente e muito querido. Mas, secretamente lutava contra a depressão. Depois que ele cometeu suicídio, aos 15 anos, sua mãe, Lori, disse: "É simplesmente difícil entender como alguém que tinha tanto a seu favor chegaria a esse ponto. Zeca... não estava isento de suicídio". Há momentos em que Lori derrama sua tristeza diante de Deus. Ela diz que a profunda tristeza após o suicídio é "um nível totalmente diferente de luto". Mesmo assim, ela e sua família aprenderam a confiar em Deus e nos outros. Agora estão usando seu tempo para amar outras pessoas que lutam contra a depressão.

O lema de Lori se tornou "Amor e apoio". Essa ideia também é vista na história de Rute no Antigo Testamento. Noemi perdeu o marido e dois filhos — um deles era casado com Rute (1:3-5). Noemi, amarga e deprimida, pediu a Rute que voltasse para a família de sua mãe, onde ela pudesse ser cuidada. Rute, embora também sofrendo, "se apegou" à sogra e se comprometeu a ficar com ela e cuidar dela (vv.14-17). Elas voltaram para Belém, a terra natal de Noemi, onde Rute seria uma estrangeira. Mas elas tinham uma à outra para amar e apoiar, e Deus as amparou (2:11-12).

Durante os momentos de luto, o amor de Deus permanece firme. Podemos confiar nele sempre, na medida em que nos apegamos a outros e em Sua força os amamos.

*ANNE CETAS*

**O que significa apegar-se firmemente a Deus?
Quem precisa do seu apoio?**

*Pai, sou grato por Teu amor fiel
e cuidado por mim. Usa-me
para encorajar outros a confiar em ti.*

---

**A BÍBLIA EM UM ANO:** SALMOS 123–125; 1 CORÍNTIOS 10:1-18

**29 DE AGOSTO**            🌿 **MARCOS 4:13-20**

# SEMENTES DE TEMPO

*E as que caíram em solo fértil representam os que ouvem e aceitam a mensagem...". v.20*

Em 1879, quem assistia William Beal provavelmente pensou que ele era maluco. O professor de botânica foi visto enchendo vinte garrafas com várias sementes e, depois, enterrando-as. O que não se sabia era que Beal estava conduzindo um experimento que duraria séculos. A cada 20 anos, uma garrafa seria desenterrada para ver quais sementes teriam germinado.

Jesus falou muito sobre as sementes, muitas vezes comparando o plantio da semente com a propagação da "mensagem" (MARCOS 4:15). Ensinou que algumas sementes são arrancadas por Satanás, outras não têm profundidade e não criam raízes, e outras são sufocadas "pelas preocupações desta vida" (vv.15-19). À medida que proclamamos as boas-novas, não cabe a nós quais sementes sobreviverão. Nossa tarefa é simplesmente semear o evangelho: "Vão ao mundo inteiro e anunciem as boas-novas a todos" (16:15).

Em 2021, outra garrafa de Beal foi desenterrada. As sementes tinham sido plantadas pelos pesquisadores e algumas germinaram. Elas sobreviveram por mais de 140 anos. À medida que compartilhamos a nossa fé, nunca sabemos se a palavra que compartilhamos criará raízes. Mas devemos nos encorajar sabendo que a nossa semeadura das boas-novas, mesmo após muitos anos, pode ser recebida por alguém que a aceite e produza "uma colheita" (4:20).

*KENNETH PETERSEN*

**Você já compartilhou as boas-novas da salvação com alguém? Você está orando por essa pessoa hoje?**

*Querido Deus, por favor, concede-me ousadia para compartilhar Jesus com amigos e colegas.*

**30 DE AGOSTO** — **MATEUS 5:13-16**

# DEIXE A LUZ ACESA

*Vocês são a luz do mundo. É impossível esconder uma cidade construída no alto de um monte.* v.14

O comercial de uma rede de hotéis exibia um pequeno edifício em uma noite escura. Não havia nada mais ao redor. A única luz na cena vinha de uma pequena lâmpada perto da porta da varanda. A lâmpada lançava iluminação suficiente para que um visitante subisse as escadas e entrasse no prédio. O comercial terminava com a frase: "Vamos deixar a luz acesa para você".

A luz da varanda é semelhante a um sinal de boas-vindas, lembrando os viajantes cansados que há um lugar confortável ainda aberto, onde podem parar e descansar. A luz convida os que passam a entrar e escapar da jornada escura e cansativa.

Jesus diz que a vida daqueles que acreditam nele deve ser semelhante à de uma luz acolhedora. Ele disse a Seus seguidores: "Vocês são a luz do mundo…" (MATEUS 5:14). Como cristãos, devemos iluminar um mundo escuro.

À medida que Ele nos orienta e capacita, as pessoas podem ver nossas boas obras e louvar nosso Pai que está nos céus (v.16). Ao deixarmos as nossas luzes acesas, as pessoas se sentirão bem-vindas em vir até nós para aprender mais sobre a única e verdadeira Luz do Mundo: Jesus (JOÃO 8:12). Em um mundo cansado e escuro, a Luz de Cristo permanece sempre acesa.

A sua luz está acesa? À medida que Jesus brilha através de você hoje, outros podem ver e começar a irradiar Sua luz também.

*KATARA PATTON*

**De que forma você pode brilhar sua luz por Jesus hoje? O que o impede de brilhar por Ele?**

*Jesus, ajuda-me a brilhar intensamente para que outros possam ser atraídos a ti.*

---

A BÍBLIA EM UM ANO: SALMOS 129–131; 1 CORÍNTIOS 11:1-16

**31 DE AGOSTO** 🌿 **ECLESIASTES 1:12-18**

# QUANDO O CONHECIMENTO AFLIGE

*Quanto maior a sabedoria, maior a aflição; quanto maior o conhecimento, maior a tristeza.* v.18

Zeca e seus amigos pararam à beira do rio depois de uma viagem de rafting de 25 dias. O homem que veio buscar as jangadas contou-lhes sobre o vírus da COVID-19. Eles pensaram que era uma brincadeira. Mas quando deixaram o desfiladeiro, seus telefones receberam as mensagens urgentes de seus pais. Zeca e seus amigos ficaram surpresos. Eles gostariam de poder voltar ao rio e escapar do que agora sabiam.

Muitas vezes, o conhecimento nos aflige. O sábio mestre de Eclesiastes observou: "Quanto maior a sabedoria, maior aflição; quanto maior o conhecimento, maior a tristeza" (1:18). Quem nunca invejou a inocência infantil da criança que desconhece o racismo, a violência e o câncer? Não éramos mais felizes antes de crescer e discernir sobre as nossas fraquezas e vícios? Antes de descobrirmos os segredos de nossa família?

A dor do conhecimento não pode ser desfeita. Se a conhecemos, não adianta fingir que desconhecemos. Mas há um conhecimento superior que nos capacita a perseverar e seguir em frente. Jesus é a Palavra de Deus, a luz que brilha na escuridão (JOÃO 1:1-5). Ele "se tornou a sabedoria de Deus em nosso favor" — isto é, nossa justiça, santidade e redenção (1 CORÍNTIOS 1:30). Sua dor é a sua razão para correr para Jesus. Ele o conhece e cuida de você.

*MIKE WITTMER*

**O que você gostaria de não saber?
Conte-o a Jesus e entregue isso a Ele. Quando isso
o incomodar, leve-o novamente a Jesus.**

*Jesus, eu não gosto da aflição,
mas se isso me leva a Tua presença, vale a pena.*

Para mais estudos bíblicos sobre o sofrimento, acesse; paodiario.org

**A BÍBLIA EM UM ANO**: SALMOS 132–134; 1 CORÍNTIOS 11:17-34

★ TÓPICO DE SETEMBRO / **Escatologia**

# O RETORNO DE JESUS

Jesus falou de Seu retorno como fonte de grande consolo para Seus discípulos. Na noite anterior à cruz, em uma sala superior (cenáculo), onde haviam acabado de celebrar a Páscoa, Jesus lhes disse: "Não deixem que seu coração fique aflito. Creiam em Deus; creiam também em mim. Na casa de meu Pai há muitas moradas. Se não fosse assim, eu lhes teria dito. Vou preparar lugar para vocês e, quando tudo estiver pronto, virei buscá-los, para que estejam sempre comigo, onde eu estiver" (JOÃO 14:1-3).

Observe como Cristo é assertivo. "*Virei* buscá-los". Com Seus discípulos tendo dificuldades para entender Sua partida, Jesus ofereceu consolo com essa promessa: Ele voltará para levar o Seu povo para a casa de Seu Pai.

Para as pessoas que lutam contra a ansiedade e o medo no mundo de hoje, pensar nessa casa eterna oferece-nos grande esperança. Note como João descreveu essa nova morada: "Ouvi uma forte voz que vinha do trono e dizia: 'Vejam, o tabernáculo de Deus está no meio de seu povo! Deus habitará com eles, e eles serão seu povo. O próprio Deus estará com eles. Ele lhes enxugará dos olhos toda lágrima, e não haverá mais morte, nem tristeza, nem choro, nem dor. Todas essas coisas passaram para sempre'" (APOCALIPSE 21:3-4).

O retorno de Jesus apresentará a presença perfeita de Deus, as consequências do pecado resolvidas e o consolo para todos que choram e sofrem porque a fonte dessas dores foi julgada.

*BILL CROWDER*

Além deste artigo, o tema *escatologia*
é abordado nos devocionais dos dias **1**, **9**, **16** e **23** de **setembro**.

**1º DE SETEMBRO**  ● **LUCAS 12:35-40**

★ *TÓPICO DE SETEMBRO: ESCATOLOGIA*

# LÂMPADAS ACESAS

*Estejam vestidos, prontos para servir, e mantenham suas lâmpadas acesas.* v.35

Era meio-dia, e o sol estava invisível. Na Nova Inglaterra, EUA, o *Dia Negro* começou na manhã de 19 de maio de 1780, e durou horas. Provavelmente as pesadas nuvens de fumaça dos incêndios florestais no Canadá causavam a escuridão, mas muitos se perguntavam: "seria esse o dia do julgamento?".

Os políticos dessa região estavam em sessão e, quando alguns consideraram o adiamento por causa da escuridão, um deles disse: "Sou contra. O dia do julgamento ou está ou não está se aproximando. Se não estiver, não há motivo para adiar; se estiver, quero ser encontrado cumprindo o meu dever. Desejo, portanto, que se providenciem as velas".

O desejo de ser encontrado cumprindo a obra que Deus lhe deu ilustra bem as palavras de Jesus: "Estejam vestidos, prontos para servir, e mantenham suas lâmpadas acesas, como se esperassem o seu senhor voltar [...]. Então poderão abrir-lhe a porta e deixá-lo entrar no momento em que ele chegar e bater. Os servos que estiverem prontos, aguardando seu retorno, serão recompensados" (LUCAS 12:35-37).

Dia ou noite, é sempre bom servir ao nosso Salvador. Mesmo quando as trevas invadirem, Suas promessas para todos os que com expectativa o aguardam se cumprirão. Como as velas na escuridão, que nossas "boas obras [brilhem], para que todos as vejam e louvem seu Pai, que está no céu" (MATEUS 5:16) e o amem e o sirvam.

*JAMES BANKS*

### Como você pode refletir a luz de Jesus hoje?

*Jesus! Oro para ser encontrado pronto naquele dia, e que o meu testemunho de vida atraia outros a ti.*

**A BÍBLIA EM UM ANO:** SALMOS 135–136; 1 CORÍNTIOS 12

**2 DE SETEMBRO**  ❧ **HEBREUS 10:19-25**

# QUANDO NOS REUNIMOS

*E não deixemos de nos reunir [...], mas encorajemo-nos mutuamente...* v.25

De acordo com o *Relatório Mundial da Felicidade*, a Dinamarca está entre os países mais felizes do mundo. Os dinamarqueses resistem aos invernos longos e sombrios, reunindo-se com os amigos e compartilhando uma bebida quente ou uma refeição gostosa. Eles usam a palavra *hygge* para descrever os sentimentos associados a esses momentos. Esse sentimento de aconchego os ajuda a compensar o impacto de ter menos luz do sol do que as pessoas que moram em locais mais quentes. Ao redor de uma simples mesa com seus entes queridos, o coração deles se aquece.

O escritor de Hebreus encoraja o ato de nos reunirmos. Reconhece que haverá dias difíceis exigindo a perseverança na fé em Cristo. Embora Jesus tenha assegurado nossa aceitação por Deus por meio de nossa fé no Salvador, podemos lutar contra a vergonha, dúvida ou oposição. Ao nos reunirmos, podemos nos encorajar mutuamente, ter comunhão, "...motivar uns aos outros na prática do amor e das boas obras", e isso fortalece a nossa fé (10:24).

O encontro com os amigos é algo que a Bíblia nos encoraja a praticar como um meio de nos apoiarmos na fé ao enfrentarmos as frustrações comuns da vida. Que motivo maravilhoso para buscarmos a comunhão com uma igreja! Ou para abrir nossas casas com a simplicidade dinamarquesa para nos fortalecermos mutuamente.

*KIRSTEN HOLMBERG*

**Você pode encorajar alguém com o coração sedento e compartilhar as bençãos do Senhor?**

*Obrigado, Deus, por poder encorajar outros cristãos e ser encorajado por eles quando nos reunimos.*

Saiba mais sobre a carta aos Hebreus, acesse:universidadecrista.org

---

**A BÍBLIA EM UM ANO**: SALMOS 137–139; 1 CORÍNTIOS 13

**3 DE SETEMBRO** — **RUTE 2:5-13**

# ENRAIZADOS NO AMOR

*...você deixou seu pai, sua mãe e sua própria terra para viver aqui no meio de desconhecidos.* v.11

Sentia-me só e com medo quando cuidei de minha mãe no centro de tratamento do câncer. Minha família e meu sistema de apoio estavam bem distantes. Mas encontrei Frank; com um sorriso enorme, ele se ofereceu para me ajudar com as malas. Chegamos ao sexto andar, e eu já planejava conhecer sua esposa que cuidava dele durante seu tratamento. Tornamo-nos quase como uma família, confiávamos em Deus e nos apoiávamos mutuamente. Ríamos, desabafávamos, chorávamos e orávamos juntos. Embora nos sentíssemos deslocados ali, nossa conexão com Deus e uns com os outros nos mantinha enraizados no amor e apoio mútuo.

Quando Rute se comprometeu a cuidar de sua sogra, Noemi, ela abandonou sua segurança familiar. Rute "saiu para colher espigas após os ceifeiros" (RUTE 2:3). O capataz contou a Boaz, o proprietário do campo, que Rute "desde que chegou, não parou de trabalhar um instante sequer, a não ser por alguns minutos de descanso no abrigo" (v.7). Rute encontrou segurança ali com pessoas dispostas a cuidar dela como ela cuidava da sua sogra Noemi (vv.8-9). E Deus as proveu por intermédio da generosidade de Boaz (vv.14-16).

As circunstâncias da vida podem proporcionar estradas para lugares inesperados e muito além de nossas zonas de conforto. À medida que permanecemos firmes em Deus e uns nos outros, Ele nos manterá enraizados no amor.

*XOCHITL DIXON*

**Como Deus o consolou quando você se sentiu sozinho?**

*Pai amoroso, obrigado por prometeres estar comigo e por Tua provisão em todas as minhas necessidades.*

---

**A BÍBLIA EM UM ANO**: SALMOS 140–142; 1 CORÍNTIOS 14:1-20

# REDESCOBERTO

*Leu para eles todo o Livro da Aliança encontrado no templo do SENHOR.* v.30

Em 1970, um executivo de automóveis que visitava a Dinamarca soube que um residente local possuía um exemplar do *Buick Dual Cowl Phaeton* de 1939. Como o carro nunca chegou a ser produzido, era um veículo raro e único. Encantado com a descoberta, o executivo comprou aquele carro e investiu seu tempo e dinheiro para tê-lo restaurado. Atualmente, esse carro singular faz parte de uma coleção de veículos clássicos de renome mundial.

Lemos sobre a descoberta de outro tesouro perdido. Josias começou a restaurar o Templo em Jerusalém 18 anos depois de seu reinado como rei de Judá. Durante esse processo, o sacerdote Hilquias encontrou o "Livro da Lei no templo" (2 CRÔNICAS 34:15). O Livro da Lei continha os primeiros cinco livros do Antigo Testamento e provavelmente tinha sido escondido décadas antes para mantê-lo a salvo dos exércitos invasores. Com o tempo, ele havia sido simplesmente esquecido.

Quando o rei Josias foi informado sobre essa descoberta, percebeu a importância de tal achado. Josias reuniu todo o povo e leu o Livro da Lei por completo para que todos pudessem se comprometer a guardar tudo o que estava escrito nele (vv.30-31).

O Livro de Deus continua a ter suma importância para a nossa vida hoje. Nós temos a maravilhosa bênção de ter acesso a todos os 66 livros da Bíblia — um tesouro de valor infinito. LISA SAMRA

**Como você descobriu que a Bíblia é um maravilhoso tesouro?**

*Pai celestial, ajuda-me a usufruir dos preciosos tesouros que a Tua Palavra contém.*

---

**A BÍBLIA EM UM ANO**: SALMOS 143–145; 1 CORÍNTIOS 14:21-40

**5 DE SETEMBRO**         🌿 **TIAGO 1:2-12**

# LIÇÕES DAS PEÇAS DO LEGO

*Feliz é aquele que suporta com paciência
as provações e tentações...* v.12

Quase dez peças de *Lego* são vendidas por ano a cada pessoa no mundo — mais de 75 bilhões de tijolinhos de plástico. Se não fosse pela perseverança do fabricante dinamarquês Ole Kirk Christiansen, não haveria peças para montar.

Christiansen trabalhou décadas, antes de criar o *Lego*, que é sinônimo de "brincar bem". Sua oficina foi destruída pelo fogo duas vezes. Ele suportou a falência e uma guerra que causou a falta de material. No fim dos anos 40, criou os tijolos plásticos que se interconectam. Quando Christiansen morreu, em 1958, *Lego* estava a ponto de se tornar uma palavra de uso doméstico.

Perseverar nos desafios do trabalho e da vida pode ser difícil. Isso também é verdade em nossa vida espiritual, à medida que nos esforçamos para ser mais semelhantes a Jesus. Os problemas nos atingem, e precisamos da força de Deus para perseverar: "Feliz é aquele que suporta com paciência as provações e tentações" (TIAGO 1:12). Às vezes, enfrentamos retrocessos nos relacionamentos, nas finanças ou na saúde. Às vezes, as tentações nos atrasam em nosso objetivo de honrar a Deus com a nossa vida.

Mas Deus promete sabedoria para tais momentos (v.5) e pede que confiemos nele enquanto Ele provê o que precisamos (v.6). Encontramos a verdadeira bênção quando permitimos que Ele nos ajude a perseverar em honrá-lo com o nosso testemunho (v.12).

*DAVE BRANON*

**Como Deus pode ajudá-lo
a viver para Ele?**

*Querido Jesus, que o Teu exemplo de perseverança
seja o meu guia quando surgirem as provações.*

Para estudos bíblicos mais aprofundados, acesse:universidadecrista.org

---

**A BÍBLIA EM UM ANO**: SALMOS 146–147; 1 CORÍNTIOS 15:1-28

# 6 DE SETEMBRO — PROVÉRBIOS 25:16-28

## UM BURACO NO MURO

*Quem não tem domínio próprio é
como uma cidade sem muros.* v.28

Um pequeno intruso estava comendo minhas flores. No dia anterior, elas aprumavam-se orgulhosamente, porém no dia seguinte, eram caules sem folhas. Percorri o quintal e descobri um vão do tamanho de um coelho na cerca de madeira. Os coelhinhos são bonitos, mas podem destruir um jardim em minutos.

Será que pode haver "intrusos" destruindo o caráter de Deus em minha vida? "Quem não tem domínio próprio é como uma cidade sem muros" (PROVÉRBIOS 25:28). Nos tempos antigos, a muralha da cidade a protegia de invasões e até mesmo uma pequena abertura no muro significava que a cidade inteira estava aberta ao ataque.

Muitos provérbios referem-se ao autocontrole: "Se você encontrar mel, coma apenas o suficiente" (v.16). O domínio próprio é o fruto do Espírito que nos protege de perdermos terreno para a impaciência, amargura, ganância e outras pragas que podem invadir e destruir a colheita de Deus em nossa vida (GÁLATAS 5:22-23). Ter domínio próprio é ter a mente saudável que vigia as brechas no "muro" da nossa vida e os mantém sempre restaurados.

Quando inspeciono o *quintal* de minha vida, às vezes encontro pontos vulneráveis: um lugar onde cedo continuamente à tentação, uma área de impaciência. Como preciso do domínio próprio saudável que vem de Deus para me proteger desses intrusos!

*ELISA MORGAN*

**Quais são as falhas em seu relacionamento com Deus?
Como Ele o protege dos intrusos destruidores?**

*Querido Deus, por favor, cultiva o fruto do domínio próprio
em mim para eu me proteger dos intrusos.*

---

**A BÍBLIA EM UM ANO:** SALMOS 148–150; 1 CORÍNTIOS 15:29-58

**7 DE SETEMBRO**      🌀 ISAÍAS 25:1-9

# ENCONTRANDO REFÚGIO

*...tu, Senhor, és fortaleza [...], torre de refúgio [...] És abrigo contra a tempestade.* v.4

Estávamos hospedados num hotel antigo à beira-mar, as janelas eram enormes e as paredes de pedra. A tempestade veio, agitou o mar e bateu em nossas janelas como se fossem punhos enfurecidos. Porém, estávamos em paz: as paredes eram fortes, e as fundações do hotel, sólidas! As tempestades assolavam o exterior, mas nosso quarto era um refúgio.

O refúgio é tema importante na Bíblia. Isaías diz que Deus é a "fortaleza para os pobres [...] para os necessitados em sua angústia, [é] abrigo contra a tempestade" (ISAÍAS 25:4). Além disso, o povo de Deus concedeu abrigo e isso é algo que devemos prover, seja por meio das antigas cidades de refúgio (NÚMEROS 35:6) ou pela hospitalidade aos estrangeiros necessitados (DEUTERONÔMIO 10:19). Os mesmos princípios podem nos guiar hoje quando crises humanitárias atingem o nosso mundo. Nesses tempos, oramos para que o Deus do refúgio nos use, Seu povo, para ajudar os vulneráveis a encontrar a segurança. A tempestade que atingiu o nosso hotel desapareceu na manhã seguinte, deixando-nos com um mar calmo e um sol quente dando brilho e esplendor às gaivotas. Guardo essa imagem ao pensar naqueles que enfrentam desastres naturais ou fogem de regimes "opressores" (ISAÍAS 25:4). Que o Deus do refúgio nos capacite para ajudá-los a encontrar a segurança agora e um amanhã mais brilhante.

*SHERIDAN VOYSEY*

**Você já se refugiou em Deus e foi ajudado por Seu povo?**

*Deus do refúgio, capacita os Teus filhos para ajudarem os necessitados a ter abrigo e esperança.*

---

**A BÍBLIA EM UM ANO:** PROVÉRBIOS 1–2; 1 CORÍNTIOS 16

**8 DE SETEMBRO** — **MATEUS 16:13-20**

# CONSTRUINDO A CASA

*...sobre esta pedra edificarei minha igreja, e as forças da morte não a conquistarão.* v.18

O mais ambicioso projeto de construção de casas particulares nos Estados Unidos teve início em 1889. Cerca de 32.000 tijolos eram produzidos diariamente. O trabalho continuou até a conclusão da "casa de verão" de George Vanderbilt II, seis anos mais tarde. Essa propriedade continua sendo a maior residência particular da América até hoje, com 250 cômodos (incluindo 35 dormitórios e 43 banheiros) e ocupa uma área de 16.226 m².

Por mais ambicioso que tenha sido esse projeto, não era nada se comparado às intenções de "edificação" que Jesus proclamou aos Seus discípulos em Mateus 16. Depois de Pedro ter confirmado que Jesus é "Cristo, o Filho do Deus vivo" (v.16), Jesus declarou: "você é Pedro, e sobre esta pedra edificarei minha igreja, e as forças da morte não a conquistarão" (v.18). Enquanto os teólogos debatem sobre a identidade da "pedra", não há debate sobre as intenções de Jesus. Ele construiria Sua igreja para se estender até os confins da Terra (MATEUS 28:19-20), incluindo pessoas de todas as nações e etnias do mundo inteiro (APOCALIPSE 5:9).

Qual o custo desse projeto de edificação? O sacrifício do sangue de Jesus na cruz (ATOS 20:28). Como membros de Seu "templo" (EFÉSIOS 2:21), comprados por tão alto preço, que possamos celebrar esse sacrifício de amor e nos unirmos a Ele nesta grande missão.

*BILL CROWDER*

**Como a Igreja deve refletir Cristo?
Você reflete a luz de Jesus?**

*Jesus, obrigado por Teu sacrifício. Permita-me celebrar-te em meu coração e com a família da fé.*

Conheça os recursos bíblicos disponíveis — Ministério de igrejas Pão Diário, acesse:paodiario.org

**A BÍBLIA EM UM ANO:** PROVÉRBIOS 3–5; 2 CORÍNTIOS 1

**9 DE SETEMBRO** 🌱 **1 TESSALONICENSES 4:13-18**

★ *TÓPICO DE SETEMBRO: ESCATOLOGIA*

# UMA REUNIÃO CELESTIAL

*Então, estaremos com o Senhor
para sempre.* v.17

Quando escrevi a nota de falecimento de minha mãe, senti que a palavra *morreu* parecia definitiva demais para a esperança que eu tinha em nossa prometida reunião celestial. Portanto, escrevi: "Jesus a acolheu em Seus braços". Ainda assim, há dias que lamento quando olho as fotos atuais da família que já não incluem a minha mãe. Recentemente, porém, descobri um pintor que cria retratos de família para incluir aqueles que perdemos. O artista usa as fotos de entes queridos que já partiram e os insere no quadro da família. Com pinceladas, ele representa a promessa de Deus de uma reunião celestial. Derramei lágrimas de gratidão ao pensar em ver minha mãe sorrindo ao meu lado novamente.

O apóstolo Paulo afirma que os cristãos não precisam sofrer "como os que não tem esperança" (1 TESSALONICENSES 4:13). "Porque cremos que Jesus morreu e foi ressuscitado, também cremos que Deus trará de volta à vida, com Jesus, todos os que morreram" (v.14). Paulo reconhece a segunda vinda de Jesus e proclama que todos os que creem nele se reunirão com Ele (v.17).

Essa promessa nos conforta ao sofrermos a perda de alguém querido que confiou em Jesus. Nosso futuro prometido com o Rei ressuscitado também nos dá esperança ao enfrentarmos a nossa imortalidade, até o dia em que Jesus vier ou nos chamar de volta para casa.

XOCHITL DIXON

**Como Deus usou a promessa da reunião celestial
para consolá-lo em sua dor?**

*Salvador amoroso, obrigado por me concederes
a esperança de vida eterna. Ajuda-me a compartilhá-la.*

Para mais conhecimento bíblico, acesse: universidadecrista.org

**A BÍBLIA EM UM ANO:** PROVÉRBIOS 6–7; 2 CORÍNTIOS 2

**10 DE SETEMBRO** — **ESTER 9:20-23,29-32**

# ERA INCOMUM

*Os judeus aceitaram a orientação
de Mardoqueu e adotaram esse
costume anual.* v.23

A pesar de viver grande parte de sua vida como pagão, o imperador romano Constantino (272–337 D.C.) implementou reformas que impediram a perseguição dos cristãos. Instituiu também o calendário que usamos, dividindo a história em a.C. (antes de Cristo) e A.D. (no ano do Senhor). Um movimento para secularizar este sistema mudou os rótulos para EC (Era Comum) e AEC (antes da Era Comum).

Algumas pessoas apontam isso como um exemplo da tentativa mundana de excluir Deus. Mas Deus não foi a lugar algum. Independentemente do nome, nosso calendário ainda se organiza a partir da vida de Jesus na Terra.

Na Bíblia, o livro de Ester é incomum, pois não contém nenhuma menção específica a Deus. No entanto, a história que ele conta é uma libertação vinda de Deus. Banidos de sua pátria, o povo judeu vivia em um país indiferente a Deus. Um influente funcionário do governo queria exterminá-los (ESTER 3:8-9,12-14). No entanto, por intermédio da rainha Ester e de seu primo Mardoqueu, Deus libertou o Seu povo, fato ainda hoje celebrado no feriado judaico de Purim (9:20-32).

Não importa como o mundo opte por responder a Deus hoje, Jesus mudou tudo ao nos apresentar a uma época incomum — repleta da verdadeira esperança e promessa. Precisamos apenas olhar à nossa volta e o veremos.

*TIM GUSTAFSON*

**De que maneira você reage a casos
em que parece que Deus está sendo "banido"?
Como você o vê hoje?**

*Amado Deus e Pai, obrigado pela vinda
do Teu Filho Jesus à Terra. Ele transformou a história.*

---

**A BÍBLIA EM UM ANO**: PROVÉRBIOS 8–9; 2 CORÍNTIOS 3

**11 DE SETEMBRO**  ●  **EFÉSIOS 4:25-32**

# COMPAIXÃO EM VEZ DE AMARGURA

*Livrem-se de toda amargura,*
*raiva, ira...* v.31

Quando as torres do *World Trade Center* caíram em 2001, Greg Rodriguez foi uma das vítimas e seus pais sofreram demais. Esses pais refletiram sobre a resposta que dariam a esse ataque tão horrível. Em 2002, Phyllis, a mãe de Rodriguez, conheceu Aicha el-Wafe, mãe de um dos acusados de ajudar os terroristas. Phyllis se aproximou dela e a abraçou, e choraram juntas. "Houve uma ligação imediata entre nós, pois sofríamos por causa dos nossos filhos".

Elas se conheceram em meio à dor e tristeza. Phyllis acreditava que a fúria pela morte de seu filho, por mais apropriada que fosse, não poderia curar sua angústia. Ao ouvir a história da família de Aicha, Phyllis sentiu compaixão, resistindo à tentação de vê-los apenas como inimigos. Ela desejava justiça, mas acreditava que devemos nos abster do desejo que nos invade: buscar a vingança quando sofremos injustiças.

O apóstolo Paulo nos orienta: "livrem-se de toda amargura, raiva, ira [...] e de todo tipo de maldade" (EFÉSIOS 4:31). Ao renunciarmos a esses poderes destrutivos, Paulo diz que o Espírito de Deus nos preenche com uma nova perspectiva: "sejam bondosos e tenham compaixão uns dos outros" (v.32). É possível trabalhar para que os erros sejam corrigidos e, ao mesmo tempo, recusar a vingança enfurecida. Que o Espírito nos ajude a demonstrar a compaixão que supera a amargura.

*WINN COLLIER*

### Como Deus pode ajudá-lo a demonstrar compaixão?

*Querido Deus, há muita coisa*
*errada no mundo. Por favor, dá-me compaixão*
*em lugar da amargura.*

---

**A BÍBLIA EM UM ANO**: PROVÉRBIOS 10–12; 2 CORÍNTIOS 4

**12 DE SETEMBRO**  🌿 **SALMO 9:7-12**

# CONFIANÇA EM SEU NOME

*Quem conhece teu nome*
*confia em ti....* SALMO 9:10

Houve um tempo em que eu temia ir à escola porque algumas garotas me intimidavam com brincadeiras cruéis. No recreio, escondia-me na biblioteca e lia as histórias cristãs. Lembro-me da primeira vez que li o nome "Jesus". De alguma forma, eu sabia que era o nome de Alguém que me amava. Nos meses seguintes, temendo o tormento que me esperava na escola, eu orava: "Jesus, protege-me". Sentia-me mais forte sabendo que Ele cuidava de mim. Com o tempo, elas se cansaram e pararam de me intimidar.

Muitos anos se passaram e confiar em Seu nome continua a me sustentar em tempos difíceis. Confiar no nome de Jesus é crer que o que Ele afirma sobre o Seu caráter é verdade, permitindo que eu descanse nele.

Davi, também, conhecia a segurança de confiar no nome de Deus. Ao escrever o Salmo 9, ele já havia experimentado Deus como o Todo-poderoso governante que é justo e fiel (vv.7-8,10,16). Davi demonstrou a sua confiança no nome de Deus lutando contra os seus inimigos, confiando não em suas armas ou habilidade militar, mas em Deus, que para ele foi um "abrigo para os oprimidos" (v.9).

Quando criança, eu invoquei o nome de Jesus e experimentei como o Senhor cumpre as Suas promessas. Que todos nós possamos sempre confiar em Seu nome, Jesus, o nome Daquele que nos ama.

*KAREN HUANG*

**Quais desafios o incomodam?**
**De que maneira meditar e refletir sobre o nome de Jesus**
**o ajuda a construir a sua confiança nele?**

*Pai celestial, ensina-me quem Tu és, e que em nenhuma*
*circunstância eu jamais duvide de ti.*

---

**A BÍBLIA EM UM ANO**: PROVÉRBIOS 13–15; 2 CORÍNTIOS 5

**13 DE SETEMBRO** 🌿 **JONAS 2:1-10**

# A HISTÓRIA DE UMA BALEIA

*Então o SENHOR ordenou que o peixe
vomitasse Jonas na praia.* v.10

Miguel mergulhara à procura de lagostas quando uma baleia jubarte o agarrou com a boca. Ficou na escuridão enquanto os músculos da baleia se apertavam contra ele e pensou que estava acabado. Mas elas não apreciam os humanos, e depois de 30 segundos Miguel foi cuspido no ar. Ele não tinha nenhum osso quebrado, apenas ferimentos e uma bela história de baleia.

Ele não foi o primeiro; Jonas foi engolido por "um grande peixe" (JONAS 1:17) e ficou em sua barriga três dias antes de ser vomitado em terra (1:17;2:10). Miguel foi pego por acidente, mas Jonas foi engolido por odiar os inimigos de Israel e não querer que eles se arrependessem. Quando Deus disse a Jonas para pregar em Nínive, ele foi de barco para o lado oposto que devia seguir. Então Deus enviou um grande peixe como uma baleia para chamar a atenção de Jonas.

Eu compreendo por que Jonas odiava os assírios. Eles tinham atacado Israel no passado, e em 50 anos tinham levado as tribos do Norte para o cativeiro, onde desapareceriam para sempre. Jonas ficou compreensivelmente ofendido pelo fato de a Assíria poder ser perdoada.

Jonas era mais leal ao povo de Deus do que ao Deus de todos os povos. O Senhor amava os inimigos de Israel e queria salvá-los. Ele ama os nossos inimigos e os quer salvar. Com o vento do Espírito nos guiando, sigamos em direção a eles com a boa-nova de Jesus.

*MIKE WITTMER*

**Quem ao seu redor
precisa seguir a Jesus?**

*Jesus, por favor, mostra-me como amar
meus inimigos como Tu os ama.*

Para um estudo mais aprofundado, leia sobre evangelismo, acesse:paodiario.org

**A BÍBLIA EM UM ANO**: PROVÉRBIOS 16–18; 2 CORÍNTIOS 6

**14 DE SETEMBRO**  ·  **EFÉSIOS 2:17-22**

# UMA CASA NÃO DIVIDIDA

*Uma cidade ou família dividida contra si mesma se desintegrará.* MATEUS 12:25

Abraham Lincoln foi nomeado candidato ao Senado americano em 1858 e proferiu seu famoso discurso *Casa dividida*, destacando as tensões entre as várias facções nos Estados Unidos em relação à escravidão. Ele causou alvoroço, mas sentiu que era importante usar o exemplo da "casa dividida" que Jesus usou em Mateus 12:25, porque isso era muito conhecido e fácil de entender. Lincoln usou esta metáfora "para que atingisse a mente dos homens, a fim de despertá-los para o perigo dos tempos".

Enquanto uma casa dividida não pode subsistir, a não dividida pode — uma casa sem divisão, unificada, permanece. Em princípio, isso é o que a casa de Deus foi projetada para ser (EFÉSIOS 2:19). Apesar de ser composta de pessoas de várias origens, reconciliamo-nos com Deus (e uns com os outros) pela morte de Jesus na cruz (vv.14-16). Diante desta verdade (EFÉSIOS 3), Paulo oferece esse ensino aos que creem em Jesus: "Façam todo o possível para se manterem unidos no Espírito, ligados pelo vínculo da paz" (4:3).

Hoje, quando as tensões exacerbadas ameaçam provocar divisões entre as pessoas que de outra forma estariam unidas, tais como familiares e irmãos em Cristo, Deus pode conceder a sabedoria e as forças necessárias para manter a unidade uns com os outros por meio do Espírito. Isso permitirá que sejamos luz num mundo sombrio e dividido. *ARTHUR JACKSON*

**Deus pode usá-lo para ser um "pacificador familiar"?**

*Jesus, concede-me sabedoria, coragem e força para viver e demonstrar reconciliação com todas as pessoas.*

---

**A BÍBLIA EM UM ANO**: PROVÉRBIOS 19–21; 2 CORÍNTIOS 7

**15 DE SETEMBRO** — **SALMO 133**

# ONDE EU PERTENÇO

*Como é bom e agradável quando
os irmãos vivem em união!* v.1

Ao final da refeição para celebrar a Páscoa, que celebra a grandeza da obra salvadora de Deus, os membros da igreja expressaram sua alegria dançando juntos em círculo. Bruno se afastou e os observou sorrindo. Ele comentou o quanto amava essas ocasiões, dizendo: "Esta é a minha família agora, é a minha comunidade. Encontrei o lugar onde sei que posso amar e ser amado, onde pertenço". Em sua infância, o cruel abuso emocional e físico roubou-lhe a alegria. Mas sua igreja local o acolheu e o apresentou a Jesus. Por causa dessa união e da alegria contagiante, Bruno começou a seguir a Cristo e se sentiu amado e aceito.

No Salmo 133, o rei Davi usou imagens poderosas para ilustrar os efeitos duradouros gerados pela "boa e agradável" união do povo de Deus. Ele disse que é como alguém que é ungido com óleo precioso, com o perfume escorrendo "até a bainha das vestes" (v.2). Era comum na época que essa unção fosse usada para receber bem quem entrava em um lar. Davi também comparou a união com o orvalho que cai na montanha, trazendo vida e bênção (v.3).

O óleo libera uma fragrância que preenche o ambiente e o orvalho umedece os lugares secos. A união também tem efeitos bons e agradáveis, como o de acolher aqueles que estão sozinhos. Sejamos unidos em Cristo para que Deus possa trazer o bem por nosso intermédio.

AMY BOUCHER PYE

### Como a sua comunidade demonstra a verdadeira união com Cristo?

*Jesus, ajuda-me a demonstrar o Teu amor não só
a quem acho fácil aceitar, mas aos que acho desafiador.*

---

**A BÍBLIA EM UM ANO**: PROVÉRBIOS 22–24; 2 CORÍNTIOS 8

**16 DE SETEMBRO**  ❦ **APOCALIPSE 11:15-18**

★ *TÓPICO DE SETEMBRO: ESCATOLOGIA*

# ALELUIA!

*...ele reinará para todo o sempre.* v.15

Surpreendentemente, Handel levou apenas 24 dias para escrever a música orquestral para o oratório *Messias*. Talvez essa seja a composição musical mais famosa de todos os tempos e é executada milhares de vezes todos os anos no mundo todo. Essa magnífica obra atinge seu clímax quase duas horas depois de começar com a parte mais famosa do oratório, o refrão "Aleluia".

Enquanto os instrumentos anunciam o início do coro, as vozes se sobrepõem cantando as palavras de Apocalipse 11:15: "E ele reinará para todo o sempre". É uma declaração triunfante da esperança da eternidade no Céu com Jesus.

Muitas das palavras do oratório *Messias* são do relato do apóstolo João sobre a visão que ele teve perto do fim de sua vida e descrevem os acontecimentos que culminarão com o retorno de Cristo. No livro de Apocalipse, João escreve repetidamente sobre o retorno de Jesus ressuscitado à Terra, quando haverá grande alegria com o som de altos clamores de "Aleluia!" (19:1-8). O mundo se regozijará porque Jesus terá derrotado os poderes das trevas e da morte e estabelecido um reino de paz.

Todos os povos "diante do trono e diante do Cordeiro" proclamarão a majestade de Jesus e a bênção de Seu reinado (7:9). Até lá, vivemos, trabalhamos, oramos e o aguardamos esperançosos.

*LISA SAMRA*

**O retorno de Jesus para reinar sobre a Terra lhe traz esperança? Quais canções o encorajam com lembretes da majestade de Jesus?**

*Jesus, aguardamos que Tu venhas sem demora para estabelecer o Teu reinado sobre a Terra!*

Conheça mais sobre livro do Apocalipse: acesse:universidadecrista.org.

---

**A BÍBLIA EM UM ANO**: PROVÉRBIOS 25–26; 2 CORÍNTIOS 9

**17 DE SETEMBRO** — SALMO 18:1-3,16-19

# RESGATE EM ÁGUAS PROFUNDAS

*...tirou-me de águas profundas.* v.16

Em agosto de 2021, uma tempestade torrencial mais do que triplicou o volume de chuvas previsto numa região, deixando 20 pessoas sem vida e centenas de casas destruídas. Não fosse a compaixão e a habilidade de um piloto de helicópteros, a perda de vidas humanas teria sido ainda maior. O piloto atendeu ao telefonema de uma senhora preocupada com os seus familiares. Além de ter visto casas em chamas e carros em árvores, ele descreveu: "A água corria furiosa e lamacenta pelo solo". Entretanto, ele continuou corajosamente o resgate de 12 pessoas dos telhados de suas casas.

Na maioria das vezes enfrentamos inundações que, mesmo não sendo literais, são igualmente verdadeiras! Em dias de incerteza, podemos nos sentir sobrecarregados, inseguros "além do suportável" — mental, emocional e espiritualmente. Mas não precisamos nos desesperar.

No Salmo 18, lemos sobre como os inimigos de Davi eram muitos e poderosos, mas o Deus dele era maior. *Quão maior?* Tão forte e poderoso (v.1) que ele usou diversas designações (v.2) para descrevê-lo. Deus era poderoso o suficiente para resgatar Seu servo das águas profundas e dos inimigos fortes demais (vv.16-17). *Quão maior?* Suficientemente grande para que o invoquemos em nome de Jesus, independentemente do volume e da profundidade das "águas" que nos cercam ao longo da vida (v.3).

*ARTHUR JACKSON*

**O que o impede de invocar o Senhor "em meio à águas profundas"?**

*Deus Forte, Salvador e meu Refúgio,*
*quando as águas da vida fervilham*
*quero sempre estar junto a ti.*

Leia mais sobre o nosso Libertador, acesse: paodiario.org

---

**A BÍBLIA EM UM ANO:** PROVÉRBIOS 27–29; 2 CORÍNTIOS 10

**18 DE SETEMBRO**             🌿 **MARCOS 10:13-16**

# APRENDER E AMAR

*Então tomou as crianças nos braços,*
*[...] e as abençoou.* v.16

Três professoras em licença-maternidade levavam seus bebês à escola a cada duas semanas para interagir com os alunos. Isso ensinava os alunos a terem empatia, isto é, o cuidado e o sentimento pelos outros. Os mais receptivos eram os alunos "um pouco desafiadores". "As crianças em idade escolar interagem mais em nível individual, porém, elas aprendem sobre como é difícil cuidar de uma criança e sobre os sentimentos do outro também".

Aprender com uma criança não é novidade para os cristãos, pois conhecemos Aquele que veio como bebê a este mundo. O Seu nascimento mudou a nossa compreensão sobre o cuidado com os outros. Os primeiros a saber do nascimento de Cristo foram os humildes pastores, que cuidavam de ovelhas fracas e vulneráveis. Mais tarde, quando as crianças foram trazidas a Jesus, o Senhor corrigiu os discípulos que as achavam indignas. "Deixem que as crianças venham a mim. Não as impeçam, pois o reino de Deus pertence aos que são como elas" (MARCOS 10:14).

Jesus "tomou as crianças nos braços, pôs as mãos sobre a cabeça delas e as abençoou" (v.16). Em nossa vida, às vezes somos Seus filhos "desafiadores", e também poderíamos ser considerados indignos. Em vez disso, como Aquele que veio quando criança, Cristo nos aceita com Seu amor, ensinando-nos o poder de cuidar dos bebês e de todas as pessoas.

*PATRÍCIA RAYBON*

### O que Jesus o ensina sobre como amar e cuidar dos outros?

*Senhor, quando esqueço de demonstrar*
*empatia pelo próximo, ajuda-me*
*a demonstrar o Teu cuidado e amor.*

---

**A BÍBLIA EM UM ANO:** PROVÉRBIOS 30–31; 2 CORÍNTIOS 11:1-15

**19 DE SETEMBRO**  ISAÍAS 55:6-13

# FÉ IMAGINATIVA

*Vocês viverão com alegria e paz; [...]
as colinas cantarão, e as árvores do
campo baterão palmas.* v.12

"Olha, vovô! Aquelas árvores estão acenando para Deus!". Enquanto observávamos os galhos se curvando ao vento antes da tempestade que se aproximava, o entusiasmo do meu neto me fez sorrir e questionar: "Será que tenho essa fé tão cheia de imaginação?".

Refletindo sobre a história de Moisés e do arbusto ardente, a poetisa Elizabeth Barrett Browning escreveu que "A Terra está repleta de Céu, / E cada arbusto comum em chamas de Deus; / Mas somente o que vê lhe presta reverência" (tradução livre). A criação de Deus está evidente ao nosso redor nas maravilhas que Ele fez, e um dia, quando a Terra se tornar nova, nós a veremos como jamais a vimos.

Deus nos fala desse dia pelo profeta que proclama: "Vocês viverão com alegria e paz; os montes e as colinas cantarão, e as árvores do campo baterão palmas" (ISAÍAS 55:12). *Montes cantando? Árvores batendo palmas?* Por que não? Paulo observou isso "na esperança de que, com os filhos de Deus, a criação seja gloriosamente liberta da decadência que a escraviza" (ROMANOS 8:21).

Jesus falou das pedras "clamando" (LUCAS 19:40), ecoando a profecia de Isaías sobre o que está por vir a quem vem a Ele para obter a salvação. Quando olhamos para Ele com fé que imagina o que somente Deus pode fazer, veremos que as Suas maravilhas continuam para sempre!

JAMES BANKS

**Como você imagina a nova Terra
no reino eterno de Deus?
Você serve o Senhor com imaginação?**

*Louvo-te, Senhor, por seres o grande Criador!
Anseio pela maravilha de tudo o que és e podes fazer!*

**A BÍBLIA EM UM ANO:** ECLESIASTES 1–3; 2 CORÍNTIOS 11:16-33

**20 DE SETEMBRO** — **JEREMIAS 29:1-14**

# ALINHE-SE COM DEUS

*"Se me buscarem de todo o coração, me encontrarão."* v.13

No ano 605 a.C., a Babilônia invadiu Jerusalém e levou para o exílio todos os melhores profissionais, os intelectuais, as pessoas mais criativas. Quando os exilados lá chegaram, eles não conheciam a língua, não tinham casa, nem emprego, estavam totalmente desprovidos, mas tinham a ordem de Deus para reconstruir a vida.

Dessa história, podemos extrair três lições. A primeira é: Nos desastres da vida, concentre-se em Deus, em Seu caráter, em vez de olhar para quem o "atrapalhou". Não mantenha a mente em quem o roubou, quem o humilhou, quem o rejeitou. Ninguém tem a vida perfeita, todos enfrentam dificuldades, mas manter-se concentrado em Deus nos dá estrutura para encará-las, ao passo que a reclamação não muda nada.

Depois: realinhe suas emoções com o que Deus diz. Em Jeremias 29 está escrito: "Assim diz o SENHOR dos Exércitos [...] a todos os exilados que ele deportou...". Então, Deus nos permite estar em determinadas situações desagradáveis. Precisamos ler a Bíblia porque nela ouvimos a Deus. Porém só o conheceremos quando lhe obedecermos.

Por último, proponha uma agenda positiva todo os dias (vv.5-6). Trabalhe a sua vida exatamente onde ela está e construa sem ficar desejando voltar atrás. Plante e empenhe-se sabendo que a colheita demora, mas ela vem. O trem da vida corre nos dois trilhos: da alegria e da dor. Precisamos agir com contentamento em todo o tempo.

*JEREMIAS PEREIRA DA SILVA*

**Deus vai abençoá-lo onde quer que você estiver em sua vida. Confie nele!**

*Justo, misericordioso e bondoso Deus, ajuda-nos a não fecharmos o nosso ouvido ao convite do evangelho.*

---

**A BÍBLIA EM UM ANO:** ECLESIASTES 4–6; 2 CORÍNTIOS 12

**21 DE SETEMBRO**  ⚜ **JOÃO 7:37-39**

# A ÁGUA VIVA

*...Jesus [...] disse em alta voz: "Quem tem
sede, venha a mim e beba!". v.37*

As flores vindas do Equador chegaram à minha casa já murchas da longa viagem. As instruções diziam para reanimá-las com água fresca. Antes, porém, eu deveria aparar os caules para que as flores pudessem absorver a água mais facilmente. Mas será que sobreviveriam? Na manhã seguinte, o buquê estava maravilhoso, com flores que eu jamais vira. A água fresca fez toda a diferença e isso me lembrou do que Jesus disse sobre a água e o que ela significa para os que creem nele.

Quando Jesus pediu um copo de água à mulher samaritana, Ele demonstrou que beberia a água que ela retirava do poço, e isso mudou a vida dela. A mulher surpreendeu-se com o pedido de Jesus, porque os judeus desprezavam os samaritanos. Mas Jesus lhe disse: "Se ao menos você soubesse que presente Deus tem para você e com quem está falando, você me pediria e eu lhe daria água viva" (JOÃO 4:10). Mais tarde, no Templo, Ele disse em alta voz: "Quem tem sede, venha a mim e beba!" (7:37). Dos que creem nele, "rios de água viva [brotariam] do interior...". Jesus se referia ao Espírito "que seria dado mais tarde a todos que nele cressem" (vv.38-39).

O Espírito revigorante de Deus nos reaviva hoje quando estamos sobrecarregados. Ele é a Água viva e habita em nossa alma com santo vigor. Que hoje possamos beber profundamente dessa fonte de Água viva — Jesus.

*PATRÍCIA RAYBON*

### O que o impede de pedir a Jesus que lhe dê essa Água viva?

*Pai, quando a vida me deixa cansado e sedento,
sou grato pela dádiva do Teu Espírito, a Água viva.*

**22 DE SETEMBRO** — **ROMANOS 16:3-16**

# PESSOAS QUE PRECISAM DE PESSOAS

*Saúdem uns aos outros com beijo santo.*
*Todas as igrejas de Cristo lhes enviam*
*saudações.* v.16

Como escritor esportivo, Dave Kindred cobriu centenas de eventos esportivos e campeonatos, e escreveu uma biografia de Muhammad Ali. Aborrecido e já aposentado, passou a assistir aos jogos de basquete feminino da escola local e escrever matérias on-line sobre cada jogo. Depois que a sua mãe e seu neto morreram e sua esposa sofreu um derrame, Kindred percebeu que a equipe, sobre a qual escrevia, dava-lhe um senso de pertença: um precisava do outro. Ele afirmou: "Esta equipe me salvou. Minha vida estava triste, e elas foram o meu lume".

Como um lendário jornalista passa a depender de um grupo de adolescentes? Da mesma forma, Paulo se amparou na comunhão daqueles que conheceu em suas jornadas missionárias. Você notou todas as pessoas que Paulo cumprimentou quando ele encerrou sua carta? (ROMANOS 16:3-15). Saúdem "Andrônico e a Júnias", escreveu ele, "meus compatriotas judeus que estiveram comigo na prisão" (v.7). "Saúdem Amplíato, meu querido amigo no Senhor" (v.8). Ele menciona mais de 25 pessoas no total, a maioria das quais não são mencionadas nas Escrituras novamente. Mas Paulo precisava delas.

Qual é a sua comunidade? O melhor lugar para começar é sua igreja local. Há alguém cuja vida tenha se tornado sombria? À medida que Deus o conduz, reflita a luz de Jesus. Talvez, alguém lhe retribuirá esse favor.

*MIKE WITTMER*

**Com quem você pode contar?**
**Peça a Deus para lhe dar bons amigos.**

*Pai, Jesus é o meu melhor amigo!*
*Que eu possa ser um amigo assim para os outros.*

---

**A BÍBLIA EM UM ANO:** ECLESIASTES 10–12; GÁLATAS 1

**23 DE SETEMBRO** — **MATEUS 6:9-13**

★ *TÓPICO DE SETEMBRO: ESCATOLOGIA*

# A HISTÓRIA AINDA NÃO ACABOU

*Venha o teu reino. Seja feita a tua vontade,
assim na terra como no céu.* v.10

Quando a série britânica *Line of Duty* (Linha do dever) terminou, milhares a assistiram para ver como terminaria a luta contra o crime organizado. Muitos se desapontaram porque o final subtendeu que o mal venceria. "Queria que os bandidos fossem levados à justiça. Nós precisávamos de uma 'lição de moral' no final", disse um fã.

O sociólogo Peter Berger observou certa vez que somos famintos por esperança e justiça: esperamos que o mal seja um dia superado e seus causadores respondam por seus crimes. Um mundo onde vencem os bandidos vai contra a maneira que o mundo deve funcionar. Sem perceberem, os fãs decepcionados expressavam o profundo desejo da humanidade de que o mundo fosse novamente corrigido.

Na oração do Senhor, Jesus é realista sobre o mal que existe não apenas entre nós, exigindo perdão (MATEUS 6:12), mas também em grande escala, exigindo libertação (v.13). Esse realismo, no entanto, é acompanhado da esperança. No Céu não existe o mal e esse reino celestial está vindo à Terra (v.10). A justiça de Deus será completa, a "lição de moral" virá e banirá o mal para sempre (APOCALIPSE 21:4).

Portanto, quando os maus da vida real vencem e a decepção se instala, lembremo-nos de que até que a vontade de Deus se cumpra na "terra como no céu", sempre haverá esperança, porque a história não terminou.

*SHERIDAN VOYSEY*

**Por que temos fome de esperança e justiça?
A oração do Senhor pode ajudá-lo?**

*Pai celestial, que venha o Teu reino,
que seja feita a Tua vontade, assim na Terra como no Céu!*

---

**A BÍBLIA EM UM ANO:** CÂNTICO DOS CÂNTICOS 1–3; GÁLATAS 2

**24 DE SETEMBRO**  ·  **GÊNESIS 17:1-8, 15-16**

# O PODER DE UM NOME

*Você já não será chamado Abrão,*
*mas sim Abraão, pois será o pai*
*de muitas nações.* v.5

Procurando valorizar algumas crianças em situação de rua da Índia, Ranjit criou uma canção com os nomes delas. Com melodias únicas para cada nome, ele lhes ensinou a canção, esperando dar-lhes uma memória positiva relacionada aos seus nomes. Ele lhes deu a dádiva do respeito uma vez que, com frequência, essas crianças não ouvem o seu nome dito com amor.

Os nomes são importantes na Bíblia, e muitas vezes refletem o caráter de uma pessoa ou seu novo papel. Deus mudou os nomes de Abrão e Sarai quando fez um pacto de amor com eles, prometendo-lhes que Ele seria seu Deus e que eles seriam Seu povo. Abrão, que significa "pai exaltado", tornou-se Abraão — "pai de muitos". E Sarai, que significa "princesa", tornou-se Sara — "princesa de muitos" (GÊNESIS 17:5,15).

Esses nomes dados por Deus incluíam a misericordiosa promessa de que não seriam mais um casal sem filhos. Quando Sara deu à luz seu filho, eles ficaram felizes e o chamaram de Isaque, que significa "ele ri". "Sara declarou: 'Deus me fez sorrir. Todos que ficarem sabendo do que aconteceu vão rir comigo'" (21:6).

Honramos e respeitamos as pessoas quando as chamamos pelo nome e reconhecemos que Deus as criou para serem o que são. Um nome amoroso que afirma as qualidades únicas de alguém que foi criado à imagem de Deus pode transmitir o mesmo.

*AMY BOUCHER PYE*

**Você apelidou um amigo ou familiar**
**com uma palavra que reflete quem eles são?**

*Deus de todos os nomes,*
*fizeste-me fez à Tua imagem e me amaste.*
*Molda-me à Tua semelhança.*

---

**A BÍBLIA EM UM ANO:** CÂNTICO DOS CÂNTICOS 4–5; GÁLATAS 3

**25 DE SETEMBRO**     **MARCOS 8:34-38**

# ESCOLHA SÁBIA

*Que vantagem há em ganhar o mundo inteiro, mas perder a vida?* v.36

Como comandante da tripulação de uma viagem até a *Estação Espacial Internacional*, o astronauta Chris Ferguson precisou tomar uma decisão difícil. Mas isso não teve nada a ver com a mecânica de voo ou a segurança dos astronautas. Referia-se ao que ele considera a missão mais importante: sua família. Ferguson optou por manter seus pés firmemente plantados na Terra para que pudesse estar presente no casamento de sua filha.

Todos nós enfrentamos decisões difíceis, e, às vezes, elas exigem que avaliemos o que é mais importante para cada um de nós, porque uma opção vem em detrimento da outra. O objetivo de Jesus era comunicar a verdade aos Seus discípulos e à multidão de espectadores sobre a decisão mais importante da vida de alguém: segui-lo. Para serem discípulos, disse Ele, seria necessário que negassem "a si mesmo" para caminhar com Ele (MARCOS 8:34). Talvez Seus discípulos tenham se sentido inclinados a se poupar dos sacrifícios necessários para seguir a Cristo e, em vez disso, buscar seus próprios desejos, porém, Jesus lhes lembrou de que isso viria ao preço de algo de valor ainda maior.

Muitas vezes temos o forte desejo de perseguir coisas que parecem de grande valor, mas que nos distraem de seguir Jesus. Peçamos a orientação de Deus nas escolhas que enfrentamos a cada dia para escolhermos sabiamente e o honrarmos.

*KIRSTEN HOLMBERG*

### Quais escolhas o trouxeram mais perto de Jesus?

*Jesus, ajuda-me a reconhecer
e a escolher os caminhos que me permitirão
ter comunhão mais profunda contigo.*

---

**A BÍBLIA EM UM ANO**: CÂNTICO DOS CÂNTICOS 6–8; GÁLATAS 4

**26 DE SETEMBRO**      🌿 **JOÃO 11:38-44**

# O MILAGRE DA SALVAÇÃO

*Eu não lhe disse que, se você cresse,*
*veria a glória de Deus?* v.40

A vida do blogueiro Kevin Lynn parecia desmoronar-se. Em um artigo ele escreveu: "Eu literalmente coloquei uma arma na cabeça. Foi preciso que Deus entrasse sobrenaturalmente em meu quarto e em minha vida. Descobri finalmente quem Deus é". Deus o impediu de tirar a própria vida, encheu-o de convicção e lhe concedeu uma lembrança incisiva de Sua amorosa presença. Em vez de esconder esse encontro, Lynn compartilhou a sua experiência com o mundo, criando um ministério no *YouTube* no qual compartilha sua história de transformação, e a de tantos outros.

Quando Lázaro, seguidor e amigo de Jesus, morreu, muitos concluíram que Jesus tinha chegado tarde demais (JOÃO 11:32). Lázaro ficou em sua tumba por quatro dias antes da chegada de Cristo, mas o Senhor transformou aquele momento de angústia num milagre quando o ressuscitou (v.38). "Eu não lhe disse que, se você cresse, veria a glória de Deus?" (v.40).

Assim como Jesus ressuscitou Lázaro da morte para a vida, Ele nos oferece uma nova vida por meio dele. Ao sacrificar Sua vida na cruz, Cristo pagou a pena por nossos pecados e nos oferece o perdão quando nós aceitamos a Sua dádiva da graça. Somos libertos da escravidão de nossos pecados, restaurados por Seu amor eterno, e nos é dada a oportunidade de mudar o curso de nossa vida.

*KIMYA LODER*

**Como usar o seu testemunho**
**para aproximar outras pessoas do conhecimento**
**de Jesus como Salvador?**

*Pai, às vezes não valorizo a transformação que fizeste*
*em minha vida. Sou muito grato a ti.*

---

**A BÍBLIA EM UM ANO:** ISAÍAS 1–2; GÁLATAS 5

**27 DE SETEMBRO** 🌿 **SALMO 90:12-17**

# A AJUDA DIVINA E O NOSSO FUTURO

*Satisfaze-nos a cada manhã com o teu
amor, para que cantemos de alegria
até o final da vida.* v.14

A psicóloga Meg Jay diz que a nossa mente tende a pensar em nosso futuro de forma semelhante à que pensamos sobre pessoas completamente estranhas. Por quê? Talvez devido ao que às vezes se chama de "lacuna de empatia". Pode ser difícil empatizar e importar-se com pessoas que não conhecemos pessoalmente, mesmo elas sendo as versões futuras de nós mesmos. Assim, Jay tenta ajudar os jovens a imaginarem como será o seu futuro e toma medidas para que cuidem dele. Isso inclui a elaboração de planos de ação para prepará-los naquilo que um dia serão e abre o caminho para que eles possam perseguir seus sonhos e continuar a se desenvolver.

No Salmo 90, somos convidados a nos vermos não apenas no presente, mas como um todo, e a pedir que Deus nos ajude a "entender como a vida é breve, para que vivamos com sabedoria" (v.12). Reconhecer que o nosso tempo na Terra é limitado pode nos lembrar de nossa urgente necessidade de confiar em Deus. Precisamos da ajuda de Deus para aprender a encontrar satisfação e alegria, não apenas agora, mas "até o final da vida" (v.14). Precisamos de ajuda divina para aprender a pensar não apenas em nós mesmos, mas nas gerações futuras (v.16). Precisamos da ajuda do Senhor para servi-lo, na medida em que Ele estabelece o trabalho de nossas mãos e do nosso coração (v.17). MONICA LA ROSE

**Visualizar a sua vida à frente o ajuda
a servir melhor e ter empatia com os outros?**

*Deus, obrigado pela dádiva da vida e por poder
compartilhar sobre a eternidade em comunhão contigo.*

**A BÍBLIA EM UM ANO:** ISAÍAS 3–4; GÁLATAS 6

**28 DE SETEMBRO** — **MATEUS 15:12-20**

# VINDO DO CORAÇÃO

*...do coração vêm maus pensamentos, homicídio, adultério, imoralidade sexual, roubo, mentiras...* v.19

A missão de resgate *Operação Arca de Noé* foi um pesadelo para a *Sociedade Nassau* para a prevenção da crueldade contra os animais. Após receber reclamações sobre o barulho e o cheiro terrível vindo de uma certa casa, os resgatadores entraram nesse local e removeram mais de 400 animais que sofriam maus-tratos. Talvez não tenhamos centenas de animais em condições imundas, mas Jesus disse que podemos ter ações e pensamentos maus e pecaminosos em nosso coração que precisem ser expostos e removidos.

Ao ensinar aos Seus discípulos o que torna uma pessoa limpa e impura, Jesus lhes disse que não são as mãos sujas ou o que "passa pelo estômago" que contaminam uma pessoa, mas o que vem do coração maligno (MATEUS 15:17-19). O mau odor do nosso coração acabará transbordando de nossa vida. Jesus citou exemplos de ações e pensamentos maus que saem "do coração" (v.19). Nenhuma quantidade de atividades e rituais religiosos externos pode limpá-lo. Precisamos de Deus para transformar o nosso coração.

Permitamos que Jesus tenha acesso à miséria do nosso coração e deixemos que Ele remova o que está causando o mau odor. À medida que Cristo descobrir o que vem do nosso coração, Ele nos ajudará a alinhar as nossas palavras e ações aos Seus desejos, e o aroma de nossa vida o agradará.

MARVIN WILLIAMS

**Como você pode buscar a ajuda de Deus? Por que é importante fazer um inventário do que está em nosso coração?**

*Pai, meu coração é desesperadamente perverso. Só Tu podes conhecê-lo e remover dele todo o mal.*

Leia mais sobre o perdão de Deus, acesse:paodiario.org

**A BÍBLIA EM UM ANO**: ISAÍAS 5–6; EFÉSIOS 1

**29 DE SETEMBRO**  JOÃO 12:1-7

# O POTE DE GRÃOS DE CAFÉ

*Somos o aroma de Cristo que se eleva até Deus.* 2 CORÍNTIOS 2:15

Não sou um apreciador de café, e o cheiro dos seus grãos me traz consolo e tristeza. Quando a nossa filha Melissa, 17, estava organizando o seu quarto, ela colocou uma tigela com grãos de café para permear o recinto com esse aroma quente e agradável. Já se passaram quase duas décadas desde que a sua vida terrena foi ceifada num acidente de carro. No entanto, nós ainda conservamos aquela tigela de grãos de café que nos traz à memória o aroma que Mel apreciava.

As Escrituras também usam fragrâncias como lembretes. O livro de Cântico dos Cânticos refere-se às fragrâncias como um símbolo do amor entre o homem e a mulher (1:3;4:11,16). O perdão de Deus a Israel é descrito como "[perfumado] como os cedros do Líbano" (OSEIAS 14:6). Quando Maria ungiu os pés de Jesus, a "casa se encheu com a fragrância do perfume" (JOÃO 12:3), Jesus disse que essa atitude prenunciava o Seu sepultamento (v.7).

A ideia de fragrância também pode nos ajudar a sermos atentos ao nosso testemunho de fé aos que nos rodeiam. Paulo nos explicou assim: "Somos o aroma de Cristo que se eleva até Deus. Mas esse aroma é percebido de forma diferente por aqueles que estão sendo salvos e por aqueles que estão perecendo" (2 CORÍNTIOS 2:15).

Que a nossa vida produza o "aroma de Cristo" e do Seu amor e lembre aos outros de que também precisam de Jesus em sua vida.

DAVE BRANON

**Você pode ser "a fragrância de Cristo" para alguém?**

*Pai celestial, ajuda-me a transmitir um "aroma" de vida que te revele aos outros.*

**A BÍBLIA EM UM ANO**: ISAÍAS 7–8; EFÉSIOS 2

**30 DE SETEMBRO** | **ISAÍAS 30:12-18**

# PARA ONDE VIRAR?

*Portanto, o SENHOR esperará até que voltem para ele, para lhes mostrar seu amor e compaixão.* v.18

No colégio, todos admiravam o jeito de ser do João e suas habilidades atléticas. Ele parecia mais feliz quando buscava equilibrar-se com os braços no ar acima de uma pista de skate. Esse jovem decidiu seguir Jesus após frequentar uma igreja local. João tinha suportado lutas familiares significativas e usado drogas para diminuir a sua dor. Tudo parecia estar indo bem para ele, porém anos depois, João viciou-se novamente. Sem uma intervenção adequada e contínua, ele morreu de overdose.

É fácil voltar ao que lhe é familiar quando enfrentamos as dificuldades. Quando os israelitas sentiram a angústia de um ataque assírio, rastejaram de volta para os egípcios, de quem haviam sido escravos, em busca de ajuda (ISAÍAS 30:1-5). Deus previu que isso seria desastroso, mas continuou a cuidar deles, embora eles tivessem feito a escolha errada. Isaías declarou que: "o SENHOR esperará até que voltem para ele, para lhes mostrar seu amor e compaixão" (v.18).

Esta é a atitude de Deus para conosco, mesmo quando escolhemos olhar para o outro lado a fim de entorpecer a nossa dor. Ele quer nos ajudar e não quer que nos machuquemos com hábitos que trazem escravidão. Certas substâncias e ações nos tentam com a rápida sensação de alívio, mas Deus quer proporcionar uma cura autêntica enquanto caminhamos com Ele.

*JENNIFER BENSON SCHULDT*

**Por que é importante reconhecer a graça de Deus em tempos de fracasso?**

*Pai, livra-me dos padrões pecaminosos e ajuda-me a confiar em ti ao enfrentar as tentações.*

**A BÍBLIA EM UM ANO:** ISAÍAS 9–10; EFÉSIOS 3

★ TÓPICO DE OUTUBRO / **Maturidade espiritual**

# NOSSA VERDADEIRA ESTRELA GUIA

Quando eu era adolescente, Cláudio era uma estrela guia para mim. Ele era, de fato, a estrela de seu time de basquete universitário (e eu jogava basquete também). Mas ele era muito mais do que isso. A maneira como ele falava, agia e tratava os outros realmente me inspirava. Cláudio irradiava o amor e os princípios de Cristo.

O exemplo de Cláudio me faz refletir sobre como se expressam o amadurecimento e a vitalidade de nossa fé em Jesus. Pedro apresentou uma imagem clara da maturidade espiritual para todos nós, em sua segunda epístola:

**1. É baseada em Jesus.** Uma pessoa que possui maturidade de fé percebe que é o "poder divino" do Senhor e as "promessas" que nos ajudam a viver de modo a honrá-lo (2 PEDRO 1:3-4). Seu Espírito provê o que precisamos para brilhar por Ele como uma estrela na noite escura (FILIPENSES 2:15; JOÃO 3:6; 2 CORÍNTIOS 5:21; 1 PEDRO 1:22-23), levando-nos a caminhar humildemente com Cristo e a transbordar de gratidão por tudo o que Ele tem feito.

**2. É revelada no modo em que vivemos.** À medida que Jesus aumenta nossa fé, isso se torna evidente na forma como falamos, agimos e em tudo o que somos (2 PEDRO 1:5-9). Reflete-se em uma crença crescente em Deus e em Seus caminhos (v.5), mas também em nosso caráter à semelhança de Cristo, perseverando através de provações (v.6), andando com Deus, em obediência, amando a Ele e os outros (v.7) e compartilhando, de modo cativante, a nossa fé.

Com o tempo, assim como Cláudio me impactou, o amadurecimento da nossa fé pode ajudar os outros a brilhar por Jesus também. Ao passo que Ele nos ajuda a crescer na maturidade espiritual, irradiaremos cada vez mais os Seus caminhos. Nós nos pareceremos cada vez mais com Cristo — nossa verdadeira Estrela Guia.

*TOM FELTEN*

Além deste artigo, o tema *maturidade espiritual* é abordado nos devocionais dos dias **1, 9, 16** e **23 de outubro**.

**1º DE OUTUBRO** ⬢ **EFÉSIOS 4:2-15**

★ *TÓPICO DE OUTUBRO: MATURIDADE ESPIRITUAL*

# A GRAÇA GENTIL DE DEUS

*Sejam sempre humildes e amáveis,
tolerando pacientemente uns aos
outros em amor.* v.2

A poetisa Emily Dickinson escreveu que toda a verdade deve ser dita de forma gradual e sugeriu que, pelo fato de a verdade e a glória de Deus "brilharem demais", para que os frágeis humanos as compreendam ou recebam de uma vez só, seria melhor que as recebêssemos e compartilhássemos de Sua graça e verdade de maneira "gradativa", gentil e indireta. Ela concluiu que a Verdade deve deslumbrar gradualmente, ou todo homem ficaria cego.

O apóstolo Paulo também nos aconselha a sermos "humildes e amáveis [...] tolerando pacientemente uns aos outros em amor" (EFÉSIOS 4:2). A base para a gentileza e graça dos cristãos uns com os outros é o jeito misericordioso de Cristo para conosco. Em Sua encarnação (vv.9-10), Jesus revelou-se na forma calma e gentil que as pessoas precisavam para confiar nele e recebê-lo.

Ele se revela abençoando e empoderando Seu povo da forma que precisam para crescer e amadurecer "para [...] edificar o corpo de Cristo, até que todos alcancemos a unidade que a fé e o conhecimento do Filho de Deus produzem e amadureçamos, chegando à completa medida da estatura de Cristo" (vv.12-13). Ao crescermos, ficamos menos vulneráveis a procurar esperança em outros lugares e mais confiantes em praticar o exemplo de Jesus: "falaremos a verdade em amor" (vv.14-16). MONICA LA ROSE

**Você já experimentou a graça
e a verdade de Deus gentil ou indiretamente?
Isso o ajudou a relacionar-se com os outros?**

*Deus, agradeço a revelação suave de Tua bondade, graça
e verdade. Quero confiar em Teu zelo amoroso.*

**A BÍBLIA EM UM ANO**: ISAÍAS 11–13; EFÉSIOS 4

**2 DE OUTUBRO** — MATEUS 7:15-20

# OLHEM PARA OS FRUTOS

*Vocês os identificarão
por seus frutos.* v.16

O jogo televisivo *Acredite em quem quiser* sempre termina com uma revelação. Um grupo de quatro celebridades faz perguntas a três indivíduos que alegam ser a mesma pessoa. Dois são impostores, e cabe aos famosos identificar quem está falando a verdade. Num episódio da versão americana, estava no palco Johnny Marks, compositor da letra de *Rodolfo — A rena do nariz vermelho*. Foi dificílimo identificar quem de fato era o autor, mesmo com ótimas perguntas; os demais torciam a verdade, o que era muito engraçado para o programa.

Distinguir os "falsos mestres" na vida é muito diferente do que vemos na televisão, infinitamente mais importante, mas pode ser tão difícil quanto. Os lobos selvagens se apresentam em pele de cordeiro, e Jesus alerta que até os mais sábios devem "tomar cuidado" (MATEUS 7:15). É melhor confiar no que vemos, e não no que dizem. Olhem os seus frutos, e assim vocês vão reconhecê-los (vv.16-20).

A Bíblia nos ajuda a ver os frutos bons e maus. Os bons são "amor, alegria, paz, paciência, amabilidade, bondade, fidelidade, mansidão e domínio próprio" (GÁLATAS 5:22-23). Devemos prestar muita atenção, porque os lobos são enganadores. Mas como cristãos, cheios do Espírito, servimos ao Bom Pastor verdadeiro, "cheio de graça e verdade" (JOÃO 1:14).

*JOHN BLASE*

**Você já encontrou um lobo vestido de cordeiro? Analisando os frutos nesta experiência, o que você percebe?**

*Bom Pastor, concede-me olhos e ouvidos
para perceber os bons frutos.*

**A BÍBLIA EM UM ANO:** ISAÍAS 14–16; EFÉSIOS 5:1-16

# 3 DE OUTUBRO

**TIAGO 1:22-27**

# TESTE DO ESPELHO

*Se [...] observarem atentamente
a lei perfeita que os liberta [...],
serão felizes...* v.25

Ao conduzirem um teste de autorreconhecimento, os psicólogos perguntam para as crianças: "Quem é aquele ali no espelho?". Até os 18 meses, a criança normalmente não associa aquela imagem a si mesma. À medida que crescem, elas percebem que estão olhando para a imagem de si mesmas. O autorreconhecimento é uma marca importante que sinaliza o crescimento saudável e maturidade.

O autorreconhecimento também é importante no crescimento daqueles que creem em Jesus. Tiago nos ensina sobre isso e apresenta um teste em que o espelho é a "palavra verdadeira" de Deus (TIAGO 1:18). Quando lemos as Escrituras, o que vemos nelas? Nós nos reconhecemos ao ler sobre amor e humildade? Nossas ações revelam o que Deus nos ordena? Ao olharmos para dentro do nosso coração e avaliarmos as nossas ações, a Bíblia pode nos ajudar a reconhecer se estamos alinhados com o desejo de Deus para nós ou se precisamos buscar arrependimento e fazer mudanças.

Tiago nos alerta a não apenas lermos a Palavra e depois abandoná-la, dizendo: "só enganarão a si mesmos" (v.22) ao esquecer o que recebemos. A Bíblia fornece um mapa para viver sabiamente de acordo com os planos de Deus. Ao ler, alimentarmo-nos e meditarmos nela, podemos pedir que Ele nos conceda discernimento e força para que façamos as mudanças necessárias.

KATARA PATTON

**O que você vê ao olhar no espelho da Palavra?
Quais mudanças você precisa fazer?**

*Deus, por favor, ajuda-me a usar a Bíblia
como espelho para a minha vida, motivações e ações.*

**A BÍBLIA EM UM ANO:** ISAÍAS 17–19; EFÉSIOS 5:17-33

**4 DE OUTUBRO** — SALMO 63

# NOSSO VERDADEIRO LAR

*...todo o meu corpo*
*anseia por ti.* v.1

"Bobbie, o Incrível" foi um cachorro que se perdeu da família durante as férias numa cidade a mais de 3.500 quilômetros de casa. Eles procuraram seu amado cãozinho de todas as formas, mas voltaram de coração partido para casa, sem ele. Seis meses depois, no fim do inverno, Bobbie apareceu em casa, desgrenhado, mas determinado. De algum jeito, ele conseguiu fazer a longa e perigosa caminhada, cruzando rios, desertos e montanhas nevadas até voltar ao seu lar e aos seus.

Essa jornada inspirou livros, filmes e um painel na cidade em que viviam. Mais profundo que esta tocante devoção à família é o anseio que Deus plantou em nós. O antigo teólogo Agostinho descreveu-o assim: "Fizeste-nos para ti e inquieto está o nosso coração enquanto não repousa em ti". Davi também expressou esse anseio, com intensidade e clareza, quando orou escondido no deserto em Judá: "Ó Deus, tu és meu Deus; eu te busco de todo o coração. Minha alma tem sede de ti; todo o meu corpo anseia por ti nesta terra seca, exausta e sem água" (v.1).

Davi louvou a Deus porque Seu "amor é melhor que a própria vida" (v.3). Nada se compara a conhecê-lo! Em Jesus, Deus nos buscou e preparou um caminho para o Seu lar e perfeito amor — sem importar quão longe estivemos. Ao nos voltarmos a Ele, encontramos o nosso verdadeiro lar.

*JAMES BANKS.*

**O que você mais anseia
ao pensar no encontro com Jesus?
Como você o buscará hoje?**

*Jesus, obrigado por teres feito o caminho para ti
por Tua vida, morte na cruz e ressurreição.*

---

**A BÍBLIA EM UM ANO**: ISAÍAS 20–22; EFÉSIOS 6

**5 DE OUTUBRO** — JÓ 1:13-22

# SOFRENDO, MAS SENDO GRATO

*...O Senhor me deu o que eu tinha, e o Senhor o tomou. Louvado seja o nome do Senhor!".* v.21

Após a morte de minha mãe, uma amiga sua, também paciente de câncer, chorando muito, disse-me: "Sua mãe era gentil comigo. Estou arrasada por ela ter morrido, e não eu". Respondi: "Ela amava você. Nós rogávamos a Deus que lhe permitisse ver os seus filhos crescerem". De mãos dadas, choramos, pedi que Deus a guiasse com ternura pelo luto e agradeci pela remissão do câncer, que a permitiu continuar ao lado da sua amada família.

A Bíblia revela a complexidade do luto ao mostrar a terrível perda que Jó sofreu, inclusive de todos os seus filhos. Jó sofreu muito e "prostrou-se com o rosto no chão em adoração" (Jó 1:20). Num ato de rendição, humildade e esperança, ele expressou gratidão: "O Senhor me deu o que eu tinha, e o Senhor o tomou. Louvado seja o nome do Senhor" (v.21). Embora Jó ainda tivesse que enfrentar grandes conflitos no seu luto e na reconstrução de sua vida, naquele momento ele aceitou e até celebrou a autoridade de Deus sobre as situações boas e más.

Deus compreende as formas como processamos e lutamos com nossas emoções. Ele nos convida a passar pela dor de forma honesta e vulnerável. Mesmo quando o sofrimento parece sem fim e insuportável, Deus afirma que Ele não mudou nem mudará. Isso nos conforta e empodera a sermos gratos por Sua presença.

XOCHITL DIXON

**Você foi grato a Deus ao sofrer perdas dolorosas? Como Deus revelou Sua presença em meio ao sofrimento solitário?**

*Deus compassivo, obrigado por me conheceres, conduzindo-me em cada etapa do meu luto.*

---

**A BÍBLIA EM UM ANO:** ISAÍAS 23–25; FILIPENSES 1

**6 DE OUTUBRO** — **LEVÍTICO 25:35-37**

# VISUALIZANDO UM FUTURO MELHOR

*...ajudem-no [...] e permitam que ele more com vocês.* v.35

Os 300 pré-adolescentes e jovens de uma pequena cidade foram para uma reunião-surpresa na escola. Eles não conseguiam acreditar ao ouvir que um casal ligado à cidade pagaria as despesas da faculdade de todos os estudantes dali pelos próximos 25 anos. Os estudantes ficaram estarrecidos, com lágrimas de muita felicidade. A cidade tinha sofrido sob forte impacto econômico, e muitas famílias não conseguiam pagar os estudos dos filhos. Tal presente era um divisor de águas para aquela geração, e os doadores esperavam poder impactar imediatamente aquelas famílias e atrair outras para a cidade. Os doadores visualizavam a geração de empregos, uma revitalização e um futuro diferente para aquelas pessoas.

Deus deseja que Seu povo seja generoso: não apenas atendendo a questões pontuais, mas ansiando por um novo futuro para os que sofrem ao seu redor. As instruções divinas são claras: "Se alguém do seu povo empobrecer e não puder se sustentar, ajudem-no" (LEVÍTICO 25:35). Ser generoso não é apenas atender às carências básicas, mas também considerar o que é preciso para a vida futura da comunidade. "Ajudem-no", disse Deus, "e permitam que ele more com vocês" (v.35).

A entrega profunda reimagina o futuro. A imensa generosidade criativa de Deus nos encoraja a prosseguirmos até o dia em que teremos fartura e plenitude para todos. *WINN COLLIER*

**A sua generosidade pode atender além das necessidades básicas?**

*Deus, é difícil ser generoso até de formas simples. Abre os meus olhos e encoraja-me a agir.*

---

**A BÍBLIA EM UM ANO**: ISAÍAS 26–27; FILIPENSES 2

7 DE OUTUBRO — MATEUS 6:25-33

# AVES DO CÉU

*...não se preocupem com
a vida diária...* v.25

Num amanhecer de verão, eu cuidava do meu jardim quando minha vizinha sorriu e chamou a minha atenção sussurrando. "O quê?", sussurrei também, curiosa. Ela apontou para um sino dos ventos em seu jardim onde havia uma tacinha de palha. "Um ninho de beija-flor", ela disse. "Está vendo os filhotes?" Quase não se viam os dois bicos, finos como alfinetes. "Estão esperando a mamãezinha". Ficamos olhando, maravilhadas, e preparei meu celular para fotografar. "Não chegue muito perto para evitar de assustar a mãe", ela sugeriu. Assim, apadrinhamos à distância aquela família voadora. Durou pouco: na outra semana, eles haviam ido embora, tão discretamente quanto haviam chegado. Mas quem cuidaria deles agora?

A Bíblia nos dá uma resposta gloriosa que, de tão conhecida, passa despercebida: "...não se preocupem com a vida. Observem os pássaros. Eles não plantam nem colhem, nem guardam alimento em celeiros, pois seu Pai celestial os alimenta..." (MATEUS 6:25-26). É uma instrução simples, porém linda, contendo uma das promessas de Jesus.

Assim como Deus protege e cuida dos passarinhos, Ele cuida de nós — nutrindo nossa mente, corpo, alma e espírito. É uma promessa magnífica. Que possamos buscar a Deus diariamente e nos ampararmos despreocupados sob Suas asas. PATRÍCIA RAYBON

**Qual é a diferença entre
aflição, preocupação e planejamento?
Quais as provisões diárias de Deus para sua vida?**

*Quebranto-me, Senhor, ao saber que cuidas de mim.
Quero honrar Tua promessa ao confiar em ti todo dia.*

---

**A BÍBLIA EM UM ANO:** ISAÍAS 28–29; FILIPENSES 3

**8 DE OUTUBRO** — 2 PEDRO 1:3-10

# AUTOCONTROLE NA FORÇA DE DEUS

*Deus, com seu poder divino, nos concede
tudo de que necessitamos para uma vida
de devoção...* v.3

Em 1972, foi desenvolvido um estudo conhecido como "o experimento do *marshmallow*". Nele, avaliou-se a capacidade das crianças em adiar a satisfação de seus desejos. Oferecia-se o doce para a criança, mas diziam-lhe que, se ela esperasse dez minutos sem prová-lo, ganharia outro *marshmallow*. Parte das crianças conseguiu esperar e recebeu a recompensa maior, mas outra parte engoliu o *marshmallow* em menos de 30 segundos!

Nós também lutamos com o autocontrole quando nos é oferecido algo que desejamos, mesmo se soubermos que teremos um benefício maior se esperarmos. Ainda assim, Pedro nos aconselha a "acrescentar à [nossa] fé" muitas virtudes importantes, incluindo o domínio próprio (2 PEDRO 1:5-6). Apegado à sua fé em Jesus, Pedro encorajou-nos a continuar a crescermos em excelência moral, conhecimento, perseverança, devoção, fraternidade e amor como evidência da fé (vv.5-8).

Tais virtudes não nos garantem um lugar no Céu ou o favor de Deus, mas demonstram, a nós mesmos e aos que nos cercam, nossa necessidade de autocontrole, enquanto Deus nos provê a força e a sabedoria para tanto. O melhor de tudo é que Ele "nos concede tudo de que necessitamos para uma vida de devoção" que o agrade, através do poder do Espírito Santo (v.3).

KIRSTEN HOLMBERG

**Em quem você observa as qualidades de Cristo?
Como você também pode cultivá-las em sua vida?**

*Santo Espírito, cultiva em mim as qualidades
que refletem Jesus e que eu revele Tua bondade a todos.*

---

**A BÍBLIA EM UM ANO:** ISAÍAS 30–31; FILIPENSES 4

**9 DE OUTUBRO** 🌿 **HEBREUS 4:12-13**

★ *TÓPICO DE OUTUBRO: MATURIDADE ESPIRITUAL*

# O PODER DA PALAVRA DE DEUS

*Pois a palavra de Deus é
viva e poderosa...* v.12

Estevão era um comediante talentoso e em ascensão. Criado num lar cristão, ele questionava a sua fé desde o acidente que levara o seu pai e dois irmãos e a abandonou após a adolescência. Numa noite fria, ele a reencontrou nas ruas da cidade. Alguém lhe deu um Novo Testamento de bolso, e ele abriu numa página qualquer. Bateu os olhos no trecho que falava sobre a ansiedade: Mateus 6:27-34, parte do Sermão do Monte. Aquelas palavras acenderam um fogo em seu coração: "Fui completamente iluminado naquela hora; li o sermão naquela esquina fria, e minha vida nunca mais foi a mesma".

Esse é o poder das Escrituras. A Bíblia é diferente dos outros livros porque ela é viva. Não somente lemos a Bíblia; ela também nos lê: ela é "mais cortante que qualquer espada de dois gumes, penetrando entre a alma e o espírito [...], trazendo à luz até os pensamentos e desejos mais íntimos" (HEBREUS 4:12).

A Bíblia contém a força mais poderosa do planeta. Ela é capaz de nos transformar e levar à maturidade espiritual. Vamos ler a Palavra de Deus em voz alta, pedindo ao Senhor que transforme o nosso coração. Deus promete que a Sua palavra "...sempre produz frutos. Ela fará o que desejo e prosperará aonde quer que eu a enviar" (ISAÍAS 55:11). Nossa vida nunca mais será como antes.

*MIKE WITTMER*

**A sabedoria transformadora da Bíblia
mudou o seu modo de viver? Quais são as suas
expectativas quando você a lê?**

*Pai celeste, obrigado por me dares
a Bíblia, que me vivifica e aprofunda
o meu relacionamento contigo.*

**A BÍBLIA EM UM ANO:** ISAÍAS 32–33; COLOSSENSES 1

**10 DE OUTUBRO** 🌱 **FILIPENSES 4:4-7**

# AÇÃO DE GRAÇAS E FELICIDADE

*Orem a Deus pedindo aquilo de que precisam e agradecendo-lhe por tudo que ele já fez...* v.6.

Num estudo proposto pelo psicólogo R. Emmons, os participantes deveriam listar 5 itens toda semana. Eles foram divididos em três grupos: alguns escreveriam 5 motivos de gratidão; outros, 5 de preocupações; e o grupo controle, 5 fatos que os impactaram na semana. Concluiu-se que o grupo dos agradecidos se sentia melhor sobre a vida em geral, era mais otimista quanto ao futuro e relatou menos problemas de saúde. Agradecer muda como olhamos a vida e a gratidão pode até nos tornar mais felizes.

A Bíblia destaca em vários trechos os benefícios de agradecer a Deus, porque fazer isso nos lembra o Seu caráter. Os salmos repetidamente convocam o povo de Deus a agradecer-lhe "Pois o Senhor é bom! Seu amor dura para sempre" (SALMO 100:5), e a ser grato pelo Seu grande amor e por Suas maravilhas (107:8,15,21,31).

A carta de Paulo aos filipenses é como uma nota de agradecimento àquela igreja que apoiava seu ministério. No seu encerramento, Paulo vincula as orações de gratidão à "paz de Deus, que excede todo entendimento" (4:7). Ao focarmos em Deus e Sua bondade, descobrimos que podemos orar sem ansiedade, em toda situação, *com ações de graças*. Agradecer traz a paz que protege nosso coração e mente de forma única, mudando nosso olhar para a vida. Um coração cheio de gratidão alimenta um espírito feliz.

*ELISA MORGAN*

**O que atrapalha a sua gratidão?
Ao levar seus pedidos a Deus, como ser grato?**

*Pai celeste, dá-me um espírito de
gratidão e louvor frente aos problemas.*

---

**A BÍBLIA EM UM ANO**: ISAÍAS 34–36; COLOSSENSES 2

**11 DE OUTUBRO**  🌿 **GÊNESIS 12:1-9**

# A PARTE DE DEUS E A SUA

*...vá à terra que eu lhe mostrarei [...].*
*Então Abraão partiu...* vv.1,4

Quando minha amiga Janice recebeu a proposta de gerenciar o setor onde trabalhava há uns poucos anos, ela ficou chocada. Orou sobre o assunto e sentiu a orientação de Deus para aceitar a indicação, mas sentia que não conseguiria lidar com essa responsabilidade. "Como vou liderar com tão pouca experiência?", ela perguntava a Deus. "Por que me colocar numa situação em que vou fracassar?".

Depois, Janice leu sobre o chamado de Abraão em Gênesis 12 e percebeu que a parte dele era ir "à terra que [Deus lhe mostraria]. Então Abraão partiu" (vv.1,4). Essa era uma atitude ousada, porque na antiguidade as pessoas não se desprendiam radicalmente assim. Mas Deus pediu que Abraão confiasse nele e deixasse tudo para trás, e o Senhor faria o restante. *Identidade?* Você será uma grande nação. *Provisão?* Eu o abençoarei. *Reputação?* Eu o tornarei famoso. *Propósito?* Você será uma bênção para todos os povos. Ele cometeu grandes erros pelo caminho, mas "Pela fé, Abraão obedeceu [...]. Ele partiu sem saber para onde ia" (HEBREUS 11:8).

Perceber isto tirou o peso dos ombros de Janice. "Não preciso me preocupar em 'ter sucesso' no trabalho", ela me disse depois. "Preciso apenas dispor-me a confiar que Deus me capacitará." À medida que Deus provê a fé necessária, que possamos confiar nele de todo o coração. *LESLIE KOH*

**Você se preocupa com as suas responsabilidades? Nesse momento, Deus lhe pede que confie nele?**

*Deus, entrego a ti as minhas atribuições.*
*Ajuda-me a fazer minha parte,*
*como sei que fazes a Tua.*

---

**A BÍBLIA EM UM ANO:** ISAÍAS 37–38; COLOSSENSES 3

**12 DE OUTUBRO** — SALMO 90:1-14

# EXPECTATIVA DE VIDA

*Para ti, mil anos são como um dia que passa, breves como algumas horas da noite.* v.4

Em 1990, alguns pesquisadores franceses tiveram um problema no computador ao processar a idade de Jeanne Calment. Ela tinha 115 anos, uma idade fora dos parâmetros do programa de software. Os programadores pensaram que ninguém poderia viver tanto! Na verdade, Jeanne viveu até atingir seus 122 Anos.

O salmista escreve: "Recebemos setenta anos, alguns chegam aos oitenta" (SALMO 90:10). Esta é uma forma figurada de dizer que, independentemente da idade a que chegarmos, mesmo que sejamos longevos como Jeanne Calment, nossa vida nesta Terra é limitada. Nossos dias estão nas mãos soberanas de um Deus amoroso (v.5). Entretanto, no reino espiritual, o "tempo de Deus" é diferente do nosso: "Para ti, mil anos são como um dia que passa..." (v.4).

Na pessoa de Cristo, a "expectativa de vida" recebe um novo significado: "quem crê no Filho de Deus tem a vida eterna..." (JOÃO 3:36). "Tem" está no modo presente: agora mesmo, em nosso atual momento repleto de tribulações e lágrimas, nosso futuro é abençoado e nossa vida não tem fim. Por este motivo celebramos com o salmista, orando: "Satisfaze-nos a cada manhã com o teu amor, para que cantemos de alegria até o final da vida" (v.14).

*KENNETH PETERSEN*

**Quais as suas preocupações a respeito da sua vida e os limites que ela lhe impõe? De que maneira a presença de Jesus o consola?**

*Deus, às vezes a vida é difícil, porém sou feliz pela Tua provisão. O Teu amor infalível me satisfaz!*

**A BÍBLIA EM UM ANO**: ISAÍAS 39–40; COLOSSENSES 4

**13 DE OUTUBRO** 🌿 **ROMANOS 5:6-11**

# VOCÊ AINDA VAI ME AMAR?

*Cristo [morreu] por nós quando
ainda éramos pecadores.* v.8

Lyn-Lyn foi finalmente adotada aos 10 anos, mas ela estava receosa. Ela era punida por qualquer pequeno erro que cometesse no orfanato em que havia crescido. Lyn-Lyn perguntou para sua mãe adotiva, que é uma das minhas amigas: "Mamãe, você me ama?". Quando minha amiga lhe afirmou que sim, ela perguntou: "Se eu fizer algo errado, você ainda vai me amar?". Mesmo que não falemos assim, alguns de nós temos esta mesma dúvida quando sentimos que desapontamos a Deus: O Senhor ainda vai nos amar? Sabemos que, enquanto vivermos nesta Terra, vamos falhar e pecar às vezes. Será que o amor de Deus por nós será afetado?

O versículo no evangelho de João comprova o amor de Deus. Ele entregou Seu filho Jesus para morrer por nós para que, se crermos nele, recebamos a vida eterna (3:16). E se falharmos com o Pai mesmo depois de já termos crido? Aí precisaremos nos lembrar de que Cristo morreu "por nós quanto ainda éramos pecadores" (v.8). Se Deus nos amou em nossa pior condição; como poderemos duvidar do Seu amor agora que somos Seus filhos?

Se pecarmos, nosso Pai amorosamente nos corrigirá e disciplinará. Isso não é rejeição (ROMANOS 8:1); é amor (HEBREUS 12:6). Então, vivamos como filhos amados de Deus, descansando na certeza bendita de que Seu amor é inabalável e eterno. *KAREN HUANG*

**De que maneira o fato de compreender o amor
de Deus por você impacta a sua visão
sobre o pecado e a obediência?**

*Pai celeste, agradeço
por Teu amor leal e imutável.*

---

**A BÍBLIA EM UM ANO**: ISAÍAS 41–42; 1 TESSALONICENSES 1

**14 DE OUTUBRO** — **DEUTERONÔMIO 10:14-22**

# BEBEZINHO

*[Deus] faz justiça aos órfãos e às viúvas. Ama os estrangeiros [...] e lhes dá alimento e roupas.* v.18

Por mais de um ano, seu nome legal foi "Bebezinho". Encontrado chorando por um segurança, ele fora abandonado com poucas horas de vida, numa sacola, no estacionamento do hospital. Pouco depois disso, a Vara da Infância contatou as pessoas que seriam a família dele para sempre. O casal o recebeu e deu-lhe o nome de Gerson. Por fim, a adoção foi efetivada, e Gerson tornou-se o seu nome oficial. Hoje, aquele bebezinho é uma criança adorável que não pronuncia direito os *r's* enquanto nos envolve numa conversa. Você nunca diria que um dia ele foi encontrado abandonado numa sacola.

No final de sua vida, Moisés relembrou o povo de Israel sobre o caráter de Deus e Suas obras, dizendo-lhes: "...o SENHOR escolheu seus antepassados para amá-los..." (DEUTERONÔMIO 10:15). Este amor tinha um alcance amplo. "Ele faz justiça aos órfãos e às viúvas. Ama os estrangeiros que vivem entre vocês e lhes dá alimento e roupas", disse Moisés (v.18). "Somente ele é seu Deus, o único digno de seu louvor..." (v.21).

Seja por adoção ou simplesmente amor e serviço, somos chamados para refletir o amor de Deus. Aquele casal amoroso tornou-se as mãos e os pés de Deus, usados para estender Seu amor para alguém que poderia não ter sido notado e acolhido. Podemos servir como Suas mãos e pés também. *TIM GUSTAFSON*

**Deus já estendeu o Seu amor até você?
Em qual circunstância você
pode refletir o amor de Deus hoje?**

*Pai celeste, tem misericórdia dos órfãos.
Ajuda-nos a sermos Tuas mãos e pés hoje.*

---

**A BÍBLIA EM UM ANO**: ISAÍAS 43–44; 1 TESSALONICENSES 2

**15 DE OUTUBRO** 🍂 **JEREMIAS 29:4-14**

# SINAIS DE VIDA

*Eu virei e cumprirei todas as boas
promessas que lhes fiz.* v.10

Minha filha ganhou caranguejos de estimação. Ela encheu um tanque com areia para que eles pudessem cavar e escalar e todos os dias lhes servia água, proteína e vegetais. Eles pareciam felizes e por isso foi um choque quando sumiram. Procuramos em todos os lugares; descobrimos que estavam sob a areia e ficariam lá por cerca de dois meses, para trocar de carapaça. Os dois meses se passaram, então *mais um mês*, e eu comecei a recear que tivessem morrido. Quanto mais esperávamos, mais impaciente eu ficava. Finalmente, vimos alguns sinais de vida e os caranguejos apareceram novamente.

Questiono-me se o povo de Israel duvidava da profecia de Deus enquanto viviam exilados na Babilônia. Será que sentiam desespero? Ou temiam ficar lá para sempre? Deus disse por intermédio de Jeremias: "Eu virei e cumprirei todas as boas promessas que lhes fiz e os trarei de volta para casa (JEREMIAS 29:10). De fato, 70 anos depois, Deus moveu Ciro, o rei persa, a liberar os judeus para retornar e reconstruir o templo em Jerusalém (ESDRAS 1:1-14).

Em tempos de espera, quando parece que nada está acontecendo, Deus não se esquece de nós. Enquanto o Espírito Santo nos ensina a paciência, saibamos que o Consolador é a nossa fonte de esperança, a garantia da promessa e aquele que controla o futuro.

*JENNIFER BENSON SCHULDT*

**Compreender o caráter de Deus
o ajuda em tempos de espera?
Como dúvida e fé se relacionam?**

*Deus, ajuda-me a ter fé em ti
enquanto espero. Creio que estás presente
e cuidando da minha vida.*

---

**A BÍBLIA EM UM ANO**: ISAÍAS 45–46; 1 TESSALONICENSES 3

**16 DE OUTUBRO**  —  **JOÃO 14:15-24**

★ *TÓPICO DE OUTUBRO: MATURIDADE ESPIRITUAL*

# CRISTO EM NÓS

*[Naquele dia], vocês saberão que eu estou em meu Pai, vocês em mim, e eu em vocês.* v.20

O pregador inglês F. B. Meyer (1847–1929) usava o ovo para exemplificar o que ele chamava de "a profunda filosofia de Cristo em nós". Ele percebeu como um ovo fecundado tem um "broto de vida" que cresce a cada dia até completar a formação do pintinho dentro da casca. Dessa mesma maneira, Cristo habita em nosso interior pelo Espírito Santo e transforma-nos diariamente. Meyer afirmou: "Cristo crescerá e absorverá em si tudo o que há em sua vida, sendo formado em você".

Ele admitiu que não poderia expressar em palavras a maravilhosa realidade de Cristo fazer morada no cristão por intermédio do Espírito Santo. Ainda assim, ele encorajava os seus ouvintes a compartilharem, mesmo de forma imperfeita, o que Jesus quis dizer ao afirmar: "No dia em que eu for ressuscitado, vocês saberão que eu estou em meu Pai, vocês em mim, e eu em vocês" (JOÃO 14:20). Jesus disse essas palavras na última ceia com Seus amigos porque queria que soubessem que Ele e o Pai habitariam naqueles que os obedecessem (v.23). Isso é possível porque, pelo Espírito, Jesus habita naqueles que creem nele, transformando-os a partir do seu interior.

Podemos visualizar essa verdade de diferentes formas. Temos a confiança de que Cristo vive em nós, guiando-nos e ajudando-nos a crescer à Sua semelhança.

*AMY BOUCHER PYE*

**Ter Cristo habitando em você faz diferença em sua vida? Você vê a Sua presença em outras pessoas?**

*Jesus, és Deus e homem.*
*Agradeço por teres te entregado em sacrifício,*
*adotando-me como filho de Deus.*

---

**A BÍBLIA EM UM ANO**: ISAÍAS 47–49; 1 TESSALONICENSES 4

**17 DE OUTUBRO** — GÊNESIS 1:1-4

# DEUS DISSE

*Deus disse: "Haja luz", e houve luz.* v.3

O inventor Alexander Graham Bell falou as primeiras palavras por um telefone em 1876. Ele ligou para seu assistente, Thomas Watson, e disse: "Watson, venha aqui. Quero vê-lo." Watson ouviu e compreendeu o que Bell disse, mesmo que o som fosse falho e abafado. Essas primeiras palavras provaram que havia surgido um novo dia para as comunicações humanas.

Ao estabelecer o primeiro dia na Terra "sem forma e vazia" (GÊNESIS 1:2), Deus falou Suas primeiras palavras registradas nas Escrituras: "Haja luz" (v.3). Essas palavras eram repletas de poder criativo. Ele falou e por isso as coisas vieram a existir (SALMO 33:6,9). Deus disse: "Haja luz" e assim foi. Suas palavras geraram vitória instantânea, pois a escuridão e o caos abriram espaço para o esplendor da luz e da ordem. A luz era a resposta divina ao domínio das trevas. E quando Ele criou a luz, viu que ela "era boa" (GÊNESIS 1:4).

As primeiras palavras de Deus ainda ressoam poderosamente na vida dos que creem em Jesus de forma que, a cada novo dia que começa, é como se as palavras divinas fossem mais uma vez ditas sobre a nossa vida. Quando as trevas, literais e metafóricas, abrirem espaço para o brilho de Sua luz, que possamos louvá-lo e reconhecer que por Sua palavra existimos e estamos diante de Seus olhos.

*MARVIN WILLIAMS*

**Como celebrar o amor e a fidelidade de Deus a cada manhã? A luz divina já abriu os seus olhos?**

*Pai das Luzes, louvo-te por dissipares
as trevas deste mundo,
abrindo meus olhos a Tua presença.*

---

**A BÍBLIA EM UM ANO:** ISAÍAS 50–52; 1 TESSALONICENSES 5

# 18 DE OUTUBRO — 2 CORÍNTIOS 12:1-10

# MARAVILHAS INEXPRIMÍVEIS

*Tal homem [...] ouviu coisas tão maravilhosas que não podem ser expressas em palavras...* v.4

Tomás de Aquino (1225-74) foi um dos mais célebres defensores da fé. Entretanto, apenas três meses antes de sua morte, algo fez com que ele deixasse incompleto o maior legado de sua vida: a *Suma Teológica*. Ao refletir no corpo ferido e no sangue derramado de Cristo, Aquino afirmou ter tido uma visão que o deixou sem palavras. Ele disse: "Não posso mais escrever, porque vi coisas que fazem meus escritos parecerem palha".

Antes de Aquino, Paulo também teve uma visão. Em 2 Coríntios, o apóstolo descreve, falando de si mesmo: "Sim, somente Deus sabe se foi no corpo ou fora do corpo. Mas eu sei que tal homem foi arrebatado ao paraíso e ouviu coisas tão maravilhosas que não podem ser expressas em palavras..." (vv.3-4).

Ambos deixaram para nós refletirmos sobre uma imensidão de bondade que nem palavras, nem razão podem expressar. O que Aquino viu deixou-o sem esperança de que seu livro faria jus ao Deus que enviou Seu Filho para ser crucificado por nós. Em contrapartida, Paulo continuou escrevendo, mesmo sabendo que não poderia expressar ou concluir sua obra pela própria força.

Por todas as provações por que Paulo passou no ministério (2 CO 11:16-33; 12:8-9), ele pôde olhar para trás e, em sua fraqueza, maravilhar-se da bondade e graça inexprimíveis. MART DEHAAN

**Você já passou por problemas que lhe pareceram uma maldição? Deus já se revelou a você de formas inexplicáveis?**

*Pai, em minha fraqueza dá-me coragem para encontrar força e perceber Tua presença inexprimível.*

**A BÍBLIA EM UM ANO:** ISAÍAS 53–55; 2 TESSALONICENSES 1

**19 DE OUTUBRO** 🌿 **SALMO 64**

# RAZÕES PARA ALEGRAR-SE

*Os justos se alegrarão no Senhor e nele encontrarão refúgio...* SALMO 64:10

Quando dona Brenda entrou no salão da igreja, sua alegria contagiante encheu o ambiente. Ela havia acabado de se recuperar de um procedimento médico difícil. Quando veio me cumprimentar após o culto, agradeci a Deus pelas tantas vezes em que ela havia chorado comigo e me exortado e encorajado em amor. Chegou a pedir perdão por achar que estava me magoando com suas palavras sábias. Qualquer que fosse a situação, ela sempre me convidava a dividir minhas lutas com sinceridade e lembrava-me das nossas muitas razões para louvar a Deus.

Tia Brenda, como ela me deixava chamá-la, me deu um abraço carinhoso e disse: "Oi, menina!". Conversamos um pouco, oramos juntas, e então ela saiu, cantarolando como sempre, procurando outra pessoa para abençoar.

No Salmo 64, Davi apresenta ousadamente suas queixas e reclamações a Deus (v.1). Ele fala sobre a perversidade ao seu redor (vv.2-6), mas sem perder a confiança no poder de Deus e nem na firmeza de Suas promessas (vv.7-9). Davi sabia que um dia "Os justos se alegrarão no Senhor e nele encontrarão refúgio, e os que têm coração íntegro o louvarão" (v.10). Até a volta de Jesus, passaremos por tempos difíceis. Mas sempre teremos razões para nos alegrarmos nos dias que o Senhor nos concede.

XOCHITL DIXON

**Quais motivos de alegria Deus lhe concedeu hoje?
Como você pode incentivar alguém
que esteja desencorajado?**

*Deus forte, Tu me dás razões para ser grato
e feliz pelo que és, pelo que fizeste e tudo o que farás.*

---

**A BÍBLIA EM UM ANO:** ISAÍAS 56–58; 2 TESSALONICENSES 2

**20 DE OUTUBRO**       🟢 **MATEUS 18:21-35**

# OS NÚMEROS DO PERDÃO

*...a princesa viu o cesto entre os juncos [...] Ao abrir o cesto, a princesa viu o bebê...* vv.5-6

Literalmente, as contas dessa passagem bíblica são fáceis de fazer. Na conta de Pedro, deve-se perdoar apenas sete vezes. Nas contas de Jesus, 490. Estamos acostumados com números astronômicos, mas, para Jesus, o uso do sete vezes 70 tem o significado da perfeição ou plenitude. Contudo, já que a questão colocada por Pedro envolve números, eu gostaria de fazer a conta do perdão.

Primeiramente, é importante lembrar que todos somos alvo de um perdão que não pode ser medido. Muitas vezes nossa dificuldade de perdoar os outros é nossa falta de habilidade de entender a capacidade de Deus nos perdoar. Achamos que somos superiores quando negamos o perdão ao próximo, mas esquecemos que fizemos todo tipo de mal contra Deus, e mesmo assim Ele nos perdoou de graça.

Agora, usando a linguagem da contabilidade, não perdoar gera um passivo insuportável para nós. O passivo é algo que precisamos resolver. Ele é gerado quando, ao invés de perdoar, armazenamos mágoa, rancor, e isso nos abala. O perdão é uma oportunidade para colocar a doçura no lugar da amargura.

E, por último, o perdão propicia um alívio incomparável. Quando deixamos fluir em direção ao próximo o mesmo perdão que recebemos de Deus, experimentamos uma leveza em nossa alma. Andamos mais livres, leves e soltos.

Até quantas vezes se deve perdoar? Sempre!

*JUAREZ MARCONDES FILHO*

**Os que amam a Palavra de Deus são plenos de paz.**

*Querido Deus, ajuda-me a entender que, do mesmo modo que sou perdoado pelo Senhor, devo perdoar o meu próximo.*

---

**A BÍBLIA EM UM ANO:** ISAÍAS 59–61; 2 TESSALONICENSES 3

**21 DE OUTUBRO** — **OBADIAS 1:8-15**

# ESCOLHENDO A COMPAIXÃO

*...Não deveria ter se alegrado quando o povo de Judá sofreu tamanha desgraça...* v.12

Um programa de TV transmitiu cinco minutos de acidentes na neve. Eram vídeos caseiros de pessoas esquiando sobre telhados, batendo em objetos e deslizando no gelo, levando o público ao vivo e os que assistiam em suas casas às gargalhadas — especialmente quando a pessoa no vídeo parecia merecer a queda por estar se comportando de modo irresponsável.

Não há nada de errado com vídeos caseiros engraçados, mas eles nos revelam algo: tendemos a rir ou tirar vantagem do sofrimento alheio. Um história assim está registrada no livro de Obadias: as nações de Israel e Edom eram rivais e, quando Israel foi punido por seu pecado, Edom comemorou. Eles se aproveitaram dos israelitas, saquearam suas cidades, sabotaram sua fuga e apoiaram seus inimigos (OBADIAS 1:13-14). O profeta Obadias advertiu Edom: "...Não deveria ter se alegrado quando o povo de Judá sofreu tamanha desgraça...", porque "Está próximo o dia em que eu, o SENHOR, julgarei todas as nações!..." (vv.12,15).

Quando vemos as pessoas passarem por desafios ou sofrimentos, mesmo que pareçam merecidos, devemos escolher ter compaixão e não o orgulho. Não estamos em posição de julgar ninguém; apenas Deus pode fazer isso. O reino deste mundo pertence a Ele (v.21), o único que detém o poder para exercer justiça e misericórdia.

*KAREN PIMPO*

**Como você reage ante à dificuldade alheia?
Como deve ser a reação amorosa e misericordiosa?**

*Deus, perdoa-me por meus sentimentos
de autorretidão. Sou grato
por Tua justiça e Tua misericórdia.*

---

**A BÍBLIA EM UM ANO**: ISAÍAS 62–64; 1 TIMÓTEO 1

**22 DE OUTUBRO** — **MATEUS 5:21-26**

# UM CORAÇÃO IRADO

*...basta irar-se contra alguém para estar sujeito a julgamento.* MATEUS 5:22

Guernica, a obra política mais importante de Pablo Picasso, é uma representação modernista da destruição, em 1937, do vilarejo espanhol de mesmo nome. Durante a revolução espanhola e a escalada à Segunda Guerra Mundial, as forças nacionalistas espanholas permitiram que aviões nazistas praticassem o treinamento de bombardeio na cidade. Esses ataques controversos ceifaram muitas vidas, trazendo ao debate internacional a questão da imoralidade dos ataques a civis. A pintura de Picasso capturou o sentimento dos observadores desse cenário e foi catalizador no debate sobre a capacidade de as pessoas destruírem-se mutuamente.

Quem pensa que jamais mataria intencionalmente alguém deve se lembrar das palavras de Jesus: "Vocês ouviram o que foi dito a seus antepassados: 'Não mate. Se cometer homicídio, estará sujeito a julgamento'. Eu, porém, lhes digo que basta irar-se contra alguém para estar sujeito a julgamento" (MATEUS 5:21-22). O coração pode ser assassino sem ter cometido qualquer assassinato.

Quando a raiva descontrolada ameaça nos consumir, precisamos desesperadamente que o Espírito Santo preencha e controle nosso coração, para que nossas tendências humanas sejam substituídas pelo fruto do Espírito (GÁLATAS 5:19-23). Que o amor, a alegria e a paz marquem nossos relacionamentos.

*BILL CROWDER*

**Os seus relacionamentos são saudáveis? Qual fruto do Espírito você precisa exercitar?**

*Pai, quando eu desejar a vingança, ajuda-me a reagir com amor.*

Saiba mais sobre a paz e o perdão. Acesse: paodiario.org

**A BÍBLIA EM UM ANO**: ISAÍAS 65–66; 1 TIMÓTEO 2

**23 DE OUTUBRO**      🌿 **EFÉSIOS 4:17-24**

★ *TÓPICO DE OUTUBRO: MATURIDADE ESPIRITUAL*

# MUDANÇA RADICAL

*...Livrem-se de sua antiga natureza
e de seu velho modo de viver...* v.22

Cláudio cresceu num lar problemático, em Londres. Ele começou a vender maconha aos 15 anos e heroína aos 25. Com o intuito de camuflar suas atividades, com o tempo, tornou-se um conselheiro juvenil. No entanto, ele logo sentiu-se intrigado com seu coordenador, um seguidor de Jesus, e quis saber mais. Após ser apresentado à fé cristã, ele "desafiou" Jesus a entrar em sua vida. "Senti uma presença tão acolhedora! As pessoas viram uma mudança imediata em mim. Eu era o traficante mais feliz do mundo!".

Jesus não fez só isso. No dia seguinte, enquanto o jovem separava um pacote de cocaína, ele pensou: *Isso é loucura. Estou envenenando as pessoas!* Cláudio percebeu que precisava parar com aquilo e arranjar um emprego. Com a ajuda do Espírito Santo, desligou seus telefones e nunca olhou para trás.

É deste tipo de mudança que Paulo falava à igreja em Éfeso. Convocando o povo a viver com Deus, ele os aconselhava a deixar "...a velha natureza [...], que fazia com que vocês vivessem uma vida de pecados e que estava sendo destruída pelos seus desejos enganosos." e a vestir "...a nova natureza, criada por Deus, que é parecida com a sua própria natureza" (EFÉSIOS 4:22-24 NTLH). Paulo nos diz que o que devemos fazer é "vestir-nos" de nossa nova natureza diariamente.

O Espírito Santo se alegra em nos fazer viver a nova natureza e tornarmo-nos mais como Jesus.

*AMY BOUCHER PYE*

**De que maneira essa transformação
edifica a sua fé em Cristo Jesus?**

*Deus amoroso, obrigado por não desistires das pessoas.
Mostra-me como ser mais semelhante a ti.*

---

**A BÍBLIA EM UM ANO:** JEREMIAS 1–2; 1 TIMÓTEO 3

**24 DE OUTUBRO** — 1 SAMUEL 17:32, 40-50

# FUGINDO DAS AVES

*...Davi foi correndo enfrentá-lo.* v.48

Dois perus selvagens caminhavam na estrada. *Será que consigo chegar perto?* Diminuí o passo, fui caminhando e parei. Funcionou: eles vieram decididamente na minha direção. Em segundos, suas cabeças balançavam-se na altura da minha cintura, e então atrás de mim. *Esses bicos são muito afiados?* Saí correndo. Eles sacolejaram atrás de mim, mas logo desistiram da caçada. O jogo virou bem rapidamente! O caçador tornou-se a caça quando as aves tomaram a iniciativa. Fui um tolo ao pensar que eles eram bobos o suficiente para se assustarem. Eu não seria ferido por aquelas aves, então fugi... de perus!

Davi parecia inofensivo, então Golias o desafiou: "'Venha cá, e darei sua carne às aves e aos animais selvagens!', berrou Golias" (1 SAMUEL 17:44). Davi inverteu as coisas quando tomou a frente. Ele correu até Golias, não por tolice, mas por confiar em Deus, e gritou: "Hoje [...] o mundo todo saberá que há Deus em Israel!" (v.46). Golias ficou intrigado com esse rapaz agressivo. *O que está acontecendo?*, ele pensou, e aí a verdade o acertou em cheio. Bem no meio da testa.

O normal é que animaizinhos fujam de pessoas e que pastores fujam de gigantes. Para nós, é que nos escondamos dos nossos problemas. *Por que se acomodar ao normal?* Não há Deus em Israel? Então, pelo Seu poder, corra para a batalha! MIKE WITTMER

**Que problema ou pessoa
você evita? Como podemos expressar
a nossa confiança em Deus?**

*Pai, sempre que eu tiver medo,
lembra-me de que o Teu Espírito habita em mim.
Supre-me com a Tua força.*

---

**A BÍBLIA EM UM ANO**: JEREMIAS 3–5; 1 TIMÓTEO 4

**25 DE OUTUBRO** — **MATEUS 2:1-2, 7-12**

# CONFIANDO NA VISÃO DE DEUS

*...retornaram para sua terra
por outro caminho...* v.12

Viajando por um local desconhecido, meu marido percebeu que os direcionamentos do GPS pareciam incorretos. Seguíamos numa boa estrada de quatro faixas, mas a indicação era que trocássemos para a pequena marginal ao lado. Meu marido disse: "Vou confiar nisso", mesmo o fluxo sendo rápido. Apenas quinze quilômetros à frente, o trânsito na rodovia ao nosso lado era tão lento que os carros praticamente estacionavam. O problema era uma grande obra na pista. Já a marginal onde estávamos seguia livre, sendo um caminho tranquilo até o nosso destino. "Eu não tinha como ver à frente, mas o GPS, sim", disse meu marido, e eu respondi: "Assim como Deus".

Sabendo o que aconteceria mais à frente, Deus mudou a rota dos sábios do oriente que foram adorar a Jesus, o "rei dos judeus" (MATEUS 2:2). O rei Herodes, perturbado com a chegada de um "rival", mentiu aos sábios, dizendo: "...Quando o encontrarem, voltem e digam-me, para que eu vá e também o adore" (v.8). Alertados em sonho para não voltarem ao rei, "...retornaram para sua terra por outro caminho..." (v.12).

Deus guiará os nossos passos também. Ao seguirmos pelas estradas da vida, podemos confiar que o Senhor vê à frente e que, ao buscarmos "...a vontade dele em tudo", Ele nos mostrará o caminho que devemos seguir (PROVÉRBIOS 3:6).   *PATRÍCIA RAYBON*

**Você se lembra de um momento
em que Deus lhe indicou que deveria fazer
uma mudança em sua vida? O que aconteceu?**

*Não posso ver o caminho à frente
como Tu podes. Dá-me clareza para reconhecer
Tua voz direcionando-me.*

---

**A BÍBLIA EM UM ANO:** JEREMIAS 6-8; 1 TIMÓTEO 5

# 26 DE OUTUBRO

**ISAÍAS 55:9-11**

## AZARÃO

*Minha palavra... fará o que desejo e prosperará aonde quer que eu a enviar.* ISAÍAS 55:11

Azarão é uma narrativa fascinante de Ben Malcomson, um estudante pouco experiente no futebol norte-americano do time da Universidade do Sul da Califórnia que ganhou a copa *Rose Bowl*. Seus colegas foram recrutados ainda no colégio; ele não. Como jornalista universitário, Malcomson escreveu um relato em primeira pessoa sobre o extenuante processo de seleção e, para sua surpresa, ele foi selecionado para uma disputada vaga.

Já no time, a sua fé em Deus o moveu a buscar o propósito divino naquela situação inesperada. Mas a indiferença de seus colegas quanto à fé o desencorajou. Malcomson orou por direção do Senhor e leu o lembrete poderoso de Deus: "Minha palavra [...] fará o que desejo e prosperará aonde quer que eu a enviar" (ISAÍAS 55:11). Inspirado por este texto, ele deu, anonimamente, uma Bíblia para cada jogador, mas também foi rejeitado pela maioria. Anos mais tarde, ele descobriu que um daqueles jogadores havia lido a Bíblia que recebera e, pouco antes de sua morte trágica, tinha demonstrado ter comunhão e fome de conhecimento por Deus e relacionamento com Ele.

É provável que muitos de nós já tenhamos compartilhado Jesus com um amigo ou um familiar e encontrado apenas indiferença, quando não rejeição explícita. Mesmo sem ver resultados imediatos, a verdade de Deus é poderosa e cumprirá os Seus propósitos no tempo dele.

*LISA SAMRA*

**Você já presenciou o poder abençoador da Palavra? De que modo isso o abençoou?**

*Pai celeste, obrigado porque a Tua Palavra cumpre os Teus propósitos.*

---

**A BÍBLIA EM UM ANO**: JEREMIAS 9–11; 1 TIMÓTEO 6

**27 DE OUTUBRO** 🌿 **1 TIMÓTEO 5:1-2**

# ENTRE IRMÃOS

*...aconselhe-os [...] Trate as mulheres [...] com toda pureza, como se fossem suas irmãs.* vv.1-2

Carina me pediu para conversarmos em particular, e percebi que ela havia chorado. Ela era uma de nossas líderes, tinha 42 anos e queria se casar. Seu chefe, que já era casado, estava interessado nela. Tendo sofrido com um irmão cruelmente sarcástico e um pai não afetuoso, Carina, ainda jovem, descobriu sua vulnerabilidade aos avanços masculinos. Com fé renovada, ela conseguiu estabelecer novos limites saudáveis, mas o anseio permanecia em seu coração. A provocação de um amor inviável a atormentava. Conversamos e, numa oração franca e convicta, Carina confessou sua tentação, reconheceu que seu chefe não era uma opção, confiou seus anseios a Deus e saiu muito mais leve.

Naquele dia, entendi o genial conselho de Paulo: que nos tratemos mutuamente como irmãos e irmãs na fé (1 TIMÓTEO 5:1-2). Como vemos as pessoas determina nossa interação com elas; num mundo pronto a objetificar e sexualizar, ver os do sexo oposto como família nos ajuda a tratá-los com o cuidado apropriado. Entre irmãos, não deve haver espaço para abuso ou sedução.

Por conhecer apenas homens que a diminuíram, usaram ou ignoraram, Carina precisava de alguém com quem ela pudesse falar de irmã para irmão. A beleza do evangelho é que ele nos concede novos irmãos e irmãs que nos ajudam a enfrentar os problemas da vida.

*SHERIDAN VOYSEY*

**Ver os outros como irmãos ou irmãs colabora para tratá-los "com toda a pureza"?**

*Amado Pai, ajuda-me a tratar os outros com respeito e pureza.*

---

**A BÍBLIA EM UM ANO**: JEREMIAS 12–14; 2 TIMÓTEO 1

# VIVER PELO EVANGELHO

*...tornarão atraente em todos os sentidos o ensino a respeito de Deus, nosso Salvador.* v.10

Nelson Bell, médico recém-formado em 1916, e sua noiva casaram-se naquele mesmo ano e em seis meses foram para a China. Com apenas 22 anos, tornou-se cirurgião no Hospital Amor e Misericórdia, o único da região para pelo menos dois milhões de chineses. Bell e sua família viveram lá por 24 anos, conduzindo o hospital, realizando cirurgias e compartilhando o evangelho com milhares. No início, ele era chamado de "demônio estrangeiro" pelos que desconfiavam dos forasteiros; mas depois passou a ser conhecido como "o Bell que ama os chineses". Sua filha Ruth viria a se casar com o evangelista Billy Graham.

Apesar de ser um ótimo cirurgião e professor da Bíblia, não foram suas habilidades que atraíram muitos a Cristo, e sim o seu caráter e sua forma de viver o evangelho. Na carta de Paulo a Tito, um jovem líder gentio que cuidava da igreja em Creta, o apóstolo diz que viver como Cristo é essencial porque torna o evangelho "atraente" (TITO 2:10). No entanto, não o fazemos por nossa própria força; a graça de Deus nos ajuda a vivermos "com sabedoria, justiça e devoção" (v.12), refletindo as verdades que fazem parte de nossa fé (v.1).

Muitas pessoas ao nosso redor ainda não conhecem as boas-novas de Jesus Cristo, mas nos conhecem. Que Ele nos ajude a expor Sua mensagem de formas atrativas.

KAREN HUANG

**O que as pessoas que atraem outras para o evangelho nos ensinam? Como podemos imitá-las?**

*Amado Deus, ajuda-me a ser bom representante do Teu evangelho, atraindo outros a ti.*

**A BÍBLIA EM UM ANO:** JEREMIAS 15–17; 2 TIMÓTEO 2

**29 DE OUTUBRO** — JEREMIAS 20:7-13

# QUANDO A FRAQUEZA É FORÇA

*Por que eu nasci? Toda a minha vida é apenas sofrimento, tristeza e vergonha.* v.18

André estava preso havia dois anos por servir a Cristo. Ele lera histórias de missionários que sentiam uma alegria constante na prisão, mas ele admitia que não era o seu caso. André até disse à sua esposa que Deus escolhera o homem errado para sofrer por Ele. "Não, acho que Ele escolheu o homem certo. Isto não é um acidente", ela lhe respondeu.

A situação de André era parecida com a de Jeremias, que servira fielmente a Deus alertando o povo de Judá que seriam punidos por seus pecados. Mas o julgamento ainda não havia caído sobre Judá, e seus líderes o açoitaram e prenderam no tronco. Jeremias culpou a Deus: "Ó SENHOR, tu me constrangeste..." (v.7) O profeta pensava que Deus havia falhado em cumprir Suas promessas, porque as "mensagens do SENHOR [o] transformaram em alvo constante de piadas" (v.8). "...Maldiçoo o dia em que nasci! [...] Toda a minha vida é apenas sofrimento, tristeza e vergonha" (vv.14,18).

Por fim, André foi solto, mas durante sua provação ele compreendeu que Deus o escolhera — assim como a Jeremias — *porque* ele era fraco. Se ele ou Jeremias fossem naturalmente fortes, receberiam louvores por terem resistido. Mas, por serem mais frágeis, toda a glória por sua perseverança recairia sobre Jesus (1 CORÍNTIOS 1:26-31). Sua fraqueza tornou-o perfeito para o propósito de Cristo.

MIKE WITTMER

### Qual é a sua fraqueza? Como transformar a sua fraqueza em força espiritual?

*Jesus, Teu poder se manifesta na minha fraqueza. Confesso as minhas falhas e me alegro em ti!*

---

**A BÍBLIA EM UM ANO:** JEREMIAS 18–19; 2 TIMÓTEO 3

# ESPERANÇA EM DEUS

*Digo a mim mesmo: "O Senhor é minha porção; por isso, esperarei nele!"*. v.24

Próximo à época das festas, os envios de encomendas costumavam atrasar devido ao fluxo maior de compras on-line. Lembro-me de que minha família preferia ir às lojas e comprar os presentes, porque sabíamos que os prazos de entrega fugiam ao nosso controle. Mas, desde que minha mãe assinou um serviço que inclui envio rápido, temos a garantia de entrega em até 48 horas. Acostumamo-nos a receber tudo logo e nos frustramos com eventuais atrasos.

Vivemos num tempo de gratificação instantânea, e esperar pode ser muito difícil. Mas, no reino espiritual, a paciência ainda é recompensada. O livro de Lamentações foi escrito quando os israelitas choravam a destruição de Jerusalém pelo exército babilônico e enfrentavam tempos muito desafiadores. Em meio ao caos, porém, o escritor ousadamente afirma confiar que Deus atenderia às suas necessidades e, por isso, esperaria no Senhor (LAMENTAÇÕES 3:24). Deus sabe que aguardar por uma resposta pode nos deixar ansiosos, mas a Bíblia nos encoraja a esperar nele. Não precisamos ficar desanimados ou preocupados porque "Suas misericórdias são inesgotáveis" (v.22); em vez disso, com a ajuda de Deus, podemos nos aquietar no Senhor e descansar nele pacientemente (SALMO 37:7). Que esperemos em Deus, confiando em Seu amor e fidelidade mesmo lutando com anseios e orações não respondidas.

KIMYA LODER

**De que maneira você espera em Deus?
Como podemos confiar no tempo do Senhor?**

*Pai, às vezes é difícil esperar. Por favor, concede-me forças para depositar minha esperança em ti.*

**31 DE OUTUBRO**  ❧ **MATEUS 5:13-16**

# OPORTUNIDADES PARA BRILHAR

*...suas boas obras devem brilhar, para*
*que todos as vejam e louvem seu Pai,*
*que está no céu.* v.16

Em março de 2020, um consultor aposentado andava com seu cão no parque da sua cidade quando viu caminhões, pilhas de lona e tendas brancas com uma cruz e o nome de uma ONG desconhecida. Ao saber que construíam um hospital de campanha para os cidadãos infectados com o coronavírus, ele se voluntariou para ajudar. Por semanas, mesmo com fé e opiniões políticas diferentes, esse homem e sua família trabalharam arduamente onde quer que fosse necessário. "Todos que conheci eram de fato boas pessoas", ele disse, aplaudindo todos terem trabalhado de graça para "ajudar minha cidade na hora da mais profunda necessidade".

Em resposta às tremendas carências vindas da pandemia COVID 19, formaram-se parcerias inusitadas, e os servos de Jesus tiveram novas oportunidades para compartilhar a luz de Cristo de novas maneiras. No Sermão do Monte, Jesus ensinou Seus discípulos que "...suas boas obras devem brilhar, para que todos as vejam..." (MATEUS 5:16). Levamos a luz de Cristo ao permitir que o Espírito nos conduza com amor, bondade, palavras e ações gentis e amorosas (GÁLATAS 5:22-23). Dessa maneira, a luz divina resplandece em nossa vida diária e nosso "...Pai, que está no céu" (V.16) é louvado.

Brilhemos para Cristo hoje e sempre, à medida que Ele nos ajuda a sermos sal e luz neste mundo tão carente de Deus.

*ALYSON KIEDA*

**Onde podemos levar luz e esperança hoje?**
**Quem foi luz para você na hora difícil?**

*Jesus, ajuda-me a brilhar Tua luz*
*com ações e palavras.*

**A BÍBLIA EM UM ANO**: JEREMIAS 22–23; TITO 1

★ TÓPICO DE NOVEMBRO / **Tomada de decisão**

# BUSQUE A DEUS EM PRIMEIRO LUGAR

Quando uma universidade do centro-oeste procurou meu marido por meio das redes sociais, ele se inscreveu para uma vaga oferecida. "Deus fechará a porta se não for para irmos", disse ele. "Isso nem sempre é verdade", eu disse: "Às vezes, Ele nos permite discernir enquanto tomamos as decisões". Oramos separadamente e discutimos os prós e contras. Fizemos nossa mudança menos de um mês depois. Embora eu sentisse saudades de nossa casa e nossa mudança não fizesse sentido para mim, também reconhecia que estávamos exatamente onde Deus nos queria naquele momento.

Muitas vezes, tomamos decisões que não faziam sentido na época, mas depois provamos ser exatamente o que precisávamos para nos levar onde Deus nos queria. Nossa mudança para outro estado não foi diferente. No entanto, não podemos levar o crédito pelo nosso processo de tomada de decisão. O apóstolo Tiago disse que enfrentaremos provações que testarão nossa fé (TIAGO 1:2-3). Ele apresentou um processo de tomada de decisão testado pelo tempo que honra a Deus e desenvolve a perseverança (v.4). Se nos falta sabedoria, devemos "pedir ao nosso Deus generoso, e receberemos" (v.5). A maneira como nos aproximamos de Deus também importa. Quando oramos, "façamos com fé, sem vacilar, pois aquele que duvida é como a onda do mar, empurrada e agitada pelo vento" (v.6). Quando "duvidamos", oscilamos entre confiar em Deus e confiar em nossas próprias habilidades. Duvidamos de Sua fidelidade e bondade.

À medida que tomamos decisões, grandes ou pequenas, manter Deus no circuito é o primeiro passo para crescer em sabedoria e maturidade espiritual. Ele sempre proverá de acordo com Seu plano e ritmo perfeitos e em alinhamento com as Escrituras, enquanto seguimos Sua liderança com coragem e confiança fortalecidos pelo Espírito.

**ANNE CETAS**

Além deste artigo, o tema *tomada de decisão*
é abordado nos devocionais dos dias **1, 9, 16 e 23 de novembro**.

**1º DE NOVEMBRO**

🕮 **SALMO 19:7-14**

★ *TÓPICO DE NOVEMBRO: TOMADA DE DECISÃO*

# FIRMANDO-SE NA PALAVRA DE DEUS

*Os decretos do S*ENHOR *são dignos de confiança...* v.7

Um círculo de ferro fundido resistiu aos invernos rigorosos enquanto esteve pendurado na porta da casa do meu tio-avô. A mais de 30 metros de distância havia outro círculo, fixado firmemente ao celeiro. Quando a neve era intensa, meu tio prendia uma corda nos dois círculos para poder encontrar o caminho entre a casa e o celeiro. Segurando-se firmemente nessa corda, ele não perdia o rumo.

Essa corda de segurança numa nevasca me recorda como Davi usou versos de poesia hebraica para traçar como a sabedoria de Deus nos guia pela vida e nos protege contra o pecado e o erro: "As instruções do SENHOR são verdadeiras e todas elas são corretas. São mais desejáveis que o ouro, mesmo o ouro puro. São mais doces que o mel, mesmo o mel que goteja do favo. São uma advertência para teu servo, grande recompensa para quem os cumpre" (SALMO 19:9-11).

Firmar-se nas verdades bíblicas dadas pelo Espírito de Deus agindo em nosso coração nos impede de perder o rumo e nos ajuda a tomar decisões que honram a Deus e aos outros. A Bíblia nos adverte a não nos afastarmos de Deus e nos mostra o caminho de volta para casa. Fala-nos do precioso amor de nosso Salvador e das bênçãos que aguardam os que nele depositam a sua fé. A Escritura é uma corda de segurança! Que Deus nos ajude a sempre segurarmos firme nela.

JAMES BANKS

**Quais promessas lhe trazem esperança?
Você fundamenta as suas convicções na Palavra de Deus?**

*Pai celestial, ajuda-me a valorizar Teu ensinamento hoje.
Obrigado pela bênção da Tua Palavra!*

Para estudar sobre o Novo Testamento, acesse: universidadecrista.org

**A BÍBLIA EM UM ANO**: JEREMIAS 24–26; TITO 2

**2 DE NOVEMBRO** — ATOS 2:42-47

# MELHOR É ESTAR JUNTOS

*Os que criam se reuniam num só lugar e compartilhavam tudo que possuíam.* v.44

Maria era mãe solo, trabalhava, mas raramente perdia o culto na igreja ou estudo bíblico. A cada semana, ela ia de ônibus com seus cinco filhos e ajudava na organização e limpeza do templo. Num domingo, o pastor lhe disse que alguns membros da igreja haviam doado presentes à família. Um casal proveu-lhes uma casa com aluguel reduzido. Outro ofereceu um emprego com todos os benefícios. Um jovem lhe deu um carro usado e comprometeu-se com a manutenção do veículo. Maria agradeceu a Deus pela alegria de viver naquela comunidade dedicada a servir ao Senhor e uns aos outros.

Embora nem todos possamos ofertar como aqueles membros, fomos designados para nos ajudar mutuamente. Lucas descreve os cristãos como pessoas dedicadas ao "ensino dos apóstolos, à comunhão" (ATOS 2:42). Quando combinamos nossos recursos, podemos cooperar para ajudar os necessitados como fizeram os primeiros cristãos (vv.44-45). À medida que nos aproximamos de Deus e do nosso próximo, podemos cuidar uns dos outros. Quem observa o amor de Deus sendo demonstrado por meio das ações de Seu povo pode ser levado a conhecer a salvação por intermédio de Jesus (vv.46-47).

Sirvamos uns aos outros com um sorriso ou um ato bondoso, com recursos financeiros ou oração. Como Deus age dentro e através de nós, somos melhores quando compartilhamos.

*XOCHITL DIXON*

**Por amor a Cristo, você pode servir a alguém esta semana?**

*Pai amoroso, por favor, ajuda-me a enxergar os necessitados e a servir-te servindo a quem precisa.*

---

**A BÍBLIA EM UM ANO**: JEREMIAS 27–29; TITO 3

**3 DE NOVEMBRO** — JOÃO 10:1-6,27

# OUÇA CRISTO, NÃO O CAOS

*Minhas ovelhas ouvem
a minha voz...* v.27

Após assistir às notícias da TV durante horas a cada dia, o idoso se agitava e ficava ansioso e preocupado por achar que o mundo desmoronava ao redor dele. "Por favor, desligue a TV. Apenas pare de assistir", sua filha insistia. Mas ele continuou a investir seu tempo em mídias sociais e outras fontes de notícias.

O que escutamos é profundamente importante. Vemos isso no encontro de Jesus com Pôncio Pilatos. Respondendo as acusações criminais feitas contra Jesus por líderes religiosos, Pilatos o convocou e perguntou: "Você é o rei dos judeus? (JOÃO 18:33). Jesus respondeu com uma pergunta desconcertante: "Essa pergunta é sua ou os outros lhe falaram a meu respeito?" (v.34).

Somos confrontados pela mesma pergunta. Neste mundo em pânico, estamos ouvindo o caos ou a voz de Cristo? Ele diz: "Minhas ovelhas ouvem a minha voz; eu as conheço, e elas me seguem" (10:27). Jesus usou "essa ilustração" (v.6) para explicar sobre si mesmo aos líderes religiosos que duvidavam. Como um bom pastor, Ele disse que Suas ovelhas "o seguem porque conhecem sua voz. Nunca seguirão um desconhecido; antes fugirão dele, pois não reconhecem sua voz" (vv.4-5).

Sendo Jesus o nosso Bom Pastor, Ele nos pede para ouvi-lo acima de tudo. Que o ouçamos bem e encontremos a Sua paz.

PATRÍCIA RAYBON

**As notícias ou as mídias sociais o deixam ansioso?
Você deseja investir mais do seu tempo
para ouvir a voz de Deus?**

*Deus, que eu possa ouvir a Tua voz quando me falares
ao coração por meio da Tua Palavra.*

---

**A BÍBLIA EM UM ANO:** JEREMIAS 30–31; FILEMOM

**4 DE NOVEMBRO**  🌿 **RUTE 2:20-22; 4:13-17**

# DEUS REDIME NOSSA DOR

*O Senhor o abençoe! [...]. Esse homem é um de nossos parentes mais próximos.* 2:20

Olívia viu seu amigo levar os equipamentos. Era um colega dentista que comprara dela o seu material odontológico novíssimo. Há anos a dentista sonhara ter a sua própria clínica, mas, quando o filho dela nasceu com paralisia cerebral, Olívia percebeu que tinha que parar de trabalhar e cuidar dele. "Se eu tivesse um milhão de vidas, faria a mesma escolha", disse-me Olívia. "Mas desistir da odontologia foi difícil; era o fim de um sonho".

Muitas vezes passamos por dificuldades que não conseguimos entender. Para Olívia, foi a dor da inesperada condição médica de seu filho e o abandono de suas próprias ambições. Para Noemi, foi a dor de perder a família. Em Rute 1:21, ela lamentou: "o Todo-poderoso trouxe calamidade sobre mim".

Mas Deus não a abandonou; Ele trouxe a restauração, dando-lhe um neto (4:17). Obede continuaria o nome do marido e filho de Noemi, e, por meio dele, ela seria parente de um ancestral (Boaz) do próprio Jesus (MATEUS 1:5,16).

Deus redimiu a dor dessa viúva e também redimiu a dor da Olívia, ajudando-a a iniciar um ministério para crianças com diferentes condições neurológicas. Podemos experimentar dor no coração, mas podemos confiar que, ao obedecermos e seguirmos a Deus, Ele pode redimir a nossa dor. Em Seu amor e sabedoria, Ele pode trazer o bem em meio ao sofrimento.

*KAREN HUANG*

**Deus redimiu as suas provações no passado?
Ele o encoraja em suas dificuldades?**

*Querido Deus, obrigado por estares redimindo
as dolorosas histórias da minha vida.*

---

**A BÍBLIA EM UM ANO**: JEREMIAS 32–33; HEBREUS 1

**5 DE NOVEMBRO** — **1 CORÍNTIOS 9:24-27**

# BUSCANDO A VITÓRIA

*O atleta precisa ser disciplinado [...]*
*Nós, porém, o fazemos para ganhar*
*um prêmio eterno.* v.25

Os jogadores de futebol americano costumam ter carreiras curtas, que duram apenas cerca de 3 anos. Mas há exceções, como Tom Brady, que começou a sua 22ª temporada com 44 anos. Como? Talvez sua dieta rigorosa e rotina de exercícios lhe tenham permitido manter sua vantagem competitiva. Ele recebeu prêmios e títulos grandiosos, mas nunca os teria alcançado se não permitisse que sua busca pela perfeição no esporte moldasse tudo em sua vida.

O apóstolo Paulo reconheceu atletas que exibiam disciplina semelhante em sua época (1 CORÍNTIOS 9:24). Mas ele também viu que não importava o quanto treinassem, a glória eventualmente desvanecia. Em contrapartida, ele disse que temos a oportunidade de viver para Jesus de maneira que influencie na eternidade. Se os atletas que lutam pela glória momentânea podem trabalhar tanto para isso, Paulo adverte, quanto mais deveriam os que vivem "para ganhar um prêmio eterno" (v.25).

Nós não treinamos para ganhar a salvação. Pelo contrário, ao nos darmos conta de quão verdadeiramente maravilhosa é a nossa salvação, realinhamos as nossas prioridades, nossas perspectivas e as próprias coisas pelas quais vivemos, pois cada um de nós percorre fielmente a própria jornada de fé na força de Deus.

ADAM HOLZ

**A sua fé o motiva a dar o melhor de si mesmo?**
**Como podemos evitar o legalismo à medida que**
**crescemos em maturidade espiritual?**

*Pai, quero crescer espiritualmente como resposta*
*ao Teu amor e não para "receber" algo que já me deste.*

---

**A BÍBLIA EM UM ANO**: JEREMIAS 34–36; HEBREUS 2

**6 DE NOVEMBRO** 🔖 **JEREMIAS 19:3-6,14-15**

# ESPERANÇA VINDA DO HINOM

*Trarei calamidade*
*sobre este lugar.* v.3

Em 1979, o arqueólogo Gabriel Barkay desenterrou dois pequenos rolos de prata. Levou anos para desenrolá-los delicadamente, e cada um continha gravações em hebraico da bênção de Números 6:24-26: "Que o Senhor o abençoe e o proteja. Que o Senhor olhe para você com favor e lhe mostre bondade. Que o Senhor se agrade de você e lhe dê paz". Os estudiosos datam os pergaminhos do século 7 a.C., sendo assim os mais antigos fragmentos das Escrituras conhecidos no mundo.

É muito interessante onde eles foram encontrados. Barkay estava cavando em uma caverna no vale de Hinom, o mesmo lugar onde o profeta Jeremias disse ao povo de Judá que Deus os mataria por sacrificarem seus filhos (JEREMIAS 19:4-6). Este vale era o local de tanta maldade que Jesus usou a palavra "Geena" (uma forma grega do nome hebraico para o "vale do Hinom") como uma imagem do inferno (MATEUS 23:33).

Enquanto Jeremias anunciava o julgamento de Deus sobre sua nação, havia alguém gravando Sua bênção futura em rolos de prata. Isso não aconteceria no tempo deles, mas um dia, do outro lado da invasão babilônica, Deus voltaria Seu rosto para Seu povo e lhes daria paz.

A lição para nós é clara. Mesmo que mereçamos o que está por vir, podemos nos firmar na promessa de Deus. Seu coração sempre anseia por Seu povo.

*MIKE WITTMER*

**De que maneira você pode aceitar a disciplina de Deus e apegar-se à promessa de salvação?**

*Pai, confesso o meu pecado e me*
*apego à Tua promessa de perdão e restauração.*

---

**A BÍBLIA EM UM ANO**: JEREMIAS 37–39; HEBREUS 3

**7 DE NOVEMBRO** — **MARCOS 7:14-23**

# A FONTE

*Cria em mim, ó Deus, um coração puro...* SALMO 51:10

Milhares de pessoas morreram em Londres, em 1854. *Deve ser o ar ruim*, pensava-se. O calor fora de época aquecia o rio Tâmisa, realçando o cheiro de esgoto, o que ficou conhecido como o "O Grande Fedor". A pesquisa do Dr. John Snow revelaria que não era o ar, mas a água contaminada que causava a epidemia de cólera.

Sabemos há muito tempo de outra crise cujo mau cheiro atinge as alturas. Vivemos neste mundo falido e tendemos a não identificar a raiz deste problema, tratando apenas seus sintomas. Os bons programas e políticas sociais fazem algum bem, mas não detêm a causa dos males da sociedade: nosso coração pecaminoso!

Quando Jesus disse: "Não é o que entra no corpo que os contamina", não se referia às doenças físicas (MARCOS 7:15). Ao contrário, Ele diagnosticou a condição espiritual de cada um de nós: "vocês se contaminam com o que sai do coração" (v.15), listando uma ladainha de males que espreitam em nosso interior (vv.21-22).

"Pois sou pecador desde que nasci", escreveu Davi (SALMO 51:5). Este é também o nosso lamento; estamos destruídos pelo pecado desde o início. Por esse motivo, Davi orou: "Cria em mim, ó Deus, um coração puro" (v.10). Todos os dias, precisamos desse coração novo, criado por Jesus por meio de Seu Espírito. Em vez de tratar os sintomas, deixemos Jesus purificar a fonte. TIM GUSTAFSON

### Como você pode compartilhar sobre as boas-novas e o que Jesus fez por você?

*Pai celestial, guarda meu coração e ajuda-me a estar atento ao Teu Espírito que habita em mim.*

**A BÍBLIA EM UM ANO**: JEREMIAS 40–42; HEBREUS 4

**8 DE NOVEMBRO**  —  **LEVÍTICO 19:15-18**

# AMOR POR NOSSOS VIZINHOS

*Não procurem se vingar nem guardem rancor [...], mas cada um ame o seu próximo como a si mesmo.* v.18

Nos dias de distanciamento social durante a pandemia de coronavírus, as palavras de Martin Luther King Jr. soaram especialmente verdadeiras. Ele observou que não podia ficar ocioso em uma cidade sem se preocupar com o que acontecia em outra: "Estamos presos em uma rede inescapável de mutualidade, ligados num único e mesmo destino. O que afeta diretamente a um afeta a todos nós indiretamente". A pandemia destacou a nossa conexão, já que em todo o mundo os países se fecharam para impedir a propagação do vírus. O que afetava uma cidade logo afetava outra.

Há muitos séculos, Deus instruiu o Seu povo a demonstrar preocupação com os outros. Por Moisés, Ele deu aos israelitas a lei para guiá-los e ajudá-los a viver juntos dizendo-lhes: "Não fiquem de braços cruzados quando a vida do seu próximo correr perigo" (LEVÍTICO 19:16) e ordenou que não buscassem vingança ou guardassem rancor contra os outros, mas amassem o "próximo como a si mesmo" (v.18). Deus sabia que as comunidades começariam a se separar se as pessoas não olhassem ao redor, valorizando a vida do outro tanto quanto a sua.

Nós também podemos acolher a sabedoria das instruções de Deus. Ao realizarmos nossas atividades diárias, lembremo-nos de como estamos interconectados aos outros, perguntando ao Senhor como amá-los e servi-los bem.

AMY BOUCHER PYE

**Como podemos colocar essa instrução divina em ação hoje?**

*Criador amoroso, ajuda-me a compartilhar hoje o Teu amor e a Tua graça.*

**A BÍBLIA EM UM ANO**: JEREMIAS 43–45; HEBREUS 5

**9 DE NOVEMBRO**  ❖ **EFÉSIOS 5:15-17**

★ *TÓPICO DE NOVEMBRO: TOMADA DE DECISÃO*

# SÁBIO OU IMPRUDENTE?

*Não ajam de forma impensada, mas procurem entender a vontade do Senhor.* v.17

Quando eu tinha 10 anos, trouxe para casa uma fita cassete de um amigo do grupo de jovens que continha a música de uma banda cristã contemporânea. Meu pai, que já conhecia a salvação em Jesus, mas havia sido criado em um lar hindu, não aprovou a ideia. Ele queria somente música de adoração sendo tocada em nossa casa. Expliquei-lhe que era uma banda *cristã*, mas isso não o fez mudar de ideia. Depois de um tempo, ele sugeriu que eu ouvisse as músicas por uma semana e então decidisse se elas me aproximavam de Deus ou me afastavam dele. Foi um conselho sábio e útil.

Há coisas na vida que estão claramente certas ou erradas, mas muitas vezes lutamos com assuntos controversos (ROMANOS 14:1-19). Ao decidir o que fazer, podemos buscar a sabedoria encontrada nas Escrituras. Paulo encorajou os cristãos a serem "cuidadosos em seu modo de vida. Não vivam como insensatos, mas como sábios" (EFÉSIOS 5:15). Como um bom pai, Paulo sabia que não poderia estar presente ou dar instruções para cada situação. Se eles fossem "[aproveitar] ao máximo as oportunidades nestes dias maus", eles teriam que discernir por si mesmos e procurar "entender a vontade do Senhor" (vv.16-17). Uma vida de sabedoria é um convite para buscarmos o discernimento e boas decisões à medida que Deus nos guia até mesmo quando lutamos com o que pode ser discutível.

*GLENN PACKIAM*

**Você busca a orientação de Deus ao tomar decisões?**

*Jesus, cultiva em mim um coração sábio. Permita-me viver de maneira que sempre me aproxime de ti.*

**A BÍBLIA EM UM ANO**: JEREMIAS 46–47; HEBREUS 6

**10 DE NOVEMBRO** — **PROVÉRBIOS 27:6-10**

# LEGADO DOS AMIGOS

*O amigo é sempre leal, e um irmão nasce na hora da dificuldade.* 17:17

Conheci-o nos anos 70 quando eu era professor de inglês e treinador de basquetebol no colegial, e ele era um calouro alto e desengonçado. Logo ele estava no meu time de basquete e em minhas aulas, e nos tornamos amigos. Ele foi depois meu colega de trabalho por muitos anos e compartilhou sobre o legado de nossa longa amizade na festa em que comemorei a minha aposentadoria.

O que há entre os amigos ligados pelo amor de Deus que nos encoraja e nos aproxima de Jesus? O escritor de Provérbios entendeu que esse tipo de amizade tem dois componentes encorajadores: primeiro, os verdadeiros amigos dão conselhos valiosos, mesmo que não sejam fáceis de dar ou receber: "Quem fere por amor mostra lealdade..." (27:6 NVI), explica o escritor. Segundo, um amigo que está próximo e acessível é importante em tempos de crise: "melhor recorrer a um vizinho próximo que a um irmão distante" (v.10).

Não é bom para nós ficarmos sozinhos. Como observou Salomão: "É melhor serem dois que um, pois um ajuda o outro a alcançar o sucesso" (ECLESIASTES 4:9). Na vida, precisamos *ter* e *ser* amigos. Que Deus nos ajude a amarmos com "amor fraternal" (ROMANOS 12:10) e "a levar os fardos uns dos outros" (GÁLATAS 6:2), aproximando-nos do tipo de amigos que podem encorajar os outros e aproximá-los do amor de Jesus.

*DAVE BRANON*

**Como você pode juntar-se aos cristãos dedicados ao ministério de Jesus e encorajá-los?**

*Querido Deus, sonda o meu coração e que haja em mim o desejo de servir junto a outros cristãos.*

---

**A BÍBLIA EM UM ANO**: JEREMIAS 48–49; HEBREUS 7

**11 DE NOVEMBRO** — **ECLESIASTES 2:17-25**

# GRATIDÃO POR SEGUNDA-FEIRA

*Por isso, concluí que a melhor coisa a fazer é [...] encontrar satisfação no trabalho.* v.24

À s vezes, eu me sentava na estação de metrô tentando atrasar a chegada ao trabalho nas segundas-feiras, nem que fosse por alguns minutos. Meu coração batia rápido por me preocupar em cumprir os prazos e administrar os humores de um chefe temperamental.

Para alguns de nós, pode ser difícil começar outra semana de trabalho monótono. Talvez nos sintamos sobrecarregados ou subvalorizados. O rei Salomão descreveu a labuta do trabalho quando escreveu: "O que as pessoas ganham com tanto esforço e ansiedade debaixo do sol? Seus dias seu trabalho são cheios de dor e tristeza..." (ECLESIASTES 2:22-23).

Embora o sábio rei não nos tenha dado a cura nem nos ensinado como tornar o trabalho menos estressante ou mais gratificante, ele nos ofereceu uma mudança de perspectiva. Não importa a dificuldade, ele nos encoraja a "encontrar satisfação" no trabalho com a ajuda de Deus (v.24). Talvez ela venha à medida que o Espírito Santo nos permita mostrar o caráter semelhante ao de Cristo ou por alguém que tenha sido abençoado por meio de nosso serviço. Talvez ocorra ao nos lembrarmos da sabedoria que Deus nos deu para lidar com as situações difíceis. Embora o trabalho possa ser difícil, Deus é fiel e está conosco. Sua presença e poder iluminam até mesmo os dias sombrios e com Sua ajuda, sejamos sempre gratos por um novo dia.

*POH FANG CHIA*

### Como Deus pode ajudá-lo a encontrar satisfação diária em seu trabalho?

*Deus, ajuda-me a ver o bem que me permites realizar por intermédio do meu trabalho!*

Para mais estudos sobre "satisfação no trabalho", acesse: paodiario.org

**A BÍBLIA EM UM ANO:** JEREMIAS 50; HEBREUS 8

**12 DE NOVEMBRO** — **GÊNESIS 45:3-11**

# AMBOS SÃO VERDADEIROS

*Foi Deus quem me enviou adiante de vocês para lhes preservar a vida.* v.5

Feng Lulu reuniu-se com sua família biológica após três décadas. Ela fora raptada ainda criança, mas enfim tinha sido localizada. A jovem cresceu acreditando que havia sido vendida porque seus pais não tinham condições de mantê-la. Saber a verdade lhe trouxe muita emoção e questionamentos.

Quando José reencontrou seus irmãos, é provável que ele tenha experimentado emoções complexas. Ele era jovem quando eles o venderam para ser escravo no Egito. Com reviravoltas dolorosas, Deus o colocou numa posição de autoridade. Quando seus irmãos, numa época de fome, foram ao Egito para comprar comida, inconscientemente eles a compraram do próprio irmão.

José reconheceu que Deus redimira os erros deles dizendo-lhes que o Senhor os usou para que pudesse preservar a vida deles e de muitos outros (GÊNESIS 45:7). No entanto, José não subestimou as ações dolorosas que os irmãos praticaram e lhes relembrou que fora vendido por eles (v.5).

Muitas vezes queremos reverter com positividade as situações difíceis, concentrando-nos nas boas ações de Deus sem reconhecer a luta emocional que sofremos. Cuidemos para não aceitar um erro como algo bom simplesmente porque Deus o redimiu. Podemos buscar a Deus pedindo-lhe que algo bom possa surgir do mal e, ao mesmo tempo, reconhecer a dor causada pelo erro. Ambos são sentimentos verdadeiros. *KIRSTEN HOLMBERG*

**Você sofreu dificuldades pelo mal que outros lhe causaram?**

*Deus Pai, obrigado por cuidares amorosamente de minhas dores.*

---

**A BÍBLIA EM UM ANO:** JEREMIAS 51–52; HEBREUS 9

# 13 DE NOVEMBRO

**COLOSSENSES 3:12-17**

## PEQUENOS ATOS DE AMOR

*...revistam-se de compaixão, bondade, humildade, mansidão e paciência.* v.12

Amanda trabalha como enfermeira em várias casas de repouso e muitas vezes leva sua filha Rebeka de 11 anos para o trabalho. Para ocupar-se, a garota começou a perguntar aos residentes: "Se você pudesse ter três coisas, o que gostaria?". Surpreendentemente, muitos desses desejos eram por pequenas coisas: linguiças, tortas de chocolate, queijos, abacates. A garota montou uma "vaquinha virtual" para ajudá-la a satisfazer tais desejos. E quando ela entrega as guloseimas, ela também doa abraços. Rebeka me disse: "Isso me anima. De verdade!".

Quando demonstramos compaixão e bondade, refletimos o nosso Deus que "é misericordioso e compassivo [...] e cheio de amor" (SALMO 145:8). O apóstolo Paulo nos exortou, como Seu povo santo e amado: "revistam-se de compaixão, bondade, humildade, mansidão e paciência" (COLOSSENSES 3:12). Porque Deus tem demonstrado grande compaixão por nós, naturalmente desejamos compartilhar Sua compaixão com os outros. E à medida que o fazemos intencionalmente, "revestimo-nos" disso.

Paulo ainda nos ensina: "Acima de tudo, revistam-se do amor que une todos nós em perfeita harmonia" (v.14). O apóstolo nos lembra de que devemos fazer tudo "em nome do Senhor Jesus" (v.17), lembrando que todas as coisas boas vêm de Deus. Quando somos gentis com os outros, somos abençoados.

ALYSON KIEDA

**Reflita sobre as gentilezas que estão ao seu alcance; como realizá-las?**

*Jesus, obrigado por Tua gentileza transbordante e ilimitada. Ajuda-me a praticar a gentileza sempre.*

---

**A BÍBLIA EM UM ANO:** LAMENTAÇÕES 1–2; HEBREUS 10:1-18

**14 DE NOVEMBRO** — **SALMO 57**

# O AMOR DE DEUS

*Pois o teu amor se eleva até os céus; a tua fidelidade alcança as nuvens.* v.10

Em 1917, Frederick Lehman, um homem de negócios californiano, vítima de contratempos financeiros, escreveu a letra do hino, "O amor de Deus" (HA 31). Sua inspiração o levou a escrever as duas primeiras estrofes, mas ele parou na terceira. Lembrou-se então de um poema descoberto anos antes, escrito nas paredes de uma prisão. O prisioneiro o escrevera nas pedras, expressando sua profunda compreensão do amor de Deus. O poema tinha a mesma métrica, e Lehman o utilizou como a terceira estrofe.

Há momentos em que enfrentamos dificuldades, como aconteceu com Lehman e o poeta na prisão. Nos momentos de desespero, fazemos bem em ecoar as palavras do salmista Davi e refugiar-nos à sombra das asas do Altíssimo (SALMO 57:1). Não faz mal "clamar" a Deus com nossos problemas (v.2), falar-lhe de nossa provação atual e dos medos que temos quando somos cercados por "leões ferozes" (v.4). Prontamente nos lembramos da provisão de Deus em tempos passados e nos unimos a Davi ao dizer: "canto louvores [...]. Desperte minha alma" (vv.7-8).

Este hino proclama que "o amor de Deus é sublime", acrescentando: "o céu seria mui pequeno". É precisamente no nosso tempo de maior necessidade que devemos acolher a grandiosidade do amor de Deus, pois o amor do Pai se eleva "acima dos mais altos céus" (v.10).

*KENNETH PETERSEN*

**Quais dificuldades você enfrenta?
Como Deus supriu as suas
necessidades em tempos passados?**

*Amado Deus, sou grato por Teu amor
e Tua provisão ao longo de minha vida.*

**A BÍBLIA EM UM ANO:** LAMENTAÇÕES 3–5; HEBREUS 10:19-39

15 DE NOVEMBRO — ÊXODO 4:10-17

# USANDO SUA VOZ

*Eu estarei com você quando falar e o instruirei a respeito do que deve dizer.* v.12

Desde os 8 anos, Lisa lutou com a gagueira e sentia medo de situações sociais que exigiam que ela falasse com as pessoas. Mas, depois que a fonoterapia a ajudou a superar seu desafio, ela decidiu usar sua voz para ajudar os outros. Lisa atuou como conselheira voluntária de um serviço telefônico de atendimento a emergências emocionais.

Moisés teve que enfrentar suas preocupações com a fala para ajudar a tirar os israelitas do cativeiro. Deus ordenou que falasse com o faraó, mas Moisés protestou por não confiar em sua capacidade de se expressar (ÊXODO 4:10). Deus o desafiou: "Quem forma a boca do ser humano?". Ele tranquilizou Moisés dizendo: Eu "o instruirei a respeito do que deve dizer" (vv.11-12).

A resposta de Deus nos lembra de que Ele pode agir poderosamente por nosso intermédio e também em nossas limitações. Mesmo reconhecendo isso, pode ser algo difícil de colocarmos em prática. Moisés continuou a lutar e implorou a Deus que enviasse outra pessoa (v.13); por isso, Deus permitiu que o irmão de Moisés, Aarão, o acompanhasse (v.14).

Cada um de nós tem uma voz que pode ajudar aos outros. Podemos nos sentir incapazes, ter medo ou a consciência de não termos as palavras certas. Deus sabe como nos sentimos. Ele pode suprir as palavras e tudo o que precisamos para servir aos outros e realizar a Sua obra.

*JENNIFER BENSON SCHULDT*

### Deus pode usá-lo para ajudar aos outros?

*Querido Deus, por favor, mostra-me como posso servir-te com minha voz hoje.*

---

**A BÍBLIA EM UM ANO**: EZEQUIEL 1–2; HEBREUS 11:1-19

**16 DE NOVEMBRO**  ·  **DEUTERONÔMIO 4:1-9**

★ *TÓPICO DE NOVEMBRO: TOMADA DE DECISÃO*

# FIQUEM MUITO ATENTOS!

*Fiquem muito atentos! Cuidem para que não se esqueçam daquilo que viram com os próprios olhos.* v.9

Um homem e vários amigos foram a uma estação de esqui e viram os sinais de alerta de avalanche afixados logo à entrada do portão. Mesmo assim, eles subiram para praticar *snowboard* e deslizar na neve em suas pranchas. Na descida da segunda volta, alguém gritou: "Avalanche!", porém um deles pereceu nesse deslizamento. Uns o chamaram de novato, mas ele era um "guia certificado". Um pesquisador disse que os esquiadores mais bem treinados em avalanches são mais propensos a ceder aos raciocínios errados. "O esquiador morreu porque baixou sua guarda".

Israel se preparava para entrar na terra prometida, e Deus queria que Seu povo se mantivesse atento e alerta. O Senhor lhes ordenou que obedecessem a todos os Seus "decretos e estatutos" (DEUTERONÔMIO 4:1-2) e lembrassem de Seu julgamento sobre os que o desobedeceram (vv.3-4). Eles precisavam ficar atentos para se examinarem e vigiarem a sua vida interior (v.9). Isso os ajudaria a manter guarda contra os perigos espirituais externos e a apatia espiritual.

É fácil baixar a guarda e cairmos em apatia e autoengano. Mas Deus pode nos suprir forças para evitar a queda e, por Sua graça, nos perdoar quando caímos. Se o seguirmos e descansarmos em Sua sabedoria e provisão, mantemos a guarda e tomamos boas decisões!

MARVIN WILLIAMS

**Como seguir a sabedoria de Deus e estar atento aos perigos à nossa fé? Você tende a baixar sua guarda espiritual?**

*Querido Deus, por favor, ajuda-me a permanecer alerta e a segui-lo em amorosa obediência.*

**A BÍBLIA EM UM ANO**: EZEQUIEL 3–4; HEBREUS 11:20-40

**17 DE NOVEMBRO** — 1 TESSALONICENSES 3:11-13; 4:9-12

# AVANTE! INABALÁVEL

*...vivam de modo que Deus considere digno, [...] ele os chamou para terem parte em seu reino...* 2:12

No poema "Descanso", o poeta desafia nossa tendência de separar o "lazer" do "trabalho", perguntando: "O verdadeiro lazer não é verdadeira labuta?". Se você quer experimentar o verdadeiro lazer, em vez de tentar evitar os deveres da vida, o autor insiste: "Faça o seu melhor. Use bem o tempo, não o desperdice, senão não é descanso. Contemple a beleza ao redor, em toda parte! O único dever é a missão de a encontrar". O poeta conclui que o verdadeiro descanso e a alegria se encontram no amor e no bem servir, uma ideia que traz à mente o encorajamento de Paulo.

Depois de Paulo descrever o seu chamado para encorajar os cristãos a viver de modo digno perante Deus (1 TESSALONICENSES 2:12), ele dá mais detalhes. Para viver de modo que Deus considere digno, é necessário ser íntegro, amar e servir. Paulo ora para que Deus "faça crescer e transbordar o amor [...] uns pelos outros" (3:12). E os exorta a terem "como objetivo uma vida tranquila, ocupando-se com seus próprios assuntos e trabalhando com suas próprias mãos" (4:11).

É esse o tipo de vida — amar silenciosamente e servir de todas as maneiras que Deus nos permitir — que revela aos outros a beleza de uma vida de fé (v.12). Ou, como disse o poeta, a verdadeira alegria é: "amar e servir / Ao máximo e melhor; / Avante! Inabalável! Esse é o verdadeiro descanso".

MONICA LA ROSE

### A presença de Deus lhe concede a verdadeira alegria?

*Amado Deus, ajuda-me a conhecer a alegria de uma vida tranquila e digna diante de Tua presença.*

---

**A BÍBLIA EM UM ANO:** EZEQUIEL 5–7; HEBREUS 12

**18 DE NOVEMBRO** — **ATOS 12:4-11**

# PENSAMENTOS E ORAÇÕES

*Enquanto Pedro estava no cárcere, a igreja orava fervorosamente a Deus por ele.* v.5

"Você estará em meus pensamentos e orações". Ao ouvir essas palavras, talvez você duvide que a pessoa esteja falando sério. Mas nunca questionamos quando a dona Edna as dizia. Todos na pequena cidade sabiam de suas páginas com os nomes das pessoas por quem ela orava. Todas as manhãs ela orava em voz alta a Deus. Nem todos em sua lista receberam a resposta à oração que queriam, mas vários testemunharam em seu funeral como Deus agira na vida deles e creditaram isso às mais sinceras orações da dona Edna.

Deus demonstrou o poder da oração na experiência carcerária de Pedro. Depois de ter sido aprisionado pelos homens de Herodes, "sob a guarda de quatro escoltas [...] com quatro soldados cada" (ATOS 12:4), as perspectivas pareciam sombrias. Mas "a igreja orava fervorosamente a Deus por ele" (v.5). Eles tinham Pedro em seus pensamentos e orações. O que Deus fez foi simplesmente milagroso! Um anjo apareceu a Pedro na prisão, libertou-o de suas correntes e o conduziu em segurança além dos portões da prisão (vv.7-10).

É possível que alguns falem de "pensamentos e orações" sem realmente fazer isso. Porém, o nosso Pai conhece os nossos pensamentos, escuta as nossas orações e age em nosso favor de acordo com Sua perfeita vontade. Orarem por nós e orar pelos outros não é pouco quando servimos ao grande e poderoso Deus.

*JOHN BLASE*

**Por quem você pode orar e clamar a Deus hoje em especial?**

*Jesus, obrigado porque posso trazer todo o meu cuidado a ti sabendo que te inclinas para me ouvir.*

Baixe gratuitamente o livreto "A oração pode muito". Acesse: paodiario.org

**A BÍBLIA EM UM ANO:** EZEQUIEL 8-10; HEBREUS 13

**19 DE NOVEMBRO**  🌿 **SALMO 139:1-12**

# DEUS O CONHECE

*Ó Senhor, tu examinas meu coração
e conheces tudo a meu respeito.* v.1

Parece que minha mãe pode sentir os problemas a quilômetros de distância. Certa vez, após um dia difícil na escola, tentei mascarar minha frustração na esperança de que ninguém notasse. "Qual é o problema?", ela perguntou e acrescentou: "Antes que você me diga que não é nada, lembre-se de que sou sua mãe, dei-lhe à luz e a conheço melhor do que você mesma". Ela reafirma constantemente que tem profunda consciência de quem eu sou e que isso a ajuda a estar presente nos momentos em que mais preciso dela.

Como cristãos, somos cuidados por um Deus que nos conhece intimamente. O salmista Davi o elogiou por Sua atenção à vida de seus filhos dizendo: "Ó Senhor, tu examinas meu coração e conheces tudo a meu respeito. Sabes quando me sento e quando me levanto; mesmo de longe, conheces meus pensamentos" (SALMO 139:1-2). Porque Deus sabe quem somos, os nossos pensamentos, desejos e ações, não há lugar onde possamos ir e ficar fora dos limites de Seu abundante amor e cuidado (vv.7-12). Como escreveu Davi, "se habitar do outro lado do oceano, mesmo ali tua mão me guiará" (vv.9-10). Confortemo-nos sabendo que, não importa onde estejamos na vida, quando clamarmos a Deus em oração, Ele nos oferecerá o amor, a sabedoria e a orientação que precisamos.

*KIMYA LODER*

**Você já sentiu que ninguém mais
poderia entender como você se sentia? Colocar-se na
presença de Deus o encoraja nesses momentos?**

*Pai, sou grato por saber que
Tu me vês, ouves e amas, mesmo quando
parece que ninguém mais me vê.*

---

**A BÍBLIA EM UM ANO:** EZEQUIEL 11–13; TIAGO 1

**20 DE NOVEMBRO**  **MATEUS 16:13-19**

# PEDRAS VIVAS

*"...sobre esta pedra edificarei a minha igreja, e as portas do inferno não prevalecerão contra ela."* v.18 NAA

Jesus não inventou a palavra "igreja". Ele usou uma palavra conhecida e se apropriou da declaração de fé de Pedro, dizendo que edificaria a Sua Igreja sobre ela.

Mas quem pertence à Igreja de Jesus? Pessoas que, por convicção e declaração pessoal de fé em Cristo, tornam-se participantes de uma congregação formada pelos que foram chamados pelo Espírito Santo e receberam a revelação do Pai de que o único caminho para vencer o inferno é pertencer a Jesus. Essa Igreja é atemporal e não ligada à geografia. Como essa Igreja universal se relaciona às nossas igrejas locais?

O apóstolo Pedro escreveu sobre a Igreja ser uma casa espiritual na qual as pedras se apoiam umas nas outras para formar paredes (1 PEDRO 2:5). Talvez ele tivesse em mente o Templo, em Jerusalém, formado por imensas pedras colocadas umas sobre as outras, sem argamassa. Para que elas se sustentassem, não poderiam ser meramente empilhadas. A pedra que estava embaixo apoiava as duas pedras colocas sobre ela, o que trazia firmeza e equilíbrio. Pedro diz que o alicerce é Cristo, e nós somos pedras vivas apoiadas sobre Ele. Porém, cada um de nós é suportado por aquelas pedras que nos antecederam, e hoje servimos de apoio a outras que estão vindo após nós.

Deus usou muitas pessoas que o apoiaram para que você chegasse onde está hoje. Agora é a sua vez de servir de sustentáculo para os que o sucederão. Use os seus dons para ser as mãos, a boca e os pés de Jesus na Terra.

PASCHOAL PIRAGINE JÚNIOR

**Os cristãos de hoje estimulam os de amanhã, da mesma forma que foram apoiados pelos de ontem.**

*Deus Pai, ajuda-me a ser parte dessa Igreja que oferece apoio mútuo de fé até que Jesus volte.*

**A BÍBLIA EM UM ANO**: EZEQUIEL 14–15; TIAGO 2

# 21 DE NOVEMBRO

**JOÃO 2:13-22**

# LEITURA DE TRÁS PARA A FRENTE

*Depois que ele ressuscitou dos mortos,
seus discípulos se lembraram do que
ele tinha dito...* v.22

Ler primeiro o último capítulo de um livro pode ser má ideia para quem ama o suspense de uma boa história. Já outros preferirão saber o seu término desde o início.

Em *Reading Backwards* (Lendo de trás para frente), o professor Richard Hays demonstra como essa prática é importante na compreensão da Bíblia. Ao ilustrar como as palavras e acontecimentos das Escrituras se antecipam, ecoam e iluminam uns aos outros, o autor nos dá razão para lermos nossas Bíblias para a frente *e* para trás.

Hays nos relembra de que foi somente após a ressurreição de Jesus que os discípulos entenderam Sua afirmação de reconstruir um templo destruído em três dias; João nos diz: "'este templo', estava se referindo a seu próprio corpo" (JOÃO 2:21). Só então eles compreenderam o significado da celebração da Páscoa nunca antes entendido (MATEUS 26:17-29). Apenas em retrospectiva puderam refletir sobre como Jesus deu plenitude de significado aos profundos sentimentos de um antigo rei pela casa de Deus (SALMO 69:9; JOÃO 2:16-17). Somente relendo as Escrituras à luz do verdadeiro Templo de Deus (o próprio Jesus), os discípulos perceberam como o ritual da religião de Israel e o Messias lançam luz uns sobre os outros.

E agora, ao lermos as Escrituras para frente e para trás, vemos em Jesus tudo o que qualquer um de nós já precisou ou ansiou.

*MART DEHAAN*

**Pensar na eternidade influencia
sua visão sobre seus desafios atuais?**

*Pai, obrigado por revelares a maravilha
de Tua presença de maneiras que eu jamais teria previsto.*

---

**A BÍBLIA EM UM ANO**: EZEQUIEL 16–17; TIAGO 3

# 22 DE NOVEMBRO

**TIAGO 2:14-26**

## FÉ EM AÇÃO

*...a fé sem obras está morta.* v.26

Um tornado passou pela comunidade numa noite de verão, destruindo o celeiro de uma fazenda. Foi triste porque aquele celeiro estava na propriedade da família desde o final dos anos 1800. Quando João e Bárbara passaram por ali a caminho da igreja na manhã seguinte e viram os danos, eles se questionaram sobre como poderiam ajudar. O casal parou e descobriu que a família precisava de ajuda com a limpeza. Voltando rapidamente ao carro, voltaram para casa e trocaram de roupas para ficar o dia inteiro ajudando a limpar a bagunça que os ventos violentos haviam feito. Eles colocaram sua fé em ação enquanto serviam à família.

Tiago disse que "a fé sem obras está morta" (TIAGO 2:26). Ele dá o exemplo de Abraão, que em obediência seguiu a Deus quando não sabia para onde ir (V.23; GÊNESIS 12:1-4; 15:6; HEBREUS 11:8). Tiago também menciona Raabe, que demonstrou crer no Deus de Israel quando escondeu os espiões que vieram para sondar a cidade de Jericó (TIAGO 2:25; JOSUÉ 2, 6:17).

"De que adianta, meus irmãos, dizerem que têm fé se não a demonstram por meio de suas ações?" (TIAGO 2:14), isso não lhes faz bem algum. "A fé é a raiz, as boas obras são os frutos", comenta outro autor, "e devemos cuidar para que tenhamos ambos". Deus não precisa de nossas boas obras, mas nossa fé é comprovada por nossas ações.

*ANNE CETAS*

**É importante que façamos boas ações?
O que podemos fazer por amor a Deus?**

*Querido Deus, quero sempre servir-te por meio
da minha fé e também por amor a ti.*

**A BÍBLIA EM UM ANO**: EZEQUIEL 18–19; TIAGO 4

**23 DE NOVEMBRO**  —  **ECLESIASTES 10:12-14**

★ *TÓPICO DE NOVEMBRO: TOMADA DE DECISÃO*

# CONFIANDO NOSSO FUTURO A DEUS

*Ninguém sabe de fato o que acontecerá; ninguém é capaz de prever o futuro.* v.14

Em 2010, Laszlo Hanyecz fez a primeira compra com bitcoin (cada moeda valia uma fração de centavo), pagando 10.000 bitcoins por duas pizzas (R$50). Em 2021, em seu valor mais alto durante o ano, essas bitcoins valiam muitos bilhões em moeda atual. Antes de o valor das bitcoins disparar, ele pagava suas pizzas com as moedas, gastando 100.000 bitcoins no total. Se as tivesse mantido, o valor das bitcoins o teria transformado num bilionário sessenta e oito vezes mais rico e o colocado na lista de "pessoas mais ricas do mundo" da Forbes. Se ao menos Hanyecz soubesse o que estava por vir...

É claro que não tinha como prever. Ninguém tinha. Apesar de nossas tentativas de compreender e controlar o futuro, "ninguém sabe de fato o que acontecerá" (ECLESIASTES 10:14). Iludimo-nos pensando que sabemos mais do que sabemos, ou pior, que possuímos alguma percepção especial sobre a vida ou o futuro de outra pessoa. Mas "ninguém é capaz de prever o futuro" (v.14). *Ninguém!*

As Escrituras contrastam o sábio e o tolo, e uma das muitas distinções entre ambos é a humildade a respeito do futuro (PROVÉRBIOS 27:1). À medida que toma suas decisões, o sábio reconhece que só Deus sabe verdadeiramente o que está no horizonte. Mas os tolos presumem um conhecimento que não lhes pertence. Tenhamos sabedoria e confiemos o nosso futuro ao Único que realmente o conhece.

*WINN COLLIER*

**Deus orienta o seu futuro?**

*Querido Deus, ajuda-me a simplesmente confiar em ti hoje e sempre.*

**A BÍBLIA EM UM ANO:** EZEQUIEL 20–21; TIAGO 5

# 24 DE NOVEMBRO

**PROVÉRBIOS 13:12-19**

## ESPERANÇAS E ANSEIOS

*A esperança adiada faz o coração ficar doente, mas o sonho realizado é árvore de vida.* v.12

Quando me mudei para a Inglaterra, o feriado norte-americano de Ação de Graças tornou-se apenas uma quinta-feira normal em novembro. Embora eu o celebrasse no fim de semana seguinte, ansiava por estar com a família e amigos nesse dia. No entanto, entendi que meus desejos não eram só meus. Todos nós ansiamos por estar com pessoas que nos são queridas em ocasiões especiais e feriados. E mesmo quando comemoramos, podemos sentir falta de alguém que não está conosco e orar para que nossos queridos ausentes estejam em paz.

Nesses momentos, orar e refletir sobre a sabedoria da Bíblia me ajuda, inclusive este provérbio do rei Salomão: "A esperança adiada faz o coração ficar doente, mas o sonho realizado é árvore de vida" (PROVÉRBIOS 13:12). Neste provérbio em que Salomão compartilhou sua sabedoria, ele observa o efeito que a "esperança adiada" pode ter: o atraso de algo muito desejado pode resultar em raiva e dor. Mas, quando o desejo é realizado, é como uma árvore de vida que nos revigora e renova.

Algumas de nossas esperanças e desejos podem não se realizar de imediato, e alguns só serão satisfeitos por Deus após a nossa morte. Qualquer que seja nosso desejo, podemos confiar no Senhor, sabendo que Ele nos ama incessantemente. E, um dia, estaremos reunidos com pessoas queridas banqueteando com Ele e dando-lhe graças (APOCALIPSE 19:6-9).

*AMY BOUCHER PYE*

### Como Deus o acolheu em seu momento de necessidade?

*Deus Criador, sei que Tu cumpres meus mais profundos anseios. Entrego-te minhas esperanças e desejos.*

**A BÍBLIA EM UM ANO**: EZEQUIEL 22–23; 1 PEDRO 1

**25 DE NOVEMBRO**  🌱 **APOCALIPSE 21:1-8**

# ESPERANÇA DURADOURA

*Ele lhes enxugará dos olhos toda lágrima,*
*e não haverá mais morte, nem tristeza,*
*nem choro, nem dor.* v.4

Aos quatro anos, Sandro foi diagnosticado como portador de Distrofia Muscular de Duchenne, uma doença progressiva e degenerativa dos músculos. Um ano depois, os médicos discutiram sobre o uso de cadeiras de rodas, mas o garoto resistiu ao uso. Os familiares e amigos oraram por ele e arrecadaram fundos para treinar um cão de serviço para mantê-lo fora da cadeira de rodas o máximo de tempo possível. A organização *Tails for Life*, que treinou o meu cão de serviço, *Callie*, está treinando o *Panqueca* para servir ao Sandro.

Embora Sandro aceite o seu tratamento e muitas vezes cante louvores a Deus, alguns dias são mais difíceis. Num desses dias difíceis, Sandro abraçou sua mãe e disse: "Estou feliz por não haver essa distrofia no Céu".

Os efeitos degenerativos das doenças afetam todas as pessoas deste lado da eternidade. Como Sandro, porém, temos uma esperança duradoura a qual pode fortalecer a nossa determinação nos dias inevitáveis e difíceis. Deus nos dá a promessa de "um novo céu e uma nova terra" (APOCALIPSE 21:1). Nosso Criador e Sustentador "habitará" entre nós, fará Sua morada entre nós (v.3). Ele "enxugará cada lágrima" de nossos olhos, e "não haverá mais morte, nem tristeza, nem choro, nem dor" (v.4). Quando a espera parecer muito dura ou demorada, podemos experimentar a paz, pois a promessa de Deus se cumprirá.

*XOCHITL DIXON*

**Quem você pode encorajar**
**com a esperança nas promessas de Deus?**

*Amado Deus, obrigado por*
*fortaleceres minha determinação com a certeza*
*de que cumpres Tuas promessas.*

---

**A BÍBLIA EM UM ANO:** EZEQUIEL 24-26; 1 PEDRO 2

**26 DE NOVEMBRO**      OSEIAS 14:1-4

# ABENÇOADO ARREPENDIMENTO

*Perdoa nossos pecados e recebe-nos com bondade...* v.2

"Detonado" era o apelido de Gilberto e do qual ele se orgulhava a ponto de abertamente exibir no para-choque de seu carro. Mesmo não sendo pensado por uma ótica espiritual, o codinome caía bem ao apostador de meia-idade, adúltero e enganador. Ele estava falido e longe de Deus, até o Espírito Santo convencê-lo de seus pecados, num quarto de hotel. "Acho que estou sendo salvo", disse à esposa. Naquela noite ele confessou os pecados pelos quais ele mesmo pensava que os levariam ao túmulo e buscou a Jesus suplicando-lhe o Seu perdão. Nos 30 anos seguintes, o homem que pensava que não viveria até os 40 viveu e serviu a Deus como um cristão transformado por Jesus. De "detonado" passou a ser um "arrependido".

*Arrependei-vos*. Foi isso que esse homem fez e o que Deus disse que Israel fizesse: "Volte, ó Israel, para o SENHOR seu Deus [...] Tragam suas confissões e voltem para o SENHOR. Digam-lhe: 'Perdoa nossos pecados e recebe-nos com bondade'" (OSEIAS 14:1-2). Grandes ou pequenos, poucos ou muitos, nossos pecados nos separam de Deus. Mas essa lacuna pode ser preenchida se nos voltarmos do pecado para Deus e recebermos o perdão que Ele graciosamente nos concedeu por meio da morte de Jesus. Seja você um cristão que luta por Cristo ou alguém cuja vida se parece como a de Gilberto fora, o seu perdão está apenas a uma oração de distância.

ARTHUR JACKSON

**Que pecados o separam de Deus? Ore!**

*Pai, sonda meu coração sobre o que me distancia de ti. Limpa-me, perdoa-me e usa-me para Tua honra.*

---

**A BÍBLIA EM UM ANO:** EZEQUIEL 27–29; 1 PEDRO 3

**27 DE NOVEMBRO**      🍃 **EFÉSIOS 2:1-10**

# TÃO BONITO

*Pois somos obra-prima de Deus, criados em Cristo Jesus a fim de realizar as boas obras...* v.10

Eu era muito jovem quando espreitei pela janela de um hospital e vi um recém-nascido pela primeira vez. Na minha ignorância, fiquei consternada ao ver uma criança tão pequena, enrugada, sem cabelos e enrolada feito um cone. A mãe do bebê, no entanto, que estava perto de nós, não conseguia parar de perguntar a todos: "Ele não é lindo?". Lembrei-me daquele momento quando vi um vídeo de um jovem pai cantando ternamente a canção "Você é tão linda" para sua filhinha. Para o pai extasiado, a menina era a pessoa mais linda já criada.

É assim que Deus olha para nós? A Bíblia diz que somos Sua "obra-prima". Conscientes de nossas próprias falhas, pode ser difícil aceitarmos o quanto Ele nos ama ou acreditar que alguma vez poderemos ser de algum valor para Ele. Mas Deus não nos ama porque merecemos amor (EFÉSIOS 2:3-4); Ele nos ama porque Ele é amor (1 JOÃO 4:8). Seu amor é de graça, e Ele mostrou a profundidade desse amor quando, pelo sacrifício de Jesus, nos deu nova vida nele quando estávamos mortos em nossos pecados (EFÉSIOS 2:5,8).

O amor de Deus é constante. Ele ama os imperfeitos, os quebrantados, os fracos e os que fazem asneiras. Quando caímos, Ele está presente para nos levantar. Somos Seu tesouro, e para Ele somos bonitos.

*CINDY HESS KASPER*

**O que significa saber que "Deus é amor"?
Você já conhece o amor infinito de Deus
mesmo sabendo que esse amor lhe é imerecido?**

*Precioso Pai, obrigado
por Teu amor infinito por mim.*

Descubra mais sobre o amor de Deus. Acesse: paodiario.org

---

**A BÍBLIA EM UM ANO:** EZEQUIEL 30–32; 1 PEDRO 4

**28 DE NOVEMBRO** — TITO 2:11-14

# CAMINHE COMIGO

*Pois a graça de Deus foi revelada
e a todos traz salvação.* v.11

Há alguns anos, uma canção tornou-se muito popular, e um coro gospel cantava o refrão: "Jesus caminha comigo". Curtis Lundy montou o coro ao começar um programa de reabilitação para deixar o vício da cocaína. Ele juntou seus colegas viciados, buscou inspiração num antigo hino e escreveu o refrão como um hino de esperança para as pessoas em recuperação. Sobre a canção, um dos coralistas diz: "Estávamos cantando por nossa vida, pedindo a Jesus para nos salvar e ajudar a sair das drogas". Outra jovem percebeu que a sua dor crônica diminuiu ao cantar. Aquele coro não estava apenas cantando as palavras escritas num papel, mas orando e clamando por redenção.

O texto de hoje descreve bem tal experiência. Em Cristo, nosso Deus ofereceu a salvação a todos (TITO 2:11). Embora a vida eterna seja parte desta dádiva (v.13), Deus está agindo em nós agora, dando-nos poder para recuperar o autocontrole, dizer não às paixões mundanas e nos redimir para a vida com Ele (vv.12-14). Como os membros do coro descobriram, Jesus não apenas perdoa os nossos pecados, Ele também nos liberta de estilos de vida destrutivos.

Jesus caminha comigo, com você e com todo aquele que clama ao Senhor suplicando Sua ajuda. Ele está conosco, oferecendo esperança para o futuro e salvação no presente.

*SHERIDAN VOYSEY*

**O que Jesus precisa transformar em você hoje?
Até que ponto você deseja realmente que Ele o faça?**

*Jesus, preciso de ti. Perdoa meus pecados,
liberta-me de hábitos destrutivos
e transforma o meu interior.*

**A BÍBLIA EM UM ANO:** EZEQUIEL 33–34; 1 PEDRO 5

**29 DE NOVEMBRO** — **MATEUS 25:34-40**

# UMA REFEIÇÃO QUENTE

*Eu lhes digo a verdade: quando fizeram isso ao menor destes meus irmãos, foi a mim que o fizeram.* v.40

Frango assado, vagens, espaguete, pãezinhos. Em um dia frio de outubro, pelo menos 54 desabrigados receberam esta refeição quente de uma mulher que comemorava os seus 54 anos. A mulher e seus amigos decidiram renunciar ao habitual jantar de aniversário em um restaurante e cozinhar e servir refeições para as pessoas nas ruas da cidade. Nas mídias sociais, ela encorajou outros a realizarem também um ato de bondade como presente de aniversário.

Esta história me faz lembrar as palavras de Jesus em Mateus 25: "Eu lhes digo a verdade: quando fizeram isso ao menor destes meus irmãos, foi a mim que o fizeram" (v.40). Jesus disse estas palavras depois de declarar que Suas ovelhas serão convidadas a entrar em Seu reino eterno para receber sua herança (v.34). Na ocasião, Jesus reconhecerá que eles são o povo que o alimentou e vestiu por causa de sua fé genuína nele, ao contrário dos orgulhosos religiosos que não creram em Jesus (26:3-5). Embora os "justos" venham a questionar quando alimentaram e vestiram Jesus (25:37), Ele lhes garantirá que o que fizeram pelos outros também foi feito por Ele (v.40).

Alimentar os famintos é apenas uma forma de Deus nos ajudar a cuidar de Seu povo e demonstrar o nosso amor por Ele e comunhão com o Senhor. Que Jesus nos ajude a satisfazer as necessidades dos outros hoje.

*KATARA PATTON*

**Como você pode demonstrar o amor de Deus a alguém hoje mesmo?**

*Misericordioso Deus, por favor, ajuda-me a demonstrar o Teu amor por meio de minhas ações de hoje.*

**A BÍBLIA EM UM ANO:** EZEQUIEL 35–36; 2 PEDRO 1

# ADVERTÊNCIAS

*A resposta gentil desvia o furor, mas
a palavra ríspida desperta a ira.* v.1

Você já viu pessoalmente uma cascavel? Se sim, você deve ter notado que o som do guizo parecia ficar mais intenso à medida que você se aproximava da víbora. As pesquisas científicas revelam que as cobras *aumentam* o som dos chocalhos quando uma ameaça se aproxima. Este "modo de alta frequência" pode nos fazer crer que elas estão mais próximas do que realmente estão. Como disse um pesquisador: "A interpretação errônea da distância pelo ouvinte cria uma margem de segurança entre ambos".

Durante um conflito, as pessoas afastam o outro quando aumentam o volume da fala com palavras duras, raiva e gritos. O autor de Provérbios compartilhou alguns conselhos sábios para momentos como estes: "A resposta gentil desvia o furor, mas a palavra ríspida desperta a ira" (15:1). Ele continua dizendo que palavras "suaves" e sábias "são árvore de vida" e uma fonte de "conhecimento" (vv.4,7).

Jesus ensinou os principais motivos para que sejamos gentis com quem entramos em conflito: estender o amor que revela que somos Seus filhos (MATEUS 5:43-45) e buscar a reconciliação (18:15). Em vez de levantar a nossa voz ou usar palavras indelicadas durante os conflitos, que mostremos civilidade, sabedoria e amor aos outros como o Espírito de Deus nos orienta. TOM FELTEN

**Por que é difícil ser gentil e amoroso durante
um conflito? Você permite que o Espírito Santo
o ajude a escolher suas palavras e ações?**

*Pai celestial, ajuda-me
a abordar amorosamente as questões
com aqueles de quem discordo.*

---

**A BÍBLIA EM UM ANO:** EZEQUIEL 37–39; 2 PEDRO 2

★ TÓPICO DE DEZEMBRO / **Influenciar as pessoas**

# QUANDO AS AÇÕES FALAM

O autor James Baldwin escreveu: "As crianças nunca foram muito boas em ouvir os mais velhos, mas nunca falharam em imitá-los".

No âmago dessa citação, está o lembrete de que as pessoas — não apenas as crianças — podem escolher ignorar o que dizemos, mas a maioria das pessoas não pode negar as "palavras" que nossas ações pronunciam. Nossas ações, sejam positivas ou negativas, influenciam outras pessoas. Se o que professamos sobre Cristo não se alinhar com nossas ações, isso pode motivar outros a não darem ouvidos ao que dizemos. Da mesma forma, ações que demonstram o amor de Cristo podem influenciar alguém para o bem.

A Bíblia está repleta de exemplos daqueles que influenciaram os outros — mais por meio de suas ações do que de suas palavras. Toda a família de Lídia foi batizada depois dela (ATOS 16:14-15). E o carcereiro no mesmo capítulo de Atos? Ele tornou-se cristão depois de testemunhar as palavras e ações de Paulo e Silas. Os homens optaram por ficar na prisão mesmo quando as portas da prisão tinham sido abertas (vv.25-34).

Eu pessoalmente gosto muito do que Paulo diz ao jovem Timóteo, em 2 Timóteo 1:5. Paulo reconhece a fé das duas mulheres que criaram Timóteo: sua mãe, Eunice, e sua avó Loide. A fé delas foi exposta a Timóteo ao longo de sua vida, nas rotinas do dia a dia, bem como em ocasiões especiais. Ele foi evidentemente influenciado pela fé das duas senhoras.

Como vivemos importa — para Deus, para nós mesmos e para aqueles que estão nos observando. As pessoas nem sempre são boas em seguir o que dizemos; mas, com certeza, podem imitar o que fazemos.

**KATARA PATTON**

Além deste artigo, o tema *influenciar as pessoas* é abordado nos devocionais dos dias **1, 9, 16** e **23 de dezembro**.

# 1º DE DEZEMBRO

**1 TIMÓTEO 4:12-16**

★ *TÓPICO DE DEZEMBRO: INFLUENCIAR AS PESSOAS*

## QUEM VOCÊ É

*Seja exemplo para todos os fiéis nas palavras, na conduta, no amor, na fé e na pureza.* v.12

Em 2011, após uma década tentando ter filhos, decidimos recomeçar em outro país. Por mais emocionante que fosse a mudança, precisei deixar a carreira de radiodifusão. Por me sentir perdido, aconselhei-me com meu amigo Léo. "Não sei mais qual é a minha vocação", disse-lhe desanimado. "Você não está fazendo transmissões aqui?", perguntou ele. Respondi que não. "E como está o seu casamento?" Surpreso com a mudança de assunto, disse-lhe que minha esposa e eu estávamos bem. Tínhamos enfrentado a tristeza juntos, mas estávamos mais unidos. "O compromisso é o cerne do evangelho", disse ele, sorrindo. "O mundo precisa ver casamentos comprometidos como o seu! Você pode não perceber o impacto que está causando, simplesmente por ser quem você é".

Quando Timóteo abateu-se, o apóstolo Paulo não lhe deu metas a cumprir. Ele o encorajou a viver piedosamente, dando exemplo através de suas palavras, conduta, amor, fé e pureza (4:12-13,15). Ele causaria melhor impacto vivendo fielmente.

É fácil valorizar a nossa vida com base no sucesso profissional, mas o que mais importa é o nosso caráter. Eu tinha esquecido disso. Mas uma palavra de verdade, um ato gracioso, ou um casamento comprometido, podem causar grandes mudanças, pois por meio disso tudo a própria bondade de Deus toca o mundo.

*SHERIDAN VOYSEY*

**Quem tocou sua vida e quais eram suas qualidades? Como você pode dar exemplo de fidelidade?**

*Deus, ajuda-me a lembrar que o meu trabalho não é tão importante quanto a pessoa que eu sou.*

Para saber mais sobre sua identidade em Cristo, acesse: paodiario.org

**A BÍBLIA EM UM ANO**: EZEQUIEL 40–41; 2 PEDRO 3

**2 DE DEZEMBRO** — **HEBREUS 3:7-19**

# ENCORAJAMENTO MÚTUO

*Advirtam uns aos outros todos os dias, enquanto ainda é "hoje"... v.13*

Depois de mais uma semana sendo abatida por reveses médicos, afundei no sofá. Não queria pensar em nada. Não queria falar com ninguém, nem conseguia orar. O desânimo e a dúvida pesaram sobre mim quando liguei a televisão. Era um comercial mostrando uma garotinha falando com seu irmão mais novo. "Você é um campeão", disse ela. À medida que ela prosseguia encorajando-o, o sorriso dele aumentava, e o meu também.

O povo de Deus sempre lutou contra o desânimo e a dúvida. Citando o Salmo 95, que afirma que podemos ouvir a voz de Deus por meio do Espírito Santo, o escritor de Hebreus alertou os cristãos para evitarem os erros cometidos pelos israelitas enquanto vagavam no deserto (HEBREUS 3:7-11). "Portanto, irmãos, cuidem para que nenhum de vocês tenha coração perverso e incrédulo que os desvie do Deus vivo", escreveu ele. "Advirtam uns aos outros todos os dias..." (vv.12-13).

Com nossa esperança firmada em Cristo, podemos usufruir plenamente da energia que precisamos para perseverar: o encorajamento mútuo na comunhão cristã (v.13). Quando um cristão tem dúvidas, os outros podem apoiá-lo com afirmação, assertividade e compromisso mútuo de prestação de contas. À medida que Deus fortalece o Seu povo, podemos nos encorajar uns aos outros.

XOCHITL DIXON

**Em momentos difíceis, alguém lhe deu
palavras de encorajamento vindas da parte de Deus?
Como você pode encorajar os outros com suas palavras hoje?**

*Amado Deus, ajuda-me a viver por ti e a encorajar outros
com amor, por meio de palavras e ações.*

Para saber mais sobre encorajamento, acesse: paodiario.org

**A BÍBLIA EM UM ANO:** EZEQUIEL 42–44; 1 JOÃO 1

**3 DE DEZEMBRO**  ÊXODO 3:4-10

# LUZ NATALINA

*Por certo, tenho visto a opressão do meu povo no Egito [...]. Por isso, desci para libertá-los...* vv.7-8

Aos meus olhos, a árvore de Natal parecia estar em chamas! Não por causa dos fios de luzes artificiais, mas de fogo verdadeiro. Nossa família tinha sido convidada por um amigo para participar da tradição *altdeutsch* no "velho jeito alemão"; uma celebração com deliciosas sobremesas tradicionais e um pinheiro com velas reais e acesas (por segurança, a árvore recém-cortada foi acesa apenas uma noite).

Enquanto via a árvore que parecia queimar, pensei no primeiro encontro de Moisés com Deus. Enquanto cuidava de ovelhas no deserto, Moisés foi surpreendido por um arbusto em chamas que de alguma forma não era consumido. Quando ele se aproximou do arbusto para investigar, Deus o chamou. A mensagem vinda do arbusto em chamas não era de julgamento, mas de resgate para o povo de Israel. Deus tinha visto a situação e a miséria de Seu povo escravizado no Egito e tinha "descido para libertá-los" (ÊXODO 3:8).

Embora Deus tenha libertado os israelitas dos egípcios, toda a humanidade ainda precisava de resgate, não apenas do sofrimento físico, mas também dos efeitos que o mal e a morte trouxeram ao nosso mundo. Centenas de anos depois, Deus respondeu enviando a Luz, Seu Filho, Jesus (JOÃO 1:9-10), enviado não "para condenar o mundo, mas para salvá-lo por meio dele" (3:17).

*LISA SAMRA*

**Como você pode celebrar a libertação de Deus por meio de Jesus? Quais outras tradições o conduzem a Ele?**

*Pai celestial, obrigado por enviares Jesus, a Luz do mundo.*

Para outros textos sobre o Natal, acesse: natal/paodiario.org

**A BÍBLIA EM UM ANO**: EZEQUIEL 45–46; 1 JOÃO 2

**4 DE DEZEMBRO**  •  **COLOSSENSES 3:23-24**

# UM TRABALHO DE AMOR

*Em tudo que fizerem, trabalhem de bom
ânimo, como se fosse para o Senhor... v.23*

A Dra. Rebecca Lee Crumpler foi a primeira afro-americana a graduar-se em medicina. Porém, durante sua vida (1831-95), ela se sentiu "ignorada, desprezada e desvalorizada". Contudo, ela permaneceu dedicada à saúde e ao cumprimento de seu propósito. Rebecca afirmou que, embora algumas pessoas pudessem optar por julgá-la com base em sua raça e gênero, ela sempre se sentia "pronta, renovada e encorajada para ir quando e onde o dever a chamasse". Ela acreditava que tratar mulheres e crianças e prover cuidados médicos aos escravos libertados era uma maneira de servir a Deus. Infelizmente, ela não recebeu o reconhecimento formal por suas realizações até quase um século depois.

Há momentos em que seremos negligenciados, desvalorizados ou depreciados. Entretanto, a sabedoria bíblica nos lembra de que quando Deus nos chama para uma tarefa não devemos nos concentrar em obter aprovação e reconhecimento do mundo, mas sim "trabalhar de bom ânimo, como se fosse para o Senhor" (COLOSSENSES 3:23). Quando nos concentramos em servir a Deus, somos capazes de realizar até mesmo as tarefas mais difíceis com fervor e alegria sob o Seu poder e orientação. Podemos então ficar menos preocupados em receber o reconhecimento terreno e mais ávidos em receber a recompensa que só Ele pode conceder (v.24).

*KIMYA LODER*

**O bem que você fez foi ignorado?
Como você pode priorizar servir a Deus
em suas atividades?**

*Pai, agradeço-te por me chamares
a fazer coisas boas por ti. Ajuda-me a
me concentrar no Teu chamado.*

---

**A BÍBLIA EM UM ANO:** EZEQUIEL 47–48; 1 JOÃO 3

**5 DE DEZEMBRO**  **MATEUS 6:6-13**

# DEPENDÊNCIA DIÁRIA

*Dá-nos hoje o pão para este dia.* v.11

Num sábado, nossos filhos mais novos decidiram acordar cedo e preparar o café da manhã. Cansados da semana, minha esposa e eu estávamos tentando dormir até pelo menos 7h. De repente, ouvi um barulho alto! Pulei da cama e corri para a cozinha e encontrei uma tigela quebrada, mingau por todo o chão, e Jonas — nosso filho de 5 anos — tentando varrer (na verdade *lambuzando*) a bagunça do chão. Meus filhos estavam com fome, mas escolheram não pedir ajuda. Em vez de escolherem a dependência, preferiram a independência, e o resultado não foi uma delícia culinária.

Em termos humanos, as crianças devem crescer e sair da dependência para a independência. Mas em nosso relacionamento com Deus, a maturidade significa passar da independência para a dependência do Pai. Praticamos a dependência por meio da oração. Quando Jesus ensinou os Seus discípulos — e todos nós — a orar: "Dá-nos hoje o pão para este dia" (MATEUS 6:11), Ele estava nos ensinando uma oração de dependência. O pão é uma metáfora para sustento, libertação e orientação (vv.11-13). Nós dependemos de Deus para tudo isso e muito mais.

Não há cristãos autossuficientes, e nunca nos graduaremos em Sua graça. Ao longo da vida, que possamos sempre começar o nosso dia tomando a postura de dependência ao orarmos ao nosso Pai que está no céu (v.9).

*GLENN PACKIAM*

**Qual é o "pão" pelo qual você está orando hoje?
Como você revela sua confiança em Deus?**

*Querido Jesus, Tu és o meu
Criador e meu Sustentador. Por favor,
ajuda-me a confiar em ti.*

---

**A BÍBLIA EM UM ANO**: DANIEL 1–2; 1 JOÃO 4

**6 DE DEZEMBRO**  **LUCAS 2:25-32, 36-38**

# GRANDES EXPECTATIVAS

*Falava a respeito da criança a todos que esperavam a redenção de Jerusalém.* v.38

Era um dia agitado antes do Natal, uma idosa se aproximou lentamente do balcão dos correios já lotado. Percebendo a sua vagarosidade, o funcionário a cumprimentou: "Olá, mocinha!" As palavras foram amigáveis, mas alguns poderiam interpretá-las como se ser "mais jovem" fosse melhor.

A Bíblia nos inspira a ver que a idade avançada pode motivar a nossa esperança. Quando Jesus é trazido ao templo por seus pais, para ser consagrado (LUCAS 2:23; ÊXODO 13:2,12), dois idosos, tementes a Deus, tomam o centro da cena. Primeiro, Simeão, que esperava há anos para ver o Messias — "tomou a criança [Jesus] nos braços e louvou a Deus, dizendo: 'Soberano Deus, agora podes levar em paz o teu servo [...] Vi a tua salvação, [...] para todos os povos" (LUCAS 2:28-31).

Em seguida, Ana, uma profetisa "muito idosa" (v.36), apareceu exatamente enquanto Simeão conversava com Maria e José. Era viúva, fora casada por apenas sete anos, e vivia "como viúva" até os 84 anos. Nunca se ausentava do templo, "adorando a Deus dia e noite, em jejum e oração". Ao ver Jesus, começou a louvar a Deus, explicando sobre "a criança a todos que esperavam a redenção de Jerusalém" (vv.37-38).

Esses dois servos esperançosos nos ensinam a nunca pararmos de esperar em Deus, com grandes expectativas, não importando a idade.

*PATRÍCIA RAYBON*

**Que lições você aprendeu com cristãos idosos sobre a fidelidade de Deus? A esperança deles o inspira?**

*Querido Pai fiel, quando perdermos a esperança, lembra-nos de esperar confiantemente em ti.*

---

**A BÍBLIA EM UM ANO**: DANIEL 3–4; 1 JOÃO 5

7 DE DEZEMBRO — SALMO 23

# A PERSEGUIÇÃO CERTA DE DEUS

*Certamente a bondade e amor me seguirão todos os dias de minha vida...* v.6

Certo homem andava à minha frente, e eu via que seus braços estavam cheios de pacotes. De repente, ele tropeçou, e tudo caiu. Algumas pessoas o ajudaram a se levantar e recolher o que caíra. Mas deixaram para trás a carteira dele. Eu a ajuntei e saí correndo, na esperança de devolver esse item tão importante. Gritei "Senhor, senhor!" e finalmente ele me ouviu e se virou no momento que eu o alcancei. Nunca esquecerei do seu olhar de alívio e imensa gratidão quando lhe devolvi a carteira.

O que começou com uma "perseguição" transformou-se em algo muito positivo. A maioria das traduções usa a palavra *seguir* no versículo final do Salmo 23 — "Certamente a bondade e amor me *seguirão*" (v.6). Embora "seguir" seja aceitável, a palavra hebraica é mais forte, até mesmo agressiva. A palavra literalmente significa "perseguir", da mesma maneira que um predador persegue sua presa (pense em lobos perseguindo ovelhas).

A bondade e o amor de Deus não apenas nos seguem num ritmo casual, mas sem pressa. Não, com certeza, estamos sendo "perseguidos, buscados" intencionalmente. Assim como fui atrás daquele homem para devolver a carteira dele, somos igualmente "perseguidos e buscados" pelo Bom Pastor que nos ama com amor eterno (vv.1, 6).

*JOHN BLASE*

**Você crê que a bondade de Deus realmente o persegue, já que a Bíblia registra a palavra *certamente*?**

*Bom Pastor, agradeço-te, pois Tua bondade e amor me perseguem sempre.*

Para mais estudos sobre o Salmo 23, acesse: paodiario.org

**A BÍBLIA EM UM ANO:** DANIEL 5–7; 2 JOÃO

**8 DE DEZEMBRO**     🍂 **RUTE 2:15-20**

# ENCORAJAMENTO *FAST-FOOD*

*Que o Senhor [...] sob cujas*
*asas você veio se refugiar,*
*a recompense ricamente...* v.12

Maria levou seu almoço *fast-food* para uma mesa vazia. Quando mordeu seu hambúrguer, seus olhos encontraram os de um jovem sentado a várias mesas de distância. Suas roupas estavam sujas, cabelos desarrumados, e ele segurava um copo descartável vazio. Era óbvio que ele estava faminto. Como ajudá-lo? Uma esmola parecia imprudente. Se ela comprasse uma refeição e lhe oferecesse, será que ele se sentiria envergonhado?

Só então ela se lembrou da história de Rute, na qual Boaz, um rico proprietário de terras convidou a pobre viúva para colher nos campos dele, ordenando aos seus servos: "Permitam que ela colha espigas entre os feixes e não a incomodem. Tirem dos feixes algumas espigas de cevada [...] para que ela as recolha..." (RUTE 2:15-16). Em uma cultura onde as mulheres eram totalmente dependentes dos homens para sobreviver, Boaz demonstrou a provisão amorosa de Deus. Mais tarde, ele casou-se com Rute, tirando-a daquela situação (4:9-10).

Ao se levantar para sair, Maria colocou seu pacote intocado de batatas fritas numa mesa próxima, enquanto olhava para o jovem. Se ele estivesse com fome, poderia colher do "campo de *fast-food*" dela. As histórias bíblicas revelam a essência de Deus e, ao mesmo tempo, ilustram as soluções criativas que visam o encorajamento.    *ELISA MORGAN*

> **Há alguém ao seu redor que você possa**
> **ajudar com abundância? Peça a Deus**
> **para lhe revelar as necessidades ao seu redor.**

*Querido Pai, mostra-me a quem posso*
*estender o Teu amor hoje.*

Para outros textos sobre como auxiliar ao próximo, acesse: paodiario.org

**A BÍBLIA EM UM ANO**: DANIEL 8–10; 3 JOÃO

**9 DE DEZEMBRO**            🍃 **GÁLATAS 6:1-10**

★ *TÓPICO DE DEZEMBRO: INFLUENCIAR AS PESSOAS*

# ALIVIEM OS FARDOS UNS DOS OUTROS

*Ajudem a levar os fardos uns dos outros e*
*obedeçam, desse modo, à lei de Cristo.* v.2

Quando as mulheres em nosso recém-formado estudo bíblico enfrentaram várias tragédias, de repente, passamos a compartilhar experiências profundamente pessoais. A perda de um pai, a dor de um aniversário de casamento após o divórcio, o nascimento de um filho surdo, a corrida para levar uma criança ao pronto-socorro — era demais para qualquer uma carregar sozinha. A vulnerabilidade de cada uma trouxe mais transparência. Choramos e oramos juntas, e o que começou como um grupo de pessoas estranhas, em questão de semanas, tornou-se um grupo de amigas.

Como parte do corpo da igreja, os que creem em Jesus são capazes de ajudar o outro em seu sofrimento de maneira profunda e pessoal. Os laços relacionais que unem irmãos e irmãs em Cristo não dependem de quanto tempo nos conhecemos ou do que temos em comum. Em vez disso, fazemos o que Paulo chama de "levar os fardos uns dos outros" (GÁLATAS 6:2). Confiando na força de Deus, ouvimos, criamos empatia, ajudamos onde podemos e oramos. Podemos procurar maneiras de "fazer o bem a todos, especialmente aos da família da fé" (v.10). Paulo diz que quando o fazemos, cumprimos a lei de Cristo (v.2): amamos a Deus e ao próximo como a nós mesmos. Os fardos da vida podem ser pesados, mas Deus nos deu a nossa família da fé para aliviar a carga.

*KAREN PIMPO*

**Quem está sofrendo perto de você? De que maneira você pode aliviar a carga dessa pessoa hoje?**

*Deus, obrigado por andares ao meu lado,*
*não importando a circunstância. Ajuda-me a amar aos outros.*

Para saber mais como ajudar aos outros espiritualmente, acesse: paodiario.org

**A BÍBLIA EM UM ANO**: DANIEL 11–12; JUDAS

**10 DE DEZEMBRO** — **2 SAMUEL 22:1-7**

# CORRENDO PARA NOSSO ABRIGO

*O Senhor é minha rocha, minha fortaleza [...] meu refúgio, meu salvador...* vv.2-3

O jogo de basquete da sexta série estava indo bem. Pais e avós estavam na torcida, enquanto irmãos mais novos e as irmãs dos meninos nas equipes se divertiam no corredor da escola. De repente, as sirenes tocaram e as luzes piscaram no ginásio. Um alarme de incêndio tocou. Logo as crianças voltaram para o ginásio em pânico, procurando por seus pais.

Não havia incêndio; o alarme tinha sido ativado acidentalmente. Mas enquanto observava, impressionei-me com a forma como as crianças, sem nenhuma vergonha correram para seus pais. Que imagem de confiança naqueles que podiam proporcionar uma sensação de segurança e tranquilidade num momento de medo!

As Escrituras apresentam uma época em que Davi vivenciou enorme medo. Saul e vários outros inimigos (2 SAMUEL 22:1) o perseguiram. Depois que Deus o livrou, Davi, cantou com eloquência uma canção de louvor sobre a ajuda divina. Ele chamou Deus de "minha rocha, minha fortaleza e meu libertador" (v.2). Quando os laços da sepultura e as armadilhas da morte o perseguiram (v.6), Davi clamou a Deus e seu clamor chegou aos Seus ouvidos (v.7). No final, Davi proclamou: Deus me livrou (vv.18,20,49).

Em tempos de incertezas, podemos correr para a "rocha" (v.32). Quando invocamos o nome de Deus, Ele concede o refúgio e o abrigo que precisamos (vv.2-3). — DAVE BRANON

**Qual medo você enfrenta hoje em dia?
Como Deus pode ajudá-lo
a enfrentar e lidar com isso?**

*Querido Deus, quando eu sentir medo,
lembra-me de confiar em ti e louvar o Teu nome.*

Leia mais artigos sobre a esperança em Deus, acesse: paodiario.org

**A BÍBLIA EM UM ANO:** OSEIAS 1–4; APOCALIPSE 1

**ROMANOS 12:9-13**

## APEGANDO-SE AO QUE É BOM

*Amem as pessoas [...] Odeiem tudo que é mau.*
*Apeguem-se firmemente ao que é bom.* v.9

Quando estacionamos o nosso carro perto de um campo aberto e caminhamos em direção à nossa casa, quase sempre ganhamos alguns carrapichos que se grudam em nossas roupas. Esses minúsculos "caroneiros" se prendem às roupas, sapatos ou ao que quer que esteja passando por eles e seguem juntos no mesmo destino. É a maneira de a natureza espalhar sementes de carrapicho ao redor do mundo.

Enquanto tento remover cuidadosamente esses pegajosos carrapichos, muitas vezes penso na mensagem que adverte os cristãos a se apegarem "ao que é bom" (ROMANOS 12:9). Amar os outros pode ser desafiador. No entanto, como o Espírito Santo nos ajuda a nos apegar ao que é bom, podemos repelir o mal sem "fingimento" em nosso amor à medida que Ele nos guia (v.9).

As pegajosas sementes do carrapicho não se desgrudam de você com facilidade, elas se apegam. E quando nos apegamos ao que é bom, conservando a nossa mente na misericórdia, compaixão e mandamentos de Deus, nós também, em Sua força, podemos nos apegar firmemente àqueles que amamos. Ele nos ajuda a amar "com amor fraternal", lembrando-nos de colocar as necessidades dos outros antes das nossas (v.10).

Sim, esses carrapichos podem ser desafiadores, mas também me lembram de me juntar aos outros em amor e pelo poder de Deus e de me apegar firmemente "ao que é bom" (V.9; FILIPENSES 4:8-9).

*KATARA PATTON*

### Apegar-se ao que é bom pode ajudá-lo a amar alguém desafiador?

*Jesus, lembra-me de me apegar firmemente ao que é bom.*
*Desejo refletir Teu amor aos outros.*

Para outros textos sobre "relacionamentos", acesse: paodiario.org

**A BÍBLIA EM UM ANO:** OSEIAS 5–8; APOCALIPSE 2

**12 DE DEZEMBRO** — SALMO 43

## OUVI OS SINOS

*Por que você está tão abatida, ó minha alma? [...] Espere em Deus...* v.5

O hino *Ouvi os sinos do Natal* é uma canção natalina incomum e baseia-se no poema escrito por Henry Wadsworth Longfellow em 1863. Em vez da esperada alegria e júbilo, a letra da terceira estrofe é um lamento: "Angustiado me prostrei / pois paz na terra não achei / só desamor e ódio e dor / pois entre os homens não há paz". Este lamento, contudo, move-se em direção à esperança, reassegurando-nos de que, "Mais forte o sino então soou / dizendo: Deus não nos deixou. / Vencendo o mal, ele, ao final/ fará que os homens tenham paz" (HM 125).

O padrão de esperança que surge do lamento também é encontrado nos salmos bíblicos de lamentação. Por exemplo, o Salmo 43 começa com o salmista clamando sobre os inimigos que o atacam (v.1) e ao seu Deus que parece tê-lo esquecido (v.2). Mas o cantor não permanece lamentando — ele olha para Deus a quem ele não entende completamente, mas em quem confia, cantando: "Por que você está tão abatida, ó minha alma? [...] Espere em Deus. Ainda voltarei a louvá-lo, meu Salvador e meu Deus" (v.5).

A vida é cheia de razões para lamentar, e todos nós as experimentamos regularmente. Mas, se permitirmos que esse lamento nos leve ao Deus da esperança, podemos cantar alegremente — mesmo entre lágrimas.

*BILL CROWDER*

**Que preocupações você vivencia neste momento? Com base nas Escrituras, de que maneira Deus pode lhe oferecer esperança neste momento de sua vida?**

*Clamo a ti, Pai, enquanto carrego os fardos da vida. Lembra-me de que minha ajuda vem de ti.*

Outros estudos sobre a alegria em meio às tribulações, acesse: universidadecrista.org

---

**A BÍBLIA EM UM ANO:** OSEIAS 9–11; APOCALIPSE 3

**13 DE DEZEMBRO** — **1 CORÍNTIOS 15:50-58**

# O SIGNIFICADO DA VIDA

*A morte foi engolida na vitória.* v.54

Um conto do escritor argentino Jorge Luis Borges narra que um soldado romano, Marcus Rufus, bebia de um "rio secreto que livrava os homens da morte". Com o tempo, Rufus percebe que a imortalidade não era tudo o que as pessoas diziam ser: a vida sem limites era sem significado, já que a própria morte é que dava sentido à vida. Rufus encontra um antídoto: uma fonte de água cristalina. Depois de beber dela, ele machuca a mão em um espinho, e uma gota de sangue se forma, restaurando sua mortalidade.

Como Rufus, às vezes nos desesperamos com o declínio das forças e a morte próxima (SALMO 88:3). Concordamos que a morte dá significado à vida, mas é aqui que as histórias divergem. Ao contrário de Rufus, sabemos que na morte de *Cristo* está o verdadeiro significado de *nossa* vida. Com o derramamento de Seu sangue na cruz, Cristo venceu a morte, engolindo-a na vitória (1 CORÍNTIOS 15:54). Para nós, o antídoto está na "água viva" de Jesus Cristo (JOÃO 4:10). Porque a bebemos, todas as regras da vida, morte e vida imortal foram transformadas (1 CORÍNTIOS 15:52).

É verdade que não escaparemos da morte física, mas não é essa a questão. Jesus dá fim a todo o nosso desespero sobre a vida e a morte (HEBREUS 2:11-15). Em Cristo, estamos firmados na esperança do Céu e na alegria da vida eterna com Deus.

*KENNETH PETERSEN*

**O que lhe preocupa? O que você pensa sobre a morte? Como 1 Coríntios 15 o encoraja?**

*Deus, ajuda-me a acolher as Tuas promessas de libertação e vida eterna contigo.*

**A BÍBLIA EM UM ANO**: OSEIAS 12–14; APOCALIPSE 4

**14 DE DEZEMBRO**  — **JÓ 38:4-21**

# EM SUAS MÃOS

*De onde vem a luz, e para onde vai a escuridão?* v.19

William Shatner interpretou o Capitão Kirk na série *Jornada nas Estrelas*, mas ele estava despreparado para uma verdadeira viagem ao espaço. Ele chamou o seu voo suborbital de onze minutos de "a experiência mais profunda que podia imaginar". Saiu de seu foguete e maravilhado, disse: "Ver a cor azul passar por você e então olhar fixamente para a escuridão, é fantástico. Você olha para baixo e lá está tudo azul, e o escuro lá em cima". Ele acrescentou: "A beleza dessa cor é tão tênue, e você passa por ela em um instante".

Nosso planeta é um ponto azul cercado pela escuridão total. É desconcertante! Shatner disse que voar do céu azul para a escuridão foi como voar para a morte. "Em um instante, você diz: 'Nossa, é a morte!' Foi o que vi. Foi tão comovente. Essa experiência é algo inacreditável".

O incrível voo de Shatner coloca a vida em perspectiva. Somos pequenos objetos no Universo, contudo somos amados por Aquele que criou a luz e a separou da escuridão (GÊNESIS 1:3-4). O nosso Pai sabe "de onde vem a luz e para onde vai a escuridão" e "sabe como chegar lá" (JÓ 38:19-20). Ele lançou "os alicerces do mundo [...] enquanto as estrelas da manhã cantavam juntas, e os anjos davam gritos de alegria" (vv.4-7).

Confiemos a nossa vida a Deus que sustém o Universo em Suas mãos.

*MIKE WITTMER*

**O que lhe vem à mente ao refletir sobre a vastidão do espaço? O que o céu noturno lhe revela sobre Deus?**

*Pai, Tu governas este mundo e tudo o que está além. Confio no Teu poderoso amor.*

Saiba mais sobre Deus e a Sua criação, acesse: paodiario.org

---

**A BÍBLIA EM UM ANO**: JOEL 1–3; APOCALIPSE 5

# 15 DE DEZEMBRO
**1 SAMUEL 20:26-34**

# AMIGOS PELA VIDA

*Jônatas levantou-se [...] frustrado pelo modo como seu pai havia desonrado Davi publicamente...* v.34

William Cowper (1731–1800), poeta inglês, tornou-se amigo do seu pastor, John Newton (1725–1807), o ex-traficante de escravos. Cowper sofria de depressão e ansiedade, e tentou suicidar-se mais de uma vez. Quando Newton o visitava, eles faziam longas caminhadas e falavam de Deus. Pensando que Cowper se beneficiaria em se envolver criativamente e ter uma razão para escrever sua poesia, o pastor teve a ideia de compilar um hinário. Cowper contribuiu com muitas canções, incluindo "Misterioso é o nosso Deus". Quando Newton mudou-se para outra igreja, ele e Cowper permaneceram amigos e trocaram cartas regularmente.

Vejo paralelos entre a amizade de Cowper e Newton com a de Davi e Jônatas no Antigo Testamento. Após Davi derrotar Golias, "formou-se um forte laço de amizade entre ele e Jônatas" (1 SAMUEL 18:1). Embora Jônatas fosse filho do rei Saul, ele defendeu Davi contra o ciúme e a raiva do rei, questionando-o por que Davi deveria ser morto. Mas "Saul atirou sua lança contra Jônatas, com a intenção de matá-lo" (20:33). Jônatas se esquivou e frustrou-se pelo modo como seu pai desonrou o seu amigo (v.34).

Para as duplas de amigos, o vínculo deles era vivificante enquanto estimulavam um ao outro a servir e amar a Deus. Como você poderia, da mesma forma, encorajar um amigo hoje?

*AMY BOUCHER PYE*

**Qual é o papel da amizade em sua vida?
Como demonstrar o amor de Deus
por alguém e o encorajar?**

*Jesus, ajuda-me a desfrutar
da Tua amizade e companheirismo.*

---

**A BÍBLIA EM UM ANO**: AMÓS 1–3; APOCALIPSE 6

**16 DE DEZEMBRO**  ·  **2 TIMÓTEO 1:3-5**

★ *TÓPICO DE DEZEMBRO: INFLUENCIAR AS PESSOAS*

# LEGADO DE FÉ

*Lembro-me de sua fé sincera, como era a de sua avó, Loide, e de sua mãe, Eunice... v.5*

Em 2019, as pesquisas sobre a herança espiritual dos que creem em Jesus revelaram a influência de mães e avós no desenvolvimento espiritual. Quase dois terços das pessoas que reivindicam um legado de fé deram o crédito à sua mãe, outro terço reconheceu o papel significativo dos avós, geralmente da avó. O relator da pesquisa comentou: "Mais e mais, este estudo fala do impacto duradouro das mães no desenvolvimento espiritual".

Descobrimos esse mesmo impacto na Bíblia. Paulo reconheceu que a fé de Timóteo foi modelada por sua avó Loide e sua mãe Eunice (2 TIMÓTEO 1:5). É um detalhe pessoal e significativo que destaca o impacto de duas mulheres sobre um dos líderes da Igreja Primitiva. Tal influência também pode ser vista no encorajamento de Paulo a Timóteo: "Você, porém, deve permanecer fiel àquilo que lhe foi ensinado [...] Desde a infância lhe foram ensinadas as Sagradas Escrituras..." (3:14-15).

A herança espiritual forte é uma dádiva preciosa. Mas mesmo que a nossa criação não tenha tido a influência positiva que ajudou a formar a fé de Timóteo, há outras em nossa vida que tiveram um profundo impacto em nosso desenvolvimento espiritual. Ainda mais importante é termos a oportunidade de demonstrar a fé sincera e deixar um legado duradouro em outras pessoas.

*LISA SAMRA*

**Quem teve um impacto significativo no seu desenvolvimento espiritual? Como você pode encorajar outros na fé?**

*Pai, obrigado pelos homens e mulheres que em minha vida foram exemplos de verdadeira fé.*

---

**A BÍBLIA EM UM ANO**: AMÓS 4–6; APOCALIPSE 7

**17 DE DEZEMBRO**     🌿 **PROVÉRBIOS 30:7-9**

# APENAS O SUFICIENTE

*...não me dês nem pobreza nem riqueza;*
*dá-me apenas o que for necessário.* v.8

No filme *Um Violinista no Telhado* (1071), o personagem Tevye fala com Deus sobre as suas finanças: "Tu fizeste muitos pobres. Sei que não é vergonha ser pobre, mas também não é uma grande honra! Então, seria terrível demais se eu tivesse uma pequena fortuna? Teria estragado algum plano eterno, se eu fosse um homem rico?".

Séculos antes do escritor Sholem Aleichem colocar essas palavras sinceras na boca de Tevye, Agur fez uma oração igualmente honesta, pedindo a Deus para não lhe dar nem pobreza nem riqueza, apenas o necessário (PROVÉRBIOS 30:8). Agur sabia que ter "demais" poderia deixá-lo orgulhoso e torná-lo ateu, negando o caráter de Deus. Além disso, Agur pediu a Deus para não o deixar ficar pobre demais porque isso poderia fazê-lo desonrar o nome de Deus se ele viesse a roubar (v.9). Reconheceu Deus como seu único provedor, e pediu-lhe "apenas o que for necessário" para suprir as necessidades diárias. A oração dele revelou sua busca por Deus e o contentamento que é encontrado apenas nele.

Que tenhamos a mesma atitude de Agur, reconhecendo Deus como o provedor de tudo o que temos. E à medida que buscamos a administração financeira que honre o nome do Senhor, vivamos com satisfação diante dele — Aquele que não apenas concede o básico, mas mais do que o necessário.

*MARVIN WILLIAMS*

**Como buscar a Deus e encontrar**
**o contentamento nele? Como podemos ser**
**gratos a Ele por Sua fidelidade?**

*Deus, nosso provedor, ajuda-nos*
*a estarmos satisfeitos*
*com tudo o que Tu nos concedes.*

Saiba mais sobre o contentamento, acesse: paodiario.org

---

**A BÍBLIA EM UM ANO**: AMÓS 7–9; APOCALIPSE 8

**18 DE DEZEMBRO**  ROMANOS 8:1-10

# O MILAGRE DO NATAL

*[Deus enviou] seu Filho na semelhança de nossa natureza humana pecaminosa [...] como sacrifício...* v.3

Em um bazar de garagem, encontrei um presépio em uma caixa de papelão. Quando peguei o bebê Jesus, notei os detalhes bem esculpidos do corpo da criança. Este recém-nascido não estava envolto em um cobertor com os olhos fechados — ele estava acordado e parcialmente desembrulhado com braços estendidos, mãos abertas e dedos estendidos. Ele parecia dizer: "Eu estou aqui!".

A estatueta ilustrava o milagre do Natal: Deus enviou Seu Filho à Terra em corpo humano. À medida que o corpo infantil de Jesus crescia, Suas mãozinhas brincavam com brinquedos, mais tarde seguravam a Torá, e depois faziam móveis antes de Seu ministério começar. Seus pés, outrora gorduchos e perfeitos ao nascer, cresceram para levá-lo de um lugar a outro para ensinar e curar. No final de Sua vida, essas mãos e pés humanos seriam perfurados com pregos para segurar o Seu corpo na cruz.

Ao "apresentá-lo como sacrifício por nosso pecado [...] [Deus] declarou o fim do domínio do pecado sobre nós" (ROMANOS 8:3). Se aceitarmos o sacrifício de Jesus como pagamento por todos os nossos erros e submetermos a nossa vida a Ele, encontraremos o alívio da escravidão do pecado. Pelo fato de o Filho de Deus ter nascido como um verdadeiro bebê, Jesus por meio do Seu sacrifício abriu o caminho para termos paz com Deus e a certeza da eternidade com Ele.

JENNIFER BENSON SCHULDT

**Qual é a diferença entre celebrar Jesus no Natal e comemorar o Natal?**

*Deus, agradeço-te por enviares Jesus como bebê para me libertar da escravidão do pecado e da morte.*

Leia mais sobre Deus e o perdão de pecados, acesse: paodiario.org

**A BÍBLIA EM UM ANO**: OBADIAS; APOCALIPSE 9

**19 DE DEZEMBRO**  ISAÍAS 7:1-9

# PERMANECENDO FIRME PELA FÉ

*Se vocês não crerem com firmeza,
não permanecerão firmes.* v.9

Em 1998, a Nokia foi a empresa de telefonia móvel que mais vendeu no mundo e teve lucros de quase 4 bilhões de dólares em 1999. Mas em 2011, as vendas caíram e ela foi adquirida pela Microsoft. Um fator que causou o fracasso, na área dos celulares, foi o medo dos dirigentes, o que levou a decisões desastrosas. Os responsáveis relutavam em dizer a verdade sobre a inferioridade do sistema operacional do telefone de sua marca e outros problemas de *design* por medo de serem demitidos.

O rei Acaz de Judá e seu povo estavam estremecidos de medo "como árvores se agitam numa tempestade" (ISAÍAS 7:2). Eles sabiam que os reis de Israel e Arã (Síria) tinham se aliado, e seus exércitos marchavam para Judá para tomá-la (vv.5-6). Embora Deus tenha usado Isaías para encorajar Acaz, dizendo-lhe que os planos de seus inimigos "não aconteceriam" (v.7), Acaz, por medo, tolamente, decidiu aliar-se à Assíria e submeter-se ao seu rei (2 REIS 16:7-8). Ele não confiou em Deus, que declarou: "Se vocês não crerem com firmeza, não permanecerão firmes" (ISAÍAS 7:9).

O autor de Hebreus nos ajuda a entender o que significa manter-se firme na fé: "Apeguemo-nos firmemente [...] à esperança que professamos, porque Deus é fiel..." (10:23). Que possamos continuar e não nos afastar (v.39), pois o Espírito Santo nos dá poder para confiar em Jesus. TOM FELTEN

**Quando sua fé foi desafiada?
Como Deus o encorajou a se manter firme?**

*Pai, por favor, ajuda-me a permanecer firme
enquanto Tu concedes a fé que eu preciso.*

Recursos disponíveis sobre a caminhada de fé com Deus, acesse: paodiario.org

**A BÍBLIA EM UM ANO**: JONAS 1–4; APOCALIPSE 10

# SEM MALDIÇÃO

*Uma estrela surgirá de Jacó, um cetro se levantará de Israel.* v.17

William Shakespeare foi o mestre do insulto, uma "qualidade" que o ator Barry Kraft aproveita com seu *Shakespeare Insult Generator* (Insultos Shakespearianos). O livro consiste em insultos extraídos das peças de Shakespeare. Por exemplo, pode-se depreciar alguém dizendo: "Tu fanfarrão, cabeça-dura miserável", algo muito mais criativo do que: "Você se gaba muito e não é muito inteligente, seu canalha!"

O livro de Kraft é divertido. Porém um antigo rei de Moabe tentou contratar um profeta não apenas para insultar os israelitas, mas para amaldiçoá-los. "Venha e amaldiçoe esse povo", disse o rei Balaque a Balaão (NÚMEROS 22:6). Em vez disso, Balaão enfureceu o rei *abençoando* os hebreus, diversas vezes (24:10). Uma de suas bênçãos incluía esta profecia: "Eu o vejo, mas não agora; eu o avisto, mas não de perto" (24:17). Obviamente o indivíduo em vista ainda não está em cena. Mas de quem Balaão está falando? Em seguida há uma pista. "Uma estrela surgirá de Jacó, um cetro se levantará de Israel" (v.17). A "estrela" um dia levaria os sábios à criança prometida (MATEUS 2:1-2).

O antigo profeta mesopotâmico, que nada sabia sobre o Messias, indicou ao mundo um futuro sinal declarando Sua chegada. De uma fonte improvável veio a bênção, não a maldição.

*TIM GUSTAFSON*

**Como Números 24 o ajuda a ver o Natal diferentemente? Isso pode mudar sua forma de agir ao encontrar opositores à obra de Deus?**

*Deus, por favor, dá-me olhos para ver Tua mão operando em todas as coisas.*

---

**A BÍBLIA EM UM ANO:** MIQUEIAS 1–3; APOCALIPSE 11

**21 DE DEZEMBRO** — **APOCALIPSE 5:6-10**

# ORAÇÃO PRECIOSA

*E que as palavras dessa minha oração [...]
estejam sempre diante dele, dia e noite*
1 REIS 8:59

O quebra-nozes de Clark é um pássaro incrível. Todos os anos ele se prepara para o inverno escondendo provisões de quatro ou cinco sementes de pinheiro, num ritmo de cerca de quinhentas sementes por hora. Meses depois, ele volta para descobrir o alimento, mesmo sob muita neve. Esta ave pode se lembrar de até dez mil locais onde escondeu sementes — um feito surpreendente (especialmente quando consideramos as dificuldades de lembrar a localização de nossas chaves do carro ou óculos).

Mas mesmo esta memória incrível empalidece em comparação à capacidade de Deus em lembrar-se de nossas orações. Ele pode acompanhar cada oração sincera, lembrar dela e respondê-la, mesmo anos depois. Em Apocalipse, o apóstolo João descreve "quatro seres vivos" e "24 anciãos" adorando o Senhor no Céu. Cada um deles segurava "taças de ouro cheias de incenso, que são as orações do povo santo" (5:8).

Assim como o incenso era precioso no mundo antigo, nossas orações são tão preciosas para Deus que Ele as mantém diante dele, em taças de ouro! Nossas orações importam para Deus porque *nós* importamos para Ele, e por Sua bondade imerecida a nós, temos livre acesso por Jesus (HEBREUS 4:14-16). Então, ore com ousadia! Saiba que nenhuma palavra será esquecida por causa do surpreendente amor de Deus.

*JAMES BANKS*

**Saber que Deus jamais esquece das suas orações
o encoraja? Por quem você precisa orar hoje?**

*Pai celestial, dá-me a perseverança
para orar fielmente e a fé
para buscar o que só Tu podes fazer.*

**22 DE DEZEMBRO** — **2 CORINTHIANS 1:3-11**

# INCLINANDO-SE EM AMOR

*...Pai misericordioso e Deus de todo o encorajamento [...] em todas as nossas aflições...* vv.3-4

Uma jovem mãe seguiu atrás de sua filha, que pedalou sua bicicleta minúscula tão rápido quanto suas pequenas pernas poderiam permitir. Mas ganhando mais velocidade do que ela queria, a menina de repente caiu da bicicleta e machucou seu tornozelo. Sua mãe calmamente se ajoelhou, abaixou-se, e beijou-a para "fazer a dor ir embora". E funcionou! A menina levantou-se, subiu na bicicleta, e pedalou. Como seria bom se todas as nossas dores pudessem desaparecer tão facilmente!

O apóstolo Paulo experimentou o encorajamento de Deus em suas lutas e prosseguiu. Ele listou algumas dessas provações em 2 Coríntios 11:23-29: açoitamentos, espancamentos, apedrejamentos, privação de sono, fome, preocupações com todas as igrejas. Ele aprendeu intimamente que Deus é o "Pai misericordioso e Deus de todo o encorajamento" (1:3) ou "Deus de toda consolação" (NVI). Assim como uma mãe encoraja seu filho, Deus se inclina para cuidar carinhosamente de nós em nossa dor.

As formas amorosas de Deus de nos encorajar são muitas e variadas. Ele pode nos dar um versículo que nos encoraja a continuar, ou Ele pode fazer alguém enviar um bilhete especial ou pedir a um amigo para fazer uma ligação que toca nosso espírito. Enquanto a luta não termina, porque Deus se inclina para nos ajudar, podemos nos levantar e continuar a pedalar. ANNE CETAS

**De que forma Deus o tem encorajado?
Como você pode encorajar os outros?**

*Pai, aproxima-te de mim, segura-me
em Teus braços, onde eu posso
encontrar descanso e encorajamento.*

Para ler e aprender mais sobre a compaixão, acesse; paodiario.org

**A BÍBLIA EM UM ANO**: MIQUEIAS 6–7; APOCALIPSE 13

**23 DE DEZEMBRO** 🌿 **SALMO 71:15-24**

★ *TÓPICO DE DEZEMBRO: INFLUENCIAR AS PESSOAS*

## VOVÓ BALEIA

*Falarei a todos de tua justiça...* v.15

Uma baleia orca, que os pesquisadores chamaram de "Vovó", aparentemente reconhecia a importância de seu papel na vida de sua "netinha". A mãe da jovem baleia tinha morrido, e a baleia órfã ainda não tinha idade suficiente para viver sem proteção e apoio. Embora a vovó estivesse na casa dos 80 anos, ela ensinou o que a pequena baleia precisava aprender para sobreviver. A vovó baleia encurralava alguns peixes para a baleia mais jovem em vez de consumi-los ela mesma. Dessa forma, ela não só podia comer, mas também aprender o que comer e onde encontrar o salmão que precisaria para sobreviver.

Nós também temos a distinta honra e alegria de passar adiante o que sabemos: podemos compartilhar sobre as obras maravilhosas e o caráter de Deus com aqueles que vêm depois de nós. O salmista idoso pede a Deus que lhe permita "proclamar tua força a esta nova geração" (SALMO 71:18). Ele sinceramente deseja compartilhar com os outros o que sabe sobre Deus, sua "justiça" e "salvação" (v.15).

Mesmo que não tenhamos os cabelos brancos da velhice (v.18), declarar como vivenciamos o amor e a fidelidade de Deus pode beneficiar alguém em sua jornada com Ele. Nossa vontade de compartilhar essa sabedoria pode ser apenas o que essa pessoa precisa para viver e crescer em Cristo mesmo em meio à adversidade (v.20).

KIRSTEN HOLMBERG

**Quem o encorajou em
seu relacionamento com Deus?
Quem precisa de sua sabedoria hoje?**

*Pai, graças por me concederes
sabedoria por meio de outros. Que eu faça
o mesmo em Teu poder e amor.*

**A BÍBLIA EM UM ANO:** NAUM 1–3; APOCALIPSE 14

# O PODER DA PALAVRA DE DEUS

**ISAÍAS 55:6-13**

*O mesmo acontece à minha palavra: eu a envio, e ela sempre produz frutos... v.11*

Na véspera de Natal de 1968, os astronautas da *Apollo 8* Frank Borman, Jim Lovell e Bill Anders tornaram-se os primeiros a orbitar a Lua. Enquanto faziam isso, compartilhavam imagens da Lua e da Terra. Em uma transmissão, revezaram-se lendo Gênesis 1. Na celebração do 40º aniversário, Borman disse: "Fomos informados de que na véspera de Natal teríamos o maior público que já tinha ouvido uma voz humana. E as únicas instruções que recebemos da NASA foram as de fazer algo apropriado". Os versículos lidos pelos astronautas da *Apollo 8* ainda plantam sementes da verdade no coração dos que ouvem a histórica gravação.

Por meio do profeta Isaías, Deus diz: "Venham a mim com os ouvidos bem abertos; escutem, e encontrarão vida" (ISAÍAS 55:3). Revelando Sua livre oferta de salvação, Ele nos convida ao afastamento do pecado e a receber Sua misericórdia e perdão (vv.6-7). Ele declara a autoridade divina de Seus pensamentos e Suas ações, que são muito vastos para realmente entendermos (vv.8-9). Ainda assim, Deus nos dá a oportunidade de compartilhar Suas palavras transformadoras, que apontam para Jesus, e afirmam que Ele é responsável pelo crescimento espiritual do Seu povo (vv.10-13).

O Espírito Santo nos ajuda a compartilhar o evangelho enquanto o Pai cumpre todas as Suas promessas em Seu tempo e ritmo.

XOCHITL DIXON

**Com quem você compartilhará as boas-novas hoje?
Quem lhe ensinou sobre Jesus?**

*Criador e Sustentador do mundo, pedimos-te oportunidades diárias para compartilharmos Tua sabedoria.*

Para conhecer ainda mais a Bíblia, acesse: universidadecrista.org

**A BÍBLIA EM UM ANO**: HABACUQUE 1–3; APOCALIPSE 15

# 25 DE DEZEMBRO

**JOÃO 7:1-9**

## A CENA NATALINA PERFEITA

*Pois nem mesmo seus
irmãos criam nele.* v.5

O vídeo de Natal da família estava perfeito. Três pastores (os filhos jovens) ao redor da fogueira. De repente, um anjo desceu de uma colina — a irmã mais velha, resplandecente, exceto pelo reluzente tênis cor-de-rosa. Enquanto o volume da trilha sonora subia, os pastores olhavam espantados. Uma passagem pelo campo os levou a um bebê de verdade — seu irmão recém-nascido. A irmã mais velha agora representava Maria.

Depois vieram os "pós-créditos", quando o pai nos deixou espiar nos bastidores. Crianças choronas reclamavam: "Estou com frio". "Tenho que ir ao banheiro agora!" "Podemos ir para casa?" "Pessoal, prestem atenção", disse a mãe mais de uma vez. A realidade estava longe de ser uma cena natalina perfeita.

É fácil ver a história de Natal por meio das lentes de um corte final bem editado. Mas a vida de Jesus não foi fácil. Herodes tentou matá-lo quando ainda bebê (MATEUS 2:13). Maria e José não o compreenderam (LUCAS 2:41-50). O mundo o odiava (JOÃO 7:7). Por um tempo, "nem seus irmãos criam nele" (7:5). Ele sofreu horrível morte e fez tudo para honrar Seu Pai e nos resgatar.

O vídeo encerra com as palavras de Jesus: "Eu sou o caminho, a verdade e a vida. Ninguém pode vir ao Pai, senão por mim" (JOÃO 14:6). Crendo nessa afirmação de Jesus, o Salvador, podemos viver para sempre.

*TIM GUSTAFSON*

**Como você tenta parecer perfeito?
Você reconhece que precisa do
poder perfeito de Jesus?**

*Pai, obrigado porque Teu Filho
nos oferece uma maneira
de reconciliação contigo para sempre.*

**A BÍBLIA EM UM ANO:** SOFONIAS 1–3; APOCALIPSE 16

**26 DE DEZEMBRO**        🕊 **JUÍZES 7:8-15**

# QUANDO VOCÊ ESTÁ COM MEDO

*O anjo do SENHOR apareceu a Gideão e disse:*
*"O SENHOR está com você, guerreiro corajoso!"*
JUÍZES 6:12

Eu tinha um exame médico agendado, e embora não tivesse tido problemas de saúde recentes, eu temia a consulta. Estava assombrada pelas lembranças de um diagnóstico inesperado há muito tempo. Embora eu soubesse que Deus estava comigo e que eu deveria confiar nele, eu ainda sentia medo. Fiquei decepcionada por sentir medo e falta de fé. Se Deus estava sempre comigo, por que eu estava tão ansiosa? Então, em uma manhã, creio que Ele me conduziu à história de Gideão.

Gideão, o "guerreiro corajoso" (JUÍZES 6:12), estava com medo de sua missão de atacar os midianitas. Embora Deus lhe tivesse prometido Sua presença e vitória, Gideão ainda buscava múltiplas garantias (vv.16-23,36-40). No entanto, Deus não condenou Gideão por seu medo. Ele o entendeu. Na noite do ataque, o Senhor garantiu a Gideão a vitória novamente, provendo-lhe uma maneira de aliviar os medos dele (7:10-11).

Deus também compreendeu o meu temor. Sua garantia deu-me a coragem para confiar nele. Experimentei a Sua paz, sabendo que o Senhor estava comigo, não importava o resultado. No final, meu exame transcorreu bem.

Temos um Deus que entende os nossos medos e que nos tranquiliza por meio da Bíblia e do Espírito (SALMO 23:4; JOÃO 14:16-17). Que o adoremos com gratidão, assim como Gideão o fez (JUÍZES 7:15).

*KAREN HUANG*

**Que medos ou desafios estão à sua frente?**
**Você é encorajado por saber que Deus**
**está com você e quer ajudá-lo?**

*Deus, agradeço-te por não condenares meus medos e por Tua presença. Ajuda-me a buscar-te com confiança.*

Para saber mais sobre a esperança, acesse: paodiario.org

**A BÍBLIA EM UM ANO:** AGEU 1–2; APOCALIPSE 17

**27 DE DEZEMBRO** 🌱 **GÊNESIS 1:1,27-31**

# NO MESMO RITMO

*No princípio, Deus criou os céus e a terra.* v.1

As histórias cativam as pessoas desde o início da criação, sendo uma maneira de passar conhecimento muito anterior à escrita. Todos nós conhecemos o prazer de ouvir ou ler uma história e ser envolvido por expressões como "Era uma vez". O poder de uma história parece se estender além do mero prazer: quando ouvimos uma história juntos, nossos batimentos cardíacos parecem sincronizar! Embora os batimentos de cada um variem ao longo do dia, e só possam se igualar com os de outro por coincidência, as pesquisas indicam que os corações podem bater no mesmo ritmo quando ouvimos ao mesmo tempo — a mesma história.

Deus começa Sua história com as palavras: "No princípio" (GÊNESIS 1:1). Desde o momento em que Adão e Eva respiraram pela primeira vez (v.27), Ele usou essa história para moldar nossa vida, como Seus filhos. Do início ao fim da Bíblia, a mais magnífica e verdadeira história já registrada, o nosso coração está unido e como cristãos somos o "povo escolhido" para cumprir os Seus propósitos (1 PEDRO 2:9).

Que o nosso coração reaja batendo em ritmo compartilhado, encantado com as obras criativas do Autor. Compartilhemos a Sua história anunciando "a sua glória entre as nações, [contando] a todos as suas maravilhas" (SALMO 96:3), convidando-os a se tornarem parte dessa história também.

KIRSTEN HOLMBERG

**Que parte da história da Bíblia mais o cativa? Com quem você pode compartilhá-la?**

*Pai, obrigado por me mostrares quem Tu és por meio da Bíblia e me fazeres um dos Teus.*

**A BÍBLIA EM UM ANO:** ZACARIAS 1–4; APOCALIPSE 18

**28 DE DEZEMBRO** — **2 CORÍNTIOS 1:12-16**

# EM TODAS AS NOSSAS ATIVIDADES

*Podemos dizer [...] com a consciência
limpa que temos vivido em santidade
e sinceridade...* v.12

Em 1524, Martinho Lutero observou: "Entre si, os comerciantes têm uma regra comum que é sua máxima. 'Eu não me importo com o meu próximo, desde que eu tenha meu lucro e satisfaça minha ganância'". Mais de 200 anos depois, John Woolman, homem de negócios, deixou seu compromisso com Jesus influenciar seus afazeres na alfaiataria. Por apoiar a libertação dos escravizados, ele se recusou a comprar algodão ou corante de empresas que utilizassem mão de obra escrava. Com a consciência limpa, ele amava seu próximo e vivia de acordo com a integridade e sinceridade em todos os seus negócios.

O apóstolo Paulo se esforçou para viver a "santidade e sinceridade" (2 CORÍNTIOS 1:12). Quando alguns em Corinto tentaram minar sua autoridade como apóstolo, ele se defendeu. Paulo escreveu que suas palavras e ações poderiam resistir ao escrutínio mais rigoroso (v.13) e demonstrou que dependia do poder de Deus e da graça para ser bem-sucedido, não de si próprio (v.12). Em suma, a sua fé em Cristo permeou todas as suas atividades.

Sendo embaixadores de Jesus, cuidemos para refletir as boas-novas em todas as nossas atividades: família, negócios e por onde formos. Quando pelo poder e graça de Deus refletimos o Seu amor aos outros, honramos o Senhor e amamos o nosso próximo.

*MARVIN WILLIAMS*

**Você demonstra a sua fé em Jesus com
palavras e ações? Por que a santidade e sinceridade
são vitais em suas interações?**

*Deus, ajuda-me a servir aos outros com
a consciência tão limpa que meu amor por eles seja evidente.*

Saiba mais sobre compaixão e integridade, acesse: paodiario.org

---

**A BÍBLIA EM UM ANO**: ZACARIAS 5–8; APOCALIPSE 19

**29 DE DEZEMBRO**      🍃 **MATEUS 10:1,5-10,16-20**

# TAL QUAL ESTOU

*Jesus reuniu seus doze e
lhes deu autoridade...* v.1

Charlote Elliot não conseguia dormir. Tendo sofrido por muito tempo com uma deficiência física, ela seria beneficiada com o resultado do bazar da igreja, no dia seguinte, cujos recursos seriam doados para ela pagar sua faculdade. *"Mas não sou digna"*, ela dizia. Charlotte duvidava de seus méritos e questionava aspectos de sua vida espiritual. No dia do evento, inquieta, dirigiu-se a uma mesa e escreveu o belo e clássico hino "Tal qual estou".

*"Tal qual estou, eis-me Senhor, pois o Teu sangue remidor / verteste pelo pecador, ó Salvador, me achego a ti / Tal qual estou, sem esperar que possa a vida melhorar, / em ti só quero confiar, ó Salvador, me achego a ti"* (CC 266).

Suas palavras, escritas em 1835, expressam como Jesus chamou Seus discípulos para servi-lo. Não porque estavam prontos, mas porque Ele os autorizou, tal qual estavam. Sua equipe incluía um publicano, um zelote, dois irmãos ambiciosos (MARCOS 10:35-37) e Judas Iscariotes "que depois o traiu" (MATEUS 10:4). Ainda assim, Jesus os autorizou a "curar os doentes, ressuscitar os mortos, purificar os leprosos e expulsar os demônios" (v.8), tudo sem levar dinheiro, bolsa de viagem ou qualquer outra coisa (vv.9-10).

"Eu os envio", disse Jesus e Ele era o suficiente (v.16). Para cada um que lhe diz "sim", Ele ainda é suficiente.

PATRÍCIA RAYBON

**Qual é a sua situação atual?
Você tem dúvidas sobre a sua prontidão
para ser usado por Deus?**

*Jesus, ordena-me vir a ti, sob total dependência
de Tua graça e poder para fazer a diferença.*

**A BÍBLIA EM UM ANO**: ZACARIAS 9–12; APOCALIPSE

**30 DE DEZEMBRO**      🌾 **SALMO 107:23-32**

# GRAÇA EM MEIO AO CAOS

*A calmaria os alegrou, e ele os levou*
*ao porto em segurança.* v.30

Eu estava quase cochilando quando ouvi meu filho fazer um acorde estrondoso em sua guitarra. As paredes reverberaram. Sem paz. Sem silêncio. Sem cochilo. Momentos depois, outra música concorria pela atenção em meus ouvidos: minha filha tocando o hino "Maravilhosa graça" ao piano.

Normalmente, gosto muito de ouvir meu filho tocar guitarra porém, naquele momento, aquilo me incomodou. Rapidamente, as notas conhecidas do hino de John Newton me lembraram de que a graça prospera em meio ao caos. Não importa o quão altas, indesejadas ou desorientadoras sejam as tempestades da vida, as notas da graça de Deus soam claras e verdadeiras, lembrando-nos de Seu cuidado por nós.

Vemos isso no Salmo 107:23-32, os marinheiros lutam bravamente contra um redemoinho que poderia facilmente devorá-los. Os navios foram "tomados de pavor" (v.26). Mesmo assim, eles não se desesperaram, mas "clamaram ao SENHOR e ele os livrou de seus sofrimentos" (v.28). Finalmente, lemos: "A calmaria os alegrou, e ele os levou ao porto em segurança" (v.30).

Em momentos caóticos, que ameaçam a vida ou apenas o sono, o barulho e o medo podem invadir a nossa alma. Mas quando confiamos em Deus e oramos a Ele, experimentamos a graça de Sua presença e provisão — o abrigo de Seu amor inabalável.

*ADAM HOLZ*

> **Você já experimentou o abrigo**
> **da paz de Deus em outras pessoas? A quem**
> **você pode oferecer tal encorajamento?**
>
> *Pai, ajuda-me a clamar por ti quando*
> *as águas da vida subirem,*
> *e a oferecer esperança aos outros.*

Leia algo mais sobre o enfrentamento de problemas, acesse: paodiario.org

**A BÍBLIA EM UM ANO**: ZACARIAS 13–14; APOCALIPSE 21

**31 DE DEZEMBRO**      🌿 **2 TIMÓTEO 4:1-8**

# TERMINANDO BEM

*Lutei o bom combate, terminei a corrida e permaneci fiel.* v.7

Aos 103 anos, Man Kaur competiu como a atleta mais velha da Índia durante o Campeonato Mundial Master de Atletismo de 2019, na Polônia. Ela ganhou ouro em quatro modalidades (lançamento de dardo, arremesso de peso, arrancada de 60 metros e corrida de 200 metros). Mas o mais surpreendente foi que ela correu *mais rápido* do que correra no campeonato de 2017. Uma bisavó correndo para o seu segundo século, Kaur mostrou como terminar bem.

O apóstolo Paulo escreveu ao jovem Timóteo sobre os seus anos finais: "O tempo de minha morte se aproxima" (2 TIMÓTEO 4:6). Refletindo sobre sua vida, ele tinha confiança de que estava terminando bem e disse: "Lutei o bom combate, terminei a corrida" (v.7). Paulo não estava confiante porque tinha medido suas incríveis realizações ou visto seu amplo impacto (embora fossem imensos). Em vez disso, ele sabia que tinha permanecido fiel (v.7). O apóstolo permaneceu leal a Jesus. Passando por tristezas e alegrias, ele seguiu Aquele que o salvou. E Paulo sabia que Jesus estava pronto com uma "coroa de justiça", o final jubiloso de sua vida de fidelidade a Cristo (v.8).

Paulo insiste que esta coroa não é para uns poucos, mas para todos os que aguardam a vinda de Jesus (v.8). Ao avançarmos para um novo ano, lembremo-nos de que Jesus anseia por coroar todos os que o amaram, e que possamos viver para terminar fortalecidos nele. *WINN COLLIER*

### O que significa terminar bem?

*Deus, desejo permanecer fiel a ti. Ajuda-me a amar-te acima de todas as coisas e pessoas.*

Leia textos sobre a fidelidade e a graça divina, acesse: paodiario.org

---

**A BÍBLIA EM UM ANO**: MALAQUIAS 1–4; APOCALIPSE 22

# ÍNDICE TEMÁTICO

## JANEIRO A DEZEMBRO

| TEMA | DATA |
|---|---|
| **Adoração** | 4 fev.; 19 abr.; 28 jul.; 19 out. |
| **Alegria** | 26 jan.; 21,28 fev.; 4 mar. |
| **Amizade** | 15 dez. |
| **Amor a Deus** | 20 abr.; 7 mai. |
| **Amor e cuidado de Deus** | 3,24,25 jan.; 3,8,11,14 fev.; 3,10,12 mar.; 3,5,8,13,25, 30 abr.; 3,12,19 mai.; 7,13,19,20,21 jun.; 3,21,29 jul.; 13,18,28 ago.; 7,18,24,30 set.; 7,13,14,20 out.; 19,27 nov.; 3,7,14,30 dez. |
| **Amor pelos outros** | 2,8,15,22,29 fev.; 3,13; abr. 9,20,23 mar.; 20,26 jun.; 4,11 jul.; 2,5,13 ago.; 3,11,18 set.; 27 out.; 8,10,13,29,30 nov.; 7,11,22,28 dez. |
| **Arrependimento** | 14 mar. |
| **Autenticidade** | 1,9,16,20,23 ago. |
| **Autoimagem** | 29 jan.; 10 abr. |
| **Batismo** | 15 jul. |
| **Bíblia** | 14,20 jan.; 18 fev.; 11,25 mar.; 27 mai.; 12,20 jul.; 11 ago.; 4 set.; 3 out.; 21 nov. |
| **Casamento** | 25 fev.; 15 ago. |
| **Celebrações cristãs** | 12 jun.; 2,8,15,22 jul. |
| **Céu** | 9,23 set. |
| **Comunhão cristã** | 21 jan.; 26 fev.; 1,2,9 abr.; 22 mai.; 11,24 jul.; 17 ago. |
| **Comunidade** | 2,8,18,21,22 abr. |
| **Concurso** | 21 fev.; 19 mai.; 4 jun.; 27 jul.; 3 nov.; 17 dez. |
| **Confiança em Deus** | 28,30 jan.; 6,12,19,21 fev.; 5,19,27,28 mar.; 24 abr.; 6,31 mai.; 5,17,25 jun.; 7,21 jul.; 7,21,24,25,28 ago.; 5,12,17 set.; 11,15,26,30 out.; 3,4,14,16,23,24 nov.; 26,30 dez. |
| **Conflito e confronto** | 6 jan.; 17,25 mai.; 1 jun. |
| **Crescimento espiritual e maturidade** | 17,18 fev.; 5,28 abr.; 30 mai.; 14 jun.; 5,12,23 jul.; 1,6,7,15 ago.; 26,28 set.; 1,9,11,16,23 out.; 11 nov.; 19,26,31 dez. |
| **Criação** | 4 fev.; 22 abr.; 2,8,15,22 mai.; 4 ago.; 19 set.; 17 out.; 14 dez. |
| **Cristo, divindade** | 25 dez. |
| **Cristo, morte** | 28,29,30 mar.; 12,13 abr. |
| **Cristo, nascimento** | 3,6,18,20,25 dez. |
| **Cristo, nomes** | 12 mar. |
| **Cristo, pessoa e atuação** | 21 set. |
| **Cristo, profecias** | 21 nov.; 20 dez. |
| **Cristo, regresso** | 11 abr.; 3 ago.; 1,9,16,23 set. |
| **Cristo, ressurreição** | 30,31 mar. |
| **Cristo, Salvador/Messias** | 23 jan.; 30 jul.; 18 out. |
| **Cristo, vida e ensino** | 24 mar.; 10 set. |
| **Descanso** | 22 dez. |
| **Deus, caráter** | 29 out.; 10,22,27 dez. |
| **Disciplinas espirituais** | 25 mar.; 10 jun. |
| **Doar e administrar** | 21 jan.; 1,9, 16,23 mar.; 7,22 abr.; 24 mai. |
| **Dons espirituais** | 2,9,16,20,23 jul. |
| **Encorajamento** | 2 abr.; 17 fev.; 6 jul.; 2,19 ago.; 10 nov.; 1,2,8,15,22 dez. |
| **Envelhecimento** | 24 abr.; 6 dez. |
| **Escatologia** | 1,9,16,20,23 set. |
| **Esperança e alegria** | 7 jan.; 21,27 fev.; 15 abr.; 10 mai.; 12,19 ago.; 9,23 set.; 19 out.; 6,7,25 nov.; 6,12 dez. |
| **Espírito Santo** | 6 mar.; 1 jun.; 16,24,25 out. |
| **Evangelismo** | 11,24,29 fev.; 2,8,15,22 mar.; 11,21 mai.; 11,28 jun.; 13 jul.; 20,29 ago.; 13 set.; 26,28 out.; 20 nov.; 24 dez. |
| **Falso ensino** | 27 mai. |
| **Família de Deus** | 20 out.; 9,11 dez. |
| **Favoritismo** | 10 abr. |
| **Fé** | 23 mai.; 24 jun.; 14,31 jul.; 10,24 ago.; 16,19 dez. |
| **Fruto do Espírito** | 21 mai.; 6 set.; 2,8,15,22 out. |

| TEMA | DATA |
|---|---|
| Generosidade | 24 mai.; 2,8,15, 22,27 jun.; 6 out. |
| Gratidão | 31 jan.; 27 abr.; 22 jul.; 10 out.; 24 nov. |
| Guerra espiritual | 1,9,16,23,27 mai. |
| História da Bíblia | 2,8,15,22 jan. |
| Hospitalidade | 20 mai. |
| Humildade | 1,7,9,16,20,23 fev.; 24,27 mar.; 14 jun.; 19 jul.; 1,9,23 ago. |
| Idolatria | 29 abr.; 23 jun. |
| Igreja, missão e objetivo | 17 nov. |
| Igreja, vida | 1 jul.; 2,8,15,22 set. |
| Influenciando as pessoas | 1,9,16,23 dez. |
| Injustiça | 14 mar.; 23 set.; 21 out. |
| Integridade | 26 mar. |
| Ira | 22 out. |
| Julgar os outros | 23 abr.; 3,19 jul. |
| Liderança | 21 abr. |
| Lutas da vida | 19 fev.; 5 mar.; 24,25, 28 abr.; 31 mai.; 3 jun.; 17 set.; 7 nov. |
| Luto | 30 mar.; 20 jun. |
| Medo | 28 jan.; 24 out. |
| Mentoreamento | 17 fev.; 6 jun.; 1,9,16,23 dez. |
| Misericórdia | 14 mar. |
| Missão e objetivo | 21 mar. |
| Mordomia | 20 mar. |
| Morte da humanidade | 12 out.; 13 dez. |
| Obediência | 18 fev.; 18 mar.; 6 abr.; 26 mai.; 17 jul.; 23 ago.; 11 out. |
| Oração | 12,19,28 jan.; 3,6,20 fev.; 6,11,27 mar.; 3,5,29 mai.; 5 jun.; 5 jul.; 3,12,26 ago.; 18 nov.; 5,21 dez. |
| Paciência | 7 mar.; 7 jul.; 15 out. |
| Pais | 22 ago.; 22 dez. |
| Páscoa | 19,20,21 abr. |
| Paz | 11 jan.; 14 abr. |
| Pecado | 25 fev.; 29 jun.; 18,25,26 jul.; 11,26 nov. |

| TEMA | DATA |
|---|---|
| Perdão dos pecados | jan. 10; fev. 10; mar. 13; abr. 16,27; jul. 18,22; ago. 18; nov. 12,26,28 |
| Perdoando outros | 27 jan.; 22 fev.; 18 mar.; 30 nov. |
| Preocupação | 4 jan.; 6 fev.; 10 mar. |
| Relacionamentos | 2,14 set.; 23,25,27 out.; 30 nov. |
| Ressurreição dos que creem | 20 mar.; 4 abr. |
| Sabedoria | 26 ago.; 1,9 nov. |
| Salvação | 1,2,8,9,15,16,18,20,22,23 jan.; 27 fev.; 2,28 mai.; 24 jun.; 26 jul.; 16 ago.; 25,26 set.; 4 out.; 11,22,26 nov.; 27 dez. |
| Santidade | 25 mai.; 1,6,9,16,20,23 jun. |
| Serviço | 13 fev.; 17 abr.; 4,24 mai.; 28,30 jun.; 1,10,11 jul.; 5 ago.; 7,27 set.; 11,31 out.; 2,8,15,22 nov.; 4,9,29 dez. |
| Sofrimento e tragédia | 4,17 jan.; 5,27 fev.; 15 abr.; 10 mai.; 3 jun.; 12,14,31 ago.; 5 out.;4,6 nov. |
| Suicídio | 13,25 jun. |
| Teologia Bíblica da Missão | 30 jun. |
| Tomada de decisões | 20 set.; 25 out.; 1,9,16,20,23 nov. |
| Trabalho | 7 nov. |
| Traição | 20 jun. |
| União com Cristo | 18 mai.; 27 ago. |
| Vícios | 28 nov. |
| Vida eterna | 17 mar.; 28 nov.; 13 dez. |
| Viver como Cristo | 2,7 fev.; 4,11 mar.; 6,7,9,17,26 abr.; 15,18,26 jun.; 17,31 jul.; 30 ago.; 1,15,25,29 set.; 28 out.; 5,13 nov.; 1,28 dez. |
| Viver para Cristo | 5,13,29 jan.; 20 fev.; 5,11 abril.; 13,23,26 mai.; 10 ago.; 18,31 out.; 15 nov.; 4 dez. |